유응구 저

리눅스 서버 구축과 활용

도서출판 명진

대한 적응력을 높이며, 자신에게 적합한 환경을 구축할 수 있는 능력을 배양하는 것이다.

이 책의 구성을 살펴보면 다음과 같다

1장에서는 운영체제의 기본 개념과 리눅스의 특징을 살펴보고, 2장에서는 설치과정을 통해 리눅스 환경을 구축해본다.

3장에서는 설치된 환경의 시작과 종료를 수행해본다.

4장에서 8장까지는 시스템에서 기본적으로 제공하는 명령 사용법에 대하여 학습하고, 파일 관리, 계정 관리, 프로그램 활용, 프로그램 관리, 프로세스 관리, 장치 관리 등의 시스템 관리를 수행해본다.

9장 네트워크와 서비스에 대한 개념들을 살펴본다.

10장에서 12장까지는 대표적인 서비스인 FTP, 삼바, 웹 서비스를 제공하는 서버를 구축해보고 이를 활용해 본다.

13장에서는 통합적인 웹 개발 환경을 구축해본다.

이 책을 집필하면서 실무 환경과 유사한 리눅스 서버를 구축하고, 운영 및 활용하는데 필요한 개념과 다양한 사례를 정리하고자 했지만 방대한 자료들로 가장 널리 사용되는 부분에 대해서만 정리하게 되어 아쉬움을 느낀다. 다만 복잡하고 어려운 운영체제 개념들을 쉽고 일관성 있게 정리하고, 사용빈도가 높은 부분을 연관성을 고려하여 다루었다는 점에서 독자에게 도움이 되리라 생각한다.

이 책이 사용자가 자신에게 적합한 운영체제를 선택하고, 적응하며, 활용하는데 도움이 되길 바랍니다.

동행해주시고 늘 힘주시는 하나님께 먼저 감사드립니다. 항상 사랑으로 응원해주었던 동반자 성혜, 최고의 보물 예영, 준영에게 사랑을 전합니다.

출판될 때까지 많은 도움을 주신 도서출판 명진 김종진 대표님과 격려해주신 학과 및 동료 교수님들께 감사의 마음을 전합니다.

저자 유응구

책을 내면서

'현재 사용하고 있는 컴퓨터의 운영체제가 자신에게 최적의 운영체제라고 생각하는가?'라는 질문에 대한 독자의 답이 '그렇다'였으면 한다.

최적의 운영체제는 컴퓨터 자원을 효율적으로 사용할 수 있도록 관리하고, 운영할 수 있을 뿐 아니라 사용자에게 사용의 편리성을 제공할 수 있는 최적의 인터페이스 기능을 제공해야 한다. 즉 성능, 보안성, 편리성이 사용자의 사용 목적에 적합한 운영체제를 의미한다.

대부분의 개인용 컴퓨터 사용자들은 운영체제로 마이크로소프트 윈도우즈 제품군을 사용하고 있는데 윈도우즈 운영체제가 사용자들에게 최적의 운영체제라면 다행스러운 일이다.

그러나 만약 사용자들이 윈도우즈 운영체제를 사용한 이유가 사용해야 하는 응용프로그램이 윈도우즈 환경에서만 실행되기 때문이라면 안타까운 일이다. 운영체제의 성능이나 보안성보다는 사용의 편리성만을 고려하여 운영체제를 선택한 것이다. 물론 이러한 선택이 잘못되었다고 하는 것은 아니다. 다만 응용프로그램 지원이라는 것이 운영체제 선택의 절대적 기준이라고 할 수 없다는 것이다. 맥이나 리눅스를 사용하는 사용자들 중에서는 자신에게 적합한 운영체제가 윈도우즈는 아니지만 사용하고픈 응용프로그램이 윈도우즈 환경에서만 실행되기 때문에 사용하는 경우가 있다.

리눅스는 개인 및 서버용 운영체제이다. 리눅스는 윈도우즈와 비교하여 사용자 인터페이스가 다소 불편하고, 지원하는 응용프로그램의 수도 상대적으로 매우 적지만 성능이나 보안성 측면에서는 매우 우수하다. 이러한 특징으로 리눅스는 개인용 컴퓨터보다는 중·대규모의 서버에서 널리 사용되고 있다.

서버는 운영에 필요한 최소 자원만을 사용하고, 컴퓨팅 자원의 대부분을 서비스 제공에 할 수 있도록 구축 및 운영된다.

이 책에서는 운영에 필요한 요소만을 설치한 리눅스 환경에서 필요한 서비스를 제공할 수 있도록 구축한다. 이런 과정을 통해 리눅스 및 운영체제 전반에 대한 이해력을 향상시키고, 새로운 운영체제 환경에

CHAPTER 13 웹 프로그래밍 개발 환경 구축/411

01 리눅스 개요

본 장에서는 리눅스를 소개하기 전에 반드시 알아야하는 UNIX를 간단히 소개하고, 리눅스의 역사와 특징 및 철학에 대하여 알아본다. 또한 리눅스에 대한 정보를 얻는 방법에 대하여 알아본다.

1. 유닉스(UNIX) 소개

1965년에 AT&T사의 BTL(Bell Telephone Laboratories), GE(General Electronics), 그리고 MIT(Massachusetts Institute of Technology)는 GE-645 메인프레임 컴퓨터에서 사용될 다중 사용자(multi-user) 운영체제(operating system), MULTICS의 개발을 목표로 공동 연구 프로젝트를 시작하였다. MULTICS 개발은 다양한 사용자 집단의 요구를 충족시키려는 원대한 목표를 가지고 시작되었으나 너무 복잡하고, 복합적이며, 거대하여 결국 실패하였다.

운영체제(Operating System)

운영체제는 컴퓨터의 모든 하드웨어와 소프트웨어를 관리하고 제어하는 프로그램을 의미한다. 즉, 운영체제는 프로세스(process), 메모리(memory), 파일(file)과 장치(device) 자원을 효율적으로 사용할 수 있도록 관리 및 운영하고, 사용자에게 최대한의 사용 편리성 제공함으로써 인간과 기계간의 인터페이스 기능을 담당하는 시스템 프로그램이다.

대표적인 운영체제로는 유닉스 계열의 운영체제, 마이크로소프트 윈도우즈 제품군, 매킨토시, OS/2, 리눅스 등이 있다. 참고로 리눅스는

공개 버전의 유닉스를 만들기 위해 개발된 커널에 다양한 소프트웨어 들이 통합된 운영체제이다

BTL은 1969년에 MULTICS 프로젝트를 포기하였다. 그러나 MULTICS 프로젝트의 연구원이었던 Ken Thomson과 Dennis Ritchie는 개발을 포기하지 않았다. 두 연구원은 DEC(Digital Equipment Corporation) PDP-7 컴퓨터를 위한 운영체제를 어셈블리 언어로 작성하였고, Brian Kerningham이 MULTICS에서 유래하여 그 이름을 UNIX 라고 하였다.

1971년 발표한 상용 버전 1은 DEC PDP-11 미니컴퓨터에서 실행되도록 설계되었으며, 파이프와 필터를 제외한 모든 기능을 포함하고 있었다. 1972년 버전 2에는 버전 1에 파이프와 필터를 추가하였다. 1972년 Ritchie는 새로운 프로그래밍 언어 C를 개발하였고, C 언어 컴파일러가 작성되어 빠른 개발이 가능해졌다. 1973년에 발표된 버전 3은 커널과 I/O부분이 C 언어로 개발되었다.

커널(kernel)

커널은 운영체제의 핵심으로 시스템을 구성하는 중요한 자원을 관리하고, 운영하는데 필요한 핵심 코드를 의미한다.

커널의 종류에는 대표적으로 모놀리딕(monolithic) 커널과 마이크로(micro) 커널이 있다. 모놀리딕 커널은 운영체제의 주요 기능들이 하나의 커널에 들어가 있고, 모두 커널 모드에서 실행되는 특징을 갖는 커널을 의미한다. 모놀리딕 커널의 각 구성 요소들은 서로의 자료 구조를 공유하고, 서로의 기능을 자유롭게 활용하므로 높은 상호 의존성을 가지게 되며 극대화된 효율성을 제공한다. 그러나 개발과 디버깅이 어렵고, 물리적 장치가 변경될 때마다 커널 소스를 컴파일하여 새로운 커널을 생성해야 하는 단점이 있다. 이에 반해 마이크로 커널은 운영체제의 기능을 여러 개의 서버 프로세스로 분할하고, 각 프로세스가 사용자 모드에서 실행되어 일련의 서비스를 제공하며, 커널 모드에서는 메시지 전송과 하드웨어를 직접적으로 다루는 부분을 비

롯한 최소한의 기능만 제공하는 커널을 의미한다. 마이크로 커널은 하드웨어에 의존하는 부분을 최소화하여 높은 이식성을 제공하지만 속도가 느리다는 단점이 있다. 참고로 리눅스 커널은 모놀리딕 커널 방식을 기반으로 마이크로 커널의 장점을 지원하도록 설계되어 있다.

컴파일(compile)

프로그래머가 프로그래밍 언어로 작성한 소스 코드(source code)를 대상 기계가 이해할 수 있는 목적 코드(object code)로 번역하는 것을 의미한다. 컴파일러(compiler)는 컴파일을 수행하는 시스템 프로그램을 의미한다.

참고로 링킹(linking) 과정은 연관된 목적 코드들과 라이브러리들을 연결하여 실행 코드, 즉 실행가능한 프로그램을 생성하는 과정을 의미한다. 리눅스에서는 실행 가능한 프로그램을 바이너리 파일이라고 한다.

유닉스가 유명해지고 대중화되었지만, 1956년 이후 AT&T사는 정부의 독점 금지 규제법에 의해서 컴퓨팅 제품의 판매가 금지되어 있었다. 따라서 AT&T사는 유닉스를 교육, 연구 목적으로 사용료 없이 간단한 라이센스 동의하에 대학과 개발자 그룹들에 보급하였다. 1973년 12월 버클리에 있는 캘리포니아 대학은 다른 대학이나 개발자 그룹보다 신속하게 유닉스에 대한 라이센스를 획득하였고, 1977년 발표된 유닉스 버전 6을 바탕으로 ex 에디터와 파스칼(pascal) 컴파일러가 포함된 1977년 BSD 버전 1을 개발하였으며, 1978년 C shell을 포함하는 BSD 버전 2를 개발하였다. 그러나 BSD 버전 1과 2 모두 독립적인 응용 프로그램 또는 유틸리티들을 패키지(package)한 것으로 유닉스 운영체제를 수정하거나 재배포한 것은 아니었다.

셸(Shell)

셸은 사용자가 입력한 명령을 해석하고, 사용자와 커널 사이의 인터페이스 기능을 수행하는 프로그램을 의미한다.

셸의 종류에는 본 셸(sh, Bourne Shell), 콘 셸(ksh, Korn Shell), 배쉬(bash, Bourne Again Shell), C 셸(csh, C Shell) 등이 있다.

1979년 1월 AT&T는 유닉스 버전 7을 발표하였고, 같은 해에 UC 버클리 대학도 DARPA(Defense Advanced Research Projects Agency)의 재정 지원을 받아 가상 메모리 개념을 도입한 첫 번째 운영체제인 3BSD를 발표하였다. 1980년에 UC 버클리는 DARPA의 지원을 받아 TCP/IP(Transmission Control Protocol/Internet Protocol) 네트워크 프로토콜을 구현하여 4.0BSD에 발표하였고, 마이크로소프트와 SCO(Santa Cruz Operation)는 유닉스를 인텔 8086에 이식하기 위해 공동 개발한 XENIX를 발표하였다.

1982년 연방 재판에서 승리한 AT&T는 BTL을 벨 연구소(Bell Laboratories)로 분리하였고, 컴퓨터 사업이 가능해졌다. AT&T는 1982년에 System Ⅲ를, 1983년에는 System V를 발표하였다. UC 버클리도 1981년 4.1BSD를, 1983년 4.2BSD를 발표하였다.

1984년 선 마이크로시스템즈(Sun Microsystems)사는 BSD의 개발자인 Bill Joy를 영입하여 4.2BSD를 기반으로 SunOS를 발표하였고, AT&T는 System V Release 2(SVR2)를 발표하였다.

1986년 UC 버클리는 4.3BSD를 발표하였고, 1987년 AT&T는 System V Release 3(SVR3)을 발표하였다.

1990년에 AT&T와 Sun사는 SVR3와 SunOS 근간으로 하여 XENIX, 4.3BSD 등 당시 존재하는 많은 유닉스의 장점을 통합한 System V Release 4(SVR4)를 발표하였다. 1990년 AT&T는 유닉스 개발과 판매를 위해 USL(Unix Systems Laboratories)을 설립하였다. Novell사는 1991년 AT&T로부터 USL의 일부를 매입하였고, 1992년 말에 Netware와 통합된 SVR4의 데스크톱 버전인 UnixWare를 발표하였으며, 1993

년에 AT&T로부터 USL의 나머지 부분을 모두 매입함으로써 UNIX 상표권을 획득하였다.

1993년 UC 버클리는 4.4BSD를 발표했지만 개발을 수행했던 CSRG(Computer Science Research Group)는 Novell과의 UNIX 소스 코드에 대한 라이센스 문제와 재정 지원의 부족 등의 이유로 향후 버전 개발을 중단하였다. 1994년 Sun사는 Novell사로부터 SVR4 코드 사용 권한을 매입하여 Solaris를 발표하였다. 1995년 SCO는 Novell사로부터 UNIX 소스 코드와 UnixWare를 매입하고, 1989년부터 개발해 오던 SCO Unix를 OpenServer로 변경하였다.

2012년 7월 AIX 5L 5.3, Oracle Technology Network Solaris 11, HP-UX 11i v3, USL의 SVR4.2, SCO Group의 SVR5, SCO OpenServer 6.0, SCO Unix Ware 7.1.4 MP4, 4.4BSD-Lite2를 기반으로 하는 FreeBSD, OpenBSD 그리고 NetBSD 등 수많은 버전의 유닉스가 존재한다.

유닉스는 집약된 표준이 없고, 인터페이스가 어렵다는 단점이 있지만 높은 이식성, 간단하면서도 강력한 유틸리티들과 장치 독립성을 제공하기 때문에 오랜 기간 동안 전 세계적으로 널리 사용되고 있다.

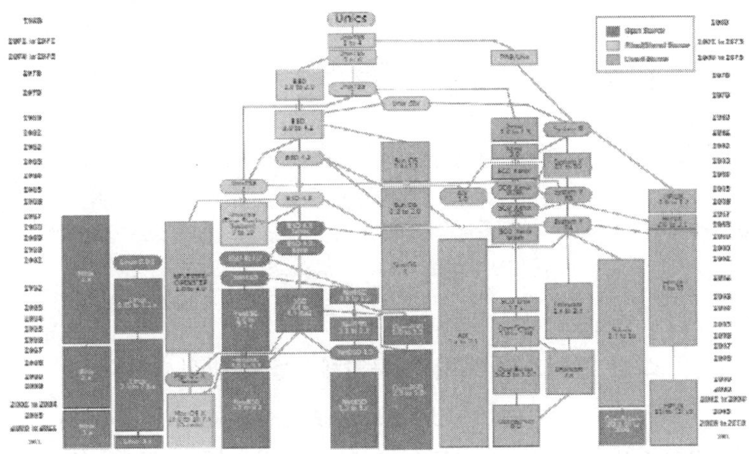

그림 유닉스 발전사

(출처 : http://en.wikipedia.org/wiki/Unix)

2 리눅스의 역사

리눅스는 1991년 핀란드 헬싱키 대학의 리누스 토발즈(Linus Torvalds)가 공개 버전의 유닉스를 개발하기 위해 미닉스(MINIX)에서 영감을 받아 개발하고 배포한 운영체제이다. 리누스는 1991년 10월 5일 대외적으로 리눅스의 첫 번째 버전인 리눅스 커널(kernel) 0.02를 발표하였다. 버전 0.02는 bash (Bourne Again Shell)와 gcc(GNU C Compiler)를 실행할 수 있었지만 나머지는 제대로 작동하지 않았다. 앞에서 설명하였지만 커널(kernel)이란 운영체제의 핵심으로 시스템을 구성하는 중요한 자원을 관리하고, 운영하는데 필요한 핵심 코드를 의미한다.

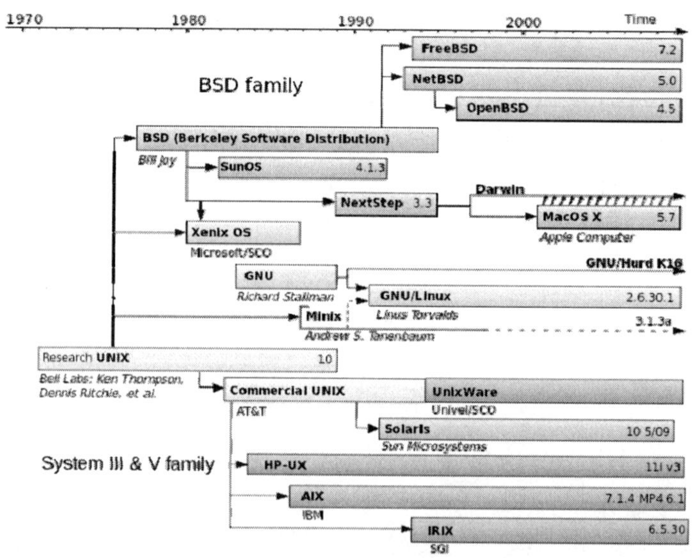

그림 유닉스와 유사한 운영체제들의 발전사

(출처 : http://en.wikipedia.org/wiki/Linux)

이후 리눅스는 빠르게 개발되어 1994년 3월 싱글 CPU의 i386 머신에서만 실행 가능한 리눅스 커널 1.0이 발표되었다. 또한 1995년 3월 싱글 CPU지만 i386 머신이 아닌 플랫폼에서도 실행 가능한 리눅스 커널 1.2가 발표되었다.

1996년 6월 리눅스 커널 2.0이 발표되었는데 버전 2.0은 더욱 다양한 플랫폼을 지원할 뿐 만 아니라 다중 CPU를 갖는 머신도 지원하는 최초의 버전이었다. 커널 2.0의 발표 이후 주요 버전의 릴리즈 속도는 다소 늦춰졌다.

1999년 1월에 커널 2.2가, 2001년 1월 2.4가 발표되었다. 이 기간 동안 커널은 잦은 마이너 버전 업을 통해 더 많은 하드웨어를 지원하도록 개선되었다. 특히 커널 2.4는 최초로 ISA 플러그 앤 플레이와 USB, PC 카드 등의 기능이 추가되어 많은 리눅스 사용자들에게 큰 호평을 받았다.

2003년 12월 리눅스 커널 2.6이 발표되었는데 버전 2.6은 임베디드 시스템과 같은 아주 작은 시스템과 대규모 시스템도 지원할 수 있도록 설계되었다.

2011년 7월 리눅스 커널 3.0이 발표되었다. 그러나 3.0으로의 버전 변화는 설계적인 큰 변경이 발생해서가 아닌 효율적인 버전 관리를 위한 버전 변화이다. 2012년 10월 최신의 리눅스 커널은 3.6.6 버전이다

3. 리눅스의 특징

다중 사용자와 다중 작업을 지원한다.

다중 사용자란 다수의 사용자가 동시에 한 시스템에 로그인하여 시스템의 자원을 활용하고 원하는 작업을 할 수 있는 것을 의미하고, 이를 위해서는 사용자마다 작업의 독립성 보장이 필수적이다. 또한 다중 작업이란 한 사용자가 동시에 두 가지 이상의 작업을 수행하는 것을 의미한다. 리눅스는 다중 사용자, 다중 작업을 지원한다.

- **강력한 네트워크를 지원한다.**

리눅스는 TCP/IP 네트워킹을 완벽하게 구현하고 있다. 또한 Ethernet, SLIP/PPP, IPX, Appletalk, ISDN, FDDI, NFS 등을 지원하고, 현대적인 IPv6 프로토콜과 DHCP, IrDA, DECnet 등 수많은 프로토콜

등을 지원하며, FTP, SSH, TELNET, NNTP, SMTP 등 다양한 네트워크 서비스를 지원한다. 또한 리눅스 커널에 네트워크 방화벽 지원 기능이 포함되어 있기 때문에 보다 안전한 네트워크 환경을 구축할 수 있다.

- **다양한 CPU 아키텍처를 지원한다.**

리눅스는 인텔 x86(386/486/Pentium), 아이태니엄(Itanium), SPARC/Ultra SPARC, ARM, PA-RISC, ALPHA, PowerPC, MIPS, IBM 370/390 메인프레임 뿐 아니라 임베디드 프로세서에 이식되었으며, 팜파일럿, Compaq 등 다양한 PDA도 지원한다.

- **다양한 파일 시스템을 지원한다.**

리눅스는 자료 저장을 위한 다양한 파일 시스템을 지원한다. 기본적으로 2차 확장 파일 시스템(ext2fs), 3차 확장 파일 시스템(ext3fs), 4차 확장 파일 시스템(ext4fs)을 지원하지만 각종 유닉스 파일 시스템, FAT(MS-DOS), VFAT(윈도우즈 95/98), FAT32, exFAT, NTFS(윈도우즈 NT/2000/XP/2003), 이외에도 Mac OS, OS/2 등을 지원하며 표준 형식의 CD-ROM을 읽을 수 있는 ISO 9660, UDF CD-ROM 파일 시스템도 지원한다.

파일 시스템(file system)

컴퓨터 시스템에서는 데이터를 파일 형태로 저장하고 관리한다. 따라서 파일 관리는 운영체제의 중요한 기능이다. 파일 시스템이란 시스템 내의 파일들을 관리하기 위한 제어 데이터의 구조를 의미하며 일반적으로 파일에 이름을 부여하고, 저장이나 검색을 위해 논리적으로 그것들을 어디에 위치시켜야 하는지 등을 나타내는 방법을 의미한다

유닉스와 높은 호환성을 제공한다.

리눅스는 IEEE POSIX(Portable Operating System Interface for Unix)를 고려하여 개발되었기 때문에 대부분의 유닉스 표준과의 호환성이

매우 높다. 즉, 많은 유닉스용 소프트웨어가 별 문제없이 리눅스에서 컴파일되고 실행된다.

- **사용자 친화적인 인터페이스를 지원한다.**

X 윈도우 시스템은 유닉스 시스템의 표준 GUI(Graphic User Interface)로 유닉스 머신의 기종에 상관없이 응용프로그램을 실행할 수 있도록 하겠다는 목표 아래 1980년대 MIT에서 개발하였다. X 윈도우는 강력한 그래픽 환경으로서 게임, 그래픽, 유틸리티, 프로그래밍과 문서 도구 등 많은 응용프로그램을 지원하고, 네트워크 응용프로그램에 대한 지원을 내장하고 있다. 리눅스에서 사용하고 있는 X 버전은 XFree86이라는 것으로 X11R6을 PC 기반의 유닉스 시스템에 자유롭게 배포할 수 있도록 한 것이다. XFree86은 거의 모든 리눅스 배포판에 포함되어 있다. 그러나 많은 사용자들은 모든 창과 버튼이나 스크롤바와 같은 위젯(wiget)의 모양과 느낌을 변경할 수 있는 기능, '드래그 앤 드롭'과 같은 고급 기능을 갖춘 완전한 데스크톱(desktop) 환경을 원하였고, 리눅스는 KDE와 GNOME 프로젝트를 통해 고급 데스크톱 환경을 제공하고 있다. KDE와 GNOME 모두 사용자 친화적인 유닉스 환경을 제공하려는 목적을 가지고 있지만, KDE의 경우 손쉬운 사용, 안정성과 다른 운영체제와의 호환성을 목표로 하고, GNOME의 경우 빼어난 디자인과 최대의 설정 능력을 목표로 하고 있다.

4. 리눅스의 철학

2004년 12월 "왜 리눅스는 GNU GPL(General Public License)을 채택했나요?"라는 질문을 받았을 때 리누스는 "내가 라이센스에 원하는 것은 다른 사람들도 코드를 볼 수 있도록 허용하는 것과 개선된 내용이 그 방식 그대로 존재할 수 있도록 하는 것이다"라고 대답했다. 이 답변을 통해 우리는 리눅스의 철학이 오픈 소스와 개방적이고 최대한 많은 기능을 포함하려는 접근 방식이라 것을 알 수 있다. 실제로 리눅스는 소스 제어나 회귀 분석 등의 상용 소프트웨어 개발 기술을 채택하지 않고 있으며 다양한 환경에서 리눅스를 사용하는 사용자들의 테스트와 요구에 따라 빠르게 개발되고 발표되는 방법을 사용하고 있다

GNU는 무엇인가? GNU는 "GNU's Not Unix"를 의미하는 재귀적 약어이며 "그뉴(guh-noo)"라고 발음한다. GNU는 1984년 자유 소프트웨어 재단(FSF, Free Software Foundation)에서 독점적인 상용 운영체제를 대체하기에 충분한 유닉스와 호환성 있는 자유 운영체제의 개발을 목표로 시작한 프로젝트이다.

자유 소프트웨어 재단은 1984년 리차드 스톨만(Richard Stallman)을 중심으로 컴퓨터 프로그램의 복제와 배포, 개작과 이를 위한 소스 코드의 원용에 대한 제한들을 철폐하기 위한 목적으로 설립된 비영리 면세 단체로 컴퓨터를 이용한 모든 부문에 걸친 자유 소프트웨어를 개발하고 있으며 특히, GNU 시스템이라고 불리는 자유 운영체제의 개발 지원을 하고 있다.

실제로 모든 컴퓨터 사용자들은 운영체제를 필요로 하기 때문에 만약 자유롭게 사용할 수 있는 운영체제가 없다면 컴퓨터를 사용하고자 하는 모든 사람들은 독점적인 상용 운영체제를 이용할 수밖에 없다. 그러나 운영체제는 단순히 커널만을 의미하는 것이 아니고, 컴파일러와 문서 편집기, 조판 프로그램과 같은 다양한 종류의 소프트웨어들이 통합되어 있어야 하기 때문에 완성된 운영체제를 만든다는 것은 무척이나 방대한 작업이며 많은 세월이 필요한 일이다. 자유 소프트웨어 재단은 자신들이 지향하는 운영체제를 유닉스와 호환되도록 결정했다. 그 이유는 유닉스의 설계 방식에 대한 전반적인 우수성과 이식성이 이미 충분히 증명되었고, 호환성을 통해서 많은 유닉스 사용자들이 보다 쉽게 GNU 환경으로 적응할 수 있도록 하기 위해서였다.

자유 소프트웨어 재단은 개발 초기에 마크(Mach)라는 마이크로 커널을 기반으로 개발을 하였지만 커널 자체의 개발이 미진하여 완성하지 못하였다. 1990년대에 리누스가 개발한 리눅스가 GPL(General Public License)을 따르기로 하자 GNU 시스템 커널로 리눅스를 채택하고 다른 자유 소프트웨어를 리눅스에서 동작하도록 변경하는 작업

을 시작하였다. 실제로 GNU 프로젝트의 주요 결과물이라 할 수 있는 gcc 컴파일러, GNU make, emacs 등은 리눅스 개발에 결정적인 역할을 하였고, 이러한 이유로 리눅스를 탑재한 운영체제의 보다 정확한 이름이 'GNU/Linux' 시스템이어야 한다는 주장도 있다. 자유 소프트웨어인 리눅스 커널과의 결합으로 GNU 시스템은 독립된 운영체제로서의 완성된 모습을 갖출 수 있었고, 현재 슬랙웨어(Slackware), 데비안(Debian), 레드햇(Red Hat)과 같은 GNU 시스템 기반 운영체제들이 전 세계적으로 사용되게 되었다.

GPL은 무엇인가? GPL은 General Public License의 약어로 자유 소프트웨어의 배포와 수정에 관련된 규정이라 정의할 수 있다. GPL은 사용자에게 프로그램을 복제(copying)하고 이를 공유할 수 있는 자유, 소스 코드를 원용해서 이를 개작(modification)할 수 있는 자유와 개작된 프로그램을 배포(distribution)할 수 있는 자유를 보장한다.

자유 소프트웨어는 사용자가 소프트웨어를 실행시키거나 이를 복제 및 배포할 수 있는 자유와 함께 소스 코드에 대한 접근을 통해서 이를 학습하고 수정, 개선시킬 수 있는 원천적인 자유까지를 모두 포괄하고 있는 소프트웨어를 의미한다. 자유 소프트웨어에서 '자유(free)'는 무료나 공짜라는 말이 내포하고 있는 금전적인 측면과는 전혀 관계없는 '구속되지 않는다.'는 관점에서의 자유를 의미한다. 따라서 자유 소프트웨어를 유료로 판매하는 데에는 어떠한 모순도 존재하지 않는다. 실제로 소프트웨어를 판매할 수 있는 자유는 매우 중요하며, 자유 소프트웨어들을 모아서 CD-ROM의 형태로 판매하는 것은 자유 소프트웨어의 발전 기금을 조성할 수 있는 실질적인 방법이 되기 때문에 공동체에 있어서 매우 중요한 부분이라 할 수 있다. 따라서 임의의 배포판이나 소프트웨어 모음집에 자유롭게 포함시킬 수 없는 프로그램은 자유 소프트웨어가 아니라고 할 수 있다.

1998년부터 공동체의 일부에서 '자유 소프트웨어'라는 말 대신 '오픈 소스 소프트웨어'라는 표현을 사용하기 시작했기 때문이다. '오픈 소스 소프트웨어'라는 용어는 소스 코드를 누구나 자유롭게 내려 받고, 수정하고, 재배포할 수 있는 소프트웨어를 의미한다. 그러나 오픈 소스는 사용자가 소스 코드를 자유롭게 접근할 수 있는지에 더 많은 관심을 가지고 있기 때문에 소스 코드만 개방되어 있다면 개선된 내용의 추가를 제약하거나 재배포를 조건에 따라 제한하는 하는 경우에도 오픈 소스라고 간주한다. GNU 프로젝트는 기술적인 측면 그 자체보다 훨씬 중요하다고 생각하는 '자유'라는 이념을 피력하기 위해서 자유 소프트웨어라는 용어를 사용하지만 오픈 소스는 높은 품질과 강력한 성능을 가진 소프트웨어를 만들 수 있다는 가능성에 초점을 맞추고 있기 때문에 자유와 공동체 그리고 원칙과 같은 개념을 의도적으로 전달하지 않으려는 표현이라고 할 수 있다. 따라서 리눅스를 오픈 소스 소프트웨어이지만 GNU GPL을 준수하는 자유 소프트웨어라고 부르는 것이 좀 더 리눅스의 철학과 일치한다고 할 수 있다.

리눅스는 '배포판(distribution)'이란 형태로 발표된다. 배포판은 리눅스 커널과 수많은 응용프로그램으로 구성된 소프트웨어 패키지로 배포판 업체들이 이미 그 상호 동작 여부를 확인하였기 때문에 사용자들은 간단하고 안전하게 리눅스 환경을 구축하고 사용할 수 있다.

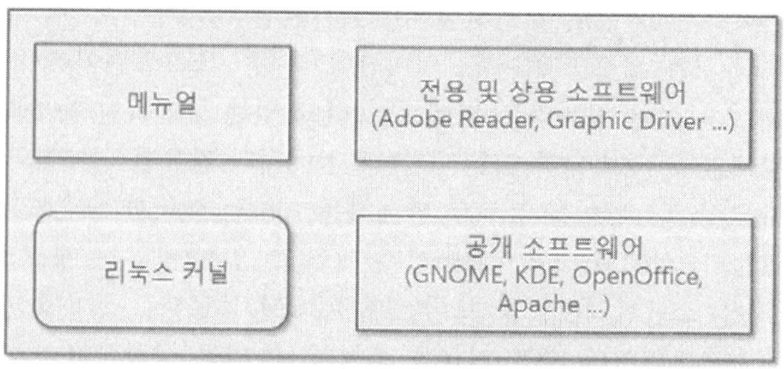

대표적인 배포판으로는 레드햇 엔터프라이즈 서버 6.0, CentOS 6.3, Fedora 17, Debian 6.0, Ubuntu 12.04 LTS, 슬랙웨어 14.0, 오픈수세 12.2 등은 있다. 각 버전 번호는 배포판의 버전을 의미하는 것이지 포함된 리눅스 커널과 수많은 응용프로그램의 버전을 의미하는 것은 아니며, 최신의 배포판이라고 해서 최신 버전의 커널과 응용 프로그램으로 구성되는 것은 아니다. 예를 들면 CentOS 6.3은 2012년 9월에 발표되었지만 커널버전은 2.6.32를 사용하고 있다.

리눅스 커널은 모놀리딕(monolithic) 커널 방식을 기반으로 마이크로(micro) 커널 방식의 장점을 사용하고 있다. 즉 기본적으로 사용하는 핵심 함수와 장치 드라이버는 하나로 묶어 커널로 만들고, 항상 필요하지는 않지만 경우에 따라 필요한 요소들은 모듈로 만들어 필요할 때 적재하여 사용한다. 따라서 장치가 변경되거나 특정 기술을 이용할 때마다 새로운 커널을 만들기 위해 커널 소스를 컴파일하여 새로운 커널을 생성할 필요는 없다.

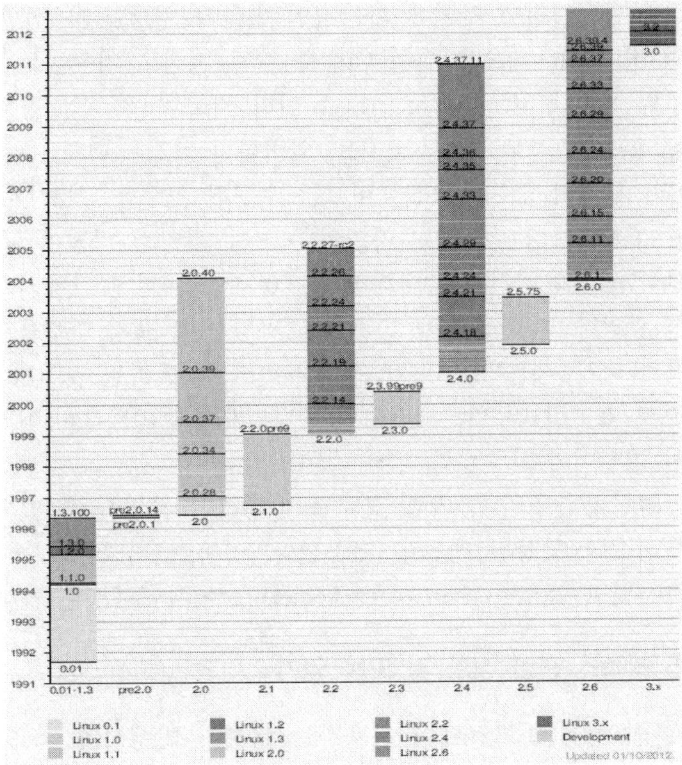

그림 리눅스 커널 버전의 년도별 발전사

(출처 : http://en.wikipedia.org/wiki/Linux_kernel)

리눅스 커널의 버전 표기 방식에는 '안정(stable) 버전'과 '개발(development) 버전'이 존재하였다. 안정 버전은 심각한 버그가 없고 안정적으로 잘 동작하는 시스템을 원하는 리눅스 사용자를 위한 버전이고, 개발 버전은 새로운 기능을 추가하고, 테스트하기를 원하는 리눅스 사용자를 위한 버전이다. 안정 버전의 변화는 주로 버그 수정이나 보안 패치정도지만 개발 버전의 변화는 성능 향상을 위해 장치 드라이버를 개선하는 것부터 하부 시스템 전체를 개선하는 등은 커다란 변화가 빠르게 발생한다. 2.6 버전 이전에는 안정 버전과 개발 버전을 구분하였지만 지금은 구분하지 않고 있다.

리눅스 커널 버전이 2.6.32인 경우 2는 메이저 버전(major version)이라 부른다. 이는 커널 자체에 획기적인 변화가 발생할 때 변한다. 예를 들면 버전 2는 최초로 다중 CPU를 갖는 머신도 지원하는 커널이었다. 6은 마이너 버전(minor version)이라 부르며 짝수인 경우 안정 버전을, 홀수인 경우 개발 버전을 의미한다. 32는 패치 수준(patch level)이라 부르며, 문제가 되는 버그를 수정한 횟수를 나타낸다. 2011년 3월 2.6.39.4가 2.6 커널 시리즈의 마지막 릴리스 버전이 되었다.

2011년 7월 3.0 버전이 출시되었다. 3.0 버전은 커널 자체의 획기적인 변화는 없다. 리눅스 탄생 20주년을 기념하고, 패치 수준을 표현하는 숫자가 너무 커짐에 따라 버전 표기 방식이 변경된 것이다. 2.6.40을 3.0으로 표기한 것으로 생각하면 된다. 2012년 10월 3.6.6이 안정화된 최신 커널이다.

커널 버전이 높을수록 많은 장치를 인식하고 지원할 수 있으며 획기적인 기술과 향상된 성능을 제공한다. 리눅스 커널은 지속적으로 업데이트 되고 있으며 “http://www.kernel.org”에서 구할 수 있다.

2.5 리눅스 관련 정보 및 도움 얻기

대부분의 상용 소프트웨어 사용자는 문제가 발생하면 소프트웨어 제공업체에 문의하여 도움을 받을 수 있다. 그러나 자유 소프트웨어인 리눅스는 사용자의 문의에 답변해야 할 의무가 있는 주체가 대부분 존재하지 않기 때문에 도움을 받는데 어려움이 많다. 따라서 사용자는 스스로 문제를 해결하려고 노력해야 한다. 많은 사용자들은 비슷한 문제를 경험하게 되고, 몇몇의 사용자들은 경험한 문제와 해결 방법을 다양한 매체를 통해 제공한다. 실제로 많은 문제들이 존재하는 정보들을 통해 손쉽게 해결된다.

사용자가 리눅스에 관련된 정보를 얻는 방법은 매우 다양하다. 그 중에서도 가장 손쉽게 구할 수 있는 정보는 각 배포판에 포함된 문서들이다. 대부분의 배포판은 '/usr/share/doc' 디렉토리에 개별 프로그램에 대한 README 문서, Release 노트를 통해 배포판 사용자에게 정보를 제공한다. 또한 출판된 리눅스 관련 서적 및 잡지를 구독하는 것도 추천할 만한 방법이다.

리눅스는 인터넷을 통해 연결된 전 세계의 개발자 그룹들의 노력으로 만들어진 운영체제이기 때문에 인터넷상에는 리눅스에 관련된 수많은 정보가 존재한다. 그 중에서 리눅스 문서 프로젝트(LDP, The Linux Documentation Project)는 리눅스 사용자라면 반드시 방문해야 할 사이트이다. LDP(http:// www.tldp.org)는 책 분량의 매뉴얼뿐 만 아니라 수많은 하우투(HOWTO)문서들 및 리눅스에 관한 FAQ를 제공한다. 또한 대표적인 국내 사이트로는 리눅스 문서 한글화 프로젝트(KLDP, Korean Linux Documentation Project)와 리눅스 관련 팁 모음 프로젝트(KLTP, Korean Linux Tip Project)가 있다. KLDP(http://www.kldp.org)는 초기에 리눅스 문서의 한글화 프로젝트를 수행하였지만, 현재는 오픈소스와 자유 소프트웨어 전반에 걸친 영역에서 활동을 전개해 나가고 있다. KLTP(http://kltp.kldp.org)는 리눅스 사용상의 유용한 팁과 힌트, 사용 후기로 구성되어 있어 다양한 환경에 대한 여러 사례를 알 수 있기 때문에 국내 리눅스 사용자라면 방문해 볼 만한 사이트이다. 각각의 리눅스 배포판 웹 사이트와 오픈 소스 및 자유 소프트웨어 프로젝트 웹 사이트를 통해서도 많은 정보를 얻을 수 있다.

기존의 정보를 이용한 사용자의 노력에도 불구하고 문제가 해결되지 않은 경우 유즈넷(Usenet)이나 메일링 리스트에 도움을 요청할 수 있다.

유즈넷은 전 세계적인 인터넷 상의 토론장으로 사용자들은 특정한 토론주제를 뉴스그룹을 이루어 토론을 한다. 실제로 유즈넷의 리눅스 그룹은 리눅스에 관련된 특정한 주제에 대하여 심층적인 토론을 통해 리눅스의 발전에 큰 기여를 해왔다. 대표적인 리눅스 뉴스그룹은 comp.os.linux 하위에 지역별, 배포판별, 오픈 소스 프로젝트별로 세분

화되어 있다. 국내 리눅스 뉴스그룹으로는 han.comp.os.linux 하위에 다양한 주제를 토론하는 뉴스그룹들이 존재한다. 리눅스 사용자는 리눅스 관련 뉴스를 구독함으로써 깊이 있는 정보를 얻을 수 있고, 자신의 문제를 토론 주제로 제시하여 도움을 얻을 수 있다.

또한 리눅스를 주제로 하는 인터넷 메일링 리스트에 가입하여 개발자들로부터 정보를 얻고, 도움을 요청하여 문제를 해결할 수 있다.

사용자는 성급하게 도움을 청하기 전에 꼭 하우투, FAQ, 뉴스그룹, 메일링 리스트를 먼저 읽어봐야 하며, 다른 뉴스그룹 사용자들이나 개발자들 모두 질문에 대한 답변의 의무가 없다는 점을 상기하고, 문제 내용을 구체적으로 기술하여 정중하게 도움을 청해야 한다.

2.6 CentOS (Community Enterprise Operating System)

CentOS는 2004년 5월 RHEL(Red Hat Enterprise Linux) 2.1을 기반으로 하여 개발된 엔터프라이즈급 공개 리눅스 배포판이다. CentOS 최신 배포판은 RHEL 6.3을 기반으로 한 CentOS 6.3 버전이다.

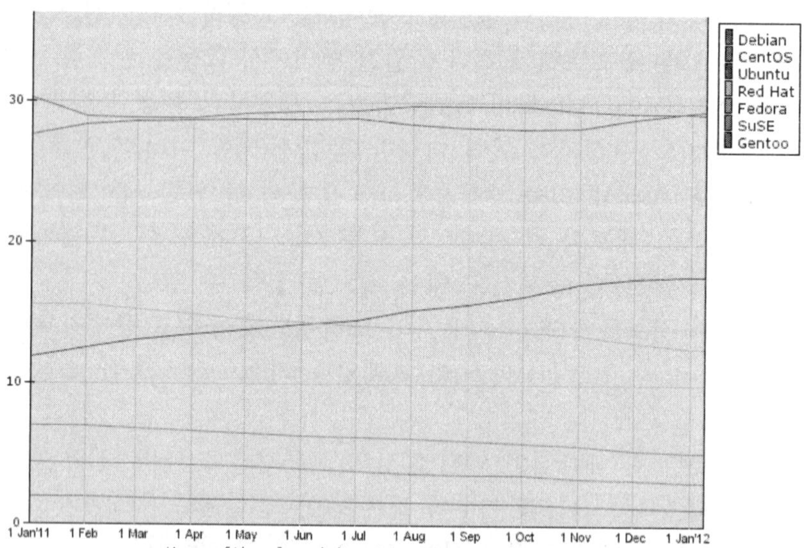

Usage of Linux for websites, 9 Jan 2012, W3Techs.com

CentOS 6.3은 RHEL 6.3의 공개 버전을 기반으로 개발되었기 때문에 높은 성능과 확장성, 안정성을 제공하며, 주요 특징은 RHEL 6.3과 동일한 것으로 알려져 있다.

안정성을 우선으로 하기 때문에 웹 사이트용 리눅스 배포판 별 점유율을 살펴보면 CentOS가 최상위권임을 확인할 수 있다.

데스크탑을 위한 리눅스 배포판 순위에서도 CentOS가 높은 순위에 있음을 확인할 수 있다.

순위	배포판
1	Mint
2	Mageia
3	Ubuntu
4	Fedora
5	openSUSE
6	Debian
6	Arch
8	CentOS
9	PCLinuxOS
10	Puppy
Sep. 2012, DistroWatch.com	

자세한 내용은 공식 사이트인 'http://www.centos.org'를 통해 얻을 수 있다.

02 리눅스 설치

본 장에서는 웹 서버에서 널리 사용되고 있는 리눅스 배포판인 CentOS 6.3를 설치해본다.

설치 전에 하드웨어 자원에 대한 정보와 호환성 등에 대하여 확인한다. 또한 기존에 설치되어 있는 리눅스 배포판을 확인하고, 존재하는 경우 업그레이드를 할 것인지를 확인하는 것과 백업하는 작업을 수행한다.

- **설치 준비가 완료되면 설치 순서에 따라 설치를 실행한다.**

1. 설치 준비

윈도우즈 계열의 운영체제는 많은 하드웨어를 지원하고, 또한 하드웨어 공급 업체에서 설치 프로그램을 제공하여 설치가 간단하다. 하지만 초기 리눅스 배포판은 다양한 하드웨어를 지원을 하지 못하였고, 설치가 복잡한 경우도 있었으며, 하드웨어 공급 업체가 설치 프로그램을 제공하지 않는 경우도 종종 있었다.

최신의 리눅스 배포판은 대부분의 하드웨어를 지원하고 있으며, 하드웨어 사양을 몰라도 쉽게 설치할 수 있도록 만들어져 있다. 그러나 만약을 대비하여 설치 대상 컴퓨터의 하드웨어 사양을 살펴보아야 한다. 특히 최신의 하드웨어가 장착된 경우 각 배포판 홈페이지에서 하드웨어 호환 목록을 설치 전에 꼭 확인해보아야 한다.

- **다음은 설치 전에 확인해야 할 사항들이다.**

메인보드가 지원하는 부팅 방법을 확인한다.

-CD-ROM/DVD로 부팅
-이동식 매체(removable media) 장치로 부팅
-PXE(Preboot Execution Environment) 서버로부터 부팅

대부분의 배포판은 CD 부팅가능한(bootable) 매체 형태로 제공되고 있기 때문에 부팅 방법으로는 CD-ROM/DVD 부팅이 가장 많이 사용되고 있으며 간단한 CMOS 설정으로 선택이 가능하다.

설치 최소 또는 권장 사양 확인한다.

- CPU 종류와 RAM 용량

리눅스 시스템을 설치하고 운영하는데 가장 중요한 요소이다.

CentOS 6.3 32bit버전을 설치하는 경우 최대 32개의 CPU를 지원하고, RAM 최대 지원 용량은 16GB이다. 동작에 필요한 최소 RAM 용량은 512MB이고, 권장 용량은 논리적 CPU당 1GB이다. CentOS 6.3 64bit 버전을 설치하는 경우 최대 32개의 CPU를 지원하고 160/4096개의 CPU를 지원한다. RAM 용량은 2TB/64TB이다. 동작에 필요한 최소 RAM 용량은 1GB이고, 권장 용량은 논리적 CPU당 1GB이다.

- 하드디스크 용량과 파티션 정보

대상 시스템이 32bit x86 시스템인지, 64bit x86_64 시스템인지에 따라 요구되는 용량이 다르기 때문에 설치하고자 하는 배포판 홈페이지에서 확인해야 한다. 설치하는 패키지들에 따라 다른 용량을 요구하고, 다양한 하드디스크 구성이 가능하기 때문에 이에 대한 확인이 필요하다. CentOS 6.3에서는 최소 1GB, 권장 5GB임을 참고하면 된다.

- 하드디스크/CD-ROM 컨트롤러 정보

리눅스에서는 IDE, EIDE, SATA와 SCSI 방식의 하드디스크를 모두 지원한다. 그러나 SCSI 방식의 하드디스크를 사용하는 경우 리눅스에서 지원하는 모델인지를 확인해야 한다.

- 그래픽 카드와 모니터 정보

리눅스 사용자는 텍스트 모드와 그래픽 모드를 사용할 수 있으며, 그래픽 모드를 사용하기 위해서는 그래픽 카드와 모니터가 X 윈도우 서버를 지원해야 한다. 설치하기 전에 지원 여부를 확인해야 한다. 아울러 그래픽 카드의 칩셋과 램 용량, 모니터의 수평 주파수와 수직 주파수를 알아두면 설치 중에 문제가 생길 경우 해결하는데 많은 도움이 된다.

- 랜 카드 종류, IRQ와 I/O 주소 정보

대부분의 랜 카드는 자동으로 설정되지만 ISA 종류의 랜 카드는 자동으로 설정되지 않는 경우가 많으므로 칩셋과 I/O 주소 및 IRQ 주소를 알아두어야 한다. 아울러 IP 주소, 넷마스크, 게이트웨이, 네임서버, 호스트 이름 등에 대한 정보도 미리 확인해두면 빠른 설치에 도움이 된다.

- 사운드 카드 정보

멀티미디어 관련 설정은 리눅스에서 까다로운 부분 중에 하나이다. 따라서 사운드 카드의 모델명과 칩셋을 알아두면 설치 시 발생하는 문제를 해결하는데 많은 도움이 된다.

- 키보드, 마우스, 기타 정보

시스템을 구성하는 특별한 하드웨어 장치가 존재하는 경우 그 장치에 대한 정보를 정리해두면 설정에 도움이 된다.

1.1 개략적인 설치 과정

▸ 1단계 : 리눅스 배포판으로 부팅한다.

경우 1 : 미디어를 이용한 설치인 경우 미디어 테스트 실행 여부를 결정한다. 대부분의 경우 건너뛰기를 선택한다.

경우 2 : 미디어를 인식하지 못한 경우 설치 매체를 선택하도록 하고, 선택된 설치 매체를 이용하여 설치를 수행한다.

- 2단계 : 설치 과정동안 사용할 언어를 선택한다. 기본 값으로 영어가 설정되어 있다.
- 3단계 : 시스템에서 사용하고 있는 키보드의 종류를 선택한다. 우리나라에서 사용하는 키보드는 U.S.English 키보드와 호환성을 가지고 있다.
- 4단계 : 설치와 관련된 저장 장치의 종류를 선택한다. 기본 저장 장치, 특별한 저장 장치가 있는데 대부분의 경우 기본 저장 장치를 선택하면 된다.
- 5단계 : 저장 장치에 검색 결과를 알려준다.

  설치 중 발생할 수 있는 사항에 대하여 확인 요청을 한다.
- 6단계 : 네트워크에서 식별하는데 사용할 호스트명을 지정한다.

  6-1단계 : 필요한 경우 네트워크 수동 설정을 수행한다.

- 7단계 : 시스템의 시간대를 설정한다.
- 8단계 : 관리자, 'root' 계정의 암호를 설정한다.
- 9단계 : 선택한 장치 대하여 공간을 어떻게 사용할지, 설치 종류를 선택한다.

  경우 1 : '파티셔닝 레이아웃을 검토하고 수정하기(Review and Modify Partitioning Layout)'를 체크하지 않고 '모든 공간 사용', '기존의 Linux 시스템 교체', '현재 시스템 축소', '여유 공간 사용' 중 하나를 선택하면 자동으로 설치를 수행한다.

  경우 2 : '파티셔닝 레이아웃을 검토하고 수정하기(Review and Modify Partitioning Layout)'를 체크하고 '모든 공간 사용', '기존의 Linux 시스템 교체', '현재 시스템 축소', '여유 공간 사용' 중 하나를 선택하면 파티셔닝 결과 확인, 설정 정보 저장 및 포맷, 부트로더 설치 위치 확인 및 설치 순으로 설치를 수행한다.

  경우 3 : 사용자 레이아웃 만들기를 선택하면 파티셔닝 작업 수행, 파티셔닝 결과 확인, 설정 정보 저장 및 포맷, 부트로더 설치 위치 확인 및 설치 순으로 설치를 수행한다.
경우 1은 매우 간단하게 파티셔닝을 수행할 수 있다. 그러나 파티셔닝은

▸ 10단계 : 설치할 소프트웨어 유형, 패키지들의 그룹들을 선택한다

경우 1 : '지금 선택(Customize now)' 항목을 체크하지 않고 다음 단계를 선택하면, 선택된 패키지 그룹들의 설치를 수행하게 된다.
경우 2 : '지금 선택(Customize now)' 항목을 체크하고 다음 단계를 선택하면, 선택된 패키지 그룹들의 선택 상태를 확인할 수 있고, 세부적인 패키지 추가 및 삭제가 가능한 단계로 이동한다.

▸ 11단계 : 선택한 패키지들에 대한 설치를 시작한다.

경우 1 : 설치 중 사용언어를 영어로 선택하였을 때, 최소 설치의 경우 202 패키지가 설치되고, 데스크탑 설치의 경우 1078 패키지가 설치된다.
경우 2 : 설치 중 사용 언어를 한글로 선택하였을 때, 최소 설치의 경우 210 패키지가 설치되고, 데스크탑 설치의 경우 1087 패키지가 설치된다. 한글을 선택하는 경우 시간대도 서울이 자동 선택되고, 한글 지원 패키지도 추가적으로 설치된다.

▸ 12단계 : 설치 완료 후 설치 미디어를 제거한 후 재부팅한다.

경우 1 : 데스크탑 패키지 그룹이 설치된 경우 최초 부팅 시 추가 설정을 수행한다.
경우 2 : 최소 설치의 경우 추가 설정이 나타나지 않는다

1.2 설치와 관련된 용어 이해

▸ 부팅(Booting) 또는 부트스트래핑(Bootstrapping)

사용자가 컴퓨터 시스템을 사용하기 위해서는 먼저 운영체제의 핵심, 즉 커널이 메모리에 적재(loading)되어야 한다. 부트스트래핑 또는 부팅은 컴퓨터를 시동시켰을 때 컴퓨터 스스로 작동하면서 운영체제의 커널을 적재하는 과정을 의미한다.

컴퓨터에 전원이 공급되면 ROM에 있는 BIOS가 하드디스크를 포함한 하드웨어 장치의 연결 상태를 확인한 후 이상이 없으면 하드디스크의 첫 번째 섹터, 즉 마스터 부트 레코드를 읽고, 그 안에 존재하는 부트로더를 실행한다. 부트로더는 로딩할 운영체제가 설치된 파티션의 첫 번째 섹터, 즉 부트 섹터 레코드를 적재하며, 적재된 부트 섹터 레코드가 실행하여 운영체제의 핵심 부분을 적재함으로써 부팅이 완료된다.

▸ 파티션(partition)과 파티셔닝(partitioning)

컴퓨터 시스템에서 설치된 디스크를 사용하기 위해서는 먼저 운영체제가 설치되어야 하는데 운영체제마다 다른 파일 시스템을 지원한다. 따라서 하드디스크는 운영체제가 지원하는 파일 시스템으로 정의되어야 하는데, 물리적인 하드디스크의 구성과는 상관없이 정의된 논리 영역을 파티션이라고 한다. 즉, 하나의 디스크를 다수의 파티션으로 구성할 수도 있지만, 다수의 디스크가 하나의 파티션을 구성할 수도 있다는 것을 의미한다.

파티션을 사용하는 이유는 크게 두 가지로 생각할 수 있다. 첫 번째는 대용량 디스크 전체를 하나로 사용하게 되면 블록의 크기가 크게 잡혀서 블록 단위로 데이터가 저장될 때 블록을 다 채우지 못하는 크기의 데이터의 경우 저장 공간이 낭비될 수 있다. 블록의 크기가 너무 작으면 성능이 감소될 수 있기 때문에 적당한 크기로 파티션을 생성하면 저장 공간의 손실을 감소시킬 수 있다. 두 번째는 여러 개의 운영체제를 사용하려는 수요가 증가하였고, 이를 위해서는 여러 개의 디스크를 갖는 시스템이 필요하다. 이 경우 한 개의 디스크를 다수 개의 파티션으로 생성하면 여러 개의 디스크를 갖는 시스템처럼 사용할 수 있다.

파티션은 보통 주(primary) 파티션, 확장(extended) 파티션, 논리(logical) 파티션으로 나뉜다. 하나의 디스크에는 최대 4개의 주 파티션을 사용할 수 있지만 필요한 파티션의 수가 5개 이상인 경우 확장 파티션을 사용해야 한다. 확장 파티션은 논리 파티션을 저장하기 위한 파티션으로 원하는 만큼의 논리 디스크를 저장할 수 있다. 실제로 데이터가 저장되는 파티션은 논리 파티션이다.

파티셔닝은 파티션을 생성하는 작업을 의미하고, 리파티셔닝(repartitioning)은 파티션을 재설정하는 작업을 의미한다.

▸ 부트로더(Boot Loader or bootloader)

부트로더는 활성화된 파티션을 찾아 그 파티션의 부트 섹터 레코드를 적재하고 제어권을 넘김으로써 운영체제를 로딩하는 프로그램을 의미한다.

대표적인 종류로는 리눅스에서 사용하는 GRUB(GRand Unified Bootloader)과 LILO(LInux LOader)가 있고, 윈도우즈 NT 계열 운영체제에서 사용하는 NT Loader 등이 있다.

2. 가상화 소프트웨어에서 설치

서비스를 제공하는 리눅스 시스템은 실제 하드웨어에 설치한다. 그러나 실습을 위해 추가적인 하드웨어를 준비하는 것은 어려운 일이다

이를 해결하기 위한 방법으로 현재 사용하고 있는 시스템에 리눅스를 설치하는 방법이다. 리눅스에 익숙한 사용자라면 멀티 부팅할 수 있도록 설치할 수 있고, 하드웨어에서 직접 실행되기 때문에 우수한 성능을 제공할 수 있다. 그러나 완전히 새로 설치하는 경우가 아니라면 이 방법은 설치 중 실수를 하면 기존의 시스템이 동작하지 않을 수도 있고, 모든 데이터를 잃을 수도 있다.

다른 방법은 가상화 소프트웨어를 이용하여 가상 머신를 생성하고, 가상 머신에 리눅스를 설치하는 방법이다. 가상 머신은 실제 하드웨어가 아니기 때문에 최고의 성능을 제공하지는 못하지만, 설치 중에 실수를 하여도 기존의 시스템에는 영향이 없어 안전하다. 또한 백업을 수행해야 하는 노력도 절감할 수 있고, 기존 시스템의 하드웨어들

의 능력에 따라 다수의 가상 머신에 다수의 운영체제를 설치하고 운영할 수 있다.

가상화(vitualization)

최근 들어 하드웨어의 성능이 크게 향상되어 유휴 자원이 발생하였고, 이를 효율적으로 사용하기 위한 방법으로 가상화가 사용되고 있다. 서버 가상화는 하나의 머신에 다수의 가상머신을 생성하고, 그 위에 다수의 운영체제를 가동하기 때문에 시스템 사용률(utilization rate)을 극대화하는 방법이다. 가상화 소프트웨어가 동작하는 시스템의 운영체제를 Host 운영체제라고 하고, 가상 머신을 운영하는 운영체제를 Guest 운영체제라고 한다.

본 절에서는 가상화 소프트웨어중에서 널리 사용되고 있는 VMWare Workstation 이나 VAWare Player를 이용하여 가상 머신을 생성하고, 생성된 가상 머신에 CentOS 6.3 설치해본다. 참고로 VMWare는 윈도우즈, 리눅스, 맥 운영체제를 모두 지원한다.

▸ 1단계 : VMWare Workstation 이나 VAWare Player를 실행하여 'File'-'New Virtual Machine' 메뉴를 선택하면 다음과 같은 화면이 나타난다.

'Typical(recommended)'을 선택하면 빠른 구성이 가능하고, 'Custom(advanced)'를 선택하면 CPU의 개수와 코어수, RAM 용량, 저장 매체의 타입 등을 설정할 수 있다.

▸ 2단계 : 다음은 가상 머신의 하드웨어 호환성을 확인하는 화면이다. VMWare의 버전별로 추가된 기능이 있기 때문에 확인이 필요하다.

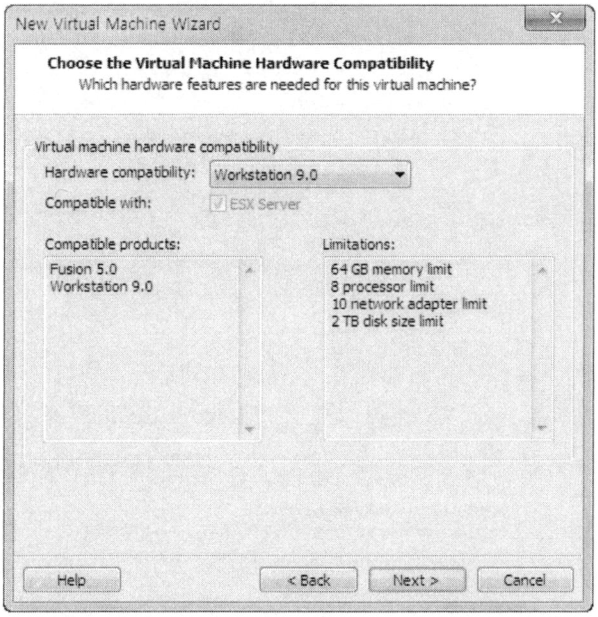

이 화면은 설정 타입을 'Custom(advanced)'로 선택한 경우만 나타난다

▸ 3단계 : 다음은 가상 머신에 'Guest' 운영체제를 설치하는 방법을 설정하는 화면이다. 우선적으로 가상 머신을 생성한 후에 설치하는 옵션을 선택한다.

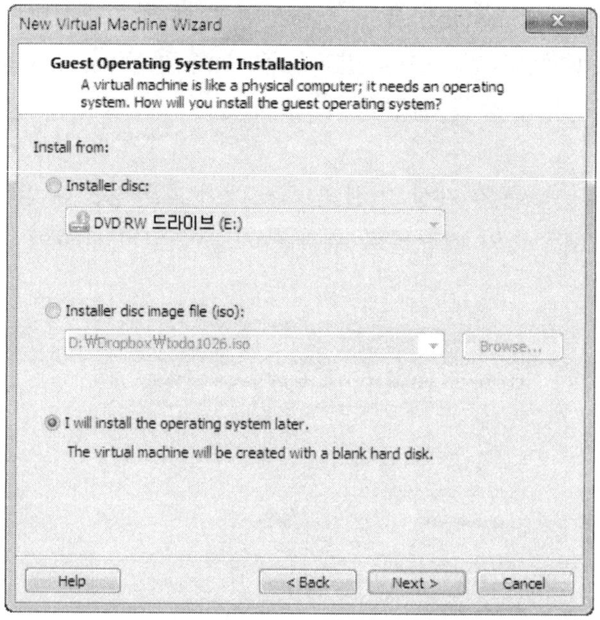

▸ 4단계 : 'Guest' 운영체제의 종류를 선택한다. 우리는 32bit CentOS 6.3 버전을 설치할 계획임으로 'Linux – CentOS'를 선택한다.

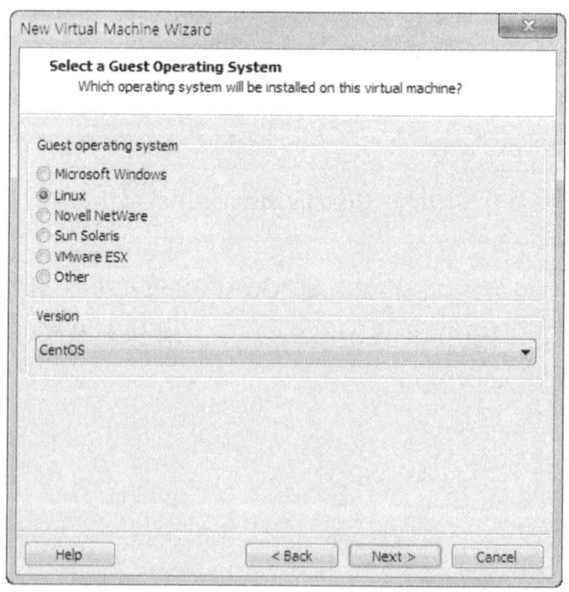

▸ 5단계 : 생성할 가상 머신의 이름과 위치를 설정하는 화면이다.

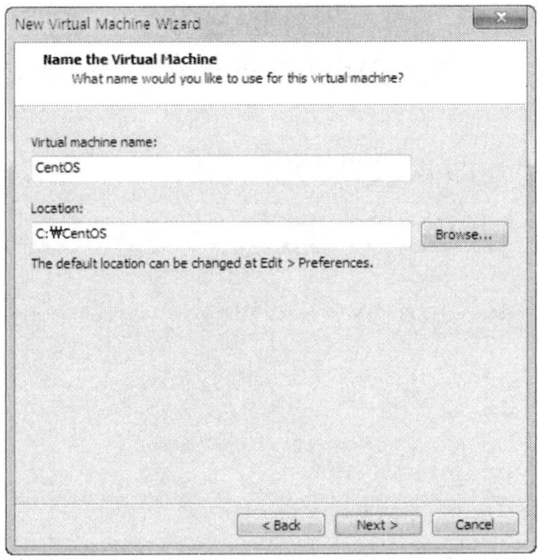

참고로 'Edit-Preferences' 메뉴를 선택하고 'Workspace' 항목에서 기본 저장 경로를 저장할 수 있다.

▸ 6단계 다음은 가상 머신의 프로세서의 개수와 코어 수를 설정하는 화면이다. 32비트 CentOS 6.3은 1코어의 1개의 프로세서에도 잘 동작하므로 기본 값을 사용한다.

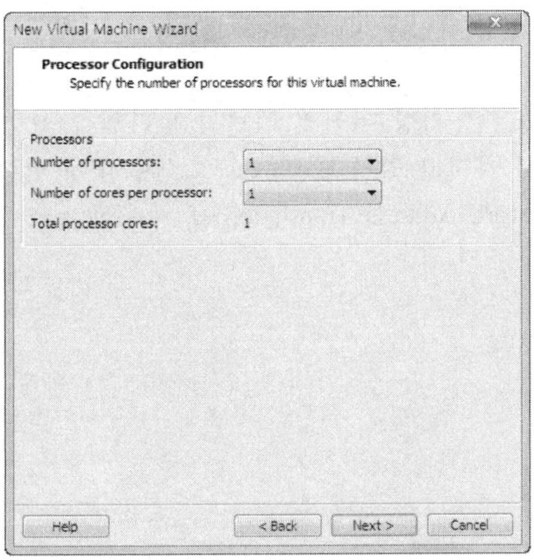

이 화면은 설정 타입을 'Custom(advanced)'로 선택한 경우만 나타난다

▸ 7단계 : 다음은 가상 머신의 RAM 용량을 설정하는 화면이다. 최소 용량은 코어당 512MB이지만 권장은 코어당 1GB 이므로 이를 사용한다.

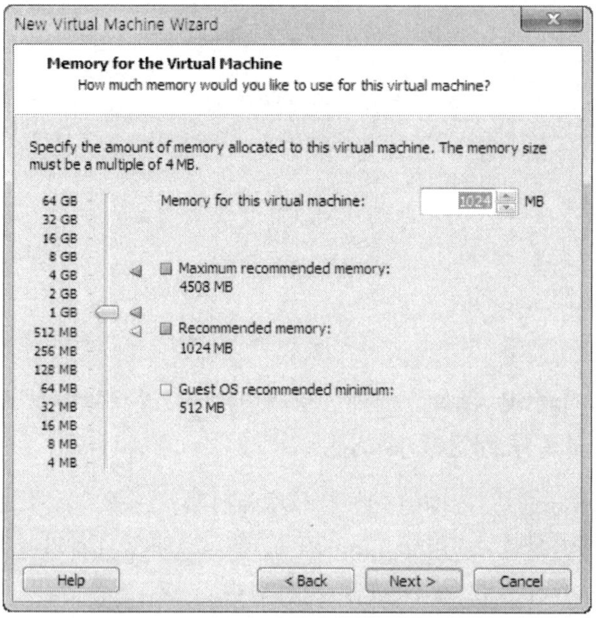

이 화면은 설정 타입을 'Custom(advanced)'로 선택한 경우만 나타난다

▸ 8단계: 다음은 가상 머신의 네트워크 타입을 설정하는 화면이다. 고정 IP를 가지고 있지 않으므로 호스트 IP에 연결해서 사용하는 NAT(Network Address Translation)을 사용한다.

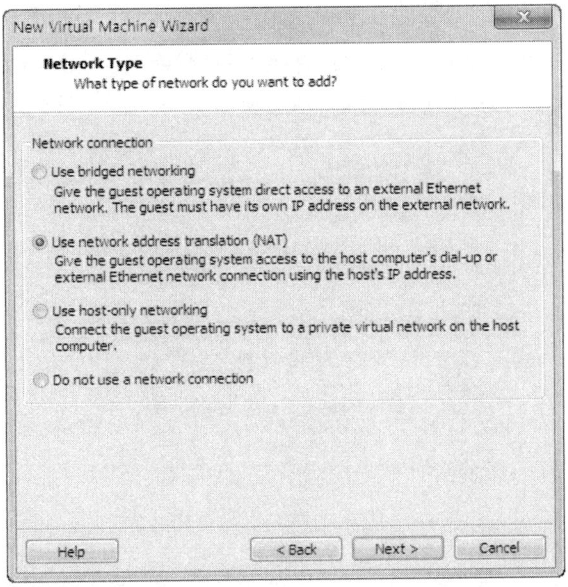

▸ 9단계: 다음은 I/O 컨트롤러 유형을 설정하는 화면이다. SCSI 방식의 권장 기본 값을 활용하면 된다.

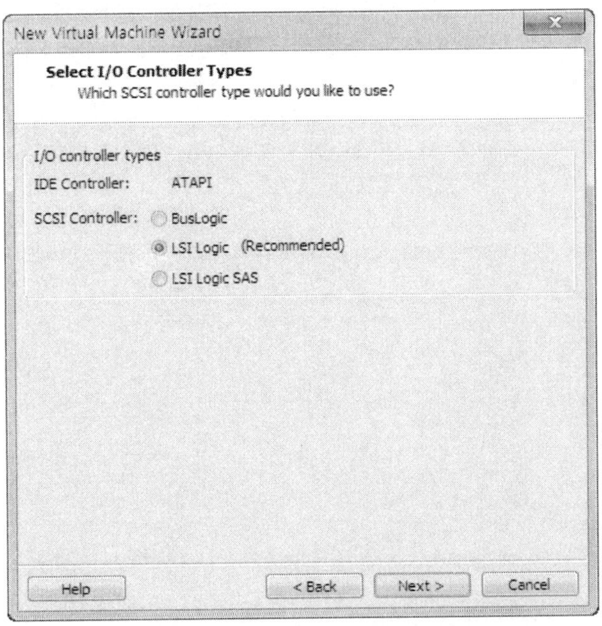

이 화면은 설정 타입을 'Custom(advanced)'로 선택한 경우만 나타난다.

▶ 10단계: 가상 머신의 가상 디스크를 선택하는 화면이다. 우선적으로 새로운 가상 디스크를 생성한다.

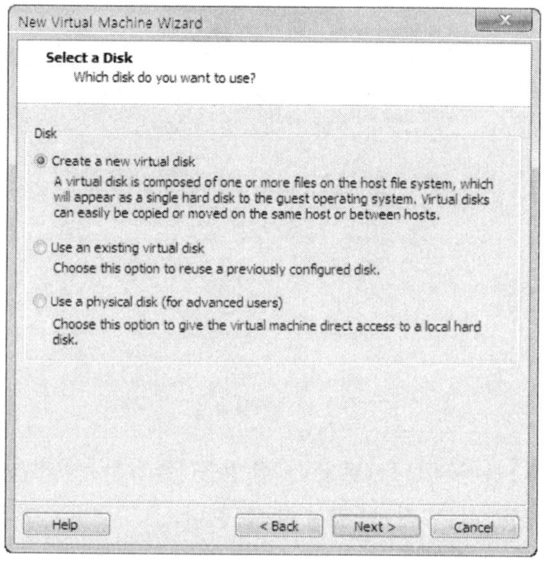

▶ 11단계; 가상 디스크의 유형을 선택하는 화면이다. 컨트롤러와 같은 SCSI 방식을 사용하면 된다.

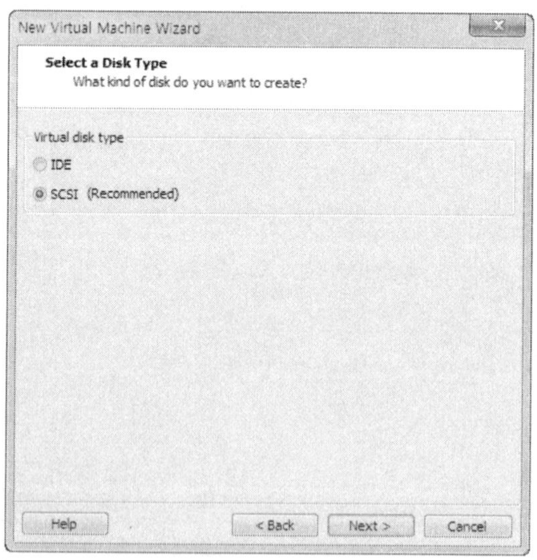

이 화면은 설정 타입을 'Custom(advanced)'로 선택한 경우만 나타난다

▸ 12단계; 가상 디스크를 용량을 설정하는 화면이다.

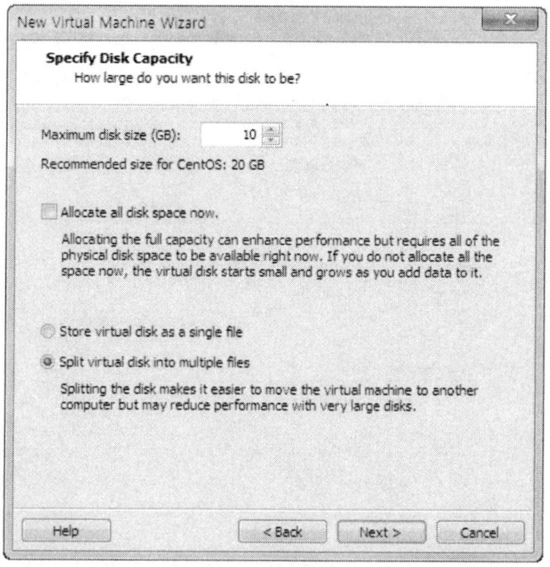

▸ 13단계: 가상 디스크 파일이 저장되는 이름을 설정한다.

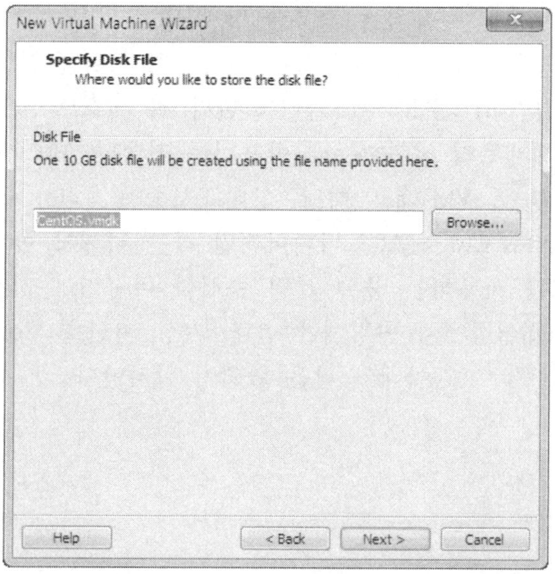

▸ 14단계 : 다음은 가상 머신에 대한 설정 결과를 확인하고, 필요한 경우 수정할 수 있는 화면이다.

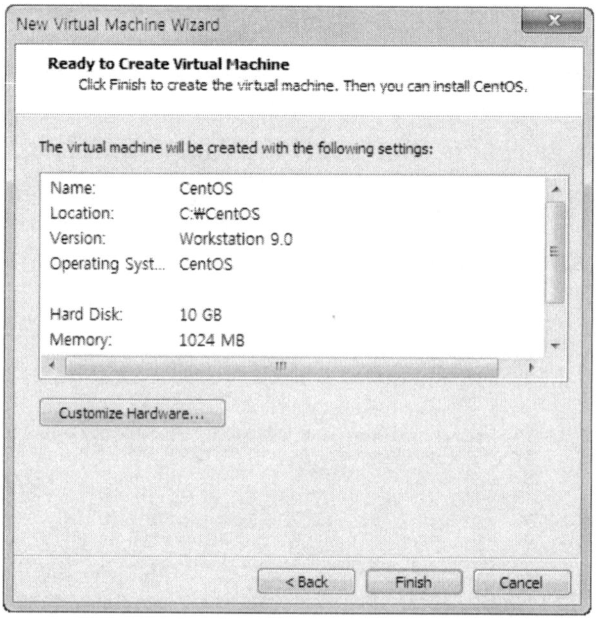

VMWare에서 동작중인 가상 머신 위에서 실행중인 운영체제, 즉 게스트 운영체제를 사용하는 경우 해당 화면을 클릭하면 모든 제어가 게스트 운영체제로 이동한다. 그러나 다시 호스트 운영체제로 제어권을 넘기려면 'Ctrl + Alt'키를 눌러야 한다. 즉 게스트 운영체제에서 호스트 운영체제로의 전환하는데 사용되는 키이다. 게스트 운영체제를 사용하는 동안 VMWare 하단 상태표시줄에 'to return to your computer, press Ctrl + Alt.' 나타나지만 꼭 기억해야 한다.

VMWare를 사용하는 중에 부팅 순서를 바꾸어야 하는 경우 가상 머신의 BIOS설정에서 변경해야 한다. 가상 머신을 'Power On'한 뒤 바로 'F2'를 누르면 아래와 같은 화면이 나타난다.

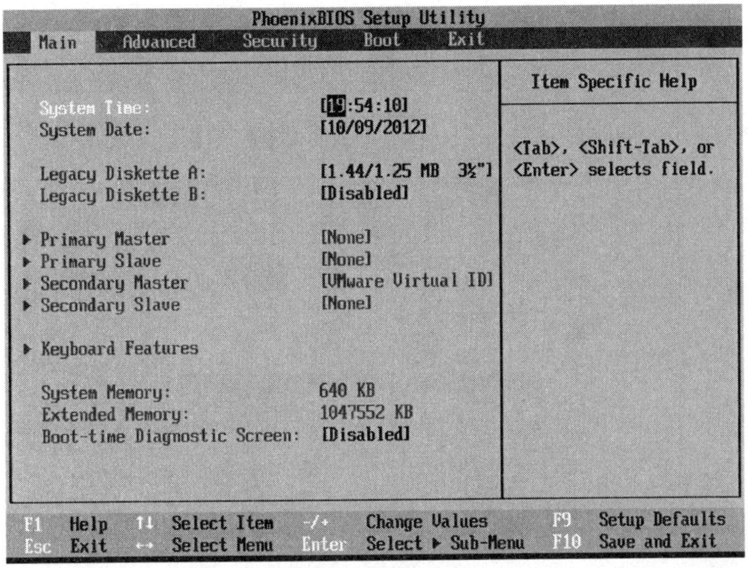

'Boot' 탭으로 이동하여 지정된 키를 이용하여 부팅 순서를 설정한다

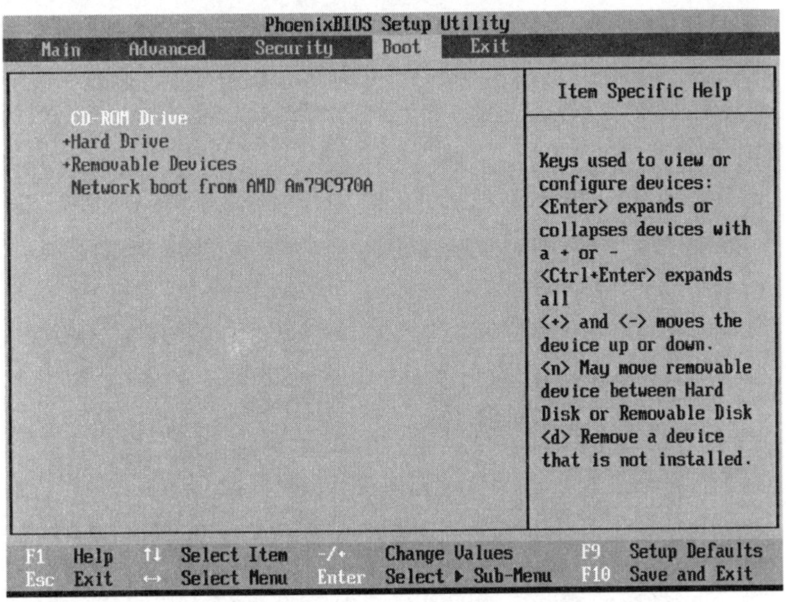

부팅을 하면 CD-ROM 드라이브로 부팅이 가능한 지를 제일 먼저 수행하게 된다.

'F10'키를 눌러 BIOS 설정 변경 내용을 저장한다.

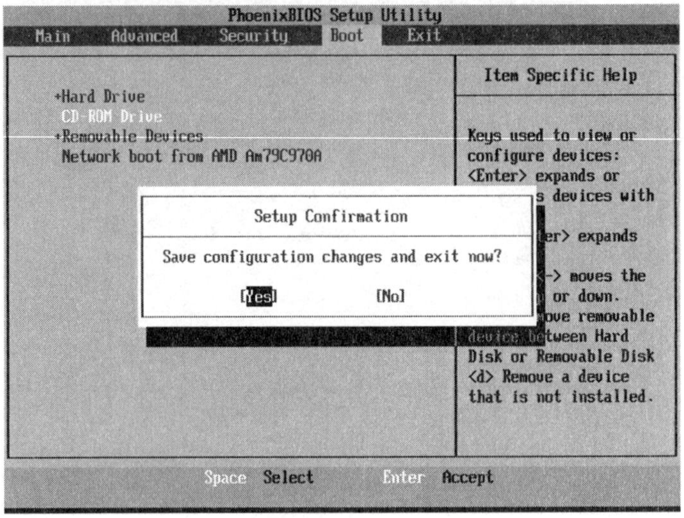

3. 최소 설치

본 장에서는 리눅스 설치 과정을 CentOS 6.3 배포판을 이용하여 수행해본다.

▸ 1단계 : CentOS 6.3 배포판으로 부팅한다.

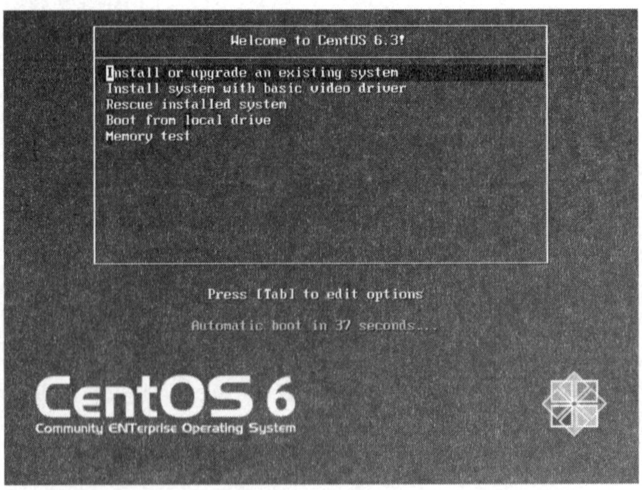

가상화 소프트웨어, 즉 VMWare에 설치하는 경우 생성된 가상 머신의 설정 파일에 대하여 열기(open)를 한 후 'Power on'을 클릭하면 머신이 동작하게 되고 부팅 순서에 따라 부팅을 하다. CentOS 6.3 DVD를 넣고 부팅하면 CentOS 6.3 DVD로 부팅한다. 참고로 가상 머신의 설정파일은 '.vmx' 확장자를 갖는다.

설치 DVD를 이용하여 미디어 테스트가 나타나지만 실행을 하지 않고 'skip'을 선택한다.

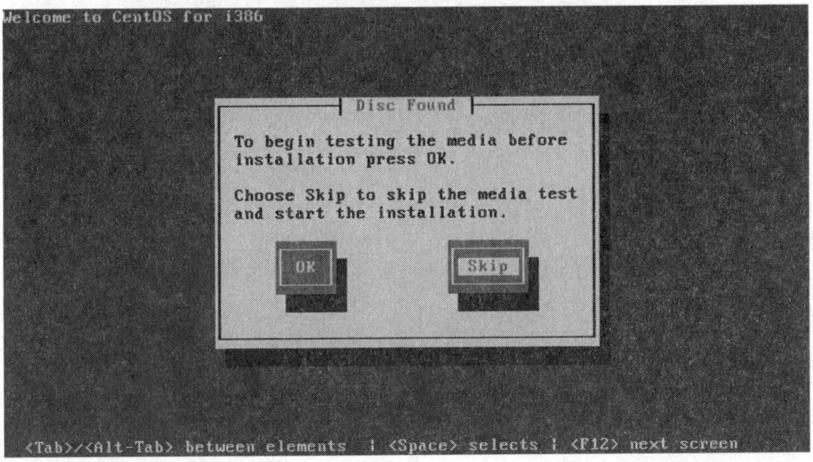

설치 미디어의 무결성을 테스트하는 과정으로 설치하기 전에 수행하면 설치 중 미디어 이상으로 인한 설치 오류를 방지할 수 있다. 최근 들어 미디어 이상으로 인한 설치 문제가 거의 발생하지 않고 있고, 설치에 소요되는 시간을 매우 짧아졌지만 그에 비하여 미디어 테스트 시간을 많은 시간이 소요되기 때문에 대부분의 경우 이 과정을 수행하지 않는다.

다음은 GUI 기반 설치 프로그램의 시작을 나타내는 화면이다.

▸ 2단계 : 설치 과정동안 사용할 언어를 선택한다. 기본 값으로 영어가 설정되어 있다.

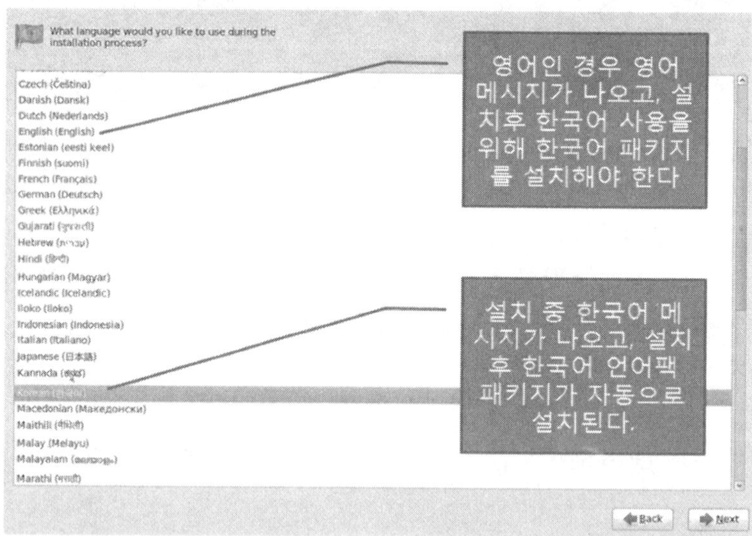

본 장에서는 영어를 선택한다. 데스크탑 설치 과정에서 한국어 언어팩 패키지를 추가 설치한다.

▸ 3단계 : 시스템에서 사용하고 있는 키보드의 종류를 선택한다.

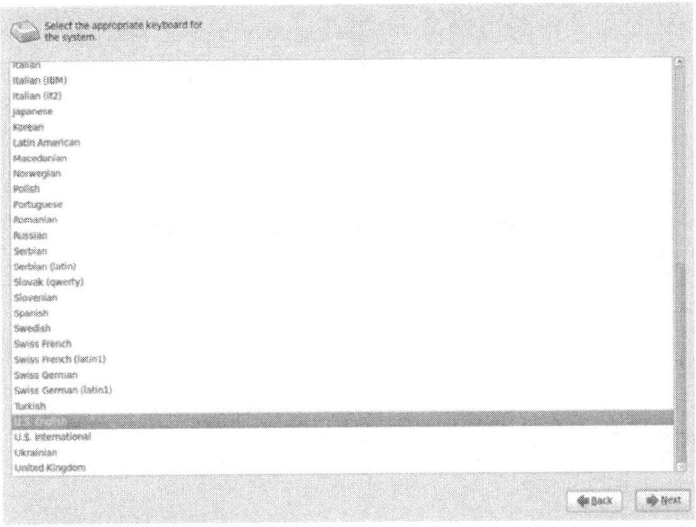

우리나라에서 사용하는 키보드는 'U.S.English' 키보드와 호환되기 때문에 이를 선택한다.

▸ 4단계 : 설치와 관련된 저장 장치의 종류를 선택한다. 대상 저장 장치가 하드 디스크, SSD 등은 모두 기본 저장 장치(Basic Storage Devices)에 해당된다. 따라서 'Basic Storage Devices' 항목을 선택한다.

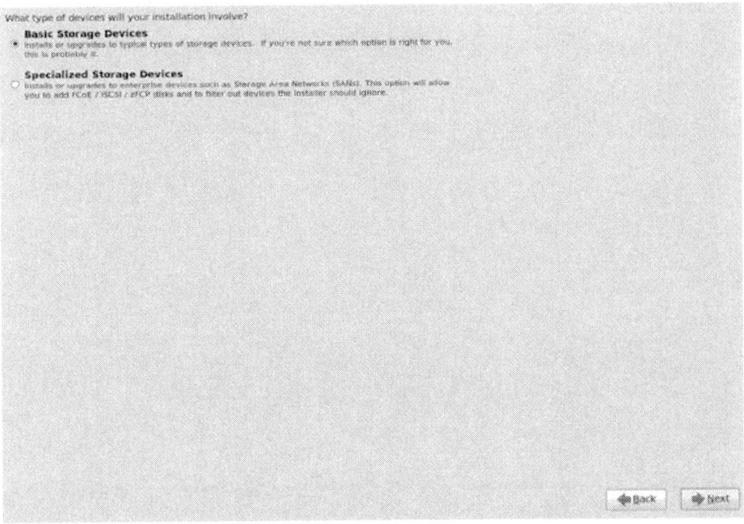

▸ 5단계 : 저장 장치에 검색 결과를 알려준다. 또한 설치 중 발생할 수 있는 사항에 대하여 확인 요청을 한다.

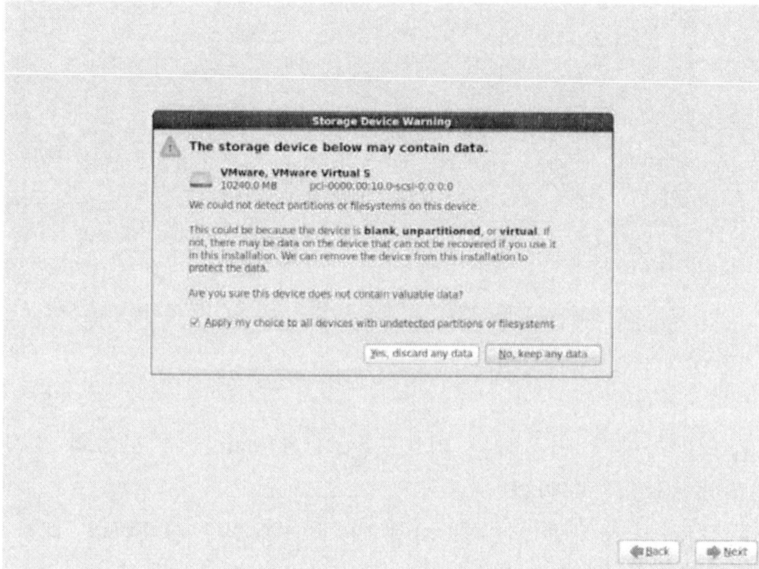

▸ 6단계 : 네트워크에서 식별하는데 사용할 호스트명을 지정한다.

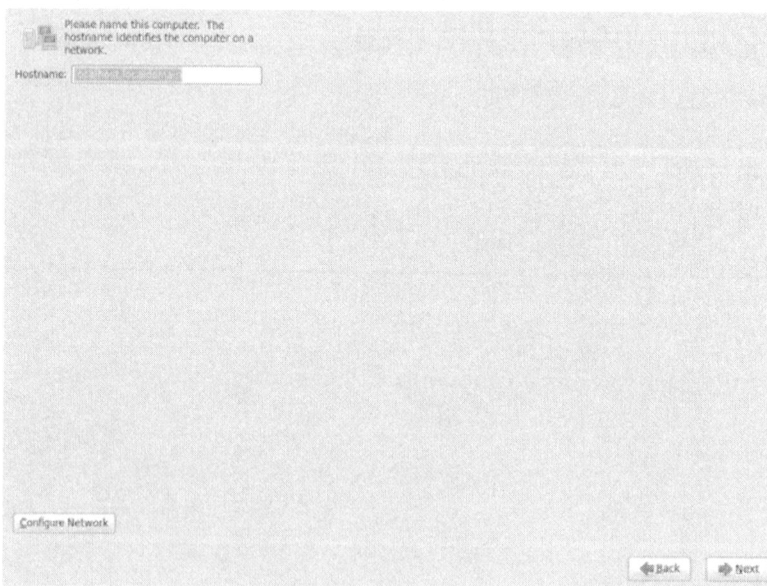

네트워크에서 시스템을 식별할 때 사용되기 때문에 식별이 가능한 형태를 지정하는 것이 좋다. 그림에서는 이름을 지정하였지만 시스템 설치 후에도 변경이 가능하기 때문에 기본 값을 사용하기로 한다. 기본 값은 'localhost.localdomain'이다.

▸6-1단계 : 필요한 경우 네트워크 수동 설정을 수행한다. 시스템 설치 후에도 설정이 가능하고, 네트워크에 대한 이해가 필요하기 때문에 여기서는 설정하지 않고, 확인만 한다.

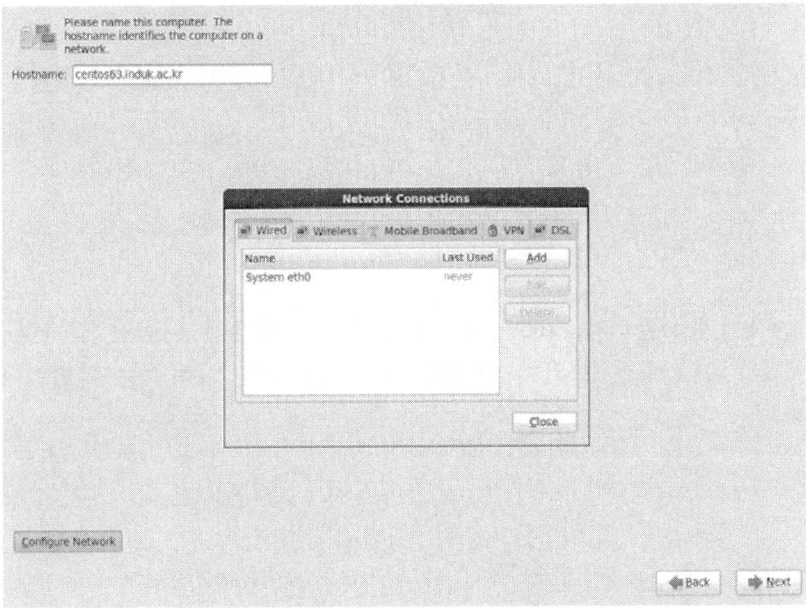

▸ 7단계 : 시스템의 시간대를 설정한다.

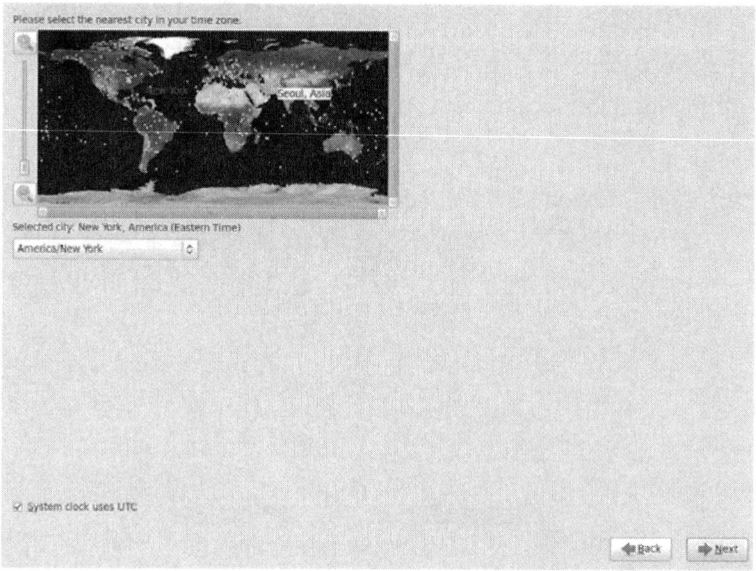

▸ 8단계 : 관리자, 'root' 계정의 암호를 설정한다. 다음은 입력한 암호가 보안에 취약한 암호라는 것을 알려주는 화면이다.

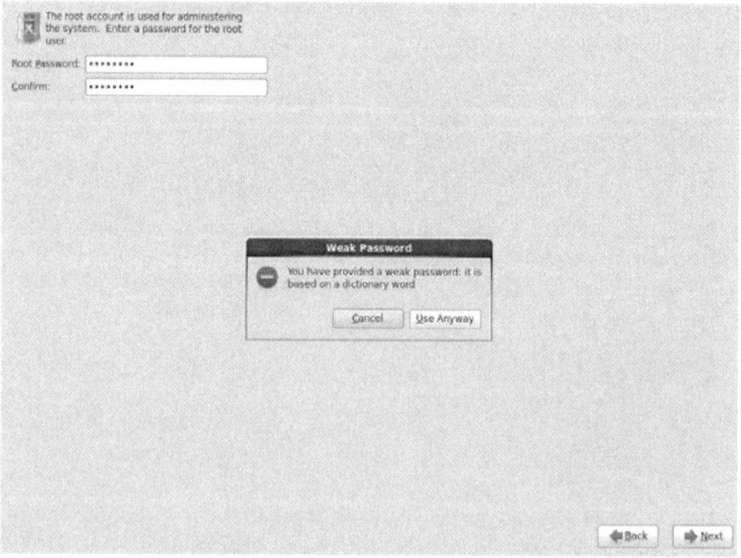

'Cancel'을 선택하면 재입력을 요청하게 되고, 'Use Anyway'를 선택하면 취약한 암호를 사용하여 설치를 계속하게 된다. 리눅스 시스템의 경우 보안성이 중요함으로 보안성이 높은 암호로 변경하는 것을 권장한다.

▶ 9단계 : 선택한 장치 대하여 공간을 어떻게 사용할지, 설치 종류를 선택한다.

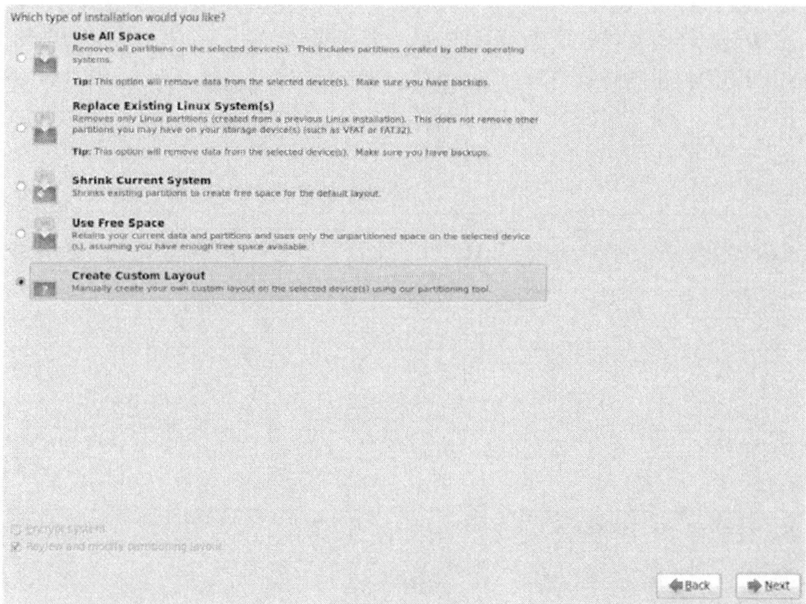

설치 종류에는 모든 공간 사용, 기존의 Linux 시스템 교체, 현재 시스템 축소, 여유 공간 사용, 사용자 레이아웃 만들기가 있다. 본 장에서는 사용자 레이아웃 만들기(Create Custom Layout)를 선택한다. 이 경우 자동으로 '파티셔닝 레이아웃을 검토하고 수정하기(Review and Modify Partitioning Layout)'가 선택되는 것을 확인 할 수 있다.

드라이브(drive) 명명

리눅스에서는 디스크 드라이브를 포함한 모든 하드웨어에 접근하기 위하여 장치 파일을 사용하기 때문에 파티션의 이름으로 장치를 구분할 수 있다.

리눅스에서 사용하는 디스크 장치와 파티션 명칭을 살펴보면 다음과 같다.

디스크 장치	명칭
첫 번째 플로피(A:)	/dev/fd0
두 번째 플로피(B:)	/dev/fd1
EIDE방식 첫 번째 하드 드라이브 또는 CD-ROM EIDE방식 첫 번째 하드 드라이브, 주 파티션 1 EIDE방식 첫 번째 하드 드라이브, 주 파티션 2 EIDE방식 첫 번째 하드 드라이브, 주 파티션 3 EIDE방식 첫 번째 하드 드라이브, 주 파티션 4 EIDE방식 첫 번째 하드 드라이브, 논리 파티션 1 EIDE방식 첫 번째 하드 드라이브, 논리 파티션 2 …	/dev/hda /dev/hda1 /dev/hda2 /dev/hda3 /dev/hda4 /dev/hda5 /dev/hda6 …
EIDE방식 두 번째 하드 드라이브 또는 CD-ROM EIDE방식 두 번째 하드 드라이브, 주 파티션 1 …	/dev/hdb /dev/hdb1 …
EIDE방식 세 번째 하드 드라이브 또는 CD-ROM …	/dev/hdc …
EIDE방식 네 번째 하드 드라이브 또는 CD-ROM …	/dev/hdd …
SCSI방식 첫 번째 하드 드라이브 SCSI방식 첫 번째 하드 드라이브, 주 파티션 1 SCSI방식 첫 번째 하드 드라이브, 주 파티션 2 SCSI방식 첫 번째 하드 드라이브, 주 파티션 3 SCSI방식 첫 번째 하드 드라이브, 주 파티션 4 SCSI방식 첫 번째 하드 드라이브, 논리 파티션 1 SCSI방식 첫 번째 하드 드라이브, 논리 파티션 2 …	/dev/sda /dev/sda1 /dev/sda2 /dev/sda3 /dev/sda4 /dev/sda5 /dev/sda6 …
SCSI방식 첫 번째 CD-ROM SCSI방식 두 번째 CD-ROM	/dev/scd0 /dev/scd1
첫 번째 일반 SCSI 장치(스캐너, CDR) 첫 번째 일반 SCSI 장치(스캐너, CDR)	/dev/sga /dev/sgb

주 파티션용 이름은 논리 파티션 이름으로 사용할 수 없다. 예를 들면 SCSI 방식의 첫 번째 하드디스크의 '/dev/sda1'~'/dev/sda4'는 주 파

티션용으로 예약되어 있기 때문에 논리 파티션 이름으로 사용할 수 없다. 즉, 논리 파티션의 이름은 '/dev/sda5'부터 시작한다.

사용자 레이아웃 만들기는 각각의 파티션을 사용자가 지정할 수 있다. 본 장에서는 4개의 파티션, '/dev/sda1', '/dev/sda2', '/dev/sda3', '/dev/sda5'를 마운트 포인트(mount point) '/boot', '/', swap, '/home'에 순서대로 설정한다.

▸ 9-3-1단계: 마운트 지점 '/boot'의 파일 시스템 타입을 'ext4'로 하고, 용량은 200MB 고정 크기로 설정하는 화면이다.

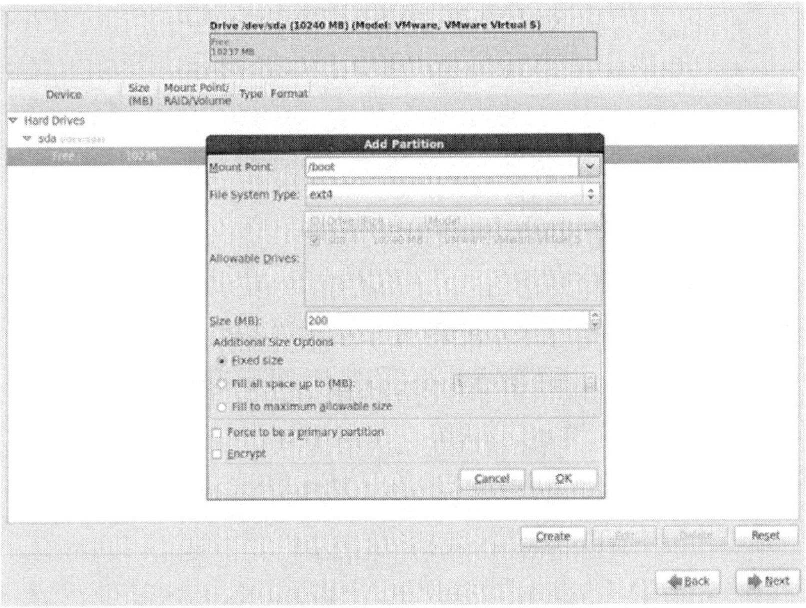

▸ 9-3-2단계 : 마운트 지점 '/'의 파일 시스템 타입을 'ext4'로 하고, 용량은 4096MB 고정 크기로 설정하는 화면이다.

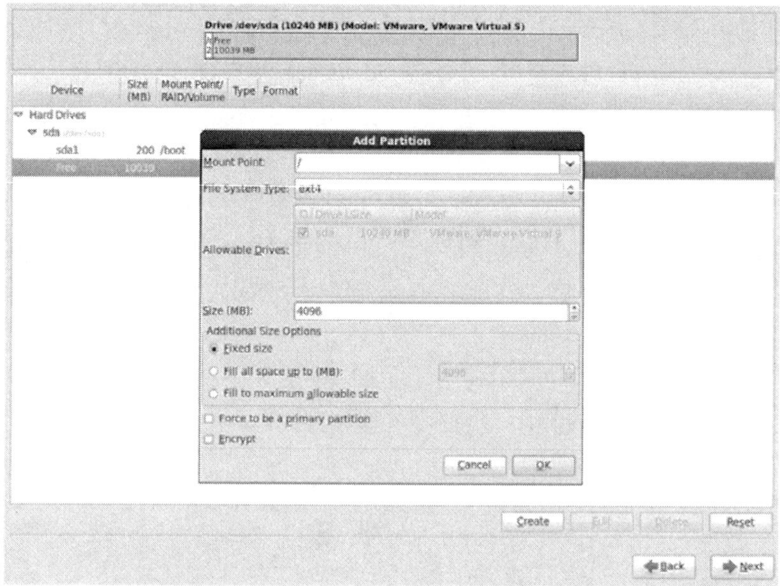

▸9-3-3단계 : swap 영역으로 용량은 1024MB 고정 크기로 설정하는 화면이다.

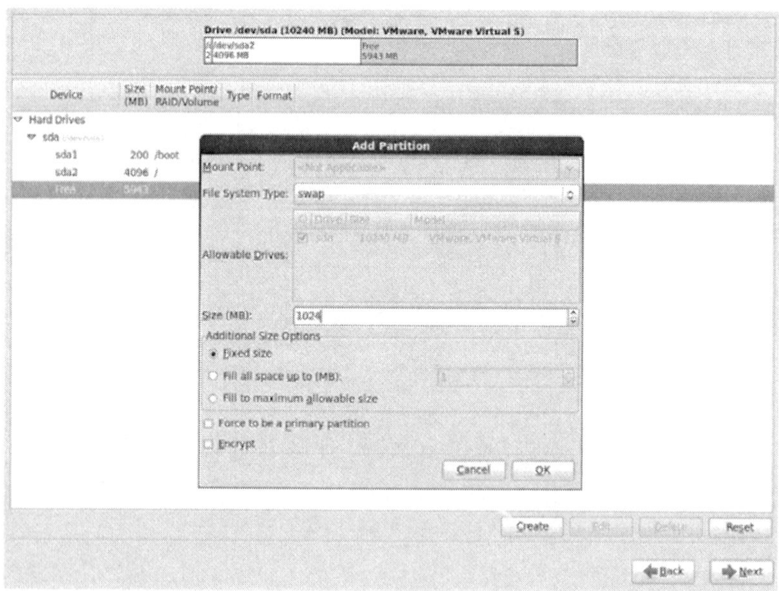

▸ 9-3-4단계 : 마운트 지점 '/home'의 파일 시스템 타입을 'ext4'로 하고, 용량은 '최대 가능한 크기(maximum allowable size)으로 채움'을 선택하여 설정하는 화면이다. 4918MB 용량이 '/home'에 할당됨을 확인할 수 있다.

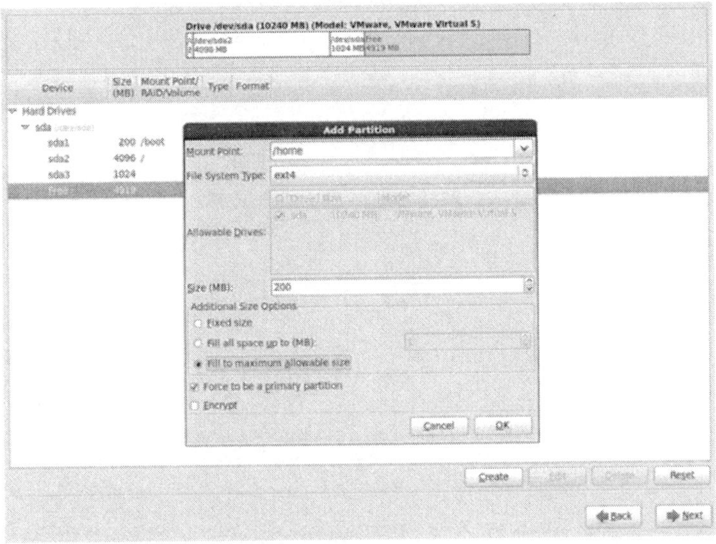

▸ 9-3-5단계: 선택된 장치에 대한 파티션 설정을 확인하는 화면이다

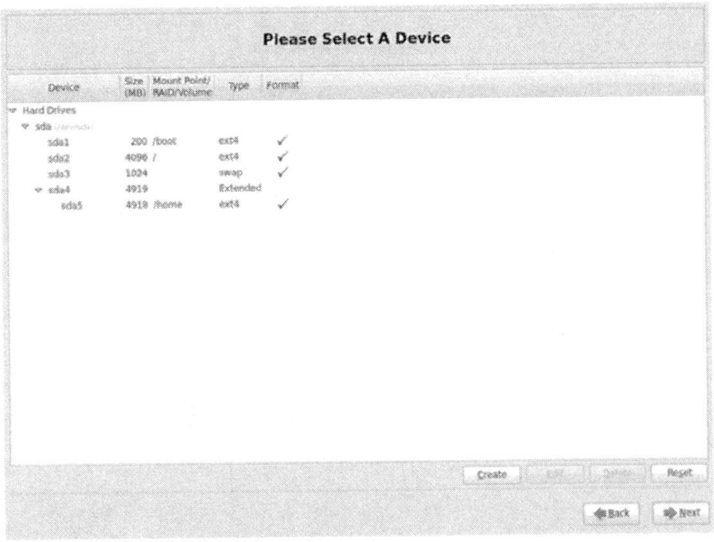

▶ 9-3-6단계 : 저장 장치에 선택한 설치 종류(공간 배치) 내용, 즉 변경된 파티션 설정 정보를 'Write changes to disk'를 선택하여 기록한다.

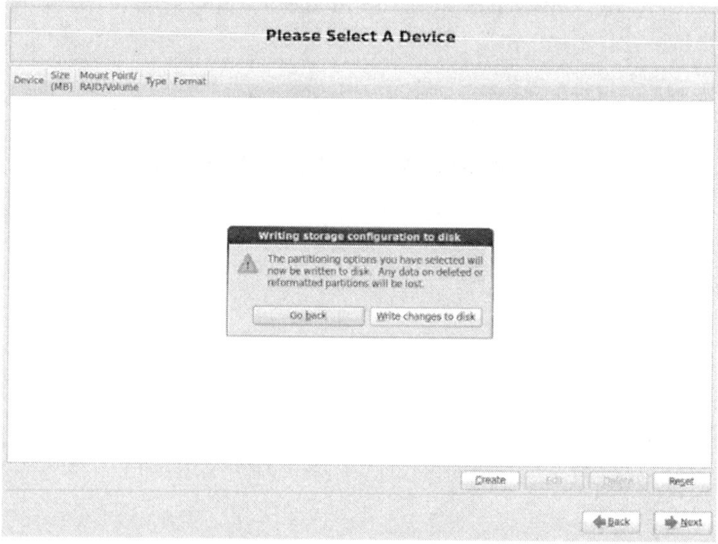

▶ 9-3-7단계 : 하드 디스크가 포맷(format)되지 않은 경우 포맷을 실행한다.

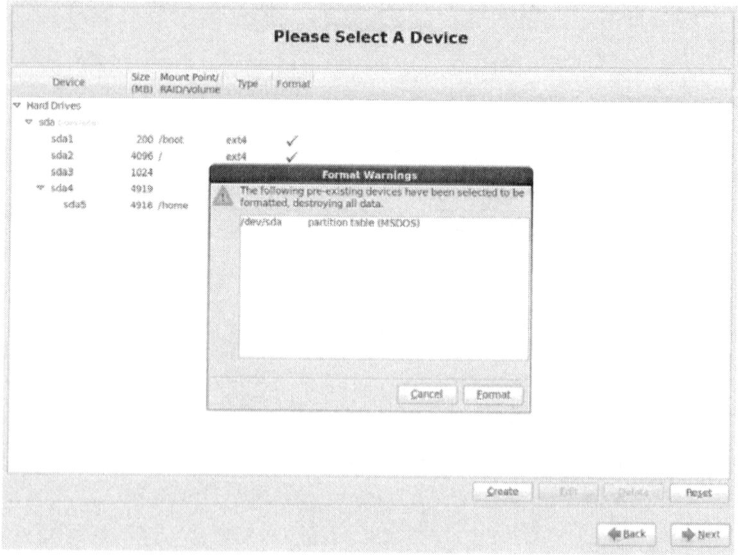

▸ 9-3-8단계 : 부트로더의 설치 위치를 설정한다.

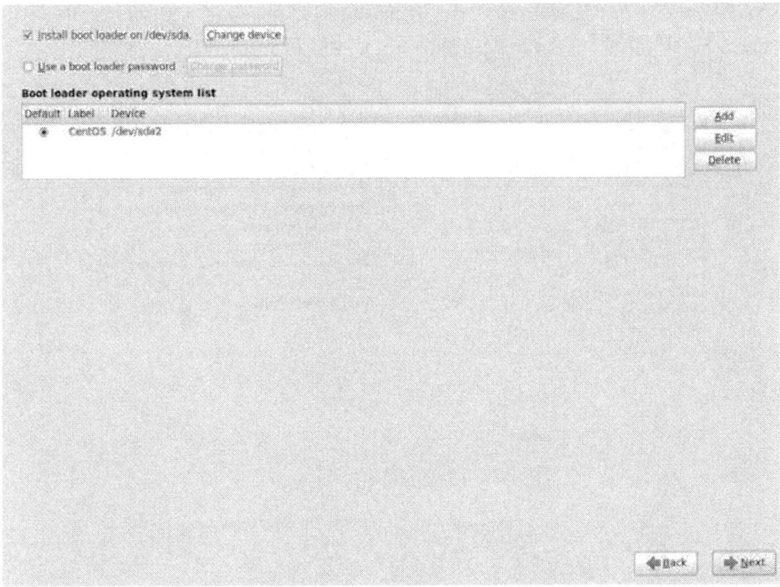

▸ 10단계 : 설치할 소프트웨어 유형, 패키지들의 그룹을 선택한다. 본 장에서는 'Minimal'과 하단의 'Customize now' 항목을 선택한다.

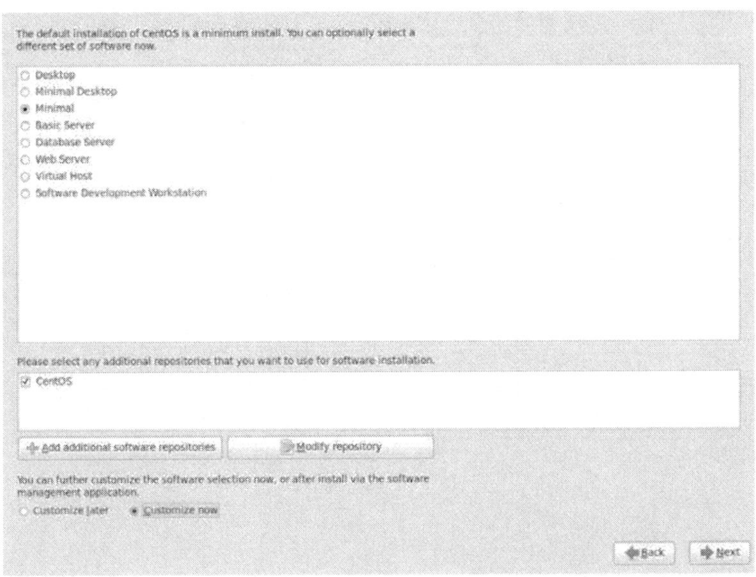

'Customize later' 항목을 선택하면 바로 패키지 설치를 실행한다.

'Customize Now(지금 선택)' 항목을 선택하면, 세부적인 패키지 확인, 추가 및 삭제가 가능한 화면이 나타난다.

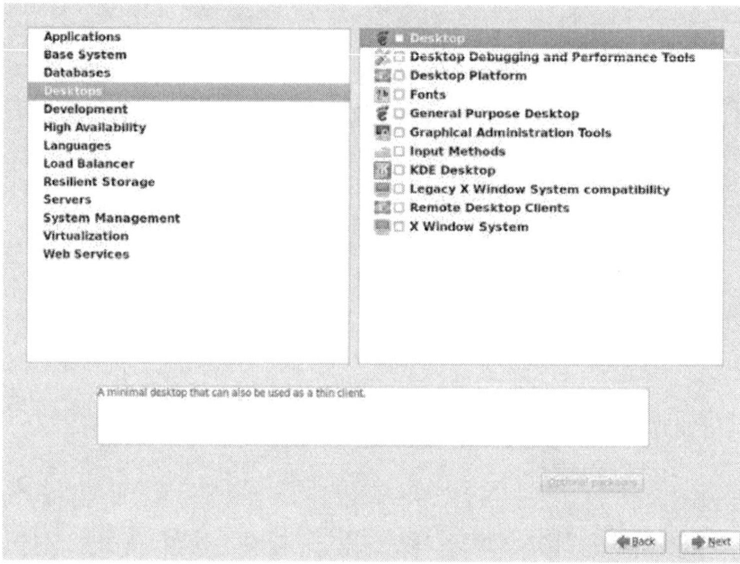

최소 설치를 선택한 경우 'Desktops' 패키지 그룹들이 선택되지 않음을 확인할 수 있다.

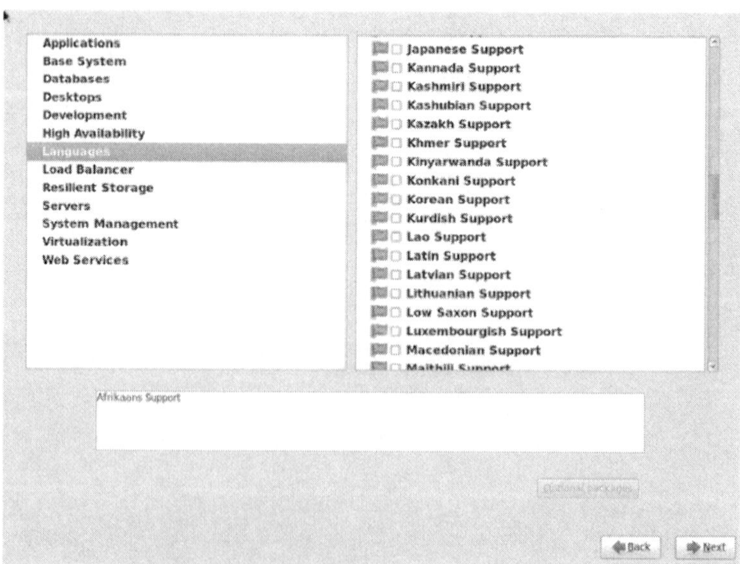

설치 중 언어를 영어로 선택한 경우 'Korean Support' 패키지 그룹이 선택되지 않음을 확인할 수 있다.

다음은 설치 중 언어를 한글로 선택하고 'Minimal' 패키지 그룹을 선택한 경우 'Languages'에 '한국어 지원'이 선택되어 있음을 확인할 수 있다.

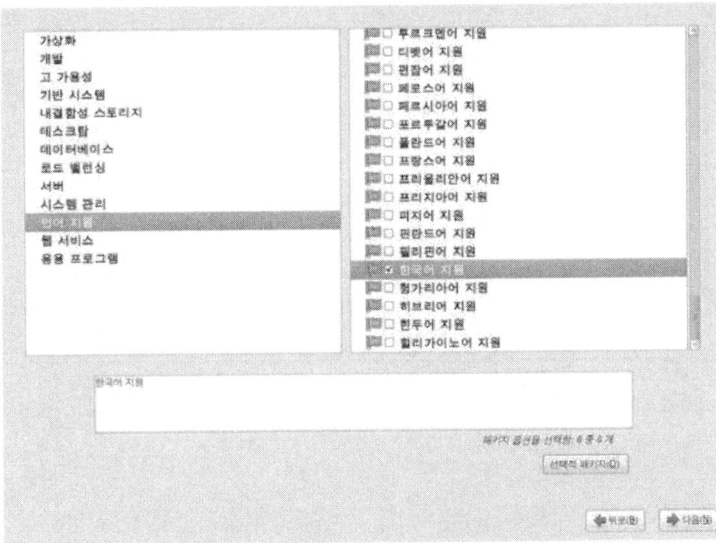

▸ 11단계 : 선택한 패키지들에 대한 설치를 시작한다.

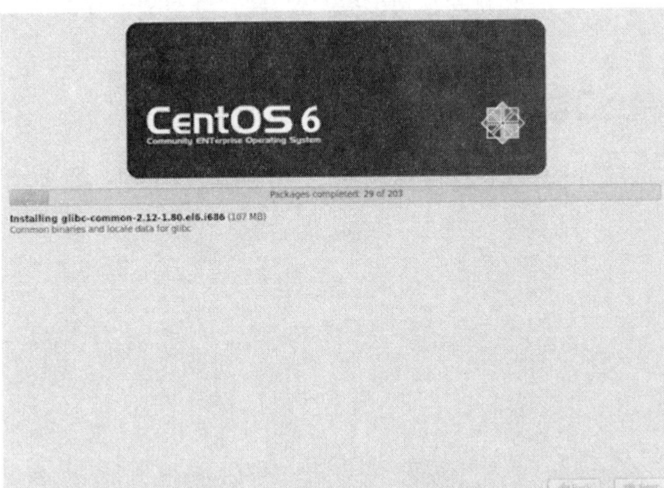

설치 중 사용할 언어를 영어로 선택하고, 사용자 레이아웃 만들기를 수행하여서 최소 설치(Minimal)를 선택한 경우 202의 패키지가 설치된다.

▶ 12단계: 설치 완료 후 설치 미디어를 제거한 후 재부팅한다.

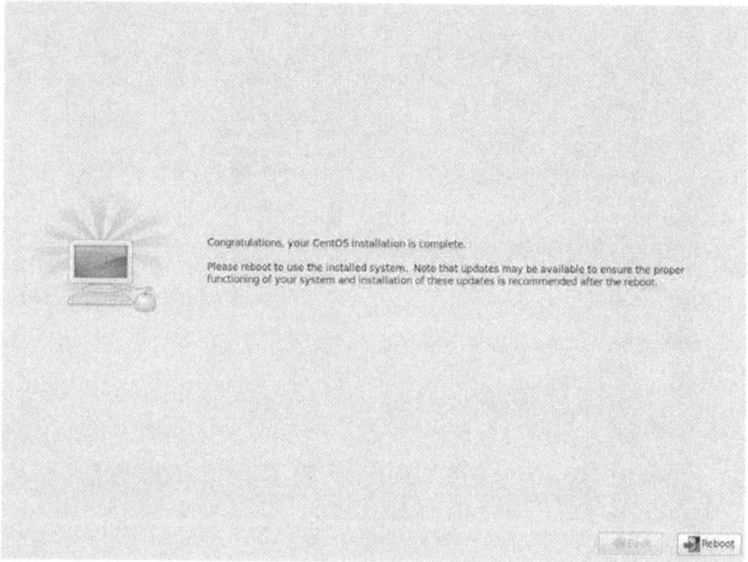

최소 설치의 경우 추가 설정이 나타나지 않는다. 참고로 재부팅 후 네트워크 사용을 위해서는 TCP/IP 설정을 수행해야 한다.

4. 데스크탑 설치

▶ 2단계 : 설치 중 사용할 언어를 'Korean(한국어)'로 선택한다.

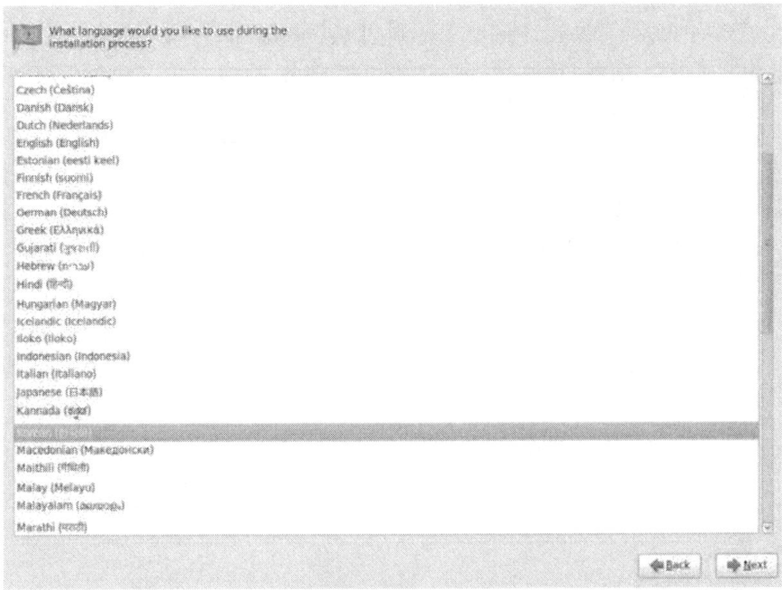

▸ 10단계 : 설치할 소프트웨어 유형, 패키지들의 그룹을 선택한다. 본 절에서는 'Desktop'과 하단의 'Customize now' 항목을 선택한다.

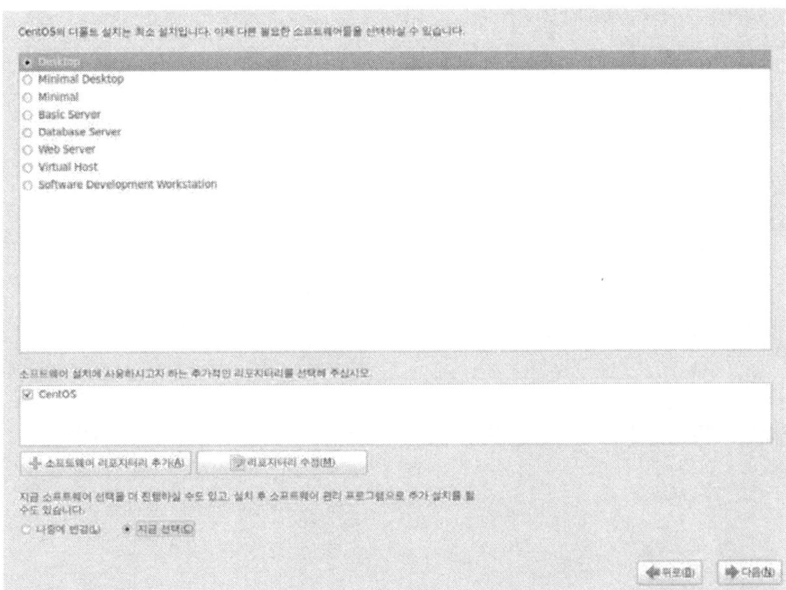

선택된 패키지들에 대한 세부적인 선택 상태를 확인하는 화면에서 보면 '데스크탑(Desktops)' 패키지 그룹들이 선택됨을 확인할 수 있다.

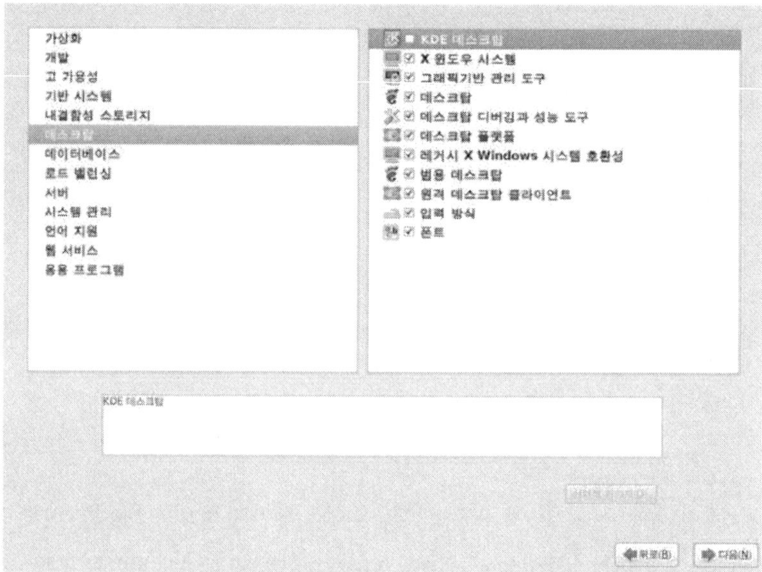

언어 지원 패키지 그룹을 살펴보면 '한국어 지원(Korean Support)'가 선택되어 있음을 확인할 수 있다.

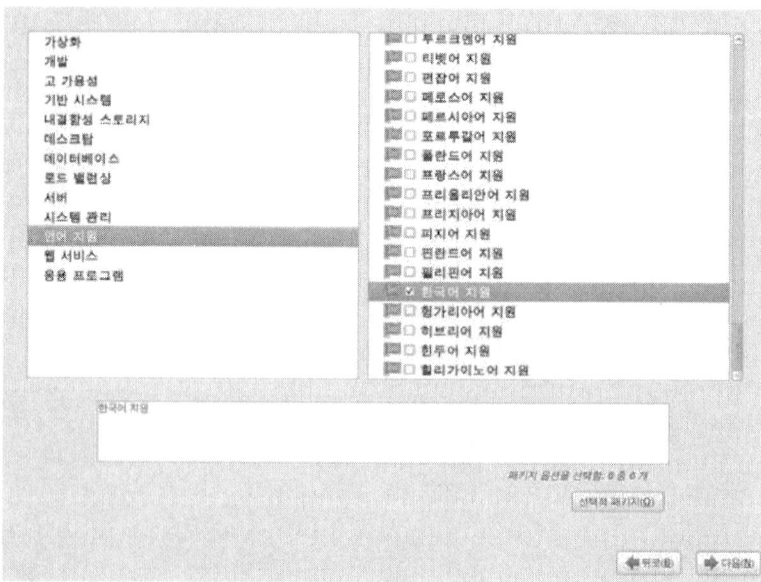

▸ 12-2-1 단계: 데스크탑 설치를 한 경우 최초 부팅 시 추가 설정을 수행해야 한다. 다음은 환영 화면이다.

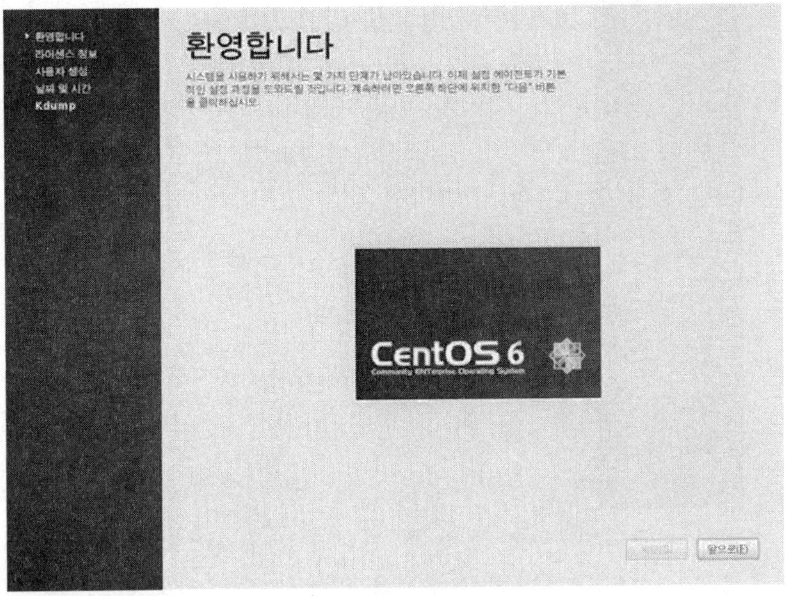

▸ 12-2-2 단계: 라이센스 조항에 대한 동의 화면이다.

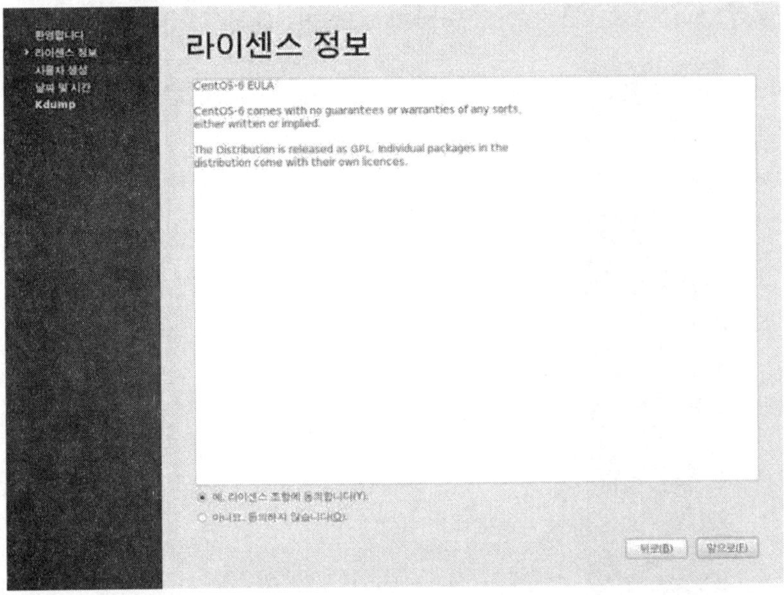

▶ 12-2-3 단계: 일반 사용자 계정을 생성하는 화면이다.

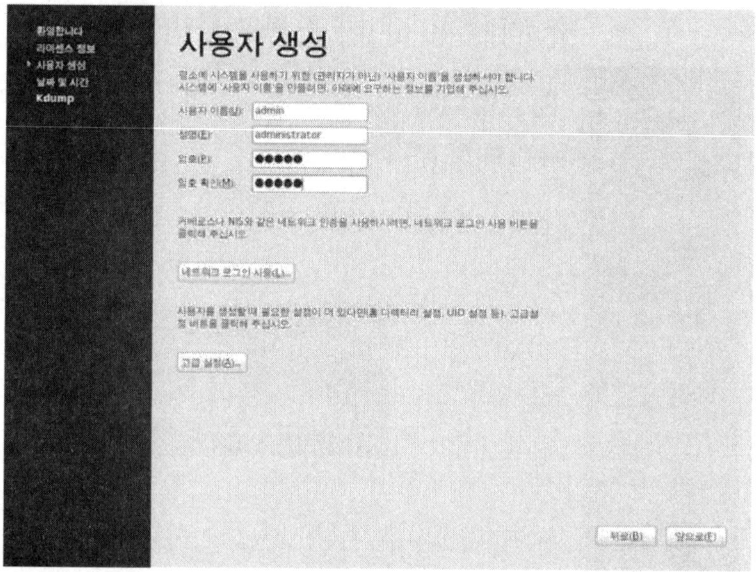

설치가 완료되면 'root' 계정 뿐 아니라 많은 시스템 사용자 계정이 자동으로 생성되지만 안전한 사용을 위해서 일반 사용자 계정을 생성하고 사용하는 것을 권장한다.

▶ 12-2-4 단계: 시스템의 날짜와 시간을 설정하는 화면이다.

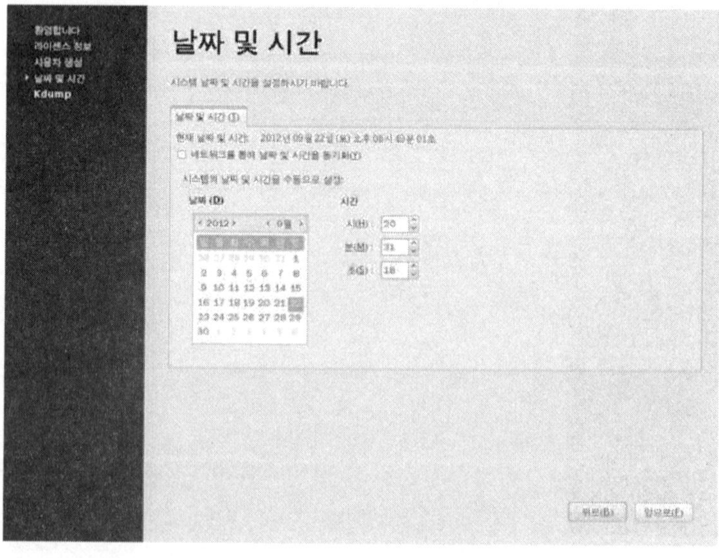

▸ 12-2-4 단계: 'Kdump'라고 하는 커널 충돌 기술의 활성화하는 하는 화면이다. 설정하는 프로그램이 자동을 실행되지 않아서 생기는 오류지만 시스템 사용에는 영향이 없으므로 넘어가도록 한다.

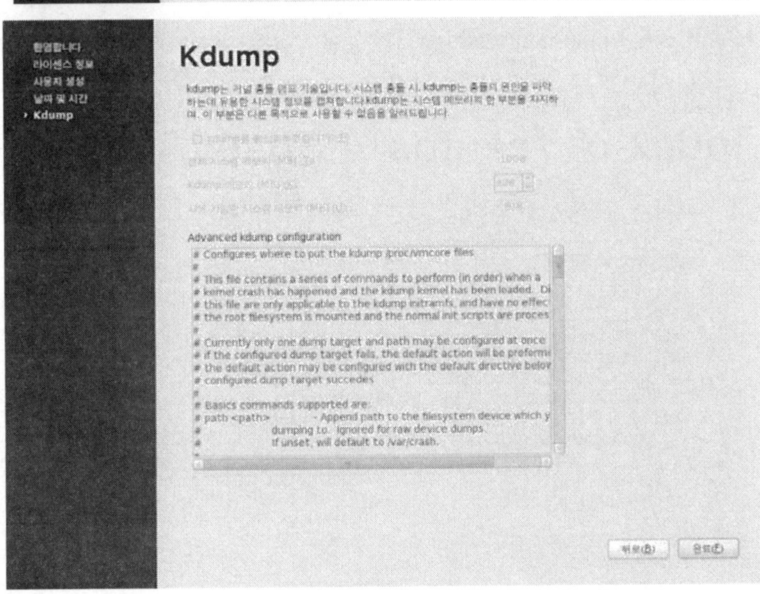

데스크탑 설치를 수행하고, 최소 부팅 후 추가 설정을 완료하면 다음과 같은 GUI 기반 로그인 화면이 나타난다.

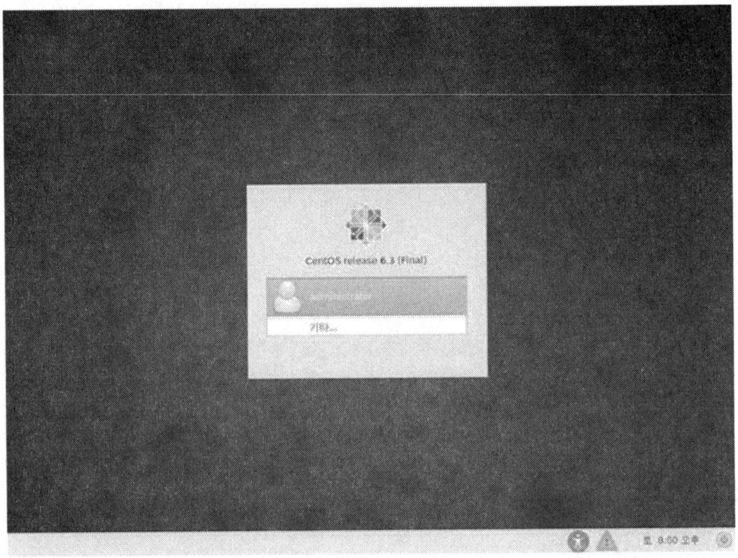

5. 네트워크를 통한 설치

'CentOS-6.3-i386-netinstall.iso' 파일을 'http://www.centos.org' 사이트나 미러 사이트를 방문하여 다운로드 한다.

Index of /centos/6.3/isos/i386

Name	Last modified	Size	Description
Parent Directory		-	
0_README.txt	06-Jul-2012 21:37	2.0K	
CentOS-6.3-i386-LiveCD.iso	08-Jul-2012 02:14	690M	
CentOS-6.3-i386-LiveCD.torrent	10-Jul-2012 03:31	216K	
CentOS-6.3-i386-LiveDVD.iso	07-Jul-2012 18:03	1.6G	
CentOS-6.3-i386-LiveDVD.torrent	10-Jul-2012 03:31	259K	
CentOS-6.3-i386-bin-DVD1.iso	07-Jul-2012 17:46	3.5G	
CentOS-6.3-i386-bin-DVD1to2.torrent	10-Jul-2012 03:24	182K	
CentOS-6.3-i386-bin-DVD2.iso	07-Jul-2012 17:47	1.1G	
CentOS-6.3-i386-minimal.iso	07-Jul-2012 17:49	293M	
CentOS-6.3-i386-netinstall.iso	07-Jul-2012 17:36	194M	
md5sum.txt	29-Jul-2012 03:48	577	
md5sum.txt.asc	29-Jul-2012 03:50	1.4K	
sha1sum.txt	29-Jul-2012 03:49	649	
sha1sum.txt.asc	29-Jul-2012 03:51	1.5K	
sha256sum.txt	29-Jul-2012 03:50	865	
sha256sum.txt.asc	29-Jul-2012 03:51	1.7K	

이 파일은 네트워크를 통한 설치가 가능하도록 작성된 이미지 파일이다. 따라서 설치를 위해서는 이 파일을 DVD로 만들거나 가상화 프로그램의 CD-ROM의 이미지 파일로 사용하여 부팅을 수행한다.

▶ 부트 로더가 실행되고

▶ 1-2단계 : 시스템 부팅에 성공하고, 미디어 테스트를 건너뛰면 다음과 같은 설치 과정동안 사용할 언어를 선택하는 화면이 나타난다. 기본 값으로 영어가 설정되어 있다.

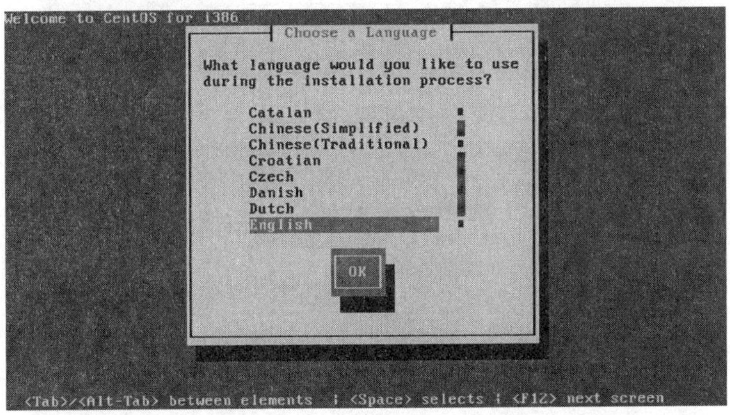

▶ 1-1단계 : 시스템에서 사용하고 있는 키보드의 종류를 선택한다. 'us'를 선택한다.

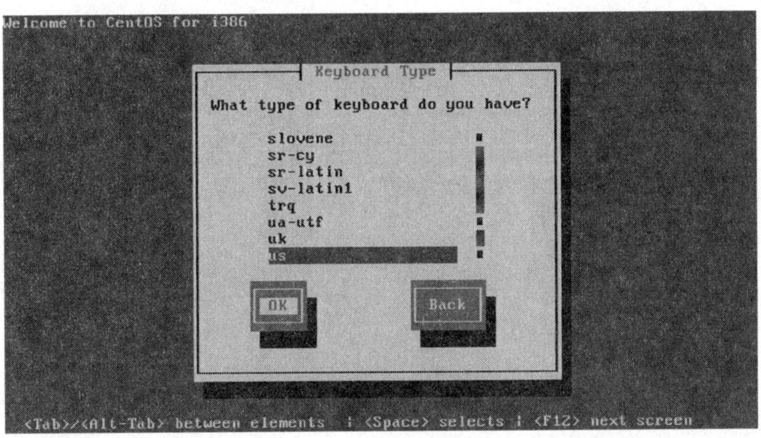

설치 방법을 선택하는 화면이다. 여기서는 네트워크를 통한 설치이므로 'URL'을 선택한다.

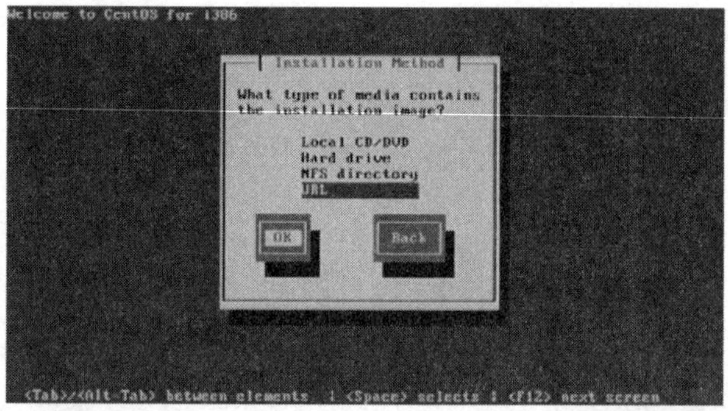

다음은 TCP/IP 구성을 설정하는 화면이다. 기본 값을 활용한다.

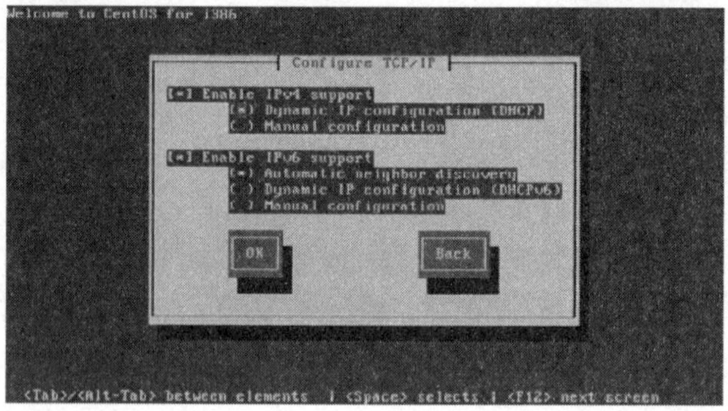

'URL'을 설정하는 화면이다. 여기서는 'http://ftp.daum.net' 서버를 활용하고, 자세한 경로는

'http://ftp.daum.net/centos/6.3/os/i386/images/install.img' 이다.

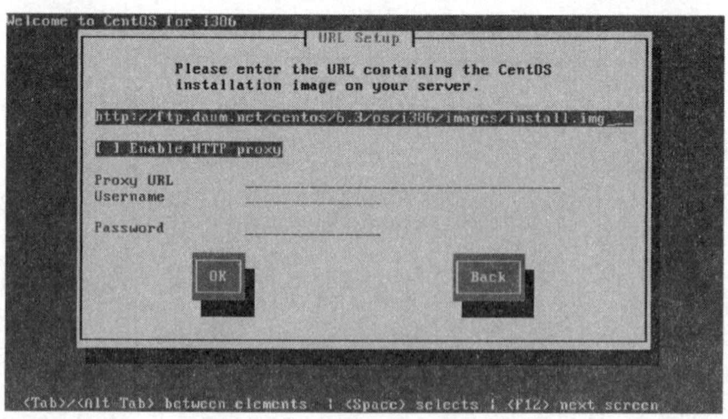

지정한 서버의 해당 경로에 'install.img' 파일이 존재하는 지를 확인해두면 설치 오류를 방지할 수 있다.

서버로부터 'install.img' 이미지를 리트리빙(retrieving)한다. 여기서 리트리빙은 검색 및 메모리 적재 과정으로 이해하면 될 것 이다.

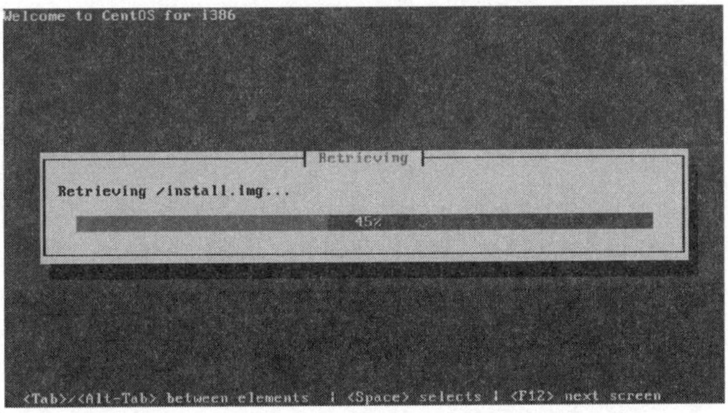

'install.img'의 리트리빙이 성공하면 다음과 같은 설치 프로그램 시작화면이 나타난다.

다음을 선택하면 설치 4단계에 해당하는 설치와 관련된 저장 장치의 종류를 선택 화면이 나타난다. 이유를 살펴보면 1단계에서 설치중 사용 언어와 키보드를 선택하였기 때문에 최소 설치의 2, 3단계는 나

타나지 않는다.

이후 과정은 동일하고, 설치 과정 중에 TCP/IP를 설정하였기 때문에 설치 후 네트워크 사용이 가능하다. 참고로 설치 과정 언어는 영어로 하고, 선택한 장치 대하여 공간을 어떻게 사용할지, 설치 종류 선택은 '기존의 Linux 시스템 교체'를 선택하여 최소 설치를 수행하면 209개의 패키지들이 설치된다.

03 리눅스 시스템 시작 및 종료

1. 리눅스 시스템 초기화

부팅이란 운영체제의 핵심 부분을 메모리에 적재하는 과정이다. 적재된 커널은 먼저 장치 드라이버를 초기화한 후 'init' 프로그램을 실행한다. 'init' 프로그램은 다목적 프로그램으로 새로운 프로세스를 생성하거나 프로그램이 종료되었을 때 이를 다시 시작하는 기능이 있다. 또한 여러 프로그램을 실행하고, 시스템이 부팅할 때 스크립트를 실행할 책임을 진다. 'init' 프로세스의 모든 동작은 '/etc/inittab' 파일을 통해 제어된다.

'init' 프로세스는 먼저 '/etc/rc.d/rc.sysinit'을 실행한다. 'rc.sysinit'은 파일 시스템을 점검하고, 마운트하며, 시스템 시간을 CMOS 시간에 맞추는 기능 등을 수행한다. 그 후 'init' 프로세스는 실행 레벨에 맞는 rc(resource configuration) 파일의 스크립트를 실행하여 각 서비스의 초기화를 수행한다. 같은 서비스가 서로 다른 실행 레벨에서 실행되는 경우가 많아서 '/etc/rc.d/init.d' 디렉토리에 원본 스크립트 파일을 두고, 각 실행 레벨 디렉토리에서 심볼릭 링크(symbolic link)를 사용하고 있다

rc 스크립트 실행이 종료되면 'init' 프로세스는 'mingetty(MINimal GET TeleTYpe writer)'를 실행하여 콘솔을 초기화하고, 로그인 프롬프트를 생성한다.

앞 장에서 우리는 리눅스를 최소(minimal) 설치하였다. 이런 경우 GUI 데스크톱 환경이 설치되지 않기 때문에 시스템 부팅 후 텍스트 기반의 로그인 준비 화면이 나타난다. 텍스트 기반의 사용자 환경을 콘솔 환경 또는 터미널 환경이라고도 한다.

2. 리눅스 시스템 로그인

리눅스는 다중 사용자 운영체제로 다수의 사용자가 동시에 시스템을 사용하기 때문에 사용자의 식별이 필수적으로 요구된다. 따아서 시스템을 사용하려는 사용자가 허가된 사용자인지를 확인하는 과정이 꼭 필요하다. 이런 과정을 로그인이라고 한다.

로그인 프롬프트에 사용자 이름과 암호를 입력하면 'login' 프로세스가 '/etc/login.defs', '/etc/passwd', '/etc/group', '/etc/motd' 등을 이용하여 인증을 수행한다. 적합한 사용자로 인증이 되면 셸이 실행된다.

다음은 'bash'를 기본 셸로 사용하는 경우 환경 설정 파일을 실행하는 순서를 나타낸다.

```
1. /etc/profile
2. ~/.bash_profile
3. ~/.bashrc
4. /etc/bashrc
```

여기서 '~/'는 로그인한 사용자의 홈 디렉토리를 의미한다.

다음은 'root' 계정으로 로그인한 화면이다.

로그인에 성공하면 셸 프롬프트가 나타난다. 관리자 계정의 경우 '#'이 나타나고, 일반 사용자 계정인 경우 '$'가 나타난다.

계정(account)

계정이란 사용자 아이디, 암호, 홈 디렉토리 및 접근 권한등 시스템에 등록된 사용자 정보를 의미한다. 계정은 허가된 사용자를 식별하고, 사용자에게 적절한 접근 권한 부여하기 위해서 사용한다.

로그인 방법

로그인 방법은 크게 로컬 로그인과 원격 로그인으로 분류된다. 로컬 로그인은 사용하고자 하는 시스템과 직접 연결된 키보드와 마우스를 사용하여 접속하는 방법을 의미한다. 원격 로그인은 사용하고자 하는 시스템이 네트워크로 연결되어 있고, 원격 접속 프로그램을 이용하여 접속하는 방법을 의미한다.

원격 로그인 실습

1단계 : 현재 시스템의 네트워크 상태를 확인하고, 사용이 가능하도록 설정한다.

2단계 : 원격 접속 프로그램을 이용하여 시스템에 원격 로그인한다.

▶ 1단계 : 현재 시스템의 네트워크 상태를 확인하고, 사용이 가능하도록 설정한다.

1.a 현재 시스템의 네트워크 설정 상태를 확인한다.

```
# ifconfig -a
```

```
[root@localhost ~]# ifconfig -a
eth0      Link encap:Ethernet  HWaddr 00:0C:29:C8:1F:C0
          BROADCAST MULTICAST  MTU:1500  Metric:1
          RX packets:1627 errors:0 dropped:0 overruns:0 frame:0
          TX packets:911 errors:0 dropped:0 overruns:0 carrier:0
          collisions:0 txqueuelen:1000
          RX bytes:179340 (175.1 KiB)  TX bytes:101765 (99.3 KiB)
          Interrupt:19 Base address:0x2000

lo        Link encap:Local Loopback
          inet addr:127.0.0.1  Mask:255.0.0.0
          inet6 addr: ::1/128 Scope:Host
          UP LOOPBACK RUNNING  MTU:16436  Metric:1
          RX packets:0 errors:0 dropped:0 overruns:0 frame:0
          TX packets:0 errors:0 dropped:0 overruns:0 carrier:0
          collisions:0 txqueuelen:0
          RX bytes:0 (0.0 b)  TX bytes:0 (0.0 b)

[root@localhost ~]# _
```

우리의 시스템에는 'eth0'와 'lo'라는 네트워크 장치가 인식되어 있다. 'eth0'는 시스템에서 인식한 첫 번째 이더넷 카드를 의미한다. 이더넷 카드는 네트워크 인터페이스 카드(NIC, Network Interface Card)를 의미하고, 흔히 랜카드라고 알려져 있다. 사용이 가능한 이더넷 카드는 'inet addr:' 항목의 값으로 IP주소가 나타난다. 그러나 현재 시스템의 'eth0'는 IP주소가 할당되어 있지 않기 때문에 네트워크를 사용할 수 없다.

1.b 이더넷 카드에 대한 설정을 변경한다.

```
# vi /etc/sysconfig/network-scripts/ifcfg-eth0
```

'vi'는 CentOS6.3 뿐 아니라 대부분의 리눅스 배포판들에서 기본적으로 제공되는 텍스트 편집기이다. 'vi'는 별도의 메뉴를 가질 수 없기 때문에 명령 모드, 삽입 모드, ex 모드로 나누어 동일한 키 입력이 다른 동작을 하도록 구현되어 있다. 'vi' 에디터를 실행하면 명령 모드 상태가 된다.

'i'를 누르면 삽입 모드로 전환된다. 화살표키를 눌러 **'ONBOOT'** 지시자의 설정값 **"no"** 위치로 이동하고, **"no"**를 **"yes"**로 수정한다.

```
DEVICE="eth0"
BOOTPROTO="dhcp"
HWADDR="00:0C:29:C8:1F:C0"
NM_CONTROLLED="yes"
ONBOOT="no"
TYPE="Ethernet"
UUID="b33ad989-51f1-4cca-a7ee-53540a88f2ec"

-- INSERT --
```

명령 모드에서 'i'를 누르면 하단에 '-- INSERT --'가 나타나게 된다. 이 상태를 삽입 모드 라고 하고 이제부터 파일 편집이 가능해진다.

1. 'ESC'키를 누르면 명령 모드로 전환된다.
2. 명령 모드에서 ':'을 누르면 ex 모드로 전환된다.
3. ex 모드에서 **'wq'**를 입력하고 **'ENTER'**키를 누르면 저장한 후 종료한다

```
DEVICE="eth0"
BOOTPROTO="dhcp"
HWADDR="00:0C:29:C8:1F:C0"
NM_CONTROLLED="yes"
ONBOOT="yes"
TYPE="Ethernet"
UUID="b33ad989-51f1-4cca-a7ee-53540a88f2ec"

:wq
```

1.c 네트워크 서비스를 재시작하고, 이더넷 카드에 IP주소가 할당되었는지를 확인한다. IP 주소가 할당된 경우 네트워크 사용이 가능

하다.

```
# service network restart
# ifconfig eth0
```

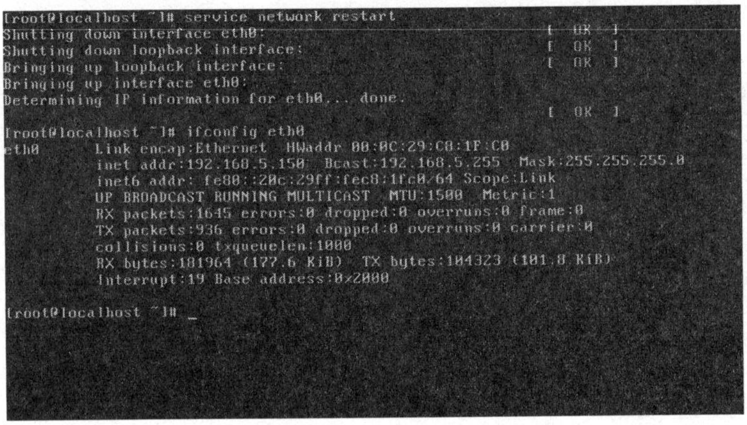

현재 'inet addr' 항목의 값으로 '192.168.5.150'이라는 IP주소가 할당되어 있다.

▸ 2단계 : 원격 접속 프로그램을 이용하여 시스템에 원격 로그인한다

2.a 윈도우즈 시스템에서 원격 접속 프로그램, 'PuTTY'를 실행한다. 'Host Name(or IP address)' 영역에 접속하고자하는 시스템의 IP주소, 예를 들면 '192.168.5.150'를 입력한 후 'Open' 명령을 클릭한다.

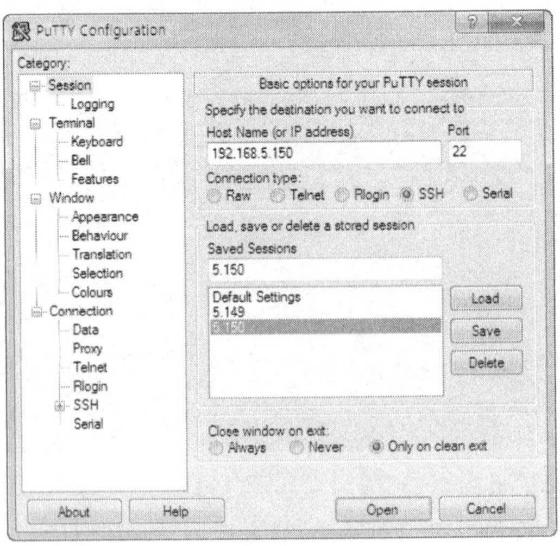

'PuTTY'를 이용하여 처음 원격 접속을 시도하면 다음과 같은 화면이 나타난다.

원격 접속의 경우 보안 위협에 노출되어 있기 때문에 'PuTTY'는 보안성을 높이기 위해 암호화를 사용한다. '예(Y)'를 누르면 암호화 키가 생성되고, 이 키로 암호화하여 통신하게 된다.

2.b 윈도우즈 시스템에서 리눅스 시스템에 로그인하고, 접속한 시스템의 네트워크 상태를 확인한다.

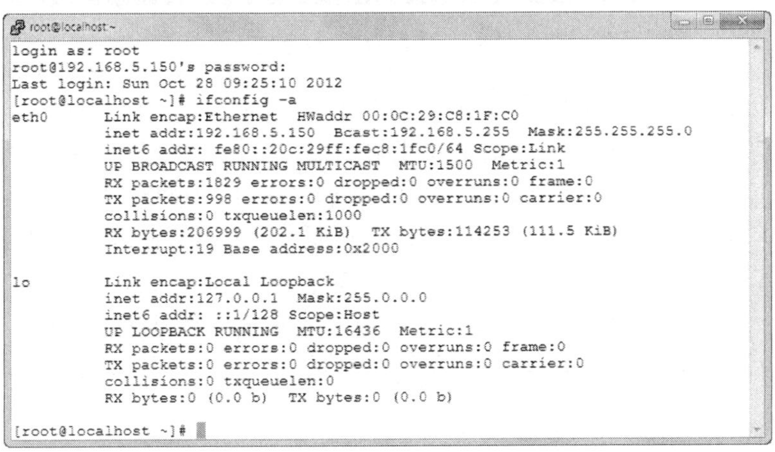

2.c PuTTY에서 명령을 실행하여 원격의 리눅스 시스템에 적용됨을 확인해본다.

```
# yum list installed > yum-list-installed
# rpm -qa > rpm-qa
# ls
```

'yum list installed > yum-list-installed'와 'rpm -qa > rpm-qa'를 실행하면 두 개의 파일을 생성한다. 'ls' 명령은 현재 디렉터리의 목록을 출력한다. 명령 수행 후 , 'rpm-qa'와 'yum-list-installed' 파일이 생성되었음을 확인할 수 있다.

```
root@localhost:~
[root@localhost ~]# ls
anaconda-ks.cfg  install.log  install.log.syslog
[root@localhost ~]# yum list installed > yum-list-installed
[root@localhost ~]# rpm -qa > rpm-qa
[root@localhost ~]# ls
anaconda-ks.cfg  install.log  install.log.syslog  rpm-qa  yum-list-installed
[root@localhost ~]#
```

'PuTTY'에서 명령을 수행한 후 리눅스 시스템에서 'ls' 명령을 실행하면 'rpm-qa'와 'yum-list-installed' 파일이 목록에 나타남을 확인할 수 있다.

```
[root@localhost ~]# ls
anaconda-ks.cfg  install.log  install.log.syslog
[root@localhost ~]# ls
anaconda-ks.cfg  install.log  install.log.syslog  rpm-qa  yum-list-installed
[root@localhost ~]# _
```

원격 로그인이 필요한 이유

대부분의 서버는 개인용 컴퓨터와는 달리 효율적인 관리를 위해 IDC 센터나 회사 내 전산 센터등과 같은 독립된 공간에 위치하게 된다. 따라서 원격 로그인을 지원하지 않는다면 서버를 관리해야할 경우 매번 서버가 있는 곳에 가서 로컬 로그인을 해야 하는 것이다. 물론 서버들은 관리를 위해 원격 로그인을 지원하기 때문에 이런 상황은 발생하지 않는다. 원격 로그인이 가능하기 위해서는 서버와 원격 클라이언트 모두 네트워크 사용.

3. 리눅스 시스템 로그아웃

시스템을 사용하여 원하는 작업을 모두 수행하였다면 시스템 사용을 종료하기 위해 로그아웃해야 한다. 로그아웃은 셸 프로세스를 종료시킴으로써 시스템 사용을 종료하는 과정을 의미한다. 일반적으로 로그아웃하기 위해서는 'logout' 명령을 사용하지만, CentOS 6.3에서는 'exit'나 'ctrl+d'를 사용하고 있다.

사용자는 자신이 사용하고 있는 셸을 한시적으로 다른 셸로 변경할 수 있는데, 사용자가 셸을 변경한 경우 두개의 셸이 실행된다. 다음은 한시적으로 셸을 변경한 후 'exit' 명령을 수행한 화면이다.

```
admin@localhost:~
[admin@localhost ~]$ ps
  PID TTY          TIME CMD
 3776 pts/2    00:00:00 bash
 4026 pts/2    00:00:00 ps
[admin@localhost ~]$ sh
sh-4.1$ ps
  PID TTY          TIME CMD
 3776 pts/2    00:00:00 bash
 4027 pts/2    00:00:00 sh
 4028 pts/2    00:00:00 ps
sh-4.1$ bash
[admin@localhost ~]$ ps
  PID TTY          TIME CMD
 3776 pts/2    00:00:00 bash
 4027 pts/2    00:00:00 sh
 4029 pts/2    00:00:00 bash
 4040 pts/2    00:00:00 ps
[admin@localhost ~]$ exit
exit
sh-4.1$ exit
exit
[admin@localhost ~]$
```

'exit' 명령을 수행하면 'bash'는 종료되지만 'sh'와 'bash'는 실행중이기 때문에 터미널 창은 종료되지 않는다. 다시 한 번 'exit' 명령을 수행한다면 'sh'가 종료된다. 한번 더 'exit' 명령을 수해하면 최초의 'bash'가 종료되면서 모든 셸이 종료되었기 때문에 터미널 창이 종료된다.

텍스트 모드에서 사용하던 셸이 모두 종료되면 다시 로그인을 할 수 있는 로그인 프롬프트 상태가 된다. 그러나 원격 로그인인 경우 터미널에서 사용하던 모든 셸이 종료되는 경우 사용하던 창이 종료된다. 참고로 그래픽 모드에서는 터미널에서 사용하던 모든 셸이 종료되는 경우 사용하던 창만 종료된다.

4. 리눅스 시스템 종료

리눅스 시스템은 비정상적인 종료의 경우 파일 시스템이 파괴되어 정상적인 부팅 과정이 진행되지 않을 수도 있기 때문에 안전하게 종료하는 일은 매우 중요하다. 또한 다수의 사용자가 사용하기 때문에 누구나 종료를 할 수 있다면 여러 문제가 발생할 수도 있다. 따라서 시스템의 종료는 'root'나 'root' 권한을 가진 사용자만이 수행할 수 있다

리눅스 계정의 종류

리눅스에서 계정은 관리자(administrator) 계정과 시스템 사용자(system user) 계정, 그리고 일반 사용자(generic user) 계정으로 나눌 수 있다.

관리자 계정은 시스템의 모든 자원에 대한 접근 권한을 가지며, 'root' 계정 또는 슈퍼 유저(super user) 계정이라고 한다.

시스템 사용자 계정은 높은 보안성을 제공하면 시스템 서비스를 사용할 때 사용하는 계정이며, 각 서비스에 대하여 슈퍼 유저와 동일한 권한을 갖는다.

일반 사용자 계정은 시스템 관리자에 의해 생성되며, 관리자가 정해준 범위 안에서만 시스템 자원을 접근할 수 있는 계정을 의미하며, 일반적으로 사용자 계정이라고 한다.

시스템 종료 명령이 실행되면 우선 리눅스 시스템에 접속 중인 모든 사용자에게 안내 메시지가 전달되고, 시스템에서 구동중인 각종 서버 서비스들이 차례로 종료된다. 그리고 모든 사용자가 사용하던 셸과 동작하던 프로세스들도 종료되며 각종 장치가 언마운트(unmount)된다.

텍스트 모드에서 리눅스 시스템을 종료하기 위해서는 'shutdown' 명령을 사용해야 한다.

'shutdown' 명령의 사용법은 다음과 같다.

```
# shutdown [옵션] [시간] [메시지]
```

[옵션] '-h'는 종료를 의미하고, '-r'은 재부팅을 의미한다. 'shutdown -h now'는 'halt' 명령과 같고, 'shutdown -r now'는 'reboot' 명령과 같다. [시간]은 명령이 적용될 시간을 의미한다. [메시지]는 접속 중인 사용자에게 전송한 메시지를 의미한다. 갑작스런 종료는 사용자로 하여금 작업을 정상적으로 종료할 수 없도록 할 수 있으므로 안내 메시지를 전송하면 사용자에게 도움이 된다. 'shutdown'에 관한 다양한 옵션은 도움말을 참조하기 바란다.

일반 사용자 계정 생성 및 **'shutdown'** 실습

1단계 ; **'admin'** 계정을 생성한다.
2단계 : **'admin'** 계정으로 로컬 및 원격 로그인을 실행해본다.
3단계 : **'admin'** 계정으로 **'shutdown'** 명령을 실행해본다.

▸ 1단계 : 'admin' 계정을 생성한다.

1.a 현재 사용자가 'root'인지를 확인한다.

```
# whoami
root
```

1.b 계정 생성 전후를 비교하기 위해 계정 생성 전에 '/home' 디렉터리를 살펴보고, '/etc/passwd' 파일의 내용을 확인한다.

```
# # ls -l /home
# cat /etc/passwd
```

일반적으로 리눅스 시스템에서는 특별한 설정이 없는 경우 '/home' 디렉터리 아래에 계정 이름과 동일한 디렉터리를 생성하여 각 계정의 홈 디렉터리를 제공한다. '/etc/passwd' 파일에는 시스템에 등록된 계정들에 대한 정보가 존재한다. 따라서 계정이 생성되면 이 파일에 생성된 계정의 정보가 추가된다.

1.c 'useradd' 명령을 이용하여 'admin' 계정을 생성하고, 'passwd' 명령을 이용하여 암호를 설정한다.

```
# useradd admin
# passwd admin
```

암호를 입력할 때 너무 짧거나, 단순하거나, 추측이 가능한 단어의 경우 경고 메시지를 출력한다.

1.d 계정 생성후 '/home' 디렉터리와 '/etc/passwd' 파일의 변환를 확인해본다. '/home' 디렉터리안에 'admin'이란 디렉터리가 생성되었고, '/etc/passwd' 파일 마지막에 'admin' 계정 관련 정보가 추가되었음을 확인할 수 있다.

```
root@localhost:~
[root@localhost ~]# whoami
root
[root@localhost ~]# ls -l /home
total 16
drwx------. 2 root root 16384 Oct 11 18:39 lost+found
[root@localhost ~]# cat /etc/passwd | tail -3
saslauth:x:499:76:"Saslauthd user":/var/empty/saslauth:/sbin/nologin
postfix:x:89:89::/var/spool/postfix:/sbin/nologin
sshd:x:74:74:Privilege-separated SSH:/var/empty/sshd:/sbin/nologin
[root@localhost ~]# useradd admin
[root@localhost ~]# passwd admin
Changing password for user admin.
New password:
Retype new password:
passwd: all authentication tokens updated successfully.
[root@localhost ~]# ls -l /home
total 20
drwx------. 2 admin admin  4096 Oct 28 11:50 admin
drwx------. 2 root  root  16384 Oct 11 18:39 lost+found
[root@localhost ~]# cat /etc/passwd | tail -3
postfix:x:89:89::/var/spool/postfix:/sbin/nologin
sshd:x:74:74:Privilege-separated SSH:/var/empty/sshd:/sbin/nologin
admin:x:500:500::/home/admin:/bin/bash
[root@localhost ~]#
```

▶ 2단계 : 'admin' 계정으로 로컬 및 원격 로그인을 실행해본다.

2.a 생성한 계정, 즉 'admin' 계정으로 로컬 로그인이 가능한지를 확인하기 위해 로컬 콘솔의 셸 프롬프트에 'exit' 명령을 실행하여서 'root' 계정을 로그아웃을 한다.

```
# exit
```

```
[root@localhost ~]# ps
  PID TTY          TIME CMD
 2999 tty1     00:00:00 bash
 3013 tty1     00:00:00 ps
[root@localhost ~]# exit_
```

현재 실행중인 셸이 'bash' 하나임을 확인할 수 있다. 'exit' 명령은 사용 중인 하나의 셸을 종료하는 명령이다. ‘exit’ 명령을 실행하면 ‘bash’가 종료가 되고 더 이상 명령 해석이 불가능해진다. 현재 로그인한 사용자의 모든 셸이 종료되기 때문에 로그아웃된다. 로그아웃에 성공하면 로그인 프롬프트가 나타난다.

2.b ‘admin’ 계정으로 로컬 로그인에 성공한 후 사용자의 현재 상태를 확인하는 화면이다.

```
CentOS release 6.3 (Final)
Kernel 2.6.32-279.el6.i686 on an i686

localhost login: admin
Password:
Last login: Sun Oct 28 13:08:20 on tty1
[admin@localhost ~]$ whoami
admin
[admin@localhost ~]$ pwd
/home/admin
[admin@localhost ~]$ ps
  PID TTY          TIME CMD
 2862 tty1     00:00:00 bash
 2994 tty1     00:00:00 ps
[admin@localhost ~]$ _
```

현재 사용자가 ‘admin’이고, 현재 작업 디렉터리가 ‘/home/admin’임을 알 수 있다. 또한 실행 중인 셸이 ‘bash’ 하나임을 확인할 수 있다.

2.c ‘admin’ 계정으로 원격 로그인이 가능한지를 확인하기 위해 ‘PuTTY’의 셸 프롬프트에 ‘exit’ 명령을 실행하여서 ‘root’ 계정을 로그아웃을 한다.

```
root@localhost:~
[root@localhost ~]# whoami
root
[root@localhost ~]# pwd
/root
[root@localhost ~]# ps
  PID TTY          TIME CMD
 3019 pts/1    00:00:00 bash
 3036 pts/1    00:00:00 ps
[root@localhost ~]# exit
```

원격으로 로그인한 경우 ‘exit’ 명령을 실행하면 셸이 종료되는데, 원격 터미널을 이용하여 로그인한 계정이 실행한 모든 셸이 종료되면 로그아웃되면서 창이 닫히게 된다.

2. d 다음은 ‘PuTTY’를 실행하여 admin’ 계정으로 원격 로그인에 성공한 후 사용자의 현재 상태를 확인하는 화면이다.

```
admin@localhost:~
login as: admin
admin@192.168.5.150's password:
Last login: Sun Oct 28 13:23:57 2012 from 192.168.5.1
[admin@localhost ~]$ whoami
admin
[admin@localhost ~]$ pwd
/home/admin
[admin@localhost ~]$ ps
  PID TTY          TIME CMD
 2975 pts/1    00:00:00 bash
 2993 pts/1    00:00:00 ps
[admin@localhost ~]$
```

▸ 3단계 : 'admin' 계정으로 'shutdown' 명령을 실행해본다.

3.a 'admin' 계정으로 'shutdown' 명령을 실행해본다.

```
admin@localhost:~
[admin@localhost ~]$ whoami
admin
[admin@localhost ~]$ shutdown -h now
shutdown: Need to be root
[admin@localhost ~]$ halt
halt: Need to be root
[admin@localhost ~]$
```

'root' 권한이 필요하다는 메시지 "Need to be root"가 나타나며, 시스템이 종료되지 않는 것을 확인할 수 있다.

3.b 'root' 계정으로 'shutdown' 명령을 실행해본다.

```
root@localhost:~
[root@localhost ~]# whoami
root
[root@localhost ~]# pwd
/root
[root@localhost ~]# shutdown -h now

Broadcast message from root@localhost.localdomain
        (/dev/pts/0) at 20:58 ...

The system is going down for halt NOW!
[root@localhost ~]#
```

PuTTY Fatal Error
Server unexpectedly closed network connection
확인

접속되어 있던 리눅스 시스템이 종료되고, 원격 접속 프로그램이 종료되는 것을 확인할 수 있다.

04 명령의 사용과 파일 관리

리눅스 시스템에 기본적으로 제공되는 많은 명령과 프로그램들이 존재한다. 따라서 본 장에서는 명령에 대한 공통적인 사용법에 대하여 알아보고, 파일과 디렉토리를 조작하는 명령에 대하여 알아본다.

1. 개요

1.1 파일과 디렉토리

컴퓨터에서 연관된 데이터를 저장하는 논리적인 저장 단위를 파일이라고 한다. 리눅스에서는 시스템의 모든 정보와 장치를 파일로 관리하며 효율적인 저장 및 관리를 위해 계층적으로 구성된 파일 시스템을 사용한다. 앞에서 설명한 바와 같이 파일 시스템이란 시스템 내의 파일들을 관리하기 위한 제어 데이터의 구조를 의미하며 일반적으로 파일에 이름을 부여하고, 저장이나 검색을 위해 논리적으로 그것들을 어디에 위치시켜야 하는지 등을 나타내는 방법을 의미한다.

리눅스에서 파일들은 사용 목적에 따라 일반 파일, 디렉토리 파일, 심볼릭 링크 파일, 장치 파일 등으로 구분된다.

일반 파일은 데이터의 저장을 목적으로 하는 파일이다. 편집기를 사용해서 생성한 파일이나 각종 응용프로그램을 사용해서 생성한 파일 등이 이에 해당한다. 일반 파일은 텍스트 파일과 바이너리 파일로 나눌 수 있다.

텍스트 파일은 아스키(ASCII) 코드로 구성된 파일을 의미하고, 텍스트 편집기나 'cat', 'more' 등으로 내용이 확인 가능하다.

```
[root@localhost ~]# ls
anaconda-ks.cfg  install.log  install.log.syslog  rpm-qa  yum-list-installed
[root@localhost ~]# file anaconda-ks.cfg
anaconda-ks.cfg: ASCII English text
[root@localhost ~]# file install.log
install.log: ASCII text
[root@localhost ~]# head -5 anaconda-ks.cfg
# Kickstart file automatically generated by anaconda.

#version=DEVEL
install
cdrom
[root@localhost ~]# head -5 install.log
Installing setup-2.8.14-16.el6.noarch
warning: setup-2.8.14-16.el6.noarch: Header V3 RSA/SHA1 Signature, key ID c105b9
de: NOKEY
Installing filesystem-2.4.30-3.el6.i686
Installing basesystem-10.0-4.el6.noarch
Installing ca-certificates-2010.63-3.el6_1.5.noarch
[root@localhost ~]#
```

참고로 'file' 명령은 지정한 파일의 종류를 출력하는 명령이다.

바이너리 파일은 아스키 코드가 아닌 코드로 구성된 파일로 전용의 응용 프로그램으로만 내용 확인이 가능하다. 실행 파일과 데이터 파일로 나눌 수 있다.

```
[root@localhost ~]# ls /bin
arch      dmesg          gunzip         mktemp         rm        touch
awk       dnsdomainname  gzip           more           rmdir     tracepath
basename  domainname     hostname       mount          rpm       tracepath6
bash      dumpkeys       ipcalc         mountpoint     rvi       true
cat       echo           iptables-multi mv             rview     umount
chgrp     egrep          kbd_mode       netstat        sed       uname
chmod     env            kill           nice           setfont   unicode_start
chown     ex             link           nisdomainname  sh        unicode_stop
cp        false          ln             ping           sleep     unlink
cpio      fgrep          loadkeys       ping6          sort      usleep
cut       find           login          plymouth       stty      vi
dash      findmnt        ls             ps             su        view
date      gawk           lsblk          pwd            sync      ypdomainname
dd        grep           mkdir          raw            tar       zcat
df        gtar           mknod          readlink       taskset
[root@localhost ~]# file /bin/ls
/bin/ls: ELF 32-bit LSB executable, Intel 80386, version 1 (SYSV), dynamically l
inked (uses shared libs), for GNU/Linux 2.6.18, stripped
[root@localhost ~]# head -5 /bin/ls
ELF`4p▒4(444444▒
▒
▒
▒
▒
8
```

'file' 명령으로 '/bin/ls'가 실행(executable) 가능한 파일임을 알 수 있으며, 이 파일은 아스키 코드로 구성되어 있지 않기 때문에 'head'와 같은 파일 내용 보기 명령으로 그 내용을 확인할 수 없다.

디렉토리 파일은 다른 파일이나 하위 디렉토리들을 효율적으로 다루기 위해 사용되는 파일로, 그 내용은 지정한 디렉토리에 포함된 파일이나 하위 디렉토리들의 목록 정보들로 구성된다.

```
root@localhost:~
[root@localhost ~]# file /home
/home: directory
[root@localhost ~]# ls -l /home
total 24
drwx------. 2 admin    admin     4096 Oct 28 13:08 admin
drwx------. 2 iducs500 iducs500  4096 Oct 28 15:47 iducs500
drwx------. 2 root     root     16384 Oct 11 18:39 lost+found
[root@localhost ~]#
```

'file' 명령으로 '/home'이 디렉토리 파일임을 확인 할 수 있다. 디렉토리 파일의 내용은 'ls' 명령을 사용해서 확인할 수 있다.

특정 파일을 사용하기 위해서는 파일이 존재하는 위치를 알아야 한다. 또한 그 위치의 표현은 식별이 가능해야 한다. 경로명(path name)은 특정 파일이나 디렉토리의 위치를 표현하는데 사용되는 식별자를 의미한다. 경로명은 디렉토리명들과 파일명들로 구성되고, 파일명, 디렉토리명을 구분하기 위해 '/' 기호를 사용한다.

'whoami'는 'which' 명령으로 그 위치를 확인해보면 '/usr/bin/whoami'가 출력된다.

```
# which whoami
/usr/bin/whoami
```

이는 '/'의 하위 디렉토리인 'usr'에 방문하고, 'usr'의 하위 디렉토리인 'bin' 디렉토리에 방문하면 'useradd' 명령이 존재한다는 것을 의미한다.

루트 디렉토리는 리눅스에서 최상위 디렉토리를 의미하고, '/'로 표현되며, 다른 디렉토리들과 파일들은 루트 디렉토리의 하위에 존재하게 된다. 참고로 '/root'는 'root' 계정의 홈 디렉토리라고 한다.

경로명에는 절대 경로명과 상대 경로명이 존재한다.

절대 경로명은 루트 디렉토리를 기준으로 파일의 위치를 표현하는 방법이다. '/'로 시작하고, 대상 파일이 존재하는 위치까지 이동하기 위해 방문해야 하는 모든 디렉토리 이름들이 나타난다. 예를 듣면

'/usr/bin/whoami'와 같은 표현이다. 이 방법은 현재 위치와 관계없이 시스템 안에서 항상 동일한 위치를 표현한다.

상대 경로명은 명령을 내리는 현재 디렉토리의 위치를 기준으로 파일의 위치를 표현하는 방법이다. '/'를 제외한 문자들로 시작한다. 이 방법은 현재 위치에 따라 대상 파일이나 디렉터리가 올바르게 동작할 수도 있고, 오류를 발생할 수도 있다.

```
root@localhost:/
[root@localhost /]# pwd
/
[root@localhost /]# which pwd
/bin/pwd
[root@localhost /]# which whoami
/usr/bin/whoami
[root@localhost /]# /usr/bin/whoami
root
[root@localhost /]# ../usr/bin/whoami
root
[root@localhost /]# ../../usr/bin/whoami
root
[root@localhost /]# cd ..
[root@localhost /]# pwd
/
[root@localhost /]#
```

```
admin@localhost:/
[admin@localhost ~]$ pwd
/home/admin
[admin@localhost ~]$ which pwd
/bin/pwd
[admin@localhost ~]$ which whoami
/usr/bin/whoami
[admin@localhost ~]$ /usr/bin/whoami
admin
[admin@localhost ~]$ ../usr/bin/whoami
-bash: ../usr/bin/whoami: No such file or directory
[admin@localhost ~]$ ../../usr/bin/whoami
admin
[admin@localhost ~]$ cd ../..
[admin@localhost /]$ pwd
/
[admin@localhost /]$
```

'/usr/bin/whoami'의 경우 항상 실행되고, '../usr/bin/whoami'는 현재 위치에 따라 실행되기도 하고, 실행되지 않기도 하는 것을 확인할 수 있다.

1.2 명령(command)

명령이란 디렉토리 안에 존재하는 실행 가능한 바이너리(binary) 파일을 의미한다, 리눅스는 기본적으로 아주 많은 명령들을 제공하고 있으며 주로 '/bin', '/sbin', '/usr/bin', '/usr/sbin'에 저장되어 있다. 또한 사용자의 필요에 따라 명령들을 추가할 수도 있다. 참고로 윈도우즈 환경에서는 이를 실행 파일(executable file)이라고 한다.

윈도우즈 환경에서는 실행 파일을 실행이 가능하지만 리눅스에서 명령의 실행 여부는 사용자가 실행 허가권(permission)을 가지고 있는

지에 따라 결정된다.

```
admin@localhost:/
[admin@localhost /]$ ls -l /usr/bin/whoami
-rwxr-xr-x. 1 root root 21528 Jun 22 07:40 /usr/bin/whoami
[admin@localhost /]$ ls -l /usr/sbin/useradd
-rwxr-x---. 1 root root 101168 Dec  7  2011 /usr/sbin/useradd
[admin@localhost /]$ /usr/bin/whoami
admin
[admin@localhost /]$ /usr/sbin/useradd csiit03
-bash: /usr/sbin/useradd: Permission denied
[admin@localhost /]$
```

'/usr/bin/whoami'는 모든 사용자에게 실행 권한이 부여되었기 때문에 'admin' 계정으로 실행할 수 있었지만, '/usr/sbin/useradd'은 'root' 계정과 'root' 그룹의 구성원들에게만 실행 권한이 부여되어 있다. 따라서 'admin' 계정으로는 '/usr/sbin/useradd'을 실행하면 'Permission denied' 오류가 발생한다.

리눅스에서는 동일한 명령을 필요에 따라 여러 위치에 버전 별로 저장할 수 있으며, 실행을 하려면 해당 명령의 정확한 위치를 알아야 한다.

그러나 많은 명령들은 그 위치를 알지 못해도 실행할 수 있었다. 즉 'ls', 'cat', 'useradd', 'ifconfig' 등의 명령들은 각각이 존재하는 경로가 다르고, 현재 디렉토리에 존재하지 않는 데도 실행이 가능했다.

```
root@localhost:~
[root@localhost ~]# which ls
alias ls='ls --color=auto'
        /bin/ls
[root@localhost ~]# which cat
/bin/cat
[root@localhost ~]# which useradd
/usr/sbin/useradd
[root@localhost ~]# which ifconfig
/sbin/ifconfig
[root@localhost ~]# ls
anaconda-ks.cfg  install.log  install.log.syslog  rpm-qa  yum-list-installed
[root@localhost ~]# ifconfig eth0
eth0      Link encap:Ethernet  HWaddr 00:0C:29:22:DD:68
          inet addr:192.168.116.139  Bcast:192.168.116.255  Mask:255.255.255.0
          inet6 addr: fe80::20c:29ff:fe22:dd68/64 Scope:Link
          UP BROADCAST RUNNING MULTICAST  MTU:1500  Metric:1
          RX packets:62258 errors:0 dropped:0 overruns:0 frame:0
          TX packets:9009 errors:0 dropped:0 overruns:0 carrier:0
          collisions:0 txqueuelen:1000
          RX bytes:11776903 (11.2 MiB)  TX bytes:797044 (778.3 KiB)
          Interrupt:19 Base address:0x2000

[root@localhost ~]#
```

그 이유는 'PATH'라는 환경 변수를 설정되어 있기 때문이다. 'PATH'는 셸이 명령을 검색할 때 찾아볼 디렉토리 목록을 지정하기 위해 사용하는 환경변수이다. 환경 변수는 셸이 특별한 용도로 미리 약속해놓은 단어를 의미하고 사용자 계정마다 다른 설정 값을 가질 수 있다. 즉 'root'와 'admin'의 환경 변수 설정 값이 다를 수 있다는 의미이다.

다음은 'root' 계정의 'PATH' 환경 변수의 설정 값을 확인하는 화면이다.

```
root@localhost:~
[root@localhost ~]# echo $PATH
/usr/local/sbin:/usr/local/bin:/sbin:/bin:/usr/sbin:/usr/bin:/root/bin
[root@localhost ~]#
```

다음은 'admin 계정의 'PATH' 환경 변수의 설정 값을 확인하는 화면이다.

```
admin@localhost:/
[admin@localhost /]$ echo $PATH
/usr/local/bin:/bin:/usr/bin:/usr/local/sbin:/usr/sbin:/sbin:/home/admin/bin
[admin@localhost /]$
```

'echo' 명령은 환경 변수를 출력하거나 입력한 문자열을 출력하는 명령이다. 이 명령은 'PATH'에 설정된 경로, '/bin'에 존재하기 때문에 현재 위치에 관계없이 실행이 가능한 것이다. 리눅스에서는 많은 유용한 명령을 '/bin', '/sbin', '/usr/bin', '/usr/sbin' 등에 존재하기 때문에 이 경로들을 'PATH'로 지정하였고, 이러한 이유로 손쉽게 사용할 수 있다. 만약 사용자가 특정한 디렉토리에 자신에게 유용한 명령들을 모아 놓았다면 이 경로를 'PATH' 환경 변수에 저장하면 손쉽게 사용할 수 있다.

다음으로는 일반적인 명령 사용법 형식을 나타낸다.

```
# 명령 [옵션] [대상]
```

리눅스에서는 명령에 따라 다양한 옵션과 인수 목록을 가지며, 대소문자를 엄격하게 구분하기 때문에 입력할 때 주의해야 한다. 또한 명령과 옵션 및 인수들은 공백으로 구분되고, 옵션은 대부분 '-' 기호로 시작하며, 두 개 이상이 지정될 수도 있다. 인수들은 명령의 대상을 의미하며, 여러 개인 경우 공백으로 구분한다. 참고로 대부분의 명령은 소문자로 되어 있다.

다음은 'passwd --help'를 실행한 화면이다. 일반적으로 '--help' 옵션은 명령에 대한 사용법을 화면에 출력한다.

```
root@localhost:~
[root@localhost ~]# passwd --help
Usage: passwd [OPTION...] <accountName>
  -k, --keep-tokens       keep non-expired authentication tokens
  -d, --delete            delete the password for the named account (root only)
  -l, --lock              lock the password for the named account (root only)
  -u, --unlock            unlock the password for the named account (root only)
  -e, --expire            expire the password for the named account (root only)
  -f, --force             force operation
  -x, --maximum=DAYS      maximum password lifetime (root only)
  -n, --minimum=DAYS      minimum password lifetime (root only)
  -w, --warning=DAYS      number of days warning users receives before
                          password expiration (root only)
  -i, --inactive=DAYS     number of days after password expiration when an
                          account becomes disabled (root only)
  -S, --status            report password status on the named account (root
                          only)
  --stdin                 read new tokens from stdin (root only)

Help options:
  -?, --help              Show this help message
  --usage                 Display brief usage message
[root@localhost ~]#
```

리눅스에서는 명령의 효과적인 사용을 위해 파이프(pipe)와 필터(filter)를 제공한다.

파이프는 앞 명령의 표준 출력을 다음 명령의 표준 입력으로 연결함으로써 다양한 명령 조합을 생성하는 역할을 한다. 파이프는 '|' 기호를 사용하며 그 사용법은 다음과 같다.

명령 2는 명령 1의 표준 출력을 표준 입력이 받아서 명령을 수행하고, 결과를 반환한다. 명령 2의 결과는 다음 명령의 표준 입력이 된다.

```
# (명령1) | (명령2) [| ...]
```

필터는 명령 처리 결과로부터 필요한 정보만을 검색하거나 처리 결과를 원하는 형태로 가공한다. 필터는 일반적으로 파이프와 함께 사용되고, 가장 일반적으로 사용되는 필터로는 'grep' 명령이 있다.

```
# 명령 [옵션] [대상] | grep <검색대상 문자열>
```

2. 파일 및 디렉토리 관련 명령들

2.1 pwd (present working directory)

리눅스에서는 같은 명령이라도 현재 위치하고 있는 디렉토리에 따라 올바르게 실행될 수도 있고, 오류를 발생할 수도 있다. 따라서 리눅스 사용자라면 명령을 실행하기 전에 현재 작업 디렉토리를 확인해야 한다. 'pwd' 명령은 사용자가 현재 위치하고 있는 작업 디렉토리를 출력하는 명령으로 그 사용법은 다음과 같다.

```
# pwd
```

'pwd' 명령은 현재 작업 디렉토리를 절대 경로 형식으로 출력한다.

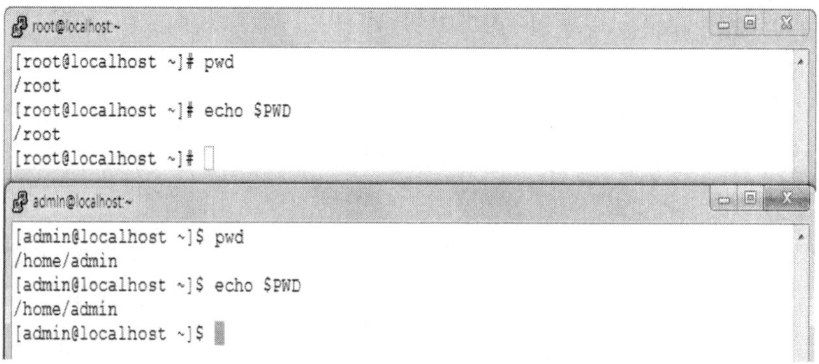

2.2 ls (list)

'ls' 명령은 현재 디렉토리 또는 대상 디렉토리의 파일과 디렉토리 목록을 출력하는 명령이다. 리눅스에서 디렉토리는 파일들을 효율적으로 다루기 위한 파일이다. 따라서 'ls' 명령의 사용법은 다음과 같다

```
# ls [옵션] [대상 파일 또는 디렉토리]
```

'ls' 명령의 주요 옵션을 정리하면 다음과 같다.

옵션	의미
-a	디렉토리 내의 히든(hidden) 파일까지 모두 출력
-d	디렉토리만 출력
-h	사람이 이해하기 쉬운 형식으로 출력 (용량을 표시할 때 KB, MB, … 사용)
-i	파일 이름 왼쪽에 inode 번호를 함께 출력
-l	디렉토리 또는 파일에 대한 자세한 정보를 출력 (파일 유형, 허가권(permission), 하드 링크 개수, 소유자, 소유 그룹, 크기(byte), 최종수정일자와 시간, 파일 이름)
-r	정렬 순서를 역순으로 출력
-t	최근 수정된 파일부터 출력
-F	파일의 유형에 따라 구분 기호를 함께 출력 (*:실행 파일, @:심볼릭 링크 파일, |:FIFO, =:소켓, /:디렉토리)
-S	크기가 큰 파일부터 출력
-R	지정된 디렉토리와 하위 디렉토리의 목록들도 함께 출력

옵션 없이 'ls' 명령을 실행하면 현재 디렉토리의 히든(hidden) 파일과 히든 디렉토리를 제외한 파일과 디렉토리의 목록을 출력하고, 'ls -l' 명령을 실행하면 현재 디렉토리의 히든 파일과 히든 디렉토리를 제외한 파일과 디렉토리의 자세한 정보를 출력한다.

```
root@localhost:~
[root@localhost ~]# pwd
/root
[root@localhost ~]# ls
anaconda-ks.cfg  install.log  install.log.syslog  rpm-qa  yum-list-installed
[root@localhost ~]# ls -l
total 48
-rw-------. 1 root root   948 Oct 11 18:42 anaconda-ks.cfg
-rw-r--r--. 1 root root  8421 Oct 11 18:42 install.log
-rw-r--r--. 1 root root  3161 Oct 11 18:42 install.log.syslog
-rw-r--r--. 1 root root  6073 Oct 28 11:33 rpm-qa
-rw-r--r--. 1 root root 17422 Oct 28 11:33 yum-list-installed
[root@localhost ~]#
```

'-l' 옵션으로 실행하였을 때 나타나는 정보의 각 항목을 살펴보면 다음과 같다.

-	r-x	r-x	---	1	root	root	4096	Oct 11 18:42	install.log
①	②	③	④	⑤	⑥	⑦	⑧	⑨	⑩

영역	의미
①	파일 유형
②	파일 소유자에 대한 허가권
③	파일 소유 그룹에 대한 허가권
④	나머지 사용자에 대한 허가권
⑤	하드 링크의 수
⑥	파일 소유자
⑦	파일 소유 그룹
⑧	파일 크기
⑨	파일 생성 및 변경 시간
⑩	파일 이름

파일 유형에 대하여 살펴보면 다음과 같다.

유형	의미
-	일반(ordinary) 파일 (텍스트(text) 파일, 스크립트(script) 파일, 바이너리(binary) 파일)
d	디렉토리(directory)
l	링크 파일
c	문자 장치 파일 (모니터, 키보드, 프린터, tty, pts ...)
b	블록 장치 파일 (HDD, CDROM, Zip Drive ...)
p	FIFO 파일
s	소켓(socket) 파일

리눅스에서 히든 파일과 히든 디렉토리는 이름이 '.' 기호로 시작하고, 주로 환경 설정 정보를 저장하고 있으며, 숨김 속성을 부여받기 때문에 '-a' 옵션을 사용해야만 출력된다. 다음은 'ls -a' 명령을 실행한 화면이다.

```
[root@localhost ~]# pwd
/root
[root@localhost ~]# whoami
root
[root@localhost ~]# ls -a
.                .bash_logout   install.log         yum-list-installed
..               .bash_profile  install.log.syslog
anaconda-ks.cfg  .bashrc        rpm-qa
.bash_history    .cshrc         .tcshrc
[root@localhost ~]#
```

화면을 보면 '.'과 '..'이라는 디렉토리가 나타나는데 '.'은 현재 디렉토리를 의미하며, '..'는 상위 디렉토리를 의미한다.

다음은 'ls -al' 명령을 실행한 화면으로 현재 디렉토리에 존재하는 모든 파일과 디렉토리에 대한 자세한 정보가 나타난다.

```
[root@localhost ~]# pwd
/root
[root@localhost ~]# ls -al
total 84
dr-xr-x---.  2 root root  4096 Oct 28 11:33 .
dr-xr-xr-x. 21 root root  4096 Nov  4 05:08 ..
-rw-------.  1 root root   948 Oct 11 18:42 anaconda-ks.cfg
-rw-------.  1 root root  4323 Nov  2 19:27 .bash_history
-rw-r--r--.  1 root root    18 May 20  2009 .bash_logout
-rw-r--r--.  1 root root   176 May 20  2009 .bash_profile
-rw-r--r--.  1 root root   176 Sep 22  2004 .bashrc
-rw-r--r--.  1 root root   100 Sep 22  2004 .cshrc
-rw-r--r--.  1 root root  8421 Oct 11 18:42 install.log
-rw-r--r--.  1 root root  3161 Oct 11 18:42 install.log.syslog
-rw-r--r--.  1 root root  6073 Oct 28 11:33 rpm-qa
-rw-r--r--.  1 root root   129 Dec  3  2004 .tcshrc
-rw-r--r--.  1 root root 17422 Oct 28 11:33 yum-list-installed
[root@localhost ~]#
```

다음은 'ls –ial'을 실행한 화면이다.

```
[root@localhost ~]# pwd
/root
[root@localhost ~]# ls -ial
total 84
 8195 dr-xr-x---.  2 root root  4096 Oct 28 11:33 .
    2 dr-xr-xr-x. 21 root root  4096 Nov  4 05:08 ..
12626 -rw-------.  1 root root   948 Oct 11 18:42 anaconda-ks.cfg
12637 -rw-------.  1 root root  4323 Nov  2 19:27 .bash_history
 3644 -rw-r--r--.  1 root root    18 May 20  2009 .bash_logout
 3645 -rw-r--r--.  1 root root   176 May 20  2009 .bash_profile
 3646 -rw-r--r--.  1 root root   176 Sep 22  2004 .bashrc
 3647 -rw-r--r--.  1 root root   100 Sep 22  2004 .cshrc
   18 -rw-r--r--.  1 root root  8421 Oct 11 18:42 install.log
   30 -rw-r--r--.  1 root root  3161 Oct 11 18:42 install.log.syslog
12619 -rw-r--r--.  1 root root  6073 Oct 28 11:33 rpm-qa
 3648 -rw-r--r--.  1 root root   129 Dec  3  2004 .tcshrc
   29 -rw-r--r--.  1 root root 17422 Oct 28 11:33 yum-list-installed
[root@localhost ~]#
```

모든 파일과 디렉토리 이름 왼쪽에 inode 번호가 나타난다. inode는 파일이나 디렉토리를 접근하기 위해 사용되는 정보로 파일이나 디렉토리가 생성될 때 동시에 생성된다. 파일이나 디렉토리 이름이 '\'나 '-'와 같은 특수 문자로 시작하는 경우 다루기가 매우 어렵다. 이 경우 inode 번호를 이용하면 조작이 가능하다.

2.3 cd (change directory)

'cd' 명령은 작업 디렉토리를 변경할 때 사용하는 명령으로 그 사용법은 다음과 같다.

```
# cd [옵션] [대상 디렉토리]
```

디렉토리를 지정하는 방법에는 절대 경로와 상대 경로가 있다. 절대 경로는 최상위 디렉토리인 루트('/') 디렉토리를 기준으로 부여된 경로를 의미하고, '/' 기호로 시작되며, 현재 작업 디렉토리에 영향을 받지 않는다. 상대 경로는 현재 작업 디렉토리를 기준으로 부여된 경로를 의미하고, '.'이나 '..'으로 시작되며, 현재 작업 디렉토리에 영향을 받는다.

명령을 실행하는 사용자가 대상 디렉토리에 대하여 읽기와 실행 권한이 있어야 한다. 파일의 경우 읽기 권한만 있으면 읽기가 가능하지만 디렉토리의 경우 실행 권한까지 있어야 접근이 가능함을 확인할 수 있다.

```
[root@localhost /]# mkdir read-others
[root@localhost /]# ls -ld read-others/
drwxr-xr-x. 2 root root 4096 Nov  4 11:53 read-others/
[root@localhost /]# chmod o-x read-others/
```

```
[admin@localhost /]$ ls -ld /read-others/
drwxr-xr--. 2 root root 4096 Nov  4 11:53 /read-others/
[admin@localhost /]$ cd /read-others/
-bash: cd: /read-others/: Permission denied
[admin@localhost /]$
```

다음은 절대 경로 형식으로 디렉토리를 지정하여 '/etc'로 이동하는 화면이다.

```
[root@localhost ~]# pwd
/root
[root@localhost ~]# cd /etc
[root@localhost etc]# pwd
/etc
[root@localhost etc]#
```

'cd /etc' 명령은 현재 작업 디렉토리의 위치에 관계없이 항상 '/etc' 디렉토리로 이동한다.

다음은 상대 경로 형식으로 디렉토리를 지정하여 '/etc'로 이동하는 화면이다.

```
[root@localhost etc]# cd
[root@localhost ~]# pwd
/root
[root@localhost ~]# cd ../etc
[root@localhost etc]# pwd
/etc
[root@localhost etc]#
```

현재 작업 디렉토리는 '/'를 기준으로 1단계 깊이에 위치한 '/root'이다. 'cd ../etc' 명령은 현재 작업 디렉토리의 위치가 '/'를 기준으로 깊이가 1단계인 경우 유효함을 확인할 수 있다.

그러나 깊이가 2단계 이상인 경우 'cd ../etc'는 입력한 상대 경로가 올바르지 않기 때문에 '/etc'로 이동하지 못하고 오류 메시지를 출력한

다. 즉 현재 작업 디렉토리의 위치에 따라 명령의 수행 여부가 결정된다

```
admin@localhost:/etc
[admin@localhost ~]$ pwd
/home/admin
[admin@localhost ~]$ cd ../etc
-bash: cd: ../etc: No such file or directory
[admin@localhost ~]$ cd ../../etc
[admin@localhost etc]$ pwd
/etc
[admin@localhost etc]$
```

다음은 자주 사용되는 'cd' 관련 명령들이다.

명령	의미
cd /	루트 디렉토리로 이동
cd, cd ~, cd $HOME	로그인한 사용자의 홈 디렉토리로 이동
cd .. 또는 cd ../	현재 작업 디렉토리의 상위 디렉토리로 이동
cd ../..	2단계 상위 디렉토리로 이동
cd -	직전 작업 디렉토리로 이동

2.4 mkdir(make directory)

mkdir 명령은 디렉토리를 생성하는 명령으로 그 사용법은 다음과 같다.

```
# mkdir [옵션] [대상 디렉토리]
```

디렉토리명은 절대 경로와 상대 경로로 지정할 수 있고, 지정한 디렉토리 이름과 같은 이름의 디렉토리가 존재하거나 쓰기 권한이 없는 경우 생성되지 않는다.

```
root@localhost:~
[root@localhost ~]# mkdir parent/child
mkdir: cannot create directory `parent/child': No such file or directory
[root@localhost ~]# mkdir /usr/bin
mkdir: cannot create directory `/usr/bin': File exists
[root@localhost ~]#
```

일반적으로 존재하지 않는 디렉토리 아래 디렉토리를 생성하려면 먼저 상위 디렉토리를 생성해야 하지만 '-p' 옵션을 사용하면 상위 디렉토리와 하위 디렉토리를 동시에 생성할 수 있다.

```
[root@localhost ~]# mkdir -p parent/child
[root@localhost ~]# ls
anaconda-ks.cfg  install.log.syslog  rpm-qa
install.log      parent              yum-list-installed
[root@localhost ~]# ls -ld parent
drwxr-xr-x. 3 root root 4096 Nov  4 09:43 parent
[root@localhost ~]# ls -ld parent/child/
drwxr-xr-x. 2 root root 4096 Nov  4 09:43 parent/child/
[root@localhost ~]#
```

현재 디렉토리에 'parent' 디렉토리와 그 하위 디렉토리 'child'를 동시에 생성됨을 확인할 수 있다.

2.5 rmdir(remove directory)

'rmdir' 명령은 디렉토리를 삭제할 때 사용하는 명령으로 그 사용법은 다음과 같다.

```
# rmdir [옵션] [대상 디렉토리]
```

삭제할 디렉토리에는 '.'과 '..'을 제외한 모든 파일과 디렉토리가 존재하지 않아야 하고, 사용자에게 디렉토리에 대한 삭제 권한이 있어야 삭제가 가능하다.

```
[root@localhost ~]# rmdir parent/child
[root@localhost ~]# rmdir /root
rmdir: failed to remove `/root': Directory not empty
[root@localhost ~]#
```

'child' 디렉토리는 빈 디렉토리이기 때문에 삭제가 가능하지만, '/root' 디렉토리에는 'parent'라는 하위 디렉토리와 파일들이 존재하기 때문에 삭제가 불가능하다.

2.6 cp (copy)

'cp' 명령은 파일이나 디렉토리를 복사하는 명령으로 그 사용법은 다음과 같다.

```
# cp [옵션] <복사 원본> <복사 대상>
```

복사 원본과 복사 대상은 옵션에 따라 파일 경로 또는 디렉토리 경로가 될 수 있다. 복사 대상이 파일인 경우 대상 디렉토리만 지정하고 파일 이름을 지정하지 않은 경우 복사 원본과 같은 이름으로 복사된다 'cp' 명령의 주요 옵션을 살펴보면 다음과 같다.

옵션	의미
-a	복사 원본의 속성과 링크 정보들을 그대로 유지하면서 복사, -dpR 옵션과 동일
-b	복사 대상이 존재하는 경우 '~' 문자를 갖는 백업 파일을 생성
-d	복사 원본이 심볼릭 파일인 경우 그 심볼릭 파일 자체를 심볼릭 정보와 함께 복사
-f	복사 대상이 존재하는 경우 강제로 지우고 복사
-i	복사 대상이 존재하는 경우 사용자에게 문의
-p	복사 원본의 속성을 그대로 유지하면서 복사
-r	복사 원본이 파일인 경우는 해당 파일을 복사, 복사 원본이 디렉토리인 경우 포함된 하위 디렉토리와 파일들을 함께 복사
-R	복사 원본이 디렉토리인 경우 포함된 하위 디렉토리와 파일들을 함께 복사
-u	복사 대상이 존재하는 경우 복사 원본의 변경 시간이 최근인 경우만 복사

다음은 '-b' 옵션을 이용하여 파일을 복사한 화면이다.

```
admin@iducs:~
[admin@iducs ~]$ ls -l
total 8
drwxr-xr-x. 2 admin admin 4096 Nov 22 09:21 Desktop
-rw-rw-r--. 1 admin admin    0 Nov 22 09:50 file1
-rw-rw-r--. 1 admin admin    0 Nov 22 09:50 file2
drwxrwxr-x. 3 admin admin 4096 Nov 22 09:47 parent
[admin@iducs ~]$ cp -b file1 file2
[admin@iducs ~]$ ls -l
total 8
drwxr-xr-x. 2 admin admin 4096 Nov 22 09:21 Desktop
-rw-rw-r--. 1 admin admin    0 Nov 22 09:50 file1
-rw-rw-r--. 1 admin admin    0 Nov 22 09:51 file2
-rw-rw-r--. 1 admin admin    0 Nov 22 09:50 file2~
drwxrwxr-x. 3 admin admin 4096 Nov 22 09:47 parent
[admin@iducs ~]$
```

'file1'을 'file2'라는 이름으로 복사하는 경우 일반적으로 기존의

'file2'가 존재하면 덮어쓰기가 된다. 그러나 '-b'를 사용하면 기존의 'file2'이 'file2~'라는 이름의 백업 파일로 생성되는 것을 알 수 있다.

다음은 '-i' 옵션을 이용하여 파일을 복사한 화면이다.

```
[admin@iducs ~]$ ls
Desktop  file1  file2  file2~  parent
[admin@iducs ~]$ cp -i file1 file2
cp: overwrite `file2'?
```

'file1'을 'file2'로 복사하는 경우 일반적으로 기존의 'file2'에 'file1'의 내용이 자동적으로 덮어쓰기가 되지만, '-i' 옵션을 사용하는 경우 덮어쓰기 여부를 물어 'y'인 경우 덮어쓰기를 하고, 'n'인 경우 명령을 취소한다.

2.7 mv (move)

'mv' 명령은 파일이나 디렉토리를 이동하는 명령으로 그 사용법은 다음과 같다.

```
# mv [옵션] <복사 원본> <복사 대상>
```

'mv' 명령의 경우 원본 파일이 삭제되기 때문에 'cp' 명령과 달리 원본에 대한 삭제 권한이 있어야 한다.

```
[admin@iducs ~]$ cp /bin/ls .
[admin@iducs ~]$ ls
Desktop  file1  file2  file2~  ls  parent
[admin@iducs ~]$ mv /bin/ls .
mv: cannot move `/bin/ls' to `./ls': Permission denied
[admin@iducs ~]$
```

이동 원본이 파일이고, 이동 대상이 이동 원본의 디렉토리와 같은 디렉토리안의 파일인 경우 파일 이름을 변경하는 기능을 수행한다.

```
[admin@iducs ~]$ ls
Desktop  file1  file2  file2~  ls  parent
[admin@iducs ~]$ mv file2~ file3
[admin@iducs ~]$ ls
Desktop  file1  file2  file3  ls  parent
[admin@iducs ~]$
```

'file2~'가 'file3'으로 이름이 변경된 것을 알 수 있다.

이동 원본과 대상이 디렉토리인 경우에는 이동 대상의 존재 여부에 따라 다른 동작을 하게 된다. 이동 대상이 존재하는 경우 이동되지만, 이동 대상이 존재하지 않는 경우 이동 원본 디렉토리의 이름이 변경되는 효과가 발생한다.

```
admin@iducs:~
[admin@iducs ~]$ ls
Desktop  file1  file2  file3  ls  parent
[admin@iducs ~]$ mv parent pdir
[admin@iducs ~]$ ls
Desktop  file1  file2  file3  ls  pdir
[admin@iducs ~]$
```

이동 대상이 'pdir' 디렉토리가 존재하지 않기 때문에 'parent'를 이동하지 못하고, 'pdir'로 이름이 변경된 것을 알 수 있다.

2.8 rm (remove)

'rm' 명령은 파일을 삭제하는 데 사용되는 명령으로 그 사용법은 다음과 같다.

```
# rm [옵션] <삭제 대상>
```

삭제하기 위해서는 삭제 대상에 대한 삭제 권한을 가지고 있어야 한다. 'rm' 명령의 주요 옵션을 살펴보면 다음과 같다

옵션	의미
-f	대상 파일을 확인 과정 없이 무조건 삭제
-i	대상 파일을 삭제할 때 삭제 여부를 문의
-r	디렉토리를 삭제할 때 포함된 하위 디렉토리와 파일들을 함께 삭제

다음은 '-r' 옵션을 이용하여 디렉토리를 삭제하는 화면이다.

```
admin@iducs:~
[admin@iducs ~]$ ls
Desktop  file1  file2  file3  ls  pdir
[admin@iducs ~]$ rmdir pdir
rmdir: failed to remove `pdir': Directory not empty
[admin@iducs ~]$ rm -r pdir
[admin@iducs ~]$ ls
Desktop  file1  file2  file3  ls
[admin@iducs ~]$
```

'pdir'은 빈 디렉토리가 아니기 때문에 'rmdir' 명령으로 삭제하기 위해서는 포함된 하위 디렉토리와 파일을 먼저 삭제해야 한다. 또한 'pdir'은 디렉토리이기 때문에 'rm'만으로는 삭제할 수 없고, '-r'을 사용하는 경우 'pdir'과 포함된 하위 디렉토리 및 파일들을 모두 삭제할 수 있다.

2.9 ln(link)

'ln' 명령은 파일 링크를 생성하는 명령이다. 링크는 복잡한 파일명이나 경로명을 단순화시켜서 사용자가 접근이나 이동하는데 편리성을 제공하며, 종류로는 하드(hard) 링크와 심볼릭(symbolic) 링크가 존재한다. 앞서 설명한 바와 같이 inode 번호는 파일 생성 시 함께 생성되는 정보들 중 하나로 파일을 식별하고 접근하는데 사용된다. 하드 링크는 원본 파일과 이름은 다르지만 물리적 동일한 위치를 가리키는, 즉 원본 파일과 같은 inode 번호를 갖는 파일을 의미하고, 심볼릭 링크는 원본 파일의 물리적 위치를 가리키는 정보를 가리키는 파일을 의미한다. 하드 링크의 경우 원본 파일이 삭제되어도 접근이 가능하지만, 심볼릭 링크의 경우 원본 파일이 삭제되면 접근이 불가능하다.

다음은 'ln' 명령을 이용하여 링크를 생성하는 방법이다.

```
# ls [옵션] <원본 파일명> <링크 파일명>
```

아무 옵션도 사용하지 않은 경우 하드 링크가 생성되고, '-s' 옵션을 사용한 경우 심볼릭 링크가 생성된다.

```
admin@iducs:~
[admin@iducs ~]$ ls
Desktop  file1  file2  file3
[admin@iducs ~]$ ln file1 hardlink
[admin@iducs ~]$ ln -s file1 symboliclink
[admin@iducs ~]$ ls -il
total 4
264739 drwxr-xr-x. 2 admin admin 4096 Nov 22 09:21 Desktop
264755 -rw-rw-r--. 2 admin admin    0 Nov 22 09:50 file1
264759 -rw-rw-r--. 1 admin admin    0 Nov 22 09:51 file2
264760 -rw-rw-r--. 1 admin admin    0 Nov 22 09:50 file3
264755 -rw-rw-r--. 2 admin admin    0 Nov 22 09:50 hardlink
264756 lrwxrwxrwx. 1 admin admin    5 Nov 22 10:00 symboliclink -> file1
[admin@iducs ~]$
```

그림을 보면 원본 파일 'file1'의 inode 번호와 하드 링크 파일 'hardlink'의 inode 번호는 같지만, 심볼릭 링크 파일 'symboliclink'의 inode 번호는 다른 것을 알 수 있다.

다음은 원본 파일을 삭제했을 때 하드 링크와 심볼릭 링크의 변화를 알아본 화면이다.

```
admin@iducs:~
[admin@iducs ~]$ ls -il
total 4
264739 drwxr-xr-x. 2 admin admin 4096 Nov 22 09:21 Desktop
264758 -rw-rw-r--. 1 admin admin    0 Nov 22 10:05 file1
264759 -rw-rw-r--. 1 admin admin    0 Nov 22 09:51 file2
264760 -rw-rw-r--. 1 admin admin    0 Nov 22 09:50 file3
264755 -rw-rw-r--. 1 admin admin    0 Nov 22 09:50 hardlink
264756 lrwxrwxrwx. 1 admin admin    5 Nov 22 10:00 symboliclink -> file1
[admin@iducs ~]$ rm file1
[admin@iducs ~]$ ls -il
total 4
264739 drwxr-xr-x. 2 admin admin 4096 Nov 22 09:21 Desktop
264759 -rw-rw-r--. 1 admin admin    0 Nov 22 09:51 file2
264760 -rw-rw-r--. 1 admin admin    0 Nov 22 09:50 file3
264755 -rw-rw-r--. 1 admin admin    0 Nov 22 09:50 hardlink
264756 lrwxrwxrwx. 1 admin admin    5 Nov 22 10:00 symboliclink -> file1
[admin@iducs ~]$ cat symboliclink
cat: symboliclink: No such file or directory
[admin@iducs ~]$
```

그림을 살펴보면 inode 번호가 264755인 파일을 하드 링크는 동일한 inode 번호를 갖기 때문에 접근이 가능하지만, 심볼릭 링크는 'file1'에 대한 정보만 가지고 있기 때문에 접근할 수 없다.

파일 복사의 경우 inode와 실제 데이터가 모두 복사가 되지만 하드 링크의 경우 inode만 복사되고 실제 데이터는 복사되지 않아 효율적인 디스크 활용이 가능하다.

```
admin@iducs:~
[admin@iducs ~]$ ls -il
total 4
264739 drwxr-xr-x. 2 admin admin 4096 Nov 22 09:21 Desktop
264759 -rw-rw-r--. 1 admin admin    0 Nov 22 09:51 file2
264760 -rw-rw-r--. 1 admin admin    0 Nov 22 09:50 file3
264755 -rw-rw-r--. 1 admin admin    0 Nov 22 09:50 hardlink
264756 lrwxrwxrwx. 1 admin admin    5 Nov 22 10:00 symboliclink -> file1
[admin@iducs ~]$ cp hardlink copy
[admin@iducs ~]$ ls -il
total 4
264758 -rw-rw-r--. 1 admin admin    0 Nov 22 10:07 copy
264739 drwxr-xr-x. 2 admin admin 4096 Nov 22 09:21 Desktop
264759 -rw-rw-r--. 1 admin admin    0 Nov 22 09:51 file2
264760 -rw-rw-r--. 1 admin admin    0 Nov 22 09:50 file3
264755 -rw-rw-r--. 1 admin admin    0 Nov 22 09:50 hardlink
264756 lrwxrwxrwx. 1 admin admin    5 Nov 22 10:00 symboliclink -> file1
[admin@iducs ~]$
```

복사한 'copy'의 경우 inode 번호가 264758으로 다르고, 실제 데이터도 복사되어 하드 디스크 사용률이 증가한다.

참고로 디렉토리의 경우 시스템 관리자만이 링크를 생성할 수 있다

3. 파일 보기 및 찾기 명령들

3.1 cat

'cat' 명령은 텍스트로 작성된 파일 내용을 한 번에 출력하는 명령으로 그 사용법은 다음과 같다.

```
# cat [옵션] <파일 목록 >
```

일반적으로 너무 빠르게 내용이 스크롤되기 때문에 페이지 단위로 출력하는 'more' 명령과 함께 사용된다. 'cat' 명령의 주요 옵션을 살펴보면 다음과 같다.

옵션	의미
-A	제어 문자, 탭 기호, 라인 끝을 모두 표시, -vET 옵션과 동일
-E	라인의 끝을 '$' 기호로 표시
-n	행 번호를 표시
-T	탭 기호를 '^I'로 표시
-v	제어 문자를 표시

다음은 '-n' 옵션을 사용하여 명령을 수행한 화면이다.

```
admin@iducs:~
[admin@iducs ~]$ cat file3 | grep .bash
.bash_history
.bash_logout
.bash_profile
.bashrc
[admin@iducs ~]$ cat -n file3 | grep .bash
     5  .bash_history
     6  .bash_logout
     7  .bash_profile
     8  .bashrc
[admin@iducs ~]$
```

출력 내용 왼쪽에 행 번호가 표시됨을 확인할 수 있다.

3.2 more

'more' 명령은 파일 내용을 페이지 단위로 출력하는 명령으로 그 사용법은 다음과 같다.

```
# more [옵션] <파일 목록 >
```

'more' 명령은 독자적으로 실행하기도 하지만 파이프를 이용하여 다른 명령의 결과를 페이지 단위로 출력하는데 많이 사용된다.

```
admin@iducs:~
[admin@iducs ~]$ ls -l /usr/bin | more
total 16836
-rwxr-xr-x. 1 root root  34716 Jun 22 20:40 [
-rwxr-xr-x. 1 root root  22356 Nov 12  2010 addftinfo
-rwxr-xr-x. 1 root root  21576 Jun 22 23:01 addr2line
-rwxr-xr-x. 1 root root  51292 Jun 22 23:01 ar
-rwxr-xr-x. 1 root root 326772 Jun 22 23:01 as
-rwxr-xr-x. 1 root root   9656 Sep 24  2011 attr
-rwxr-xr-x. 1 root root  12148 Jun 22 18:42 aulast
-rwxr-xr-x. 1 root root   7368 Jun 22 18:42 aulastlog
-rwxr-xr-x. 1 root root   6028 Jun 22 18:42 ausyscall
-rwxr-xr-x. 1 root root  27296 Jun 22 18:42 auvirt
lrwxrwxrwx. 1 root root     14 Nov 22 09:07 awk -> ../../bin/gawk
-rwxr-xr-x. 1 root root  29612 Jun 22 20:40 base64
-rwxr-xr-x. 1 root root   7042 May 11  2012 bashbug-32
-rwxr-xr-x. 1 root root  61236 Apr  4  2012 berkeley_db_svc
lrwxrwxrwx. 1 root root      5 Nov 22 09:07 bunzip2 -> bzip2
lrwxrwxrwx. 1 root root      5 Nov 22 09:07 bzcat -> bzip2
lrwxrwxrwx. 1 root root      6 Nov 22 09:07 bzcmp -> bzdiff
-rwxr-xr-x. 1 root root   2128 Jun 25  2011 bzdiff
-rwxr-xr-x. 1 root root   1677 Jun 25  2011 bzgrep
-rwxr-xr-x. 1 root root  31092 Jun 25  2011 bzip2
-rwxr-xr-x. 1 root root   8960 Jun 25  2011 bzip2recover
lrwxrwxrwx. 1 root root      6 Nov 22 09:07 bzless -> bzmore
-rwxr-xr-x. 1 root root   1259 Jun 25  2011 bzmore
-rwxr-xr-x. 1 root root  14700 Jun 22 19:49 cal
lrwxrwxrwx. 1 root root      3 Nov 22 09:07 captoinfo -> tic
-rwxr-xr-x. 1 root root   3384 Jun 22 13:53 catchsegv
-rwxr-xr-x. 1 root root 145756 Jun 22 20:30 certutil
-rwxr-xr-x. 1 root root  19908 Jun 22 23:01 c++filt
-rwxr-xr-x. 1 root root  13800 Dec  8  2011 chacl
-rwsr-xr-x. 1 root root  65356 Dec  8  2011 chage
-rwxr-xr-x. 1 root root   9684 Jun 22 17:53 chattr
-rwxr-xr-x. 1 root root  59656 Jun 22 20:40 chcon
--More--
```

스페이스 키를 누르면 다음 페이지로 'b' 키를 이전 페이지로 이동하고, '/'를 이용하여 특정 문자열을 검색할 수도 있다.

3.3 less

'less' 명령은 파일 내용을 페이지 단위로 출력하는 명령으로 'more'

명령과 비슷하지만 향상된 기능을 제공한다. 그 사용법은 다음과 같다

```
# less [옵션] <파일 목록 >
```

다음은 'less' 명령에서 주로 사용되는 키를 살펴보면 다음과 같다.

키	의미
b, nb	이전 페이지, 위쪽으로 n행 이동
f, nf	다음 페이지, 아래쪽으로 n행 이동
<space>	다음 페이지
<enter>	다음 행
/문자열	아래쪽으로 문자열 검색
?문자열	위쪽으로 문자열 검색
n, N	검색 중 n은 순방향으로, N은 역방향으로 다음 문자열 검색
:n, :p	대상 파일이 복수 개인 경우 다음 파일, 이전 파일로 이동
q	종료
h	도움말

3.4 echo

'echo' 명령은 입력한 문자열이나 환경 변수를 출력하는 명령으로 그 사용법은 다음과 같다.

```
# echo <문자열 또는 $환경 변수>
```

환경 변수란 셸에서 사용하는 특수 용도의 변수를 의미한다. 자주 사용되는 환경 변수를 살펴보면 다음과 같다.

환경 변수	의미
HOME	로그인한 사용자의 홈 디렉토리의 절대 경로명
PATH	명령을 찾기 위한 경로들의 집합
PS1, PS2	셸 프롬프트, 보조 셸 프롬프트 모양
PWD	현재 작업 디렉토리의 절대 경로명
SHELL	기본으로 설정된 셸의 종류
TERM	사용하고 있는 터미널의 종류
USER	현재 사용자의 계정명

3.5 wc(word count)

'wc' 명령은 지정한 파일로부터 라인 개수, 단어 개수, 문자 개수를 출력하는 명령으로 그 사용법은 다음과 같다.

```
# wc [옵션] <파일명>
```

사용 가능한 옵션으로는 '-c', '-l', '-w'가 존재한다. '-c'는 문자 개수만을 출력하고, '-l'는 라인 개수만을 출력하며, '-w'는 단어 개수만을 출력한다.

```
admin@iducs:~
[admin@iducs ~]$ cat file2 | grep bashrc
-rw-r--r--. 1 admin admin   124 Oct  7  16:40  .bashrc
[admin@iducs ~]$ cat file2 | grep bashrc | wc
      1       9      55
[admin@iducs ~]$ cat file2 | grep bashrc | wc -c
55
[admin@iducs ~]$
```

'file2' 문서에서 'bashrc'라는 문자열 검색하였을 때 검색된 행의 개수는 1이고, 단어 개수는 9이며, 문자 개수는 55임을 알 수 있다. '-c' 옵션을 사용한 경우 문자 개수 55만 출력됨을 알 수 있다.

3.6 head

'head' 명령은 파일의 처음 10개 행을 출력하는 명령으로 그 사용법은 다음과 같다.

```
# head [옵션] <파일명>
```

옵션 영역에 '-5'를 입력하면 처음 5개 행을 출력한다. 파일의 크기가 큰 경우 파일의 처음 부분의 일부만을 볼 수 있어 편리하다.

3.7 tail

'tail' 명령은 파일의 마지막 10개 행을 출력하는 명령으로 그 사용법은 다음과 같다.

```
# tail [옵션] <파일명>
```

옵션 영역에 '-5'를 입력하면 마지막 5개 행을 출력한다. 파일의 마지막 부분에 추가된 내용을 빠르게 확인할 수 있다.

3.8 sort

'sort' 명령은 파일의 행들을 오름차순으로 정렬하여 출력하는 명령으로 그 사용법은 다음과 같다.

```
#  sort [옵션] <파일명>
```

'-r' 옵션을 사용하면 내림차순으로 정렬된다.

3.9 grep (grammer regular expression print)

'grep' 명령은 파일이나 명령의 실행 결과에서 주어진 패턴(pattern)의 문자열을 검색하는 명령으로 그 사용법은 다음과 같다.

```
# grep [옵션] <패턴> <파일 목록>
```

'grep' 명령은 독자적으로 사용할 수도 있지만, 다른 명령과 함께 파이프로 연결하여 자주 사용된다.

```
#  (명령 1) | grep [옵션] <패턴>
```

명령의 수행 결과에서 주어진 패턴의 문자열을 검색하여 출력한다. 다음은 '-n'과 '-o' 옵션을 사용하여 'grep' 명령을 실행한 화면이다.

```
admin@iducs:~
[admin@iducs ~]$ cat file2 | grep .bashrc
-rw-r--r--. 1 admin admin   124 Oct  7  16:40  .bashrc
[admin@iducs ~]$ cat file2 | grep -no .bashrc
9:.bashrc
[admin@iducs ~]$ cat file2 | grep -n .bashrc
9:-rw-r--r--. 1 admin admin   124 Oct  7  16:40  .bashrc
[admin@iducs ~]$
```

다음은 'grep' 명령의 주요 옵션들이다.

옵션	의미
-c	패턴과 일치하는 행의 개수를 출력
-i	대소문자를 구별하지 않고 패턴을 검색
-l	지정한 패턴이 발견된 파일의 목록만 출력
-n	행 번호를 검색 결과와 함께 표시
-o	패턴과 일치하는 행을 찾아 패턴 내용만 출력
-v	패턴과 일치하지 않는 행만 출력
-A n	패턴이 일치하는 행과 다음 n행을 함께 출력
-B n	패턴이 일치하는 행과 이전 n행을 함께 출력
-C n	패턴이 일치하는 행과 이전, 다음 n행을 함께 출력

'grep' 명령은 좀 더 효율적인 검색을 위해 다음과 같은 다양한 정규식(regular expression) 표현 문자를 제공한다.

표현 문자	의미
*	0이상 n개의 모든 문자에 대응, 'op*' : 'o'로 시작하는 모든 문자열 패턴
.	한 문자에 대응, '.op' : 한글자 뒤에 'op'가 나오는 패턴
^	각 행의 첫 번째 문자열, '^-rw' : 행의 시작 문자열이 '-rw'인 패턴
$	각 행의 마지막 문자열, 'link$' : 마지막 문자열이 'link'로 끝나는 패턴
[]	나열한 문자열 중 한 문자 대응, '[Dy]' : 'D'나 'y'를 포함하는 패턴
[^]	입력된 문자열을 제외함, '^[^dl]' : 행의 시작이 'd', 'l'을 포함하지 않는 패턴
\	특수 문자의 의미 제거

다음은 정규식을 이용하여 검색한 화면이다.

```
[admin@iducs ~]$ ls -l | grep '^-rw-rw'
-rw-rw-r--. 1 admin admin    0 Nov 22 10:07 copy
-rw-rw-r--. 1 admin admin   63 Nov 22 10:36 file2
-rw-rw-r--. 1 admin admin   53 Nov 22 10:18 file3
-rw-rw-r--. 1 admin admin    0 Nov 22 10:39 haha
-rw-rw-r--. 1 admin admin    0 Nov 22 09:50 hardlink
[admin@iducs ~]$ ls -l | grep 'link$'
-rw-rw-r--. 1 admin admin    0 Nov 22 09:50 hardlink
[admin@iducs ~]$
```

리눅스에서는 'grep' 명령 이외에도 확장된 정규식 표현 문자를 제공하는 'egrep'과 문자열 검색만을 제공하는 'fgrep' 명령을 제공하고 있다.

3.10 find

'find' 명령은 다양한 조건과 패턴을 이용하여 파일과 디렉토리 검색할 수 있는 명령으로 그 사용법은 다음과 같다.

```
# find <경로명> [옵션]  <패턴>
```

'find' 명령에서 주로 사용되는 옵션들을 살펴보면 다음과 같다.

옵션	의미
-atime n, -amin n	최종 접근 시간이 n일, n분 전인 파일 검색
-ctime n, -cmin n	최종 상태 수정 시간이 n일, n분 전인 파일 검색
-mtime n, -mmin n	최종 수정 시간이 n일, n분 전인 파일 검색
-inum n	inode 번호를 이용하여 파일 검색
-maxdepth n	깊이가 n 단계 이하인 하위 디렉토리들까지만 검색
-mindepth n	깊이가 n 단계 이상인 하위 디렉토리들만 검색
-name 파일명	파일이나 디렉토리 이름을 사용하여 검색, 메타 문자 *, ?, [] 사용 가능
-perm 허가권	특정한 허가권을 가진 파일을 검색, 허가권은 절대 모드와 심볼릭 모드 모두 사용 가능

-size n[cwbkMG]	파일 크기가 n[cwbkMG]인 파일을 검색, c:1, w:2, b:512, k:1024, M(메가):1048576, G(기가):1073741824 bytes
-type 파일 유형	특정한 유형의 파일을 검색, b:블록장치, c:문자장치, d:디렉토리, p:FIFO, f:일반파일, l:심볼릭 링크, s:소켓
-xdev	현재 사용 중인 파티션만 검색, 가상 디렉토리 /proc이나 다른 파티션은 검색에서 제외
-group 그룹명	그룹명으로 검색, '-gid 그룹 id'는 그룹 id로 검색
-user 사용자명	사용자명으로 검색, '-uid 사용자 id'는 사용자 id로 검색
-print	검색 결과를 출력

'find' 명령을 수행하기 위해서는 접근하는 디렉토리에 대한 읽기와 실행 권한이 필요하다. 'root'만이 전체 파일 시스템을 검색할 수 있다

'find'를 이용한 검색 중 가장 많이 사용되는 옵션은 '-name'과 '-print'이다. 'find . -name file2 -print'와 'find . -name 'file?' -print'를 실행한 화면이다.

```
admin@iducs:~
[admin@iducs ~]$ find . -name file2 -print
./file2
[admin@iducs ~]$ find . -name 'file?' -print
./file3
./file2
[admin@iducs ~]$
```

첫 번째 명령은 현재 디렉토리에 포함된 하위 디렉토리들과 파일들 중에서 이름이 'file2'인 파일이나 디렉토리를 검색하고, 두 번째 명령은 'file'로 시작하며 한 글자가 다른 파일이 검색된다.

다음은 'find . -perm +3 -type f'를 실행한 화면이다.

```
admin@iducs:~
[admin@iducs ~]$ ls -l 7*
-rwx------. 1 admin admin 0 Nov 22 10:50 700
-rwx-----x. 1 admin admin 0 Nov 22 10:50 701
-rwx----w-. 1 admin admin 0 Nov 22 10:50 702
-rwx----wx. 1 admin admin 0 Nov 22 10:50 703
-rwx---r--. 1 admin admin 0 Nov 22 10:50 704
-rwx---r-x. 1 admin admin 0 Nov 22 10:50 705
-rwx---rw-. 1 admin admin 0 Nov 22 10:50 706
-rwx---rwx. 1 admin admin 0 Nov 22 10:50 707
[admin@iducs ~]$ find . -perm +3 -type f -print
./705
./706
./707
./702
./701
./703
[admin@iducs ~]$
```

현재 디렉토리와 하위 디렉토리들의 파일들 중에서 허가권이 +3인 일반 파일을 검색한다. +3은 나머지 사용자에게 쓰기 또는 읽기 권한이 있는 일반 파일을 의미한다. 3은 심볼릭 모드로 'wx'를 의미하고, '+'는 'or'의 의미하며, 참고로 '-'는 'and'를 의미한다. '700'과 '704'는 나머지 사용자에게 쓰기와 실행 권한이 없고, 따라서 검색되지 않음을 확인할 수 있다.

다음은 'find . -perm -3 -a -name '70[3-7]' -type f'과 'find . -perm -3 -o -name '70[3-7]' -type f'를 실행한 화면이다.

```
admin@iducs:~
[admin@iducs ~]$ find . -perm -3 -a -name '70[3-7]' -type f
./707
./703
[admin@iducs ~]$ find . -perm -3 -o -name '70[3-7]' -type f
./705
./704
./706
./707
./symboliclink
./703
[admin@iducs ~]$
```

'-a'와 '-and' 옵션은 두 옵션을 'and' 연산으로 하고, '-o'와 '-or' 옵션은 두 옵션을 'or' 연산으로 처리한다.

'find'는 수정 시간을 이용한 검색을 지원한다. 다음은 '-mtime -1'과 '-mtime 1' 및 '-mtime +1'을 실행한 화면이다.

```
[admin@iducs ~]$ find . -maxdepth 1 -mtime -1 -type f -exec ls -al {} \;
-rw-rw-r--. 1 admin admin 0 Nov 22 09:26 ./.recently-used
-rwx---r-x. 1 admin admin 0 Nov 22 10:50 ./705
-rw-rw-r--. 1 admin admin 0 Nov 22 09:27 ./.gtkrc-1.2-gnome2
-rw-rw-r--. 1 admin admin 53 Nov 22 10:18 ./file3
-rw-rw-r--. 1 admin admin 0 Nov 22 09:50 ./hardlink
-rw-rw-r--. 1 admin admin 0 Nov 22 09:28 ./.rhn-applet.conf
-rw-rw-r--. 1 admin admin 898 Nov 22 09:44 ./.bash_history
-rwx---r--. 1 admin admin 0 Nov 22 10:50 ./704
-rw-rw-r--. 1 admin admin 0 Nov 22 09:26 ./.ICEauthority
-rw-rw-r--. 1 admin admin 0 Nov 22 09:27 ./.gtkrc
-rw-rw-r--. 1 admin admin 0 Nov 22 09:29 ./.Xauthority
-rw-rw-r--. 1 admin admin 0 Nov 22 10:39 ./haha
-rwx---rw-. 1 admin admin 0 Nov 22 10:50 ./706
-rw-rw-r--. 1 admin admin 0 Nov 22 09:26 ./.dmrc
-rwx---rwx. 1 admin admin 0 Nov 22 10:50 ./707
-rwx----w-. 1 admin admin 0 Nov 22 10:50 ./702
-rwx------. 1 admin admin 0 Nov 22 10:50 ./700
-rw-rw-r--. 1 admin admin 63 Nov 22 10:36 ./file2
-rwx-----x. 1 admin admin 0 Nov 22 10:50 ./701
-rwx----wx. 1 admin admin 0 Nov 22 10:50 ./703
-rw-rw-r--. 1 admin admin 0 Nov 22 10:07 ./copy
[admin@iducs ~]$ find . -maxdepth 1 -mtime 1 -type f -exec ls -al {} \;
[admin@iducs ~]$ find . -maxdepth 1 -mtime +1 -type f -exec ls -al {} \;
-rw-r--r--. 1 admin admin 18 May 11  2012 ./.bash_logout
-rw-r--r--. 1 admin admin 176 May 11  2012 ./.bash_profile
-rw-r--r--. 1 admin admin 124 May 11  2012 ./.bashrc
[admin@iducs ~]$
```

'-1'은 현재 시간부터 1일 이내에 수정된 파일의 검색을 의미하고, '1'은 현재를 기준으로 1일전 동안에 수정된 파일의 검색을 의미하며, '+1'은 현재를 기준으로 2일 시작 시간 이전에 수정된 파일의 검색을 의미한다.

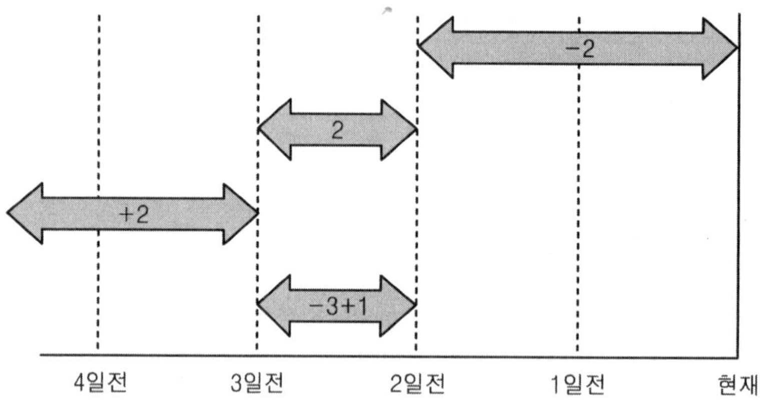

다음은 'find . -maxdepth 1 -perm -3 ! -name '.*' -type f'와 'find . -maxdepth 1 ! -perm -3 ! -name '.*' -type f'를 실행한 화면이다.

'!' 연산자는 옵션에 대하여 'not' 연산을 수행하고, '-maxdepth 1'은

1 이하의 깊이를 가진 디렉토리, 즉 지정한 디렉토리를 검색한다. 첫 번째 명령은 나머지 사용자에게 쓰기와 실행 권한이 모두 있는 파일을 검색하지만, 두 번째 명령은 나머지 사용자에게 쓰기와 실행 권한이 모두 있지 않는 파일을 검색한다.

```
[admin@iducs ~]$ find . -maxdepth 1 -perm -3 ! -name '.*' -type f
./707
./703
[admin@iducs ~]$ find . -maxdepth 1 ! -perm -3 ! -name '.*' -type f
./705
./file3
./hardlink
./704
./haha
./706
./702
./700
./file2
./701
./copy
[admin@iducs ~]$
```

3.11 which

'which' 명령은 사용자 환경 설정에 정의된 경로를 검색하여 명령의 위치를 검색하는 명령으로 그 사용법은 다음과 같다.

```
# which <명령>
```

명령이 검색된 경우 명령의 절대 경로가 나타나지만, 검색이 되지 않는 경우 사용자의 경로 정보를 출력한다.

```
[admin@iducs ~]$ which cp
/bin/cp
[admin@iducs ~]$ which nopath
/usr/bin/which: no nopath in (/usr/local/bin:/bin:/usr/bin:/usr/local/sbin:/usr/sbin:/sbin:/home/admin/bin)
[admin@iducs ~]$
```

3.12 whereis

'whereis' 명령은 명령 파일과 명령의 소스, 맨 페이지 파일의 위치를 검색하는 명령으로 그 사용법은 다음과 같다.

```
# whereis <명령>
```

3.13 locate

'locate' 명령은 파일 목록 데이터베이스를 검색하여 지정한 파일의 위치를 출력하는 명령으로 그 사용법은 다음과 같다.

```
# whereis <패턴>
```

정확한 검색을 위해서 'locate'명령을 사용하기 전에 'updatedb'라는 명령을 수행하여 파일 목록 데이터베이스를 업데이트해야 한다.

```
root@iducs:~
[root@iducs ~]# updatedb
[root@iducs ~]# locate -n 10 *.conf
/boot/grub/grub.conf
/etc/dracut.conf
/etc/gai.conf
/etc/grub.conf
/etc/host.conf
/etc/krb5.conf
/etc/ld.so.conf
/etc/libaudit.conf
/etc/libuser.conf
/etc/logrotate.conf
[root@iducs ~]#
```

참고로 'updatedb' 명령을 수행한 후 설치된 명령은 찾을 수 없다.

3.14 man(manual)

'man' 명령은 리눅스에서 사용되는 명령과 프로그래밍 시 사용되는 주요 함수에 대한 도움말을 제공한다.

```
#  man <명령 또는 함수명>
```

도움말은 효율적인 사용을 위해 여러 개의 섹션(section)으로 나누어 제공된다.

한글 사용자를 위해 한글 맨 페이지 프로젝트가 진행되고 있으며,

현재까지 완료된 한글 맨 페이지는 'http://man.kldp.org'에서 직접 사용할 수 있으며, 다운로드하여 시스템에 설치할 수도 있도록 압축 파일 형식으로 제공하고 있다.

섹션 번호	의미
1	사용자 명령(User Commands)
2	시스템 호출(System Calls)
3	C 라이브러리 함수(C Library Functions)
4	디바이스와 네트워크 인터페이스(Devices and Network Interfaces)
5	파일 포맷(File Formats)
6	게임과 데모(Games and Demos)
7	환경, 테이블, 매크로(Environments, Tables, and Macros)
8	시스템 관리(Maintenance Commands)

다음은 'man ps'와 'man -M /usr/share/man/ko ps'를 실행한 화면이다

```
admin@iducs:~
[admin@iducs ~]$ man -M /usr/share/man/ko ps
No manual entry for ps
[admin@iducs ~]$ man -M /usr/share/man ps
[admin@iducs ~]$
```

'-M'은 맨 페이지의 경로를 지정하는 옵션으로 최신의 한글 맨 페이지를 사용하고 싶은 사용자는 한글 맨 페이지 프로젝트 사이트에서 다운받아 설치하고, 설치한 맨 페이지를 지정하여 사용할 수 있다. 일반적으로 '/usr/ share/man'은 모든 맨 페이지들이 저장되어 있는 경로이고, '/usr/share/ man/ko'는 한글 맨 페이지가 저장되어 있는 경로이다. 'ps' 명령은 현재 한글화된 맨 페이지가 없기 때문에 다음과 같은 영문 맨 페이지만 제공된다.

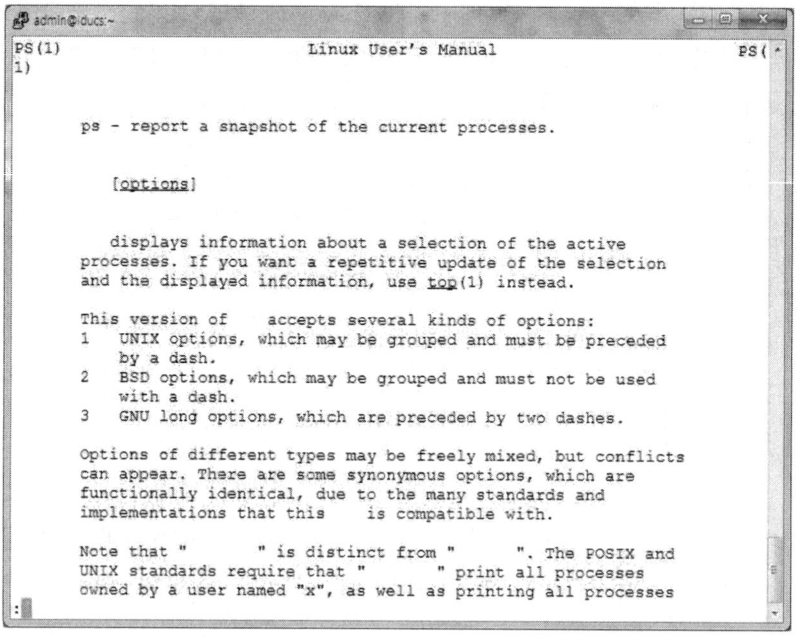

```
PS(1)                       Linux User's Manual                       PS(
1)

       ps - report a snapshot of the current processes.

          [options]

          displays information about a selection of the active
       processes. If you want a repetitive update of the selection
       and the displayed information, use top(1) instead.

       This version of    accepts several kinds of options:
       1   UNIX options, which may be grouped and must be preceded
           by a dash.
       2   BSD options, which may be grouped and must not be used
           with a dash.
       3   GNU long options, which are preceded by two dashes.

       Options of different types may be freely mixed, but conflicts
       can appear. There are some synonymous options, which are
       functionally identical, due to the many standards and
       implementations that this    is compatible with.

       Note that "       " is distinct from "       ". The POSIX and
       UNIX standards require that "        " print all processes
       owned by a user named "x", as well as printing all processes
:
```

'man' 명령은 도움말을 화면에 출력하는데 '/usr/bin/less -isr'을 사용하기 때문에 사용법은 'less'와 동일하다. 한글은 2바이트 코드를 사용하기 때문에 'r(raw-control-chars)' 옵션을 주어야 올바르게 나타난다.

05 계정 및 권한 관리

이 장에서는 리눅스 시스템을 기본적인 운영하고 관리하는데 필요한 계정(account) 및 그룹 관리, 소유권(ownership) 및 허가권(permission) 관리와 관리자 권한 사용에 대하여 살펴본다.

1. 계정 및 그룹 관리

리눅스 시스템은 다수의 사용자들 다양한 목적으로 사용하기 때문에 사용자의 식별과 접근 권한 제어가 필수적이다. 이를 위해 가장 먼저 고려되어야 할 것은 계정 관리이다. 일반적으로 계정을 관리한다는 것은 사용자 계정을 관리한다는 것으로 사용자 계정을 생성하고, 이미 존재하는 계정을 수정하거나 삭제하는 일을 수행하는 것이다.

만약 일반 사용자들이 계정을 관리할 수 있다면 많은 문제가 발생할 수 있기 때문에 계정 관리는 관리자만이 할 수 있어야 한다. 실제로 계정을 추가하면 '/etc/passwd' 파일에 계정 정보가, 그룹을 추가하면 '/etc/group' 파일에 그룹 정보가 추가되어야 하는데 오직 'root' 계정만이 두 파일에 대한 쓰기 권한을 갖는다. 따라서 'root' 계정만이 계정과 그룹을 관리할 수 있다.

```
[root@localhost ~]# ls -ld /etc/passwd
-rw-r--r--. 1 root root 895 Oct 26 09:12 /etc/passwd
[root@localhost ~]# ls -ld /etc/group
-rw-r--r--. 1 root root 455 Oct 26 09:12 /etc/group
[root@localhost ~]# ls -ld /etc/login.defs
-rw-r--r--. 1 root root 1816 Jun 28  2011 /etc/login.defs
[root@localhost ~]# ls -ld /etc/motd
-rw-r--r--. 1 root root 0 Jan 12  2010 /etc/motd
[root@localhost ~]#
```

시스템을 사용하기 위해서는 계정이 필요하다. 'root' 계정과 시스템 사용자 계정은 리눅스 설치 과정 중에 자동으로 생성되고, '/etc/passwd' 파일에 추가된다. 다음은 최소 설치를 하였을 때 리눅스에서 자동으로 생성하는 계정들이다.

```
[root@localhost ~]# cat /etc/passwd
root:x:0:0:root:/root:/bin/bash
bin:x:1:1:bin:/bin:/sbin/nologin
daemon:x:2:2:daemon:/sbin:/sbin/nologin
adm:x:3:4:adm:/var/adm:/sbin/nologin
lp:x:4:7:lp:/var/spool/lpd:/sbin/nologin
sync:x:5:0:sync:/sbin:/bin/sync
shutdown:x:6:0:shutdown:/sbin:/sbin/shutdown
halt:x:7:0:halt:/sbin:/sbin/halt
mail:x:8:12:mail:/var/spool/mail:/sbin/nologin
uucp:x:10:14:uucp:/var/spool/uucp:/sbin/nologin
operator:x:11:0:operator:/root:/sbin/nologin
games:x:12:100:games:/usr/games:/sbin/nologin
gopher:x:13:30:gopher:/var/gopher:/sbin/nologin
ftp:x:14:50:FTP User:/var/ftp:/sbin/nologin
nobody:x:99:99:Nobody:/:/sbin/nologin
vcsa:x:69:69:virtual console memory owner:/dev:/sbin/nologin
saslauth:x:499:76:"Saslauthd user":/var/empty/saslauth:/sbin/nologin
postfix:x:89:89::/var/spool/postfix:/sbin/nologin
sshd:x:74:74:Privilege-separated SSH:/var/empty/sshd:/sbin/nologin
admin:x:500:500::/home/admin:/bin/bash
[root@localhost ~]#
```

참고로 'admin' 계정은 3장에서 로그인 테스트를 위해 생성한 일반 사용자 계정이다.

리눅스에서는 관리의 효율성을 높이기 위해 그룹을 사용하는데 몇 개의 그룹은 설치 과정 중에 자동으로 생성되고, '/etc/group' 파일에 추가된다. 다음은 리눅스에서 자동으로 생성되는 시스템 그룹들이다.

```
[root@localhost ~]# cat /etc/group
root:x:0:
bin:x:1:bin,daemon
daemon:x:2:bin,daemon
sys:x:3:bin,adm
adm:x:4:adm,daemon
tty:x:5:
disk:x:6:
lp:x:7:daemon
mem:x:8:
kmem:x:9:
wheel:x:10:
mail:x:12:mail,postfix
uucp:x:14:
man:x:15:
games:x:20:
gopher:x:30:
video:x:39:
dip:x:40:
ftp:x:50:
lock:x:54:
audio:x:63:
nobody:x:99:
users:x:100:
utmp:x:22:
utempter:x:35:
floppy:x:19:
vcsa:x:69:
cdrom:x:11:
tape:x:33:
dialout:x:18:
saslauth:x:76:
postdrop:x:90:
postfix:x:89:
sshd:x:74:
admin:x:500:
[root@localhost ~]#
```

참고로 'admin' 그룹은 3장에서 로그인 테스트를 위해 생성한 그룹이다.

시스템 사용자 계정이나 그룹들과는 달리 일반적인 사용자는 관리자가 사용자 계정과 그룹을 생성해주어야 한다. 앞 장에서 'admin' 계정을 생성하였지만 좀 더 다양한 방법으로 계정을 생성할 수 있을 뿐 아니라 수정, 삭제 등 관리 작업을 수행할 수 있다. 사용자 계정이나 그룹을 생성하고 관리하는 방법에는 터미널 모드에서 명령을 실행하는 방법과 X 윈도우 환경에서 '사용자 관리자' 도구를 사용하는 방법이 있다.

1.1 터미널 모드에서 계정 관리

터미널 모드에서 사용자 계정을 추가하기 위한 'useradd' 명령의 사용법은 다음과 같다.

```
# useradd [옵션] <계정이름>
```

[계정 이름] 영역에는 영문자와 숫자로 구성된 사용자 이름이 사용할 수 있고, [옵션] 영역은 다음과 같은 사항들을 사용할 수 있다.

옵션	의미
-u UID	사용자 ID를 지정한다.
-g GID	사용자의 초기 그룹 ID를 지정한다.
-G GID[,GID ...]	사용자를 지정한 그룹의 구성원으로 추가한다.
-d 디렉토리명	사용자의 홈 디렉토리를 지정한다.
-s 셸 이름	사용자의 셸을 지정한다.
-c 실제 이름	사용자의 실제 이름 또는 계정 설명을 지정한다.

다음은 터미널 모드에서 'csiit00'이란 사용자 계정을 추가하는 화면이다.

```
# useradd csiit00
```

홈 디렉토리를 지정하지 않은 경우 기본적으로 '/home' 아래 계정 이름과 동일한 'csiit00' 디렉토리가 생성된다. 즉, '/home/csiit00'을 홈 디렉토리로 사용한다. 셸을 지정하지 않은 경우 '/bin/bash'를 기본 셸로 사용한다. 생성된 계정에 대한 정보는 '계정 이름:암호:UDI:GID:사용자 정보:홈 디렉토리:셸' 형식으로 '/etc/passwd' 파일에 추가된다. 여기서 UID는 사용자 식별 번호를 의미하고, GID는 그룹 식별 번호를 의미한다. 실제로 리눅스 시스템은 모든 계정과 그룹을 이름으로 식별하지 않고 UID와 GID를 이용하여 식별한다. 앞장에서 'admin' 계정을 생성하였기 때문에 생성된 'csiit00' 계정의 UID와 'csiit00' 그룹의 GID는 501이다. 사용자 계정과 그룹은 500 이상의 UID와 GID를 사용하며 별도의 옵션 지정이 없는 경우 순차적으로 증가한다.

```
[root@localhost ~]# useradd csiit00
[root@localhost ~]# passwd csiit00
Changing password for user csiit00.
New password:
Retype new password:
passwd: all authentication tokens updated successfully.
[root@localhost ~]# cat /etc/group | tail -7
dialout:x:18:
saslauth:x:76:
postdrop:x:90:
postfix:x:89:
sshd:x:74:
admin:x:500:
csiit00:x:501:
[root@localhost ~]# cat /etc/group | tail -7
dialout:x:18:
saslauth:x:76:
postdrop:x:90:
postfix:x:89:
sshd:x:74:
admin:x:500:
csiit00:x:501:
[root@localhost ~]#
```

그룹을 지정하지 않은 경우 계정 이름과 동일한 'csiit00' 그룹이 생성된다. 그룹에 대한 정보는 '/etc/group'에 추가되는 것을 확인할 수 있다.

사용자 계정을 추가할 때 지정되지 않은 옵션들은 실제로 '/etc/default/ useradd' 파일의 정보를 이용하여 처리된다. 다음은 '/etc/default/useradd' 파일의 내용이다.

```
[root@localhost ~]# cat /etc/default/useradd
# useradd defaults file
GROUP=100
HOME=/home
INACTIVE=-1
EXPIRE=
SHELL=/bin/bash
SKEL=/etc/skel
CREATE_MAIL_SPOOL=yes

[root@localhost ~]#
```

사용자의 홈 디렉토리는 'HOME=/home' 값에 따라 '/home' 디렉토리 아래 생성되고, 사용자의 셸은 'SHELL=/bin/bash' 값에 따라 설정된다. 사용자의 환경 설정 파일은 'SKEL=/etc/skel' 값에 따라 '/etc/skel' 디렉토리에 존재하는 기본 환경 설정 파일들 중에서 설정된 셸과 연관된 파일들이 사용자 홈 디렉토리로 복사된다. 다음은 '/etc/skel' 디렉토리에 포함된 환경 설정 파일의 목록이다.

```
root@localhost:~
[root@localhost ~]# ls -al /etc/skel/
total 20
drwxr-xr-x.  2 root root 4096 Oct 11 18:40 .
drwxr-xr-x. 57 root root 4096 Oct 26 09:26 ..
-rw-r--r--.  1 root root   18 May 10 14:31 .bash_logout
-rw-r--r--.  1 root root  176 May 10 14:31 .bash_profile
-rw-r--r--.  1 root root  124 May 10 14:31 .bashrc
[root@localhost ~]#
```

계정을 생성하고, 기본적인 설정을 하는데 '/etc/login.defs' 파일을 이용한다. 이 파일은 받은 메일 저장 디렉토리, 암호 사용 기간, 암호 길이, 암호 삭제 경고 일수, 허용 UID 범위, 허용 GID 범위, 홈 디렉토리 생성 여부 등의 정보로 구성된다. 다음은 'more' 명령으로 '/etc/login.defs' 파일의 내용을 확인하는 화면이다.

```
# more /etc/login.defs
```

```
root@localhost:~
#
# Please note that the parameters in this configuration file control the
# behavior of the tools from the shadow-utils component. None of these
# tools uses the PAM mechanism, and the utilities that use PAM (such as the
# passwd command) should therefore be configured elsewhere. Refer to
# /etc/pam.d/system-auth for more information.
#

# *REQUIRED*
#   Directory where mailboxes reside, _or_ name of file, relative to the
#   home directory.  If you _do_ define both, MAIL_DIR takes precedence.
#   QMAIL_DIR is for Qmail
#
#QMAIL_DIR      Maildir
MAIL_DIR        /var/spool/mail
#MAIL_FILE      .mail

# Password aging controls:
#
#       PASS_MAX_DAYS   Maximum number of days a password may be used.
#       PASS_MIN_DAYS   Minimum number of days allowed between password changes.
#       PASS_MIN_LEN    Minimum acceptable password length.
#       PASS_WARN_AGE   Number of days warning given before a password expires.
--More--(48%)
```

```
#
PASS_MAX_DAYS   99999
PASS_MIN_DAYS   0
PASS_MIN_LEN    5
PASS_WARN_AGE   7

#
# Min/max values for automatic uid selection in useradd
#
UID_MIN                   500
UID_MAX                 60000

#
# Min/max values for automatic gid selection in groupadd
#
GID_MIN                   500
GID_MAX                 60000

#
# If defined, this command is run when removing a user.
# It should remove any at/cron/print jobs etc. owned by
# the user to be removed (passed as the first argument).
#
--More--(72%)
```

```
# It should remove any at/cron/print jobs etc. owned by
# the user to be removed (passed as the first argument).
#
#USERDEL_CMD    /usr/sbin/userdel_local

#
# If useradd should create home directories for users by default
# On RH systems, we do. This option is overridden with the -m flag on
# useradd command line.
#
CREATE_HOME     yes

# The permission mask is initialized to this value. If not specified,
# the permission mask will be initialized to 022.
UMASK           077

# This enables userdel to remove user groups if no members exist.
#
USERGROUPS_ENAB yes

# Use SHA512 to encrypt password.
ENCRYPT_METHOD SHA512

[root@localhost ~]#
```

터미널 모드에서 다음과 같은 옵션으로 명령을 입력하고 실행한다.

```
# useradd csiit01 -d /user/csiit01 -u 513
```

명령을 실행하면 홈 디렉토리는 '/usr/csiit01'을 사용하고, UID와 GID는 513이며, '/bin/bash'를 기본 셸로 사용하는 'csiit01' 계정이 생성된다. 다음을 보면 'csiit01' 계정에 대한 정보가 추가된 '/etc/passwd'과 '/etc/group' 파일에 추가되었음을 확인할 수 있다.

```
[root@localhost ~]# useradd -d /usr/csiit01 -u 513 csiit01
[root@localhost ~]# cat /etc/passwd | tail -7
vcsa:x:69:69:virtual console memory owner:/dev:/sbin/nologin
saslauth:x:499:76:"Saslauthd user":/var/empty/saslauth:/sbin/nologin
postfix:x:89:89::/var/spool/postfix:/sbin/nologin
sshd:x:74:74:Privilege-separated SSH:/var/empty/sshd:/sbin/nologin
admin:x:500:500::/home/admin:/bin/bash
csiit00:x:501:501::/home/csiit00:/bin/bash
csiit01:x:513:513::/usr/csiit01:/bin/bash
[root@localhost ~]# cat /etc/group | tail -7
saslauth:x:76:
postdrop:x:90:
postfix:x:89:
sshd:x:74:
admin:x:500:
csiit00:x:501:
csiit01:x:513:
[root@localhost ~]#
```

'admin'과 'csiit00' 계정을 생성할 때는 홈 디렉토리를 지정하지 않았고, 'csiit01' 계정을 생성할 때는 '/usr/csiit01' 디렉토리를 지정하였다. 다음은 각각의 계정의 홈 디렉토리가 생성된 경로를 나타낸다.

```
[root@localhost ~]# ls -l /home
total 24
drwx------. 2 admin   admin    4096 Oct 26 09:49 admin
drwx------. 2 csiit00 csiit00  4096 Oct 26 09:26 csiit00
drwx------. 2 root    root    16384 Oct 11 18:39 lost+found
[root@localhost ~]# ls -ld /usr/csiit01/
drwx------. 2 csiit01 csiit01 4096 Oct 26 09:33 /usr/csiit01/
[root@localhost ~]#
```

'useradd' 명령으로 사용자 계정을 추가하면 암호가 설정되지 않으며, 생성된 후 'root' 계정이 계정의 암호를 설정해야만 사용할 수 있다

'root' 계정이 해당 계정의 암호를 설정하기 위해 사용하는 'passwd' 명령의 사용법은 다음과 같다.

```
# passwd [계정이름]
```

설정하고자 하는 암호를 두 번 동일하게 입력한다. 참고로 암호를 입력할 때 '*'가 나타나지 않으므로 천천히 정확하게 입력하고 'Enter' 키를 누르면 된다. 입력한 암호가 사전에 나오는 단어 또는 유명한 이름 등과 같이 추측이 가능하거나, 너무 짧거나 단순한 경우 경고 메시지가 출력되고, 경우에 따라 암호가 생성되지 않는다. 생성 및 변경한 암호는 '/etc/shadow' 파일에 암호화되어 저장되고, 'root' 계정만이 읽을 수 있다.

```
root@localhost:~
[root@localhost ~]# ls -ld /etc/shadow
----------. 1 root root 864 Oct 26 09:33 /etc/shadow
[root@localhost ~]# cat /etc/shadow | tail -5
postfix:!!:15624::::::
sshd:!!:15624::::::
admin:$6$3Kk95PBG$XSro8s8931gOTe8ckcwBs92A2gczqHCEmx0TE6FmhUVznq5s7gB1uXOls68nnf
4js2uJ0oKCfxSHCrsjW2MbD.:15639:0:99999:7:::
csiit00:$6$BXeTykLa$MoGRsHqkZ7Lf4DdTrwJ/uDEugYUN5Jk1kRCCSp5zasKMzrlCVC1Hw751jGBi
Q6fkHtpSlMh9KhFlD4c/eqv4U1:15639:0:99999:7:::
csiit01:!!:15639:0:99999:7:::
[root@localhost ~]# passwd csiit01
Changing password for user csiit01.
New password:
Retype new password:
passwd: all authentication tokens updated successfully.
[root@localhost ~]# cat /etc/shadow | tail -5
postfix:!!:15624::::::
sshd:!!:15624::::::
admin:$6$3Kk95PBG$XSro8s8931gOTe8ckcwBs92A2gczqHCEmx0TE6FmhUVznq5s7gB1uXOls68nnf
4js2uJ0oKCfxSHCrsjW2MbD.:15639:0:99999:7:::
csiit00:$6$BXeTykLa$MoGRsHqkZ7Lf4DdTrwJ/uDEugYUN5Jk1kRCCSp5zasKMzrlCVC1Hw751jGBi
Q6fkHtpSlMh9KhFlD4c/eqv4U1:15639:0:99999:7:::
csiit01:$6$ZKKkOW8M$TyNbVZD8eqn6intEekOvcaD9A.OSLwxLVDoaSBxCD7f9VV4KRBw6hPCeKMkM
xSq1302k54Mi6vjz9Ej1lXhLp/:15639:0:99999:7:::
[root@localhost ~]# 
```

'csiit01' 계정 생성 후 암호를 지정하지 않으면 '/etc/shadow' 파일 각 행의 두 번째 항목에 '!!'가 나타나고, 'passwd'로 암호를 설정하면 계정 암호가 암호화되어 저장되는 것을 확인할 수 있다.

계정 사용자가 직접 자신의 암호를 변경하고자 하는 경우 먼저 로그인을 하여 'passwd' 명령을 실행한다. 다음은 'admin' 계정이 로그인하여 자신의 암호를 변경하는 화면이다.

```
[admin@localhost ~]$ whoami
admin
[admin@localhost ~]$ passwd
Changing password for user admin.
Changing password for admin.
(current) UNIX password:
New password:
Retype new password:
passwd: all authentication tokens updated successfully.
[admin@localhost ~]$ cat /etc/shadow | tail -5
cat: /etc/shadow: Permission denied
[admin@localhost ~]$
```

'passwd' 명령을 실행하면 기존 암호가 설정되어 있는 경우 기존 암호의 입력을 요구하고, 입력이 올바른 경우 사용자는 새 암호를 동일하게 두 번 입력하여 설정을 완료한다. 참고로 'admin' 계정의 경우 '/etc/shadow' 파일에 대하여 읽기 권한이 없기 때문에 "Permission denied" 메시지가 발생한다.

사용자 계정을 삭제하기 위해서는 'userdel' 명령을 사용하며, 사용법은 다음과 같다.

```
# userdel [옵션] <계정이름>
```

[옵션]을 지정하지 않고, 'userdel' 명령을 실행하면 계정과 암호에 대한 정보만 삭제되며 홈 디렉토리와 사용자가 생성한 파일은 삭제되지 않는다. 만약 '-r' 옵션을 사용하면 계정과 암호에 대한 정보뿐 아니라 홈 디렉토리와 사용자의 데이터가 모두 삭제된다. 다음은 'csiit02' 계정을 생성하고, '-r' 옵션을 사용하여 삭제할 때 '/etc/passwd' 파일과 '/home' 디렉토리의 변화를 나타내는 화면이다.

```
# useradd csiit02
# userdel -r csiit02
```

```
[root@localhost ~]# cat /etc/passwd | tail -3
admin:x:500:500::/home/admin:/bin/bash
csiit00:x:501:501::/home/csiit00:/bin/bash
csiit01:x:513:513::/usr/csiit01:/bin/bash
[root@localhost ~]# ls -l /home
total 24
drwx------. 2 admin   admin    4096 Oct 26 09:49 admin
drwx------. 2 csiit00 csiit00  4096 Oct 26 09:26 csiit00
drwx------. 2 root    root    16384 Oct 11 18:39 lost+found
[root@localhost ~]# useradd csiit02
[root@localhost ~]# cat /etc/passwd | tail -4
admin:x:500:500::/home/admin:/bin/bash
csiit00:x:501:501::/home/csiit00:/bin/bash
csiit01:x:513:513::/usr/csiit01:/bin/bash
csiit02:x:514:514::/home/csiit02:/bin/bash
[root@localhost ~]# ls -l /home
total 28
drwx------. 2 admin   admin    4096 Oct 26 09:49 admin
drwx------. 2 csiit00 csiit00  4096 Oct 26 09:26 csiit00
drwx------. 2 csiit02 csiit02  4096 Oct 26 10:37 csiit02
drwx------. 2 root    root    16384 Oct 11 18:39 lost+found
[root@localhost ~]# userdel -r csiit02
[root@localhost ~]# cat /etc/passwd | tail -4
sshd:x:74:74:Privilege-separated SSH:/var/empty/sshd:/sbin/nologin
admin:x:500:500::/home/admin:/bin/bash
csiit00:x:501:501::/home/csiit00:/bin/bash
csiit01:x:513:513::/usr/csiit01:/bin/bash
[root@localhost ~]# ls -l /home
total 24
drwx------. 2 admin   admin    4096 Oct 26 09:49 admin
drwx------. 2 csiit00 csiit00  4096 Oct 26 09:26 csiit00
drwx------. 2 root    root    16384 Oct 11 18:39 lost+found
[root@localhost ~]#
```

사용자 계정의 속성을 수정하려면 'usermod' 명령을 실행하는 방법과 '/etc/passwd' 파일을 직접 편집하는 방법이 있다. 다음은 'usermod' 명령을 이용하여 'admin' 계정을 'wheel' 그룹에 추가하는 화면이다.

```
[root@localhost ~]# which usermod
/usr/sbin/usermod
[root@localhost ~]# ls -l /usr/sbin/usermod
-rwxr-x---. 1 root root 96880 Dec  7  2011 /usr/sbin/usermod
[root@localhost ~]# cat /etc/group | grep wheel
wheel:x:10:
[root@localhost ~]# usermod -a -G wheel admin
[root@localhost ~]# cat /etc/group | grep wheel
wheel:x:10:admin
[root@localhost ~]# cat /etc/group | grep admin
wheel:x:10:admin
admin:x:500:
[root@localhost ~]# su - admin
[admin@localhost ~]$ groups
admin wheel
[admin@localhost ~]$
```

'admin' 계정이 'admin' 그룹과 'wheel' 그룹에 속하여 있음을 확인할 수 있다.

1.2 터미널 모드에서 그룹 관리

다중 사용자 환경에서는 시스템 자원들에 대하여 사용자마다 다른 권한을 가질 수 있고, 동일한 권한을 가질 수도 있다. 특정 자원에 대하여 동일한 권한을 갖는 사용자를 개별적으로 관리하는 것은 번거롭고, 어렵다. 따라서 이 경우 자원에 대한 권한을 갖는 하나의 그룹을 생성하고, 동일한 권한을 갖는 사용자를 그룹의 멤버로 설정하면 효율적으로 관리할 수 있다.

그룹을 생성하기 위해서는 'groupadd' 명령을 사용하며, 그 사용법은 다음과 같다.

```
# groupadd -g [GID] <그룹이름>
```

위와 같은 명령을 실행하면 '/etc/group' 파일에 새로 생성된 그룹에 대한 정보가 '그룹 이름:그룹 암호:GID:그룹에 포함된 사용자 이름' 형식으로 추가된다. '-g' 옵션을 지정하지 않는 경우 추가되는 GID는 마지막으로 추가된 GID보다 하나 증가된 값을 갖는다.

현재 존재하는 그룹을 삭제하기 위해서는 'groupdel' 명령을 사용하며, 그 사용법은 다음과 같다.

```
# groupadd -g [GID] <그룹이름>
```

특정 사용자가 자신이 속한 그룹 목록을 확인하려면 'groups' 명령을 실행한다. 다음은 'groups' 명령을 실행하여 'root' 계정이 속한 그룹의 목록을 확인한 화면이다.

```
root@localhost:~
[root@localhost ~]# whoami
root
[root@localhost ~]# groups
root
[root@localhost ~]#
```

그룹의 속성을 수정하려면 'groupmod' 명령을 실행하는 방법과 '/etc/group' 파일을 직접 편집하는 방법이 있다.

2. 소유권 및 허가권 관리

리눅스에서 파일이나 디렉토리에 대한 접근은 소유권과 허가권에 의해 결정된다. 소유권은 해당 파일이나 디렉토리가 누구의 소유인지를 나타낸 것으로 소유자, 소유 그룹, 나머지(others)라는 레벨로 나누어진다. 소유자는 해당 파일이나 디렉토리에 대한 모든 권한을 갖는 사용자를 나타낸다. 소유 그룹은 해당 파일이나 디렉토리에 접근 권한이 부여된 그룹을 나타내지만 소유자의 기본 그룹을 의미하는 것은 아니다. 나머지는 소유자도 아니며 소유 그룹과도 무관한 사용자를 나타낸다.

그룹이 파일이나 디렉토리를 소유할 수 있도록 한 이유는 필요에 따라 파일이나 디렉토리를 보호하고 권한을 지정할 수 있게 하기 위해서이다. 리눅스에서는 한 사용자가 여러 그룹에 속할 수 있기 때문에 필요에 따라 그룹을 만들 수 있고, 임의의 사용자 그룹에 접근 권한을 부여할 수 있다. 따라서 소유 그룹에 사용자를 추가하면 사용자는 해당 파일과 디렉토리 및 명령어를 소유 그룹에 허가된 권한으로 사용할 수 있게 된다. 마찬가지로 소유 그룹에서 사용자를 제거해주면 사용할 수 없게 된다.

허가권은 해당 파일이나 디렉토리에 대한 접근 방법별 허가 상태를 나타낸 것으로 읽기(read), 쓰기(write), 실행(execute) 허가권이 있다. 각 허가권은 소유권 레벨별로 지정할 수 있다. 즉 해당 파일이나 디렉토리에 대하여 소유자와 소유 그룹 및 나머지 사용자는 서로 다른 허가권을 가질 수 있다.

다음은 'ls -l /' 명령을 실행한 화면이다.

```
root@localhost:/
[root@localhost /]# ls -l /
total 78
dr-xr-xr-x.  2 root root  4096 Oct 11 18:42 bin
dr-xr-xr-x.  5 root root  1024 Oct 11 18:42 boot
drwxr-xr-x. 16 root root  3680 Oct 26 09:07 dev
drwxr-xr-x. 57 root root  4096 Oct 26 10:08 etc
drwxr-xr-x.  5 root root  4096 Oct 26 09:56 home
dr-xr-xr-x. 13 root root 12288 Oct 11 18:41 lib
drwx------.  2 root root 16384 Oct 11 18:39 lost+found
drwxr-xr-x.  2 root root  4096 Sep 23  2011 media
drwxr-xr-x.  2 root root  4096 Sep 23  2011 mnt
drwxr-xr-x.  2 root root  4096 Sep 23  2011 opt
dr-xr-xr-x. 84 root root     0 Oct 26 09:06 proc
dr-xr-x---.  2 root root  4096 Oct 26 09:08 root
dr-xr-xr-x.  2 root root  4096 Oct 11 18:42 sbin
drwxr-xr-x.  7 root root     0 Oct 26 09:06 selinux
drwxr-xr-x.  2 root root  4096 Sep 23  2011 srv
drwxr-xr-x. 13 root root     0 Oct 26 09:06 sys
drwxrwxrwt.  3 root root  4096 Oct 26 09:08 tmp
drwxr-xr-x. 13 root root  4096 Oct 26 09:33 usr
drwxr-xr-x. 17 root root  4096 Oct 11 18:40 var
[root@localhost /]#
```

d	r-x	r-x	---	5	root	root	4096	Oct 26 09:56	root
파일 유형	①	②	③	링크 수	④	⑤	크기	생성 및 변경 날짜	파일 또는 디렉토리 이름

소유권과 허가권에 관련된 영역의 의미를 살펴보면 다음과 같다.

영역	의미
①	소유자의 허가권을 나타낸다.
②	소유 그룹의 허가권을 나타낸다.
③	나머지 사용자의 허가권을 나타낸다.
④	소유자를 나타낸다.
⑤	소유 그룹을 나타낸다.

해당 디렉토리의 소유자는 'root' 계정으로 해당 디렉토리에 'r-x' 허가권, 즉 읽기와 실행 허가권을 갖는다. 그리고 소유 그룹은 'root' 그룹으로 'r-x' 허가권, 즉 읽기와 실행 허가권을 갖는다. 그러나 나머지 사용자는 '---' 허가권, 즉 아무 권한도 없기 때문에 해당 디렉토리를 접근할 수 없다. 참고로 맨 앞의 'd'는 디렉토리를 의미하며, 일반 파일인 경우 '-'로 표시된다. 리눅스에서는 일반 파일, 디렉토리, 블록

파일등 다양한 종류의 파일을 제공하고 있다.

표시문자	의미
-	일반 파일
b	블록 특수 파일
c	문자 특수 파일
d	디렉토리 파일
l	심볼릭(symbolic) 링크
p	파이프(pipe) 파일
s	소켓(socket) 파일

2.1 소유권 변경

일반 사용자 계정으로 '/root' 디렉토리를 접근하려면 소유자를 변경하거나 소유 그룹을 변경하여야 한다. 리눅스에서 소유자의 변경은 오직 'root' 계정만이 'chown' 명령을 이용하여 수행할 수 있다. 'chown' 명령의 사용법은 다음과 같다.

```
# chwon [변경 후 소유자 이름] [해당 파일 또는 디렉토리]
```

```
root@localhost:/home/admin
[admin@localhost ~]$ whoami
admin
[admin@localhost ~]$ pwd
/home/admin
[admin@localhost ~]$ ls -l
total 8
-rw-rw-r--. 1 admin admin 6391 Oct 29 03:26 rpm-qa
[admin@localhost ~]$ chown nobody rpm-qa
chown: changing ownership of `rpm-qa': Operation not permitted
[admin@localhost ~]$ su -
Password:
[root@localhost ~]# cd /home/admin/
[root@localhost admin]# pwd
/home/admin
[root@localhost admin]# ls -l
total 8
-rw-rw-r--. 1 admin admin 6391 Oct 29 03:26 rpm-qa
[root@localhost admin]# chown nobody rpm-qa
[root@localhost admin]# ls -l
total 8
-rw-rw-r--. 1 nobody admin 6391 Oct 29 03:26 rpm-qa
[root@localhost admin]# chown admin rpm-qa
[root@localhost admin]#
```

일반 사용자 계정인 'admin'은 'rpm-qa'라는 파일의 소유자를 'nobody'로 변경할 수 없지만, 'root' 계정은 'rpm-qa'라는 파일의 소유자를 'nobody'로 변경할 수 있음을 확인할 수 있다. 'root' 계정만이 'rpm-qa'의 소유자를 이 파일을 만들었던 'admin' 계정으로 변경할 수 있다. 참고로 실습을 위해 'rpm-qa'라는 파일의 소유자를 'admin'으로 복원하였다.

그러나 소유 그룹의 변경은 소유자가 'chgrp' 명령을 이용하여 자신이 속한 그룹들 중 하나로 변경할 수 있다. 'chgrp' 명령의 사용법은 다음과 같다.

```
# chgrp [변경 후 소유 그룹 이름] [해당 파일 또는 디렉토리]
```

```
admin@localhost:~
[admin@localhost ~]$ whoami
admin
[admin@localhost ~]$ pwd
/home/admin
[admin@localhost ~]$ ls -l
total 8
-rw-rw-r--. 1 admin admin 6391 Oct 29 03:26 rpm-qa
[admin@localhost ~]$ groups
admin wheel
[admin@localhost ~]$ chgrp wheel rpm-qa
[admin@localhost ~]$ ls -l
total 8
-rw-rw-r--. 1 admin wheel 6391 Oct 29 03:26 rpm-qa
[admin@localhost ~]$ chgrp nobody rpm-qa
chgrp: changing group of `rpm-qa': Operation not permitted
[admin@localhost ~]$
```

'admin' 계정은 'groups' 명령을 이용하면 'admin'과 'wheel' 그룹의 구성원임을 확인할 수 있다. 원래 'admin' 그룹에만 속하지만, 앞 절에서 실습을 통해서 'wheel' 그룹의 구성원으로 만들었기 때문이다. 'chgrp' 명령으로 'rpm-qa'의 소유 그룹을 'wheel'로 변경할 수 있지만 'nobody'로는 변경할 수 없음을 확인할 수 있다. 물론 'root' 계정으로는 모든 변경이 가능하다.

다음은 'chown' 명령을 이용하여 소유자와 소유 그룹을 동시에 변경하는 명령이다.

chown [변경 후 소유자 이름.변경후 소유 그룹 이름] [해당 파일 또는 디렉토리]

소유자가 변경되기 때문에 'root' 계정만 실행이 가능하다. 명령을 실행하면 해당 파일의 소유자와 소유 그룹이 동시에 변경된 것을 알 수 있다.

```
root@localhost:~
[admin@localhost ~]$ whoami
admin
[admin@localhost ~]$ pwd
/home/admin
[admin@localhost ~]$ ls -l
total 8
-rw-rw-r--. 1 admin wheel 6391 Oct 29 03:26 rpm-qa
[admin@localhost ~]$ chown admin.admin rpm-qa
[admin@localhost ~]$ ls -l
total 8
-rw-rw-r--. 1 admin admin 6391 Oct 29 03:26 rpm-qa
[admin@localhost ~]$ chown nobody.nobody rpm-qa
chown: changing ownership of `rpm-qa': Operation not permitted
[admin@localhost ~]$ su -
Password:
[root@localhost ~]# chown nobody.nobody /home/admin/rpm-qa
[root@localhost ~]# ls -l /home/admin/rpm-qa
-rw-rw-r--. 1 nobody nobody 6391 Oct 29 03:26 /home/admin/rpm-qa
[root@localhost ~]# chown admin.admin /home/admin/rpm-qa
[root@localhost ~]# ls -l /home/admin/rpm-qa
-rw-rw-r--. 1 admin admin 6391 Oct 29 03:26 /home/admin/rpm-qa
[root@localhost ~]# whoami
root
[root@localhost ~]#
```

해당 디렉토리에 포함된 모든 파일들과 하위 디렉토리들에 대한 소유자를 변경하려면 다음과 같이 'chown' 명령에 '-R' 옵션을 사용하면 된다.

chwon –R [변경 후 소유자 이름] [해당 파일 또는 디렉토리]

참고로 해당 디렉토리에 포함된 모든 파일들과 하위 디렉토리들에 대한 소유 그룹만을 변경하려면 다음과 같이 'chgrp' 명령에 '-R' 옵션을 사용하면 된다.

```
# chgrp -R [변경 후 소유 그룹 이름] [해당 파일 또는 디렉토리]
```

만약 하위 디렉토리들까지 재귀적(recursive)으로 접근하는 '-R'옵션이 없다면, 하위 디렉토리들을 차례로 방문하면서 이를 소유권과 소유 그룹을 변경해야 한다. 참고로 'MySQL' 이라는 데이터베이스 관리 프로그램을 설치하는 과정에서 '-R'옵션을 사용할 것이다.

2.2 허가권 변경

허가권은 소유자, 소유 그룹 및 나머지 등 세 가지 레벨로 구분되고, 허가권의 표현에는 심볼릭한 기호인 r, w, x를 이용한 표현과 비트 관점의 8진수 표현이 있다. 특정 파일에 대하여 소유자와 소유 그룹은 읽기와 쓰기 허가권을 갖고, 나머지는 읽기 허가권을 갖는 경우 그 허가권을 심볼릭하게 표현하면 'rw-rw-r--'과 같다. 이를 비트 관점의 8진수로 표현하면 다음과 같다.

	소유자(Owner)			소유 그룹(Group)			나머지(Others)		
	읽기	쓰기	실행	읽기	쓰기	실행	읽기	쓰기	실행
bit	1	1	0	1	1	0	1	0	0
octal	600			60			4		

허가권 변경은 파일 또는 디렉토리의 소유자와 'root' 계정이 'chmod' 명령을 사용하여 할 수 있고, 심볼릭 모드를 이용한 변경과 절대 모드를 이용한 변경으로 구분할 수 있다. 다음은 'chmod' 명령을 심볼릭 모드로 사용하는 방법이다.

```
# chmod [a,u,g,o] [+/-] [r.w,x] [해당 파일 또는 디렉토리]
            ①        ②      ③
```

심볼릭 모드와 관련된 영역별 의미를 살펴보면 다음과 같다.

영역	의미		
①	소유 레벨	a	모든 사용자 레벨
		u	소유자 레벨
		g	소유 그룹 레벨
		o	나머지 레벨
②	허가권 추가/삭제	+	허가권 추가
		-	허가권 제거
③	허가권 종류	r	읽기 허가권
		w	쓰기 허가권
		x	실행 허가권

'rpm-qa'이란 파일의 나머지 사용자들에게 부여된 읽기 허가권을 제거하려면 'chmod o-r rpm-qa'를 실행한다. 또한 소유 그룹에 부여된 읽기, 쓰기 허가권을 제거하려면 'chmod g-rw rpm-qa'를 실행한다. 다음은 두 명령을 실행한 결과 화면이다.

```
admin@localhost:~
[admin@localhost ~]$ whoami
admin
[admin@localhost ~]$ pwd
/home/admin
[admin@localhost ~]$ ls -l
total 8
-rw-rw-r--. 1 admin admin 6391 Oct 29 03:26 rpm-qa
[admin@localhost ~]$ chmod o-r rpm-qa
[admin@localhost ~]$ ls -l
total 8
-rw-rw----. 1 admin admin 6391 Oct 29 03:26 rpm-qa
[admin@localhost ~]$ chmod g-rw rpm-qa
[admin@localhost ~]$ ls -l
total 8
-rw-------. 1 admin admin 6391 Oct 29 03:26 rpm-qa
[admin@localhost ~]$
```

다음은 'chmod' 명령을 절대 모드로 사용하는 방법이다.

```
# chmod [절대 모드] [해당 파일 또는 디렉토리]
```

[절대 모드]는 세 개의 8진수로 구성된다. 첫 번째 8진수는 소유자의 허가권을 나타내고, 두 번째 8진수는 소유 그룹의 허가권을 나타내며, 세 번째 8진수는 나머지의 허가권을 나타낸다. 또한 읽기 허가

권에는 4, 쓰기 허가권에는 2, 실행 허가권에는 1이 할당되어 있다. 만약 소유 그룹에 읽기와 쓰기 허가권이 부여하려면 4+2, 즉 060을 사용하면 된다. 이를 정리하면 다음과 같다.

절대 모드	심볼릭 모드	의미
0	---(000)	읽기, 쓰기, 실행 모두 불가능
1	--x(001)	실행만 가능
2	-w-(010)	쓰기만 가능
3	-wx(011)	쓰기와 실행 가능
4	r--(100)	읽기만 가능
5	r-x(101)	읽기와 실행 가능
6	rw-(110)	읽기와 쓰기 가능
7	rwx(111)	읽기, 쓰기, 실행 모두 가능

'rpm-qa'이란 파일의 소유자와 소유 그룹에게는 읽기와 쓰기 허가권을 부여하고, 나머지에게는 읽기 허가권을 부여하는 경우 'chmod 664 rpm-qa'을 실행한다. 다음은 명령을 실행한 결과 화면이다.

```
admin@localhost:~
[admin@localhost ~]$ ls -l rpm-qa
-rw-------. 1 admin admin 6391 Oct 29 03:26 rpm-qa
[admin@localhost ~]$ chmod 664 rpm-qa
[admin@localhost ~]$ ls -l rpm-qa
-rw-rw-r--. 1 admin admin 6391 Oct 29 03:26 rpm-qa
[admin@localhost ~]$
```

파일이나 디렉토리의 기본 허가권 모드 값을 설정할 때 'umask' 명령을 사용하거나 환경 설정 파일에 'umask' 명령을 넣어 설정하면 쉽게 사용할 수 있다.

현재 지정된 마스크 값을 확인하고, 새로 생성된 디렉토리와 파일의 기본 허가권 모드 값을 확인해 본다. 또한 umask 값을 0022로 변경하고 새로 생성한 디렉토리와 파일의 기본 허가권 모드 값을 확인하면 다음과 같다.

'umask' 명령은 'chmod'의 절대 모드와 같은 8진수 표현을 사용한다. 그러나 'umask'는 각 8진수를 각 소유권 레벨별로 부여하려고 하는 값을 7에서 빼는 방법을 사용한다.

```
[admin@localhost ~]$ umask
0002
[admin@localhost ~]$ ls -l
total 8
-rw-------. 1 admin admin 6391 Oct 29 03:26 rpm-qa
[admin@localhost ~]$ mkdir dir-0002
[admin@localhost ~]$ ls --help > file-0002
[admin@localhost ~]$ ls -l
total 20
drwxrwxr-x. 2 admin admin 4096 Oct 29 04:26 dir-0002
-rw-rw-r--. 1 admin admin 7592 Oct 29 04:26 file-0002
-rw-------. 1 admin admin 6391 Oct 29 03:26 rpm-qa
[admin@localhost ~]$ umask 0022
[admin@localhost ~]$ mkdir dir-0022
[admin@localhost ~]$ ls --help > file-0022
[admin@localhost ~]$ ls -l
total 32
drwxrwxr-x. 2 admin admin 4096 Oct 29 04:26 dir-0002
drwxr-xr-x. 2 admin admin 4096 Oct 29 04:27 dir-0022
-rw-rw-r--. 1 admin admin 7592 Oct 29 04:26 file-0002
-rw-r--r--. 1 admin admin 7592 Oct 29 04:27 file-0022
-rw-------. 1 admin admin 6391 Oct 29 03:26 rpm-qa
[admin@localhost ~]$ umask
0022
[admin@localhost ~]$
```

즉 새로 생성된 디렉토리의 소유자에게는 모든 허가권이 부여되고, 소유 그룹과 나머지에게는 읽기와 실행 허가권이 부여하려면 'umask 022'를 실행하거나 환경 설정 파일에 삽입한다. 이렇게 하면 디렉토리의 기본 허가권 모드 값으로 '755'가 부여된다. 또한 파일의 기본 허가권 모드 값은 디렉토리의 기본 허가권 모드 값에서 '111'을 뺀 값, 즉 '644'가 설정된다.

위 그림에서 'umask' 명령을 실행해보면 현재 마스크 값이 '0002'지만 실제로 '002'가 사용된다. 따라서 'dir-0002'이란 이름의 디렉토리와 'file-0002'이란 이름의 파일을 생성하였을 경우 각각의 기본 허가권 모드 값이 '777-002=775(rwxrwxr-x)'와 '755-111=664(rw-rw-r--)'라는 것을 확인할 수 있다. 'umask 0022'를 실행한 후 'dir-0002'이란 이름의 디렉토리와 'file-0002'이란 이름의 파일을 생성하면 각각의 기본 허가권 모드 값이 '777-022=755(rwxr-xr-x)'와 '755-111=644(rw-r—r--)'이 되는 것을 확인 할 수 있다.

사용자의 환경 설정 파일은 bash 셸의 경우 '.bashrc'이고, 이 파일을 이용하여 umask 값을 변경할 수 있다. 참고로 csh 셸의 사용자 환경 설정 파일은 '.cshrc'이다. 다음을 보면 umask 값을 설정하는 부분이 없다. 이것은 '/etc/bashrc'의 umask 값을 사용한다는 의미이다.

```
root@localhost:~
[root@localhost ~]# cat /root/.bashrc
# .bashrc

# User specific aliases and functions

alias rm='rm -i'
alias cp='cp -i'
alias mv='mv -i'
alias vi='/usr/bin/vim'

# Source global definitions
if [ -f /etc/bashrc ]; then
        . /etc/bashrc
fi
[root@localhost ~]# cat /home/admin/.bashrc
# .bashrc

# Source global definitions
if [ -f /etc/bashrc ]; then
        . /etc/bashrc
fi

# User specific aliases and functions
[root@localhost ~]#
```

'cat /root/.bashrc' 명령을 실행하기 위해서는 'admin' 계정이 '/root' 디렉토리에 대하여 아무 권한도 없기 때문에 디렉토리 안에 있는 파일을 읽을 수 없다. 따라서 'root' 계정으로 실행해야 한다.

다음은 모든 사용자들이 공통적으로 사용하는 환경 설정 파일인 '/etc/bashrc'의 일부분을 나타낸다.

```
admin@localhost:~
    # By default, we want umask to get set. This sets it for non-login shell.
    # Current threshold for system reserved uid/gids is 200
    # You could check uidgid reservation validity in
    # /usr/share/doc/setup-*/uidgid file
    if [ $UID -gt 199 ] && [ "`id -gn`" = "`id -un`" ]; then
       umask 002
    else
       umask 022
    fi
```

UID가 200번 이상인 계정, 예를 들면 'admin'계정의 umask 값은 002이고, 199번 이하인 계정, 예를 들면 'root' 계정의 umask 값은 022 이다.

참고로 절대 모드를 네 자리의 8진수로 표현하였을 때 첫 번째 비트는 스티키(sTicky) 비트, 셋 유저 아이디(SUID), 셋 그룹 아이디(SGID) 허가권을 나타내기 위해 사용될 뿐 기본 허가권 모드의 마스크 값으로는 사용되지 않는다.

앞에서 설명하였지만 기본 허가권 모드 이외에도 스티키 비트, 셋 유저 아이디, 셋 그룹 아이디 허가권이 존재한다. 일반적으로 허가권을 설정할 때는 세 자리의 8진수 표현으로 기본 허가권 모드를 설정하지만 때때로 네 자리의 8진수 표현을 사용하여 다른 허가권을 설정할 수도 있다.

스티키 비트는 디렉토리에만 적용되고, 적용된 디렉토리는 모두에게 지정된 허가권을 부여하지만 삭제 권한은 해당 파일이나 디렉토리의 소유자에게만 부여된다. 스티키 비트 설정 방법은 기본 허가권 모드 앞에 1을 붙여주면 된다.

```
# chmod 1[기본 허가권 모드] [해당 디렉토리]
```

'chmod 1777 dir1' 명령을 실행하면 dir1 디렉토리는 소유자는 읽기/쓰기/실행이 가능하고, 소유그룹과 나머지도 읽기/쓰기/실행이 가능하여 'rwxrwxrwx'와 비슷하지만 dir1의 심볼릭 모드를 확인하면 'rwxrwxrwt'이고, 'dir1' 디렉토리 안에 존재하는 파일이나 디렉토리의 삭제는 각각의 소유자만 가능하다는 것이 다르다. 대표적인 예로는 '/tmp' 디렉토리이다.

셋 유저 아이디와 셋 그룹 아이디 비트는 파일에 적용되며, 적용된 파일이 실행하는 동안 해당 파일의 소유자나 소유 그룹의 권한을 가지게 된다. 때때로 어떤 파일을 실행하는 동안 특정한 권한이 필요한 경우가 발생하는데 셋 유저 아이디와 셋 그룹 아이디를 활용하여 처리할 수 있다.

사용자가 자신의 암호를 변경하는 경우 변경된 암호를 저장하기 위해서 '/etc/passwd'와 '/etc/shadow'을 접근해야 하는데 'root' 계정만이 접근 권한을 갖고 있기 때문에 일반 사용자 계정으로는 접근이 불가능하다. 그러나 '/usr/bin/passwd' 명령을 살펴보면 셋 유저 아이디 비트가 설정되어 있는 것을 알 수 있다.

따라서 '/usr/bin/passwd' 명령을 실행하는 동안 사용자는 'root' 권한을 갖게 되어 변경된 암호를 저장하기 위해 '/etc/passwd'와 '/etc/shadow' 파일을 접근할 수 있다.

셋 유저 아이디 비트를 설정하는 방법은 기본 허가권 모드 앞에 4를 붙여주면 된다.

```
# chmod 4[기본 허가권 모드] [해당 파일]
```

설정된 파일의 소유자 실행 허가권 심볼이 'x' 기호에서 's' 기호로 변한다.

셋 그룹 아이디 비트를 설정하는 방법은 기본 허가권 모드 앞에 2를 붙여주면 된다.

```
# chmod 2[기본 허가권 모드] [해당 파일]
```

설정된 파일의 소유 그룹의 실행 허가권 심볼이 'x' 기호에서 's' 기호로 변한다.

셋 유저 아이디와 셋 그룹 아이디 설정은 보안 문제를 발생시킬 수 있기 때문에 주의해야 한다.

3. 관리자 권한 사용

시스템 관리자가 시스템 관리를 위해서는 'root' 권한이 필요하다. 따라서 이러한 경우 'root' 계정으로 로그인을 하면 된다. 그러나 리눅스에서는 보안을 위해 관리자도 일반 사용자 계정으로 로그인하여 사용한다. 따라서 일반 사용자 계정으로 사용하다가 관리 작업이 필요한 경우 로그아웃하고 'root' 계정으로 새롭게 로그인해야 한다. 이러한 작업을 시스템에 많은 작업 부하를 발생시킨다. 만약 현재 사용자 계정의 작업을 완료하기 위해 잠시 동안 관리자 권한이 필요 경우라면 관리자 권한으로 작업을 수행한 후 현재 사용자 계정의 현재 상태로 돌아올 수 있어야 하는데 로그아웃을 하면 파일로 저장이 가능한

3.1 사용자 전환을 이용한 관리자 권한 사용

사용자 전환은 현재 사용하는 사용자 계정의 상태를 유지한 채로 지정한 계정과 동일한 권한으로 작업을 수행할 수 있도록 한다. 따라서 지정한 계정으로의 작업이 끝나면 다시 현재 사용자 계정의 현재 상태로 돌아올 수 있다. 또한 로그인/로그아웃과 비교하면 전환 속도가 빨라 신속한 작업 수행이 가능하다. 리눅스에서는 'su' 명령을 이용하여 이를 처리한다.

본 절에서는 'admin' 계정으로 로그인한 상태에서 'root' 계정으로 전환해본다.

1.a 'admin' 계정에서 'su'를 입력하고, 'root' 계정의 암호를 입력한다

```
# su
Password:
```

'su'는 사용자를 전환(substitution)할 때 사용하는 명령어로, 슈퍼 유저(super user), 스위칭 유저(switch user)라고도 한다. 'su'는 'su root'와 동일한 명령으로 이를 실행하면 현재 사용자 계정을 'root' 계정으로 전환하도록 한다. 따라서 암호 영역에 'root' 계정의 암호를 입력해야 하고, 암호가 맞는 경우 'root' 계정으로 전환되는 것을 확인할 수 있다

```
admin@localhost:/home/admin
[admin@localhost ~]$ whoami
admin
[admin@localhost ~]$ ps
  PID TTY          TIME CMD
 3044 pts/1    00:00:00 bash
 3098 pts/1    00:00:00 ps
[admin@localhost ~]$ su
Password:
[root@localhost admin]# whoami
root
[root@localhost admin]# ps
  PID TTY          TIME CMD
 3099 pts/1    00:00:00 su
 3103 pts/1    00:00:00 bash
 3111 pts/1    00:00:00 ps
[root@localhost admin]#
```

'whoami'는 현재 사용자를 출력하는 명령어이다. 'su'를 실행하기

전에는 'admin'이였지만 실행 후에는 'root'로 전환된 것을 확인할 수 있다. PID가 3044인 'bash' 프로세스와 3103인 'bash' 프로세스는 다른 프로세스이다. 전환되면서 3103인 'bash' 프로세스가 실행된 것이다.

> 참고
>
> 로그인할 때 로그인한 사용자의 명령을 처리하기 위해 셸이 실행된다. 사용자 전환할 때도 전환된 사용자를 위한 셸이 실행된다. 참고로 **PID(Process ID)**는 프로세스를 구별하는데 사용되는 식별자이다.

현재 상태에서 'exit'를 입력하면 'root' 계정의 명령을 처리하는 'bash', 3103 프로세스가 종료되지만 로그아웃되거나 창이 닫히지는 않는다. 이유는 'admin' 계정을 위한 'bash', 3044 프로세스가 실행중이기 때문이다.

```
admin@localhost:~
[admin@localhost ~]$ su
Password:
[root@localhost admin]# whoami
root
[root@localhost admin]# ps
  PID TTY          TIME CMD
 3099 pts/1    00:00:00 su
 3103 pts/1    00:00:00 bash
 3111 pts/1    00:00:00 ps
[root@localhost admin]# pwd
/home/admin
[root@localhost admin]# echo $PATH
/usr/local/bin:/bin:/usr/bin:/usr/local/sbin:/usr/sbin:/sbin:/home/admin/bin
[root@localhost admin]# exit
exit
[admin@localhost ~]$ pwd
/home/admin
[admin@localhost ~]$ echo $PATH
/usr/local/bin:/bin:/usr/bin:/usr/local/sbin:/usr/sbin:/sbin:/home/admin/bin
[admin@localhost ~]$ ps
  PID TTY          TIME CMD
 3044 pts/1    00:00:00 bash
 3282 pts/1    00:00:00 ps
[admin@localhost ~]$
```

'echo'는 문자열을 출력하거나 환경 변수의 값을 출력하는 명령어이다. 'echo $PATH'는 PATH라는 환경 변수의 값을 출력한다. 그런데 'admin' 계정과 'root' 계정의 PATH 값이 동일한 것을 확인할 수 있다. 즉, 계정은 전환되었지만 환경 설정이나 작업 환경은 그대로 유지된 것이다.

'su'는 'su root'와 같은 명령이고, 이 명령을 수행하면 'admin' 계정의 환경 설정을 유지한 상태로 'root'로 전환한다.

```
root@localhost:~
[admin@localhost ~]$ su root
Password:
[root@localhost admin]# echo $USER
admin
[root@localhost admin]# exit
exit
[admin@localhost ~]$ su - root
Password:
[root@localhost ~]# echo $USER
root
[root@localhost ~]#
```

'su -'는 'su – root'와 같은 명령이다. 이 명령을 수행하면 'admin' 계정의 환경 설정이 아닌 'root' 계정의 환경 설정으로 설정된 'root' 계정으로 전환된다.

4. 'sudo'를 이용한 관리자 권한 사용

관리자가 해외 출장을 나가서 관리 작업을 수행할 수 없어 다른 직원에게 관리를 수행하는데 필요한 권한을 사용할 수 있도록 해야 하는 경우 'su' 명령어를 사용할 수 있도록 해줌으로써 이를 처리할 수 있다. 그러나 'su' 명령어는 전환하고자 하는 계정의 암호를 알아야만 하기 때문에 이 경우 관리자 암호를 알려주어야 한다. 물론 관리자가 일시적으로 관리자 암호를 변경하여 해당 직원에게 알려주고, 관리 작업이 끝나면 이를 다시 변경한다면 관리자 암호의 노출 없이 처리할 수 있다. 그러나 이런 방법은 일시적이지만 관리자 권한 전체를 부여하는 것으로 우스운 일이지만 해당 직원이 실수로 관리자 암호를 변경하면 실제 관리자도 로그인할 수 없게 된다.

이런 문제점을 해결하기 위해서 'sudo'가 사용되고 있다. 'sudo' 명령은 관리자가 부여한 권한을 사용할 수 있도록 해주는 명령이다. 만약 사용자 계정을 추가/삭제해야 하는 경우, 그 권한만 부여할 수 있기 때문에 최소 권한 부여가 가능하여 보안상 안전하다. 또한 암호 확인을 요청할 때 지정한 사용자 계정의 암호를 요청하기 때문에 관리자 암호가 노출되지 않아 안전하다.

실습 : 'admin' 계정으로 'sudo' 명령을 사용하여 'root' 계정이 실행할 수 있는 명령을 실행할 수 있도록 한다.

a. 'admin' 권한으로 'visudo' 명령을 실행해본다.

```
admin@localhost:~
[admin@localhost ~]$ whoami
admin
[admin@localhost ~]$ pwd
/home/admin
[admin@localhost ~]$ visudo
visudo: /etc/sudoers: Permission denied
visudo: /etc/sudoers: Permission denied
[admin@localhost ~]$ sudo visudo
[sudo] password for admin:
admin is not in the sudoers file.  This incident will be reported.
```

'sudo visudo' 명령을 실행하면 'admin'계정이 'sudoers' 파일에 존재하지 않는다는 메시지를 출력하고 종료한다.

b. 'root' 권한으로 '/etc/group'의 'wheel' 그룹에 'admin'을 추가한다.

vi /etc/group

1. 'i'를 눌러 삽입 모드로 전환하고, 화살표 키를 이용하여 편집 위치로 이동한다.
2. amdin 입력한다.
3. 'ESC'를 눌러 명령 모드로 전환하고, ':'을 눌러 ex 모드로 전환한다.
4. ex 모드에서 wq를 입력하여 저장 후 종료한다.

앞 절에서 이와 같은 작업을 수행하였기 때문에 실습하지 않아도 되지만, 확인은 꼭 해보아야 한다.

```
admin@localhost:~
root:x:0:
bin:x:1:bin,daemon
daemon:x:2:bin,daemon
sys:x:3:bin,adm
adm:x:4:adm,daemon
tty:x:5:
disk:x:6:
lp:x:7:daemon
mem:x:8:
kmem:x:9:
wheel:x:10:
mail:x:12:mail,postfix
uucp:x:14:
man:x:15:
games:x:20:
gopher:x:30:
video:x:39:
dip:x:40:
ftp:x:50:
lock:x:54:
audio:x:63:
nobody:x:99:
users:x:100:
-- INSERT --
```

⇨

```
admin@localhost:~
root:x:0:
bin:x:1:bin,daemon
daemon:x:2:bin,daemon
sys:x:3:bin,adm
adm:x:4:adm,daemon
tty:x:5:
disk:x:6:
lp:x:7:daemon
mem:x:8:
kmem:x:9:
wheel:x:10:admin
mail:x:12:mail,postfix
uucp:x:14:
man:x:15:
games:x:20:
gopher:x:30:
video:x:39:
dip:x:40:
ftp:x:50:
lock:x:54:
audio:x:63:
nobody:x:99:
users:x:100:
-- INSERT --
```

c. 'root' 권한으로 'visudo' 명령을 실행한다. 'wheel' 그룹을 등록한다

```
root@localhost:~
[root@localhost ~]# whoami
root
[root@localhost ~]# pwd
/root
[root@localhost ~]# ls -l /etc/sudoers
-r--r-----. 1 root root 4000 Oct 29 05:33 /etc/sudoers
[root@localhost ~]# vi /etc/sudoers
[root@localhost ~]# which visudo
/usr/sbin/visudo
[root@localhost ~]# ls -l /usr/sbin/visudo
-rwxr-xr-x. 1 root root 102400 Jun 22 10:22 /usr/sbin/visudo
[root@localhost ~]#
```

'sudo' 명령을 실행하기 위해서는 '/etc/sudoers'라는 파일에 대한 편집이 필요하다. 그러나 이 파일의 경우 'root' 계정도 읽기 전용이기 때문에 쓰기 가능하도록 수정한 후 허가권을 변경해야 한다. 파일 편집 후 보안을 위해서 읽기 전용으로 다시 허가권은 변경해야 한다. 'visudo'는 '/etc/sudoers' 파일만을 허가권 변경 없이 편집할 수 있도록 만든 명령으로 그 사용법은 'vi' 편집기와 동일하다. 참고로 'visudo'는 모든 사용자가 실행은 가능하지만 '/etc/sudoers' 파일을 접근하기 때문에 실제로는 'root' 권한을 가진 사용자만이 실행을 완료할 수 있다.

▸ 105 라인의 주석을 제거한다.

```
# visudo
명령 모드에서 105G를 입력하면 105줄로 이동한다.
2. 'i' 눌러 삽입모드로 전환하고, 주석(#)을 삭제한다.
3. 'ESC'를 눌러 명령 모드로 전환하고, ':'을 눌러 ex 모드로 전환한다.
4. ex 모드에서 wq를 입력하여 저장 후 종료한다.
```

```
93 ##      user    MACHINE=COMMANDS
94 ##
95 ## The COMMANDS section may have other options added to it.
96 ##
97 ## Allow root to run any commands anywhere
98 root    ALL=(ALL)       ALL
99
100 ## Allows members of the 'sys' group to run networking, software,
101 ## service management apps and more.
102 # %sys ALL = NETWORKING, SOFTWARE, SERVICES, STORAGE, DELEGATING, PROCES
SES, LOCATE, DRIVERS
103
104 ## Allows people in group wheel to run all commands
105 %wheel  ALL=(ALL)       ALL
106
107 ## Same thing without a password
108 # %wheel        ALL=(ALL)       NOPASSWD: ALL
109
110 ## Allows members of the users group to mount and unmount the
111 ## cdrom as root
112 # %users  ALL=/sbin/mount /mnt/cdrom, /sbin/umount /mnt/cdrom
113
114 ## Allows members of the users group to shutdown this system
:
```

'wheel' 그룹에 속한 모든 계정들에게 모든 명령을 사용할 수 있도록 한다. 암호는 확인하는 것으로 설정하였다.

d. 'sudo' 명령어 실행을 확인을 위해 'admin' 계정으로 로그인하고, 'visudo' 명령을 실행해본다.

```
# sudo visudo
[sudo] password for admin :
```

```
[admin@localhost ~]$ whoami
admin
[admin@localhost ~]$ pwd
/home/admin
[admin@localhost ~]$ visudo
visudo: /etc/sudoers: Permission denied
visudo: /etc/sudoers: Permission denied
[admin@localhost ~]$ sudo visudo
[sudo] password for admin:
admin is not in the sudoers file.  This incident will be reported.
[admin@localhost ~]$ sudo visudo
[sudo] password for admin:
[admin@localhost ~]$
```

이제 'sudo visudo' 명령을 실행하면 'admin'계정의 암호를 확인하게 되고, 암호를 정확하게 입력하면 편집 화면이 나타난다. 'visudo'를 실행 할 수 있게 된 것이다. 참고로 암호를 입력할 때 '*'가 나타나지 않으므로 천천히 정확하게 입력하고 'Enter' 키를 누르면 된다.

다음은 'admin' 계정으로 'csiit02' 계정을 생성하는 화면이다.

```
[admin@localhost ~]$ cat /etc/passwd | grep csiit
csiit00:x:501:501::/home/csiit00:/bin/bash
csiit01:x:513:513::/usr/csiit01:/bin/bash
[admin@localhost ~]$ whoami
admin
[admin@localhost ~]$ sudo useradd csiit02
[sudo] password for admin:
[admin@localhost ~]$ cat /etc/passwd | grep csiit
csiit00:x:501:501::/home/csiit00:/bin/bash
csiit01:x:513:513::/usr/csiit01:/bin/bash
csiit02:x:514:514::/home/csiit02:/bin/bash
[admin@localhost ~]$ ls -l /usr/sbin/useradd
-rwxr-x---. 1 root root 101168 Dec  7  2011 /usr/sbin/useradd
[admin@localhost ~]$
```

계정을 생성하기 위해서는 'useradd' 명령에 대한 실행 권한이 있어야 하는데 'admin'의 경우 실행 권한이 없다. 그러나 '/etc/sudoers'에서

'root'와 동일하게 명령을 수행할 수 있도록 하였으므로 생성이 가능한 것을 확인할 수 있다.

3.3 로그인 허용 및 차단

리눅스 시스템을 사용하기 위해서는 로그인을 해야 한다. 'root' 계정으로 원격 로그인을 수행하는 경우 로컬 로그인보다 해킹 위협에 취약하다. 따라서 대부분의 서버에서는 'root' 계정으로의 원격 로그인뿐 아니라 로컬 로그인도 차단한다. 일반 사용자 계정으로 로그인한 후 필요한 경우 사용자 전환을 하는 방법으로 'root' 권한을 획득한다면 두 개의 암호를 입력하기 때문에 보안 측면에서 우수하다고 할 수 있다.

실습 3.3.1 : 'root' 계정으로 로컬 로그인을 차단한다.

a. 'root' 계정으로 리눅스 시스템에 로컬 로그인을 시도하면 로그인되는 것을 확인할 수 있다.

```
CentOS release 6.3 (Final)
Kernel 2.6.32-279.el6.i686 on an i686

localhost login: root
Password:
Last login: Fri Nov  2 18:37:38 on tty1
[root@localhost ~]# cat /etc/securetty | grep tty
tty1
tty2
tty3
tty4
tty5
tty6
tty7
tty8
tty9
tty10
tty11
[root@localhost ~]# _
```

현재 'tty1' ~ 'tty11'이 모두 주석 처리되어 있지 않음을 확인할 수 있다.

b. '/etc/securetty'의 'tty1' ~ 'tty11'을 모두 주석으로 처리한다.

```
[root@localhost ~]# cat /etc/securetty | grep tty
#tty1
#tty2
#tty3
#tty4
#tty5
#tty6
#tty7
#tty8
#tty9
#tty10
#tty11
[root@localhost ~]# _
```

'vi /etc/securetty'를 실행한 후 편집할 수도 있지만, 'ex 모드'로 전환한 후 '1,$ s/tty/#tty/g'를 입력하여 'tty'가 '#tty'로 문자열 교체를 시도하면 간편하게 수정할 수 있다.

c. b단계를 수행한 후 리눅스 시스템에 'root' 계정으로 로컬 로그인을 시도하면 로그인되지 않고, 'admin' 계정으로 로컬 로그인을 하면 로그인이 되는 것을 확인할 수 있다. 'root' 권한이 필요한 경우 'su'를 이용하면 'root'로 동작할 수 있음을 확인할 수 있다.

```
CentOS release 6.3 (Final)
Kernel 2.6.32-279.el6.i686 on an i686

localhost login: root
Password:
Login incorrect

login: admin
Password:
Last login: Sun Oct 28 18:09:31 from 192.168.5.1
[admin@localhost ~]$ su -
Password:
[root@localhost ~]# whoami
root
[root@localhost ~]# _
```

다양한 원격 로그인 방법이 있지만 보안이 강화된 SSH(Secure SHell) 서버를 이용한 원격 접속 서비스가 널리 사용되고 있다.

실습 3.3.2 : 'root' 계정으로 원격 로그인을 차단한다.

a. 'PuTTY'를 이용하여 ssh 서비스가 동작중인 서버에 'root'로 로그인한다.

```
root@localhost:~
login as: root
root@192.168.5.150's password:
Last login: Fri Nov  2 18:43:03 2012 from 192.168.5.1
[root@localhost ~]# cat /etc/ssh/sshd_config | grep PermitRootLogin
#PermitRootLogin yes
# the setting of "PermitRootLogin without-password".
[root@localhost ~]# cat -n /etc/ssh/sshd_config | grep PermitRootLogin
    42  #PermitRootLogin yes
    92  # the setting of "PermitRootLogin without-password".
[root@localhost ~]# vi /etc/ssh/sshd_config
```

b. ssh 서버의 설정 파일 '/etc/ssh/sshd_config'의 'PermitRootLogin' 항목의 설정 값을 'no'로 변경한다.

```
root@localhost:~
     39 # Authentication:
     40
     41 #LoginGraceTime 2m
     42 PermitRootLogin no
     43 #StrictModes yes
     44 #MaxAuthTries 6
     45 #MaxSessions 10
     46
```

c. ssh 서비스를 재시작한다.

```
[root@localhost ~]# cat -n /etc/ssh/sshd_config | grep PermitRootLogin
    42  PermitRootLogin no
    92  # the setting of "PermitRootLogin without-password".
[root@localhost ~]# service sshd restart
Stopping sshd:                                             [  OK  ]
Starting sshd:                                             [  OK  ]
[root@localhost ~]#
```

d. 'PuTTY'를 이용하여 ssh 서비스가 동작중인 서버에 'root'로 로그인을 시도한다.

```
PuTTY (inactive)
login as: root
root@192.168.5.150's password:
Access denied
root@192.168.5.150's password:
Access denied
root@192.168.5.150's password:
```

'root'로 원격 로그인되지 않는 것을 확인할 수 있다.

e. 'PuTTY'를 이용하여 ssh 서비스가 동작중인 서버에 'admin'으로 로그인을 시도한다.

```
root@localhost:~
[root@localhost ~]# vi /etc/ssh/sshd_config
[root@localhost ~]# cat -n /etc/ssh/sshd_config | grep PermitRootLogin
    42  PermitRootLogin no
    92  # the setting of "PermitRootLogin without-password".
[root@localhost ~]# service sshd restart
Stopping sshd:                                             [  OK  ]
Starting sshd:                                             [  OK  ]
```

```
root@localhost:~
login as: admin
admin@192.168.5.150's password:
Last login: Fri Nov  2 18:43:59 2012
[admin@localhost ~]$ su -
Password:
[root@localhost ~]# whoami
root
[root@localhost ~]#
```

설정 파일 변경 후 서버를 재시작하고 다른 세션을 생성하여 'admin'으로 원격 로그인되는 것을 확인할 수 있다.

06 프로그램 사용 및 관리

본 장에서는 리눅스 기본 편집기인 'vi' 편집기에 알아보고, 자동 완성 기능, 히스토리 기능 등 사용자 편리 기능에 대해서도 알아본다. 또한 새로운 프로그램을 설치하거나 기존의 프로그램을 업그레이드 하는 방법에 대하여 알아본다.

vi 편집기
사용자 편리 기능
3. 프로그램 관리

1. vi 편집기

시스템을 관리하기 위해서는 시스템 설정 파일의 편집이 필요하고, 이를 위해 리눅스 배포판들은 다양한 편집기를 제공하지만 공통적으로 vi 계열의 편집기를 제공한다. vi는 Emacs와 함께 유닉스 환경에서 많이 쓰이는 문서 편집기로 1976년 빌 조이가 초기 BSD 릴리즈에 포함될 편집기로 만들었다. 한 줄씩 편집하는 라인 에디터가 아니라 한 화면을 편집하는 비주얼 에디터(visual editor)라는 뜻에서 편집기의 이름인 vi가 유래했다. 간결하면서도, 강력한 기능으로 열광적인 사용자가 많다. 현재는 오리지널 vi를 사용하는 경우는 거의 없고, 모방하여 만들어진 클론을 사용하는 것이 일반적이다. 클론들로는 리눅스 배포판에 포함되는 vim(Vi IMproved), BSD 라이센스로 제공되며 원본 vi의 동작과 호환성으로 정평이 나있는 nvi, 독자적인 팬 층을 확보한 elvis등이 있다. CentOS 6.3에서는 기본적으로 '7.2.411'버전의 'vi' 편집기를 제공한다.

1.1 시작과 종료

'vi' 편집기는 명령 모드(command mode), 삽입 모드(insert mode), ex 모드(ex commands mode), 비주얼 모드(visual mode) 등의 모드가 존재한다. 같은 키 입력이라도 현재 모드에 따라 다른 동작을 하기 때문에 'vi' 편집기를 처음 사용하는 사용자에게는 시작과 종료도 간단하지 않다.

'vi' 편집기를 시작하는 방법은 터미널에서 다음과 같이 실행하면 된다.

```
# vi  또는 vi <대상파일> [ <대상파일> ... ]
```

파일명을 입력하지 않으면 간단한 설명 화면이 나타나고 명령 모드가 된다.

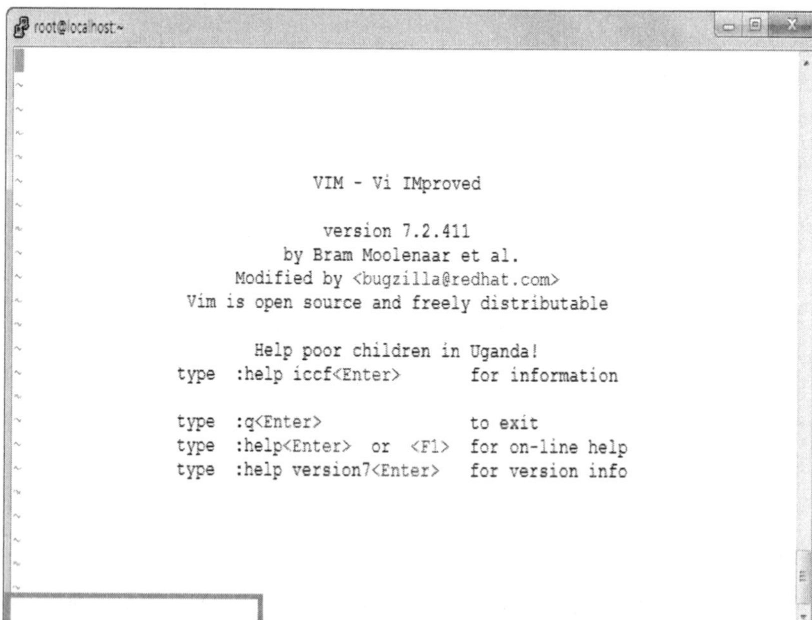

파일명을 입력하면 입력한 파일이 화면에 나타나고 명령 모드가 된다. 다음은 'vi /etc/profile' 명령을 실행한 화면으로 명령 모드를 나타낸다.

```
# /etc/profile

# System wide environment and startup programs, for login setup
# Functions and aliases go in /etc/bashrc

# It's NOT a good idea to change this file unless you know what you
# are doing. It's much better to create a custom.sh shell script in
# /etc/profile.d/ to make custom changes to your environment, as this
# will prevent the need for merging in future updates.

pathmunge () {
    case ":${PATH}:" in
        *:"$1":*)
            ;;
        *)
            if [ "$2" = "after" ] ; then
                PATH=$PATH:$1
            else
                PATH=$1:$PATH
            fi
    esac
}
"/etc/profile" 78L, 1793C
```

명령 모드에서 ':'을 입력하면 ex 모드로 전환되고, 편집 여부에 따라 ':q', ':q!', ':wq'를 입력한 후 실행하면 'vi'가 종료되고, 터미널의 셸 프롬프트 상태로 돌아온다.

```
# /etc/profile

# System wide environment and startup programs, for login setup
# Functions and aliases go in /etc/bashrc

# It's NOT a good idea to change this file unless you know what you
# are doing. It's much better to create a custom.sh shell script in
# /etc/profile.d/ to make custom changes to your environment, as this
# will prevent the need for merging in future updates.

pathmunge () {
    case ":${PATH}:" in
        *:"$1":*)
            ;;
        *)
            if [ "$2" = "after" ] ; then
                PATH=$PATH:$1
            else
                PATH=$1:$PATH
            fi
    esac
}
:q
```

1.2 모드 전환

실행 초기 화면 하단에는 '/etc/profile' 파일에 대한 정보가 나타나지만 일반적으로 명령 모드인 경우 공백이 된다. 삽입 모드인 경우 '-- INSERT --' 또는 '-- 끼워넣기 --'가 나타나며, ex 모드인 경우 ':'이 나타난다.

'vi'에서 각 모드 간 전환을 살펴보면 다음과 같다.

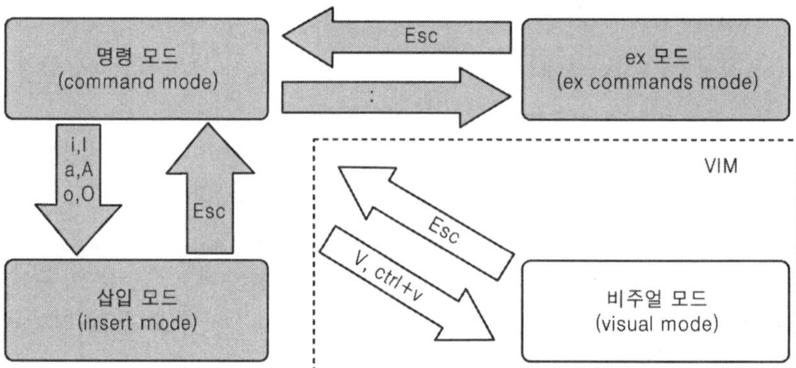

1.3 삽입 모드

명령 모드에서 다음과 같은 키를 입력하면 삽입 모드로 전환된다.

전환	키	의미
명령 모드 ⇨ 삽입 모드	i	커서 위치에 삽입
	a	열을 증가하여 삽입
	o	현재 행 다음에 행에 삽입
	O	현재 행 앞에 행에 삽입
	I	커서가 위치한 행의 첫 열에 삽입
	A	커서가 위치한 행의 마지막 열에 삽입

다음은 'vi /etc/sysconfig/network-scripts/ifcfg-eth0'를 실행한 후 'o' 키를 입력하여 삽입 모드로 전환한 화면이다.

```
root@localhost:~
DEVICE="eth0"
BOOTPROTO="dhcp"
HWADDR="00:0C:29:22:DD:68"
NM_CONTROLLED="yes"
ONBOOT=yes
TYPE="Ethernet"
UUID="b33ad989-51f1-4cca-a7ee-53540a88f2ec"
~
"/etc/sysconfig/network-scripts/ifcfg-eth0" 7L, 149C
```

```
root@localhost:~
DEVICE="eth0"

BOOTPROTO="dhcp"
HWADDR="00:0C:29:22:DD:68"
NM_CONTROLLED="yes"
ONBOOT=yes
TYPE="Ethernet"
UUID="b33ad989-51f1-4cca-a7ee-53540a88f2ec"
-- INSERT --
```

현재 커서가 위치한 행 다음에 한 행이 추가되고, 삽입할 수 있게 되며, 화면 하단 부분에 '-- INSERT --'가 나타나 삽입 모드임을 알 수 있다. 삽입 모드에서는 일반적인 키 입력으로 문서의 편집을 수행할 수 있으며 다시 명령 모드로 전환하기 위해서는 'Esc' 키를 입력하면 된다.

1.4 명령 모드

명령 모드는 다른 모드로 전환하기 위한 기준 모드가 되며, 각 모드에서 'Esc' 키를 입력하면 명령 모드로 전환된다. 명령 모드에서는 이동, 검색 및 바꾸기, 삭제 및 복사, 다중 윈도우등을 지원한다.

다음은 명령 모드에서는 이동하는데 사용되는 키를 정리한 것이다.

구분	키	의미
이동	h, ←, l, →	좌로 한 글자, 우로 한 글자 이동
	j, ↓, k, ↑	다음 행, 이전 행으로 이동
	ctrl+f, PgUp	다음 페이지로 이동
	ctrl+b, PgDn	이전 페이지로 이동
	ctrl+u	반 페이지 위로 이동
	ctrl+d	반 페이지 아래로 이동
	ctrl+e	한 행 아래로 스크롤
	ctrl+y	한 행 위로 스크롤
	w	커서 다음 단어의 첫 글자로 이동
	b	커서 이전 단어의 첫 글자로 이동
	e	커서 이전 단어의 마지막 글자로 이동
	0, ^	커서가 위치한 행의 첫 단어로 이동
	$	커서가 위치한 행의 마지막 단어로 이동
	gg, 1G	파일의 첫 번째 행으로 이동
	G	파일의 마지막 행으로 이동
	nG	파일의 n행으로 이동
	+, <enter>	다음 행의 첫 번째 열로 이동
	-	이전 행의 첫 번째 열로 이동
	(,)	이전 문장으로 이동, 다음 문장으로 이동
	{, }	이전 단락으로 이동, 다음 단락으로 이동
	H	커서를 현재 페이지의 첫 행의 첫 번째 열로 이동
	M	커서를 현재 페이지의 중간 행의 첫 번째 열로 이동
	L	커서를 현재 페이지의 마지막 행의 첫 번째 열로 이동
	z<enter>	커서가 위치한 행을 화면의 맨 위로 이동
	z.	커서가 위치한 행을 화면의 중간으로 이동
	z-	커서가 위치한 행을 화면의 맨 아래로 이동
	[n]H	커서를 n 번째 행으로 이동
	[n]L	커서를 아래에서 n 번째 행으로
	%	대칭되는 괄호 문자로 이동
	m[a-z]	현재 커서의 위치를 a라는 마크로 표시
	`[a-z]	마크 a가 가리키는 곳으로 커서를 이동
	´[a-z]	마크 a가 가리키는 곳의 첫 번째 열로 이동
	``	직전의 커서 위치로 이동
	´´	직전의 커서가 가리키는 곳의 첫 번째 열로 이동

다음은 명령 모드에서는 검색과 바꾸기 기능을 수행하는데 사용되는 키를 정리한 것이다.

구분	키	의미
검색	/검색어	커서가 위치한 행을 포함하여 아래로 검색
	?검색어	커서가 위치한 행을 포함하여 위로 검색
	검색 중 n, N	검색 방향으로 다음, 이전 검색어 위치로 이동
바꾸기	r	커서 위치의 한 글자를 교체
	R	커서 위치부터 입력한 글자로 교체
	s, cl	커서 위치의 한 글자를 삭제하고 입력한 글자로 교체
	S	커서가 있는 행을 삭제하고 삽입
	ch	커서 앞의 글자를 입력한 글자로 교체
	c0	커서 위치부터 커서가 위치한 행의 첫 번째 열까지 교체
	c$, C	커서 위치부터 커서가 위치한 행의 마지막 열까지 교체
	cw	커서 위치의 한 단어를 교체
	cc	커서가 있는 행을 교체
	cj	커서가 있는 행과 다음 행을 교체
	ck	커서가 있는 행과 이전 행을 교체

다음은 명령 모드에서는 삭제와 복사 및 붙이기 기능을 수행하는데 사용되는 키를 정리한 것이다.

구분	키	의미
삭제 (메모리에 복사 됨)	dd, ndd	커서가 위치한 행 삭제, 다음 n행 삭제
	dw, db	커서가 위치한 열의 다음 한 단어 삭제, 이전 한 단어 삭제
	dj	커서가 위치한 행과 다음 행을 삭제
	dk	커서가 위치한 행과 이전 행을 삭제
	d$	커서 위치부터 행의 마지막 열까지 삭제
	dG	커서 위치부터 마지막 행까지 삭제
	x, dl	커서 위치의 한 글자를 삭제
	X, dh	커서 앞의 한 글자를 삭제
복사	yw	커서의 위치부터 단어의 마지막까지 복사
	y$	커서의 위치부터 행의 마지막 열까지 복사
	y0	커서의 위치부터 행의 첫 번째 열까지 복사
	yj	커서가 위치한 행과 다음 행을 복사
	yk	커서가 위치한 행과 이전 행을 복사
	yy, [n]yy	커서가 위치한 행을 메모리에 복사, n행을 메모리에 복사
	"[a-z][n]yw	커서의 위치부터 [n]개의 단어를 a-z중 지정한 버퍼에 복사
	"[a-z][n]yy	커서가 위치한 행부터 n행을 a-z중 지정한 버퍼에 복사
붙이기	p, np	커서가 위치한 다음 열에 붙여넣기, n번 붙여넣기
	P	커서가 위치한 열에 붙여넣기
	"[A-Z][n]p	커서가 위치한 다음 열에 A-Z중 지정한 버퍼에 있는 내용을 n번 붙여넣기

이외에도 명령 모드에서는 다음과 같은 기능을 제공한다.

구분	키	의미
다중 윈도우	(ctrl+w) +n	가로 방향으로 윈도우 분할
	(ctrl+w) +v	세로 방향으로 윈도우 분할
	(ctrl+w) +w	분할된 윈도우들 간을 이동
	(ctrl+w) +h	현재 윈도우를 기준으로 좌측에 있는 윈도우로 이동, (j:하, k:상, l:우), 화살표 키 사용도 가능
	(ctrl+w) +c	현재 윈도우를 종료
	(ctrl+w) +o	현재 윈도우를 제외한 모든 윈도우를 종료
	(ctrl+w) +-	현재 윈도우의 높이를 줄임, (+:늘임, =:균등분할, _:최대로)
	(ctrl+w) +x	부모 윈도우가 같고 크기가 같은 윈도우들 위치를 바꿈
기타	ZZ	저장 후 종료
	J	행 합치기
	~	대문자를 소문자로, 소문자를 대문자로 변환
	u	작업 되돌리기(undo)
	ctrl+r, .	작업 재실행(redo)
	ctrl+g	현재 작업 중인 파일에 대한 정보 보기
	ctrl+l	화면을 갱신함
	q, @매크로이름	매크로 등록 및 실행

1.5 ex 모드

명령 모드에서 ':'을 입력하면 ex 모드로 전환된다. ex 모드에서는 종료, 파일 저장, 파일 읽기 등의 기능을 지원한다. 다음과 같은 ex 모드에서 사용되는 키를 정리한 것이다.

구분	키	의미
종료	q	현재 파일이 편집된 경우 저장을 요구하고, 편집되지 않은 경우 종료함.
	q!	현재 파일의 편집 여부와 관계없이 저장하지 않고 종료함
	wq, x	현재 파일에 편집내용을 저장하고 종료함(쓰기 권한이 있어야 함).
	wq!, x!	읽기 전용 파일에 편집 내용을 강제로 저장하고 종료함
파일 저장	w!	읽기 전용 파일에 편집 내용을 강제로 저장
	w [파일명]	파일명을 지정한 경우 지정한 파일 이름으로, 그렇지 않은 경우 현재 파일 이름으로 저장(쓰기 권한이 있어야 함).
	w >> [파일명]	현재 파일을 지정한 파일에 첨부(append)한다.
	i,j w [파일명]	i행부터 j행까지의 내용을 지정한 파일명으로 저장
	. w [파일명]	현재 행을 지정한 파일명으로 저장
	.,$ w [파일명]	현재 행부터 마지막 행까지 지정한 파일명으로 저장
파일 읽기	e [파일명]	지정한 파일을 읽어 들임
	e#, e #	이전에 읽었던 파일을 다시 읽어 들임
	e!#, e! #	편집 여부와 상관없이 이전에 읽었던 파일을 다시 읽어 들임
	e%, e %	현재 파일을 다시 읽어 들임
	e!%, e! %	편집 여부와 상관없이 현재 파일을 다시 읽어 들임
	r [파일명]	지정한 파일을 읽어 현재 커서 위치에 삽입함
	view [파일명]	읽기 전용으로 파일을 읽어 들임
이동	1, n, $	파일의 첫 번째, n 번째, 마지막 행으로 이동
약어	ab 약어 원문	원문에 대한 약어를 등록, 약어를 입력하면 원문이 나타남
	ab	등록된 약어 목록을 표시
	unab 약어	약어를 해제

다음은 환경 변수 설정, 구문 설정 등을 위해 사용되는 키들을 정리한 것이다.

구분	키	의미
기타	set 환경변수	환경 변수(number/nonumber, ruler/noruler ...)를 설정
	syntax on/off	구문에 따른 보기를 설정/해제
	[i]d	i행을 삭제
	[i]co[j], [i]t[j]	i행을 j행으로 복사
	[i]m[j]	i행을 j행으로 이동
	[i]y	n행을 버퍼에 복사, 지정되지 않은 경우 현재 행
	[i]pu	n행에 버퍼 내용을 복사, 지정되지 않은 경우 현재 행
	[i]p[j]	I행부터 j행까지의 내용을 표시

다음은 ex 모드에서 'set number'와 'set nonumber'를 설정한 화면이다

```
root@localhost:~
DEVICE="eth0"
BOOTPROTO="dhcp"
HWADDR="00:0C:29:22:DD:68"
NM_CONTROLLED="yes"
ONBOOT=yes
TYPE="Ethernet"
UUID="b33ad989-51f1-4cca-a7ee-53540a88f2ec"
~
:set number
```

```
root@localhost:~
  1 DEVICE="eth0"
  2 BOOTPROTO="dhcp"
  3 HWADDR="00:0C:29:22:DD:68"
  4 NM_CONTROLLED="yes"
  5 ONBOOT=yes
  6 TYPE="Ethernet"
  7 UUID="b33ad989-51f1-4cca-a7ee-53540a88f2ec"
~
:set number
```

이외에도 ex 모드에서는 문자열 바꾸기 기능을 제공한다.

키	의미
s/old_str/new_str/g	현재 커서가 위치한 행의 old_str을 new_str로 교체
s/old_str/new_str/gc	현재 커서가 위치한 행의 old_str을 new_str로 확인 후 교체
i,j s/old_str/new_str/g	i행부터 j행까지 old_str을 new_str로 교체
1,$ s/old_str/new_str/g % s/old_str/new_str/g	파일 전체의 old_str을 new_str로 교체
-2,+4 s/old_str/new_str/g	현재 행을 기준으로 이전 2행부터 아래로 4행사이의 old_str을 new_str로 교체

1.6 다중 편집 및 복구

사용자는 'vi'을 이용하여 다수의 문서를 한꺼번에 열고, 전환하면서 작업할 수 있다. 다음과 같이 명령을 실행하면 다수의 파일이 한꺼번에 열리게 된다.

```
# vi [대상파일1] [대상파일2] ...
```

실행하면 첫 번째 파일만 화면에 나타난다. 다음은 열린 파일들 사이에서 전환에 사용되는 키를 정리한 것이다.

키	의미
:n	다음 파일로 전환, 다음 파일이 없는 경우 메시지 출력
:N	이전 파일로 전환, 이전 파일이 없는 경우 메시지 출력
:args	동시에 열린 파일들의 목록과 현재 편집 중인 파일명 제공

'vi'를 사용하여 편집할 때 비정상적으로 종료되는 경우 편집중인 파일의 복구를 위해 숨김 파일 형태의 스왑 파일을 생성한다. 다음은 'vi'로 'anaconda-kr.cfg' 파일을 편집하다가 비정상적으로 종료한 화면이다.

```
[root@localhost ~]# vi anaconda-ks.cfg

[1]+  Stopped                 vi anaconda-ks.cfg
[root@localhost ~]# ps
  PID TTY          TIME CMD
 3459 pts/1    00:00:00 bash
 3654 pts/1    00:00:00 vi
 3655 pts/1    00:00:00 ps
[root@localhost ~]# kill -9 3654
[root@localhost ~]# ls -a
.                     .bash_history  .cshrc              .tcshrc
..                    .bash_logout   install.log         yum-list-installed
anaconda-ks.cfg       .bash_profile  install.log.syslog
.anaconda-ks.cfg.swp  .bashrc        rpm-qa
[1]+  Killed                  vi anaconda-ks.cfg
[root@localhost ~]#
```

참고로 'anaconda-ks.cfg' 파일의 스왑 파일은 '.anaconda-ks.cfg.swp'로 숨김 파일이 된다. 따라서 확인을 하려면 'ls'명령의 '-a' 옵션을 사용해야 한다.

다음은 'vi'에서는 이미 사용 중인 파일을 편집을 위해 읽어 들이는 경우와 비정상적인 종료로 스왑 파일이 존재하는 경우 다음과 같은 화면이 나타난다.

```
E325: ATTENTION
Found a swap file by the name ".anaconda-ks.cfg.swp"
          owned by: root   dated: Sat Oct 27 06:44:58 2012
         file name: ~root/anaconda-ks.cfg
          modified: no
         user name: root   host name: localhost.localdomain
        process ID: 3654
While opening file "anaconda-ks.cfg"
             dated: Thu Oct 11 18:42:41 2012

(1) Another program may be editing the same file.
    If this is the case, be careful not to end up with two
    different instances of the same file when making changes.
    Quit, or continue with caution.

(2) An edit session for this file crashed.
    If this is the case, use ":recover" or "vim -r anaconda-ks.cfg"
    to recover the changes (see ":help recovery").
    If you did this already, delete the swap file ".anaconda-ks.cfg.swp"
    to avoid this message.
"anaconda-ks.cfg" [noeol] 33L, 948C
Press ENTER or type command to continue
```

복구가 완료된 경우 저장 및 종료한 후 연관된 모든 스왑 파일을 삭제하면 위 화면과 같은 메시지가 나타나지 않는다.

```
# rm .anaconda-kr.cfg
```

```
root@localhost:~
# Kickstart file automatically generated by anaconda.

#version=DEVEL
install
cdrom
lang en_US.UTF-8
keyboard us
network --onboot no --device eth0 --bootproto dhcp --noipv6
rootpw  --iscrypted $6$bjl68z7cXLt9vAEX$g4b0UHcGd2tr4RWT2pK67f8DkfEiGhhZ.nn16smb
Naw315vl93FxkzAjllcT8DSXe5wOC40tQG0Kv1Q..DGAc.
firewall --service=ssh
authconfig --enableshadow --passalgo=sha512
selinux --enforcing
timezone --utc America/New_York
bootloader --location=mbr --driveorder=sda --append="crashkernel=auto rhgb quiet
"
# The following is the partition information you requested
# Note that any partitions you deleted are not expressed
# here so unless you clear all partitions first, this is
# not guaranteed to work
#clearpart --none

#part /boot --fstype=ext4 --size=200
"anaconda-ks.cfg" [noeol] 33L, 948C
```

1.7 환경 설정

리눅스에서는 'vi'의 기본 환경 설정 내용을 '/etc/exrc'나 '$HOME/.exrc'에도 저장할 수 있지만 일반적으로 '/etc/vimrc'와 '$HOME/.vimrc' 파일에 저장한다. '/ect/vimrc' 파일은 전체 사용자를 위한 환경 설정 파일이며, '$HOME/.vimrc' 파일은 각 사용자만을 위한 환경 설정 파일이다. 다음은 'vi'에서 자주 사용되는 환경 설정 값과 그 의미를 나타낸다.

설정 값	의미
set autoindent	자동 들여쓰기 설정
set backspace=indent,eol,star	편집모드에서 backspace 키를 허용하도록 설정
set cindent	c언어 프로그램 작성 시 자동 들여쓰기 설정
set hlsearch	문자열을 검색할 때 컬러로 표시하도록 설정
set number	행 번호 표시 설정
set ruler	커서 위치 표시 설정
set tabstop=[n]	탭 키를 눌렀을 때 n칸을 이동하도록 설정
set undolevels=[n]	되돌리기(undo)의 레벨을 설정, 기본 값은 1000
syntax on	컬러 터미널의 경우 구문에 따른 컬러 표시 설정

CentOS 6.3은 기본적으로 'vim-minimal' 패키지만 설치하기 때문에 'syntax on'은 'vim-minimal'에서는 정상적으로 동작하지 않을 수 있다. 만약 이 기능을 사용하고자 한다면 'vim-enhanced'를 추가로 설치하고, '/usr/bin/vim'이 실행되도록 한다.

```
# yum install vim-enhanced
# alias vi='vim'
```

다음은 설치 과정 중 패키지들 간의 의존성을 표시하는 화면이다.

```
root@localhost:~
Dependencies Resolved

================================================================================
 Package                    Arch        Version                     Repository
                                                                           Size
================================================================================
Installing:
 vim-enhanced               i686        2:7.2.411-1.8.el6           base      837 k
Installing for dependencies:
 gpm-libs                   i686        1.20.6-12.el6               base       28 k
 perl                       i686        4:5.10.1-127.el6            base      9.7 M
 perl-Module-Pluggable      i686        1:3.90-127.el6              base       38 k
 perl-Pod-Escapes           i686        1:1.04-127.el6              base       30 k
 perl-Pod-Simple            i686        1:3.13-127.el6              base      210 k
 perl-libs                  i686        4:5.10.1-127.el6            base      591 k
 perl-version               i686        3:0.77-127.el6              base       49 k
 vim-common                 i686        2:7.2.411-1.8.el6           base      6.0 M

Transaction Summary
================================================================================
Install       9 Package(s)

Total download size: 17 M
Installed size: 49 M
```

다음은 'vim-enhanced' 패키지를 설치하면 생성되는 파일들의 목록을 나타낸다.

```
root@localhost:~
[root@localhost ~]# rpm -ql vim-enhanced
/etc/profile.d/vim.csh
/etc/profile.d/vim.sh
/usr/bin/ex
/usr/bin/rvim
/usr/bin/vim
/usr/bin/vimdiff
/usr/bin/vimtutor
/usr/share/man/man1/rvim.1.gz
/usr/share/man/man1/vimdiff.1.gz
/usr/share/man/man1/vimtutor.1.gz
[root@localhost ~]#
```

1.8 비주얼 모드

'vi'에서는 효율적인 편집을 위해 편집 범위를 선택하고, 이를 복사, 바꾸기, 삭제할 수 있는 비주얼 모드를 제공한다. 'vi'에서 제공하는 비주얼 모드에는 일반 비주얼 모드와 비주얼 라인 모드 및 비주얼 블록 모드가 있다. 다음은 명령 모드에서 'v' 키를 입력하여 일반 비주얼 모드로 전환하고, 블록을 설정한 화면이다.

```
root@localhost:~
# Kickstart file automatically generated by anaconda.

#version=DEVEL
install
cdrom
lang en_US.UTF-8
keyboard us
network --onboot no --device eth0 --bootproto dhcp --noipv6
rootpw  --iscrypted $6$bjl68z7cXLt9vAEX$g4b0UHcGd2tr4RWT2pK67f8DkfEiGhhZ.nn16smb
Naw315v193FxkzAjllcT8DSXe5wOC40tQG0Kv1Q..DGAc.
firewall --service=ssh
authconfig --enableshadow --passalgo=sha512
selinux --enforcing
timezone --utc America/New_York
bootloader --location=mbr --driveorder=sda --append="crashkernel=auto rhgb quiet
"
# The following is the partition information you requested
# Note that any partitions you deleted are not expressed
# here so unless you clear all partitions first, this is
# not guaranteed to work
#clearpart --none

#part /boot --fstype=ext4 --size=200
-- VISUAL --
```

일반 비주얼 모드에서는 블록을 기본적으로는 행 단위로 설정하지만 블록의 처음과 마지막 행은 열 단위로 설정이 가능하다.

다음은 명령 모드에서 'V' 키를 입력하여 비주얼 라인 모드로 전환하고, 블록을 설정한 화면이다.

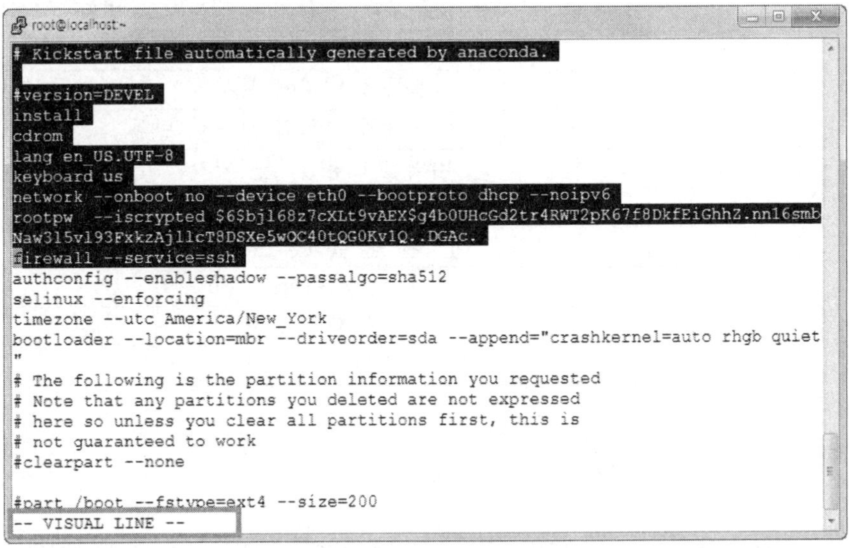

비주얼 라인 모드에서는 블록을 행 단위로만 설정할 수 있다.

다음은 명령 모드에서 'ctrl+v' 키를 입력하여 비주얼 블록 모드로 전환하고, 블록을 설정한 화면이다.

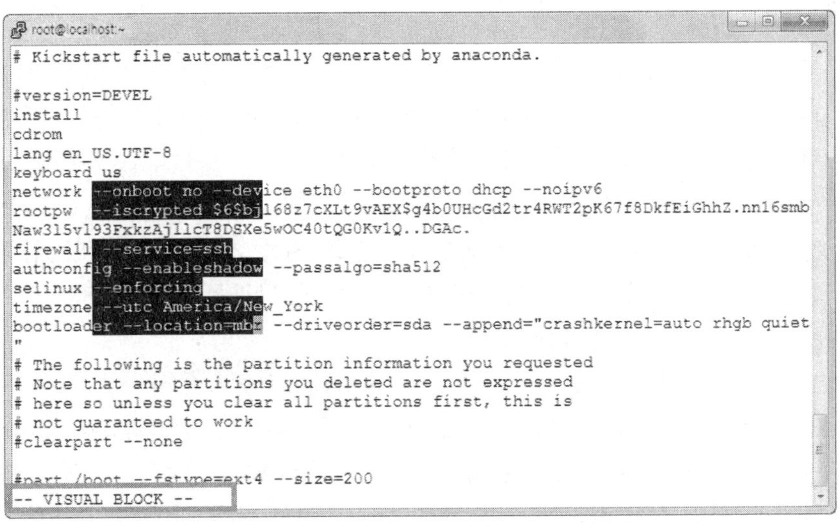

비주얼 블록 모드에서는 블록을 행, 열 단위로 모두 설정할 수 있다
비주얼 모드에서는 다음과 같은 키를 이용한 편리한 편집을 제공한다

키	의미
~	대문자는 소문자로, 소문자는 대문자로 변환
d	블록 삭제
y	블록을 버퍼에 복사
c	블록을 삭제하고 삽입 모드로 변환
p	버퍼의 내용을 붙여넣기
>	블록을 설정된 탭 값만큼 왼쪽으로 이동
<	블록을 설정된 탭 값만큼 오른쪽으로 이동
J	행 병합
U	대문자로 변환
u	소문자로 변환

2. 편리한 사용

리눅스에서는 효율적인 명령 사용을 위해 파이프와 필터이외에도 자동 완성 기능, 히스토리, 리다이렉션(redirection) 기능을 제공한다.

2.1 자동 완성 기능

명령 입력 시 파일명이나 디렉터리명을 인수로 사용하는 경우 'tab' 키를 이용하면 입력할 문자열을 빠르게 정확하게 완성할 수 있다. 명령을 입력하고 파일이나 디렉터리명의 일부분을 입력한 뒤 'tab' 키를 누르면 입력한 일부분으로 파일명이나 디렉터리명을 식별할 수 있는 경우 입력한 일부분을 포함하는 문자열로 자동 완성한다. 만약 입력한 일부분으로 식별이 불가능한 경우 입력한 일부분을 포함하는 모든 문자열의 목록을 출력한다.

'ls -l'의 인수로 '/etc/sysconfig/network-scripts/'를 사용하려는 경우 'ls -l /etc/sysconfig/net'를 입력한 뒤 'tab' 키를 누르면 '/etc/sysconfig/net' 만으로 식별할 수 없기 때문에 '/etc/sysconfig/net'을 포함하는 파일 또는 디렉터리를 출력하는 것을 확인할 수 있다.

```
[root@localhost ~]# ls -l /etc/sysconfig/net
netconsole      network         networking/      network-scripts/
[root@localhost ~]# ls -l /etc/sysconfig/s
sandbox                       sshd
saslauthd                     system-config-firewall
selinux                       system-config-firewall.old
[root@localhost ~]# ls -l /etc/sysconfig/selinux
```

'ls –l'의 인수로 '/etc/sysconfig/selinux'를 사용하려는 경우 'ls –l /etc/sysconfig/se'를 입력한 뒤 'tab' 키를 누르면 '/etc/sysconfig/se'만으로 식별이 가능하기 때문에 'ls –l /etc/sysconfig/selinux'가 자동으로 완성되는 것을 확인할 수 있다.

참고로 다중 터미널 환경 또는 'PuTTY'에서 마우스를 드래그 앤 드롭하여 블록을 설정하면 블록 내용이 클립보드에 저장된다. 따라서 기본적으로 'ctrl+c'를 누르면 복사가 되며, 마우스의 가운데 버튼이나 스크롤 버튼을 클릭하는 경우도 복사가 된다.

2.2 히스토리 기능

히스토리란 로그인한 사용자가 최근에 사용했던 명령의 목록을 의미한다.

```
  357  ifconfig
  358  hostname localhost.localdomain.com
  359  cat /etc/hosts
  360  hostname localhost.localdomain
  361  vi /etc/sysconfig/network-scripts/ifcfg-eth0
  362  vi /etc/sysconfig/network
  363  clear
  364  ls
  365  ls -l
  366  cd
  367  ls
  368  ls -l
  369  cd /
  370  ls
  371  rpm -qa | wc -l
  372  ping ftp.daum.net
  373  ping http://ftp.daum.net
  374  ping ftp.daum.net
  375  halt
  376  ls
  377  history
  378  clear
  379  history
[root@localhost ~]#
```

리눅스에서는 히스토리를 이용하여 빠르고 정확하게 명령을 실행할 수 있다. 셸 프롬프트 상에서 'history'를 입력하면 로그인한 사용자의 최근에 사용했던 명령의 목록이 출력된다.

```
# history
```

히스토리는 로그인한 사용자의 홈 디렉토리에 있는 '.bash_history' 파일에 기본 값으로 1000개의 명령 목록이 저장되어 있다.

새로운 명령이 실행되면 가장 오래된 명령이 목록에서 제거되고, 로그인한 사용자가 실행한 명령은 로그아웃할 때 '.bash_history'에 저장된다. 따라서 동일한 계정으로 두 개의 터미널을 사용하는 경우 각 터미널마다 로그인 후 히스토리는 다르다.

```
root@localhost:~
[root@localhost ~]# echo $HISTSIZE
1000
[root@localhost ~]# history | tail -10
  370  ls
  371  rpm -qa | wc -l
  372  ping ftp.daum.net
  373  ping http://ftp.daum.net
  374  ping ftp.daum.net
  375  halt
  376  history
  377  clear
  378  echo $HISTSIZE
  379  history | tail -10
[root@localhost ~]#
```

```
root@localhost:~
[root@localhost ~]# history | tail -10
  368  ls -l
  369  cd /
  370  ls
  371  rpm -qa | wc -l
  372  ping ftp.daum.net
  373  ping http://ftp.daum.net
  374  ping ftp.daum.net
  375  halt
  376  clear
  377  history | tail -10
[root@localhost ~]#
```

히스토리를 사용하는 가장 손쉬운 방법은 위, 아래 화살표를 사용하는 것이다. 위 화살표를 누르면 바로 이전에 실행했던 명령, 즉 히스토리에서 숫자가 작은 명령이 나타난다. 아래 화살표를 누르면 히스토리에서 숫자가 큰 명령이 나타난다. 또한 '!!'를 입력하면 가장 최근에 실행했던 명령이 실행되고, '!히스토리 번호'를 입력하면 해당 번호의 명령이 실행된다.

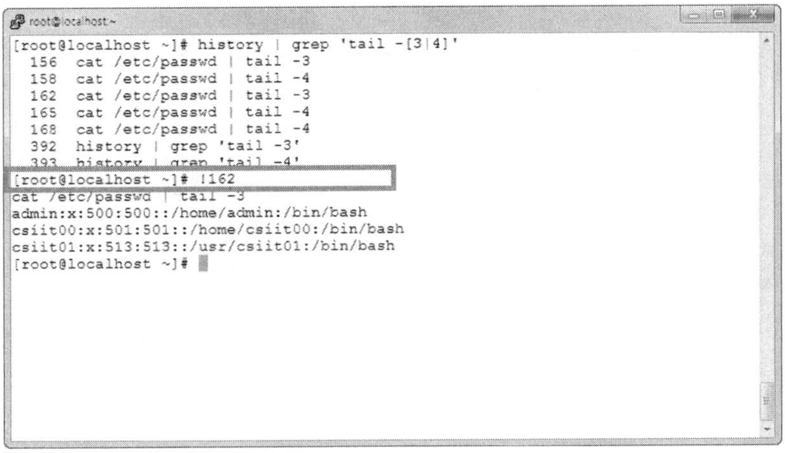

```
[root@localhost ~]# history | grep 'tail -[3|4]'
  156  cat /etc/passwd | tail -3
  158  cat /etc/passwd | tail -4
  162  cat /etc/passwd | tail -3
  165  cat /etc/passwd | tail -4
  168  cat /etc/passwd | tail -4
  392  history | grep 'tail -3'
  393  history | grep 'tail -4'
[root@localhost ~]# !162
cat /etc/passwd | tail -3
admin:x:500:500::/home/admin:/bin/bash
csiit00:x:501:501::/home/csiit00:/bin/bash
csiit01:x:513:513::/usr/csiit01:/bin/bash
[root@localhost ~]#
```

2.3 리다이렉션(redirection)

리눅스에서 표준 입력(standard input) 장치는 키보드를 의미하고, 표준 출력(standard output) 장치는 모니터를 의미한다. 또한 표준 에러(standard error)는 기본적으로 모니터를 통해 출력되도록 지정되어 있다. 따라서 사용자의 특별한 재지정 요구가 없는 경우 표준 입/출력 장치를 사용하게 된다.

화면에 빠르게 나타난 후 사라지는 많은 메시지를 저장하고 싶거나 키보드 대신 다른 장치를 이용하여 입력하고 싶은 경우 등 입/출력 방향의 전환이 필요하다. 리다이렉션이란 기존의 입력과 출력 방향을 사용자가 원하는 방향으로 지정할 수 있는 기능으로 입력 리다이렉션과 출력 리다이렉션이 있다. 리다이렉션 기호와 의미를 살펴보면 다음과 같다.

기호	의미
>	출력 리다이렉션, 기존 파일이 존재하는 경우 덮어쓰기
>>	출력 리다이렉션, 기존 파일이 존재하는 경우 첨부(append)
<	입력 리다이렉션

출력 리다이렉션과 입력 리다이렉션을 사용한 화면이다.

```
root@localhost:~
[root@localhost ~]# ls
anaconda-ks.cfg  install.log  install.log.syslog  rpm-qa  yum-list-installed
[root@localhost ~]# ls --help > lshelp
[root@localhost ~]# ls
anaconda-ks.cfg  install.log.syslog  rpm-qa
install.log      lshelp              yum-list-installed
[root@localhost ~]# cat < lshelp | head - 10
==> standard input <==
Usage: ls [OPTION]... [FILE]...
List information about the FILEs (the current directory by default).
Sort entries alphabetically if none of -cftuvSUX nor --sort.

Mandatory arguments to long options are mandatory for short options too.
  -a, --all                  do not ignore entries starting with .
  -A, --almost-all           do not list implied . and ..
      --author               with -l, print the author of each file
  -b, --escape               print octal escapes for nongraphic characters
      --block-size=SIZE      use SIZE-byte blocks.  See SIZE format below
head: cannot open `10' for reading: No such file or directory
[root@localhost ~]# 
```

'ls --help > lshelp'를 실행하면 'ls' 명령의 간단한 도움말이 화면에 출력되지 않고, 'lshelp'라는 파일로 저장되는 것을 확인할 수 있다. '>'의 경우 기존 파일이 존재하는 경우 덮어쓰기를 한다는 사실을 꼭 기억해야 한다. 또한 'cat < lshelp | head -10'을 실행하면 'cat' 명령의 입력으로 'lshelp'가 지정된 것을 확인할 수 있다.

명령을 사용하던 중에 오류가 발생하는 경우 일반적으로 화면에 나타나는데 오류 내용을 파일로 저장하려면 표준 오류 리다이렉션 '2>'를 사용한다.

```
root@localhost:~
[root@localhost ~]# ls
anaconda-ks.cfg  install.log.syslog  rpm-qa
install.log      lshelp              yum-list-installed
[root@localhost ~]# cat install.log1
cat: install.log1: No such file or directory
[root@localhost ~]# cat install.log1 2> cat_err
[root@localhost ~]# cat cat_err
cat: install.log1: No such file or directory
[root@localhost ~]# ls
anaconda-ks.cfg  install.log         lshelp  yum-list-installed
cat_err          install.log.syslog  rpm-qa
[root@localhost ~]# 
```

존재하지 않는 파일을 인수로 'cat' 명령을 실행하면 오류가 화면에 나타나는데 '2>'를 이용하면 오류를 파일로 저장할 수 있기 때문에 오류 검토가 용이하다.

참고로 'tee' 명령은 표준 입력을 읽어 들여 표준 출력으로 출력하면서 동시에 파일로 저장한다. '-a' 옵션을 사용하는 경우 입력한 내용을 표준 출력하면서 표준 입력 파일의 맨 마지막에 차례로 첨가한다.

```
[root@localhost ~]# tee lshelp
overwrite
overwrite
^C
[root@localhost ~]# cat lshelp
overwrite
[root@localhost ~]# tee -a lshelp
append
append
^?^C
[root@localhost ~]# cat lshelp
overwrite
append
[root@localhost ~]# sort lshelp | tee lshelp_sort
append
overwrite
[root@localhost ~]# cat lshelp_sort
append
overwrite
[root@localhost ~]#
```

2.4 명령의 연결

여러 개의 명령을 차례대로 실행하거나, 첫 명령이 실행 여부에 따라 다음 명령을 실행해야 하는 경우 다음과 같은 기호를 사용하여 명령을 연결하면 편리하다.

기호	의미
명령1; 명령2	명령1을 실행이 완료된 후 명령2를 실행한다.
명령1 && 명령2	명령1이 성공하면 명령2를 실행한다.
명령1 || 명령2	명령1일 실패하면 명령2을 실행한다.

리눅스에서 소스를 이용하여 프로그램을 설치하는 경우, './configure'를 실행하여 컴파일 환경을 설정하고, 'make'와 'make install'을 실행하여 컴파일하고, 설치한다. 일반적으로 'make' 실행이 완료된 후 'make install' 명령을 실행해야 함으로 명령을 연결하면 편리하다. 두 명령이 차례대로 실행되도록 연결하는 방법은 다음과 같다

```
# make; make install
```

명령의 옵션이 복잡한 경우 올바르게 명령을 입력했는지 알기 어렵다. 일반적으로 'enter' 키를 입력하면 명령이 실행되지만 백슬래시(\) 키를 입력한 후 'enter'를 입력하면 명령이 실행되지 않고 행을 바꾸어 계속 명령을 입력할 수 있다.

```
# histoty \
> | tail -15 \
> | grep
```

```
root@localhost:~
[root@localhost ~]# history \
> | tail -15 \
> | grep tee
  438  tee --help
  439  tee -a lshelp
  443  tee lshelp
  445  tee -a lshelp
  447  sort lshelp | tee lshelp_sort
  450  history | tail -15 | grep tee
[root@localhost ~]# history | tail -15 | grep tee
```

'\'를 이용하여 명령을 입력하고 실행한 경우 히스토리에는 '\'가 없는 명령으로 저장된다. 위 화살표를 누르면 '\'가 없는 명령이 나타난다

2.5 앨리어스(alias)

'alias' 명령은 자주 사용되는 명령을 사용하기 쉽도록 별칭을 지정하는 명령으로, 그 사용법은 다음과 같다.

```
# alias <별칭>='<명령>'
```

'alias'는 별칭='명령'을 인수로 사용하기 때문에 별칭과 '명령' 사이에는 공백이 존재해서는 안된다. 'alias' 명령은 환경 설정 파일에서 사용자 환경을 구성하는데 많이 사용된다. 지정된 별칭을 해제는

'unalias' 명령을 이용하여 다음과 같이 사용한다.

```
# unalias <별칭>
```

다음은 별칭을 지정하고 해제하는 화면이다.

```
[root@localhost ~]# which vi
/bin/vi
[root@localhost ~]# alias vi='/usr/bin/vim'
[root@localhost ~]# which vi
alias vi='/usr/bin/vim'
        /usr/bin/vim
[root@localhost ~]# which ls
alias ls='ls --color=auto'
        /bin/ls
[root@localhost ~]# which rm
alias rm='rm -i'
        /bin/rm
[root@localhost ~]# ls
anaconda-ks.cfg  install.log         lshelp       rpm-qa
cat err          install.log.syslog  lshelp_sort  yum-list-installed
[root@localhost ~]# rm lshelp
rm: remove regular file `lshelp'? y
[root@localhost ~]# unalias rm
[root@localhost ~]# rm lshelp_sort
[root@localhost ~]#
```

'rm -i'를 'rm'이란 별칭으로 지정되어 있기 때문에 삭제할 때 삭제 여부를 묻는 단계가 나타났었지만, 'unalias rm'을 실행하여 별칭을 제거한 경우 'rm'으로 삭제할 바로 삭제되는 것을 확인할 수 있다.

앞 절에서 CentOS 6.3은 기본 편집기로 'vi'를 제공하지만 'vim-minimal' 패키지만 설치되기 때문에 'syntax'나 'ruler'등 기능이 정상적으로 수행되지 않으므로 'vim-enhanced' 패키지를 설치하여 이를 해결한다고 하였다. 'vim-enhanced' 패키지를 설치하면 '/usr/bin/vim'이 생성되고, 이 바이너리 파일은 'syntax'나 'ruler'등 기능이 정상적으로 수행된다. 이를 실행하기 위해서는 절대 경로를 사용하거나 PATH 지정이 필요하다. 그러나 별칭을 사용하면 간단하게 해결할 수 있다. 아래와 같은 명령을 실행한 후에 'vi'를 실행하면 '/usr/bin/vim'이 실행된다.

```
# alias vi='/usr/bin/vim'
```

참고로 셸 프롬프트에서 'alias' 명령을 사용하여 별칭을 지정한 경우, 셸이 종료되면 그 효능이 사라진다. 만약 로그인할 때마다 별칭이 지정되기를 바란다면 환경 설정 파일, '.bashrc'나 '.bash_profile'에 저장한다.

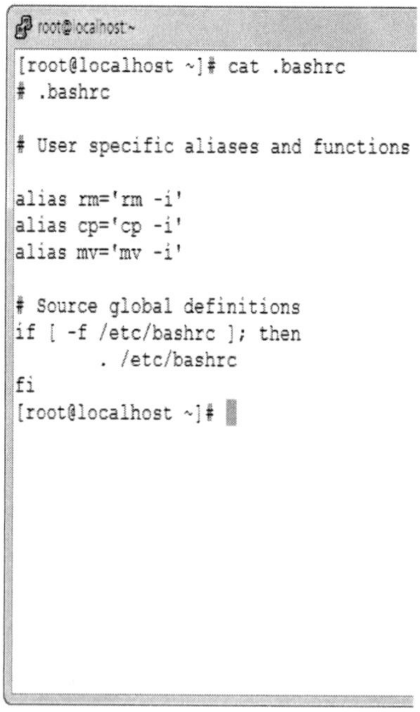

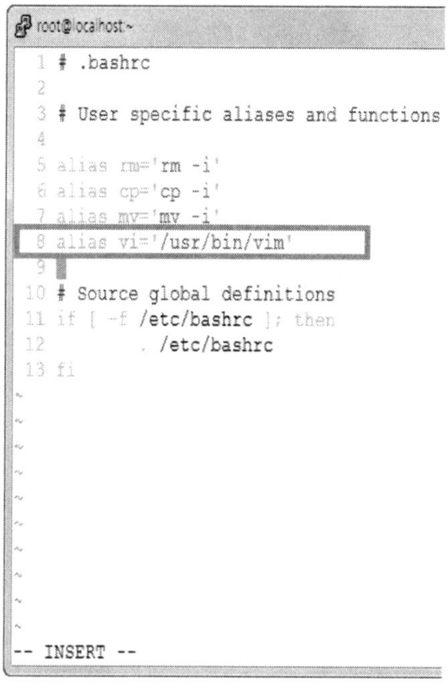

07 프로그램 관리

본 장에서는 새로운 프로그램을 설치하거나 기존의 프로그램을 업그레이드 하는 방법에 대하여 알아본다.

1. 개요

리눅스에서 프로그램을 설치하는 방법에는 패키지를 이용하는 방법과 소스를 이용하는 방법이 있다.

초창기 리눅스 시스템에 프로그램을 설치하는 경우 소스를 이용하여 설치하였다. 이 방법은 사용자의 환경에 맞도록 환경 설정을 하여 설치할 수 있지만, 초보자에게는 매우 복잡하고 어려운 작업이었다. 이는 리눅스의 대중화에 커다란 걸림돌이 되어왔고, 빠르고 편리한 소프트웨어 설치와 유지 보수는 리눅스가 해결해야 할 과제였다.

레드햇사는 실행에 필요한 바이너리 파일과 설치 위치 정보 및 환경 설정 정보를 하나의 파일로 저장한 패키지와 패키지 관리하는 프로그램인 RPM (Redhat Package Manager)을 제공함으로써 손쉬운 소프트웨어 설치와 유지 보수가 가능하도록 하였다. 현재 대부분의 리눅스 배포판들도 패키지를 이용한 소프트웨어 관리 방법을 제공하고 있다

패키지를 이용한 설치는 편리하지만 사용자가 설정을 변경하여 설치할 수 없고, 일부의 파일을 추출하는 일도 불가능하며, 리눅스 배포판에 따라 설치할 수 없는 경우가 발생한다. 또한 개발자의 경우도 소프트웨어를 패키지로 만드는 것은 압축된 아카이브로 만드는 일에 비해 매우 어렵기 때문에 최신의 소프트웨어의 경우 패키지로 배포되지 않고 소스로 배포된다.

소스를 이용한 프로그램 설치는 사용자의 환경에 맞도록 환경 설정을 하여 설치할 수 있으며, 리눅스 배포판에 따라 설치가 되지 않는 일이 발생하지 않는다.

2. YUM(Yellowdog Updated Manager)

CentOS 6.3은 레드햇 계열의 배포판으로 RPM을 이용하여 패키지를 관리한다. RPM은 소프트웨어의 바이너리 파일을 자동으로 설치하고, 설치된 소프트웨어가 정상적으로 동작하기 위해 필요한 환경 설정을 하며, 패키지 의존성(dependency)을 추적한다.

의존성 추적이란 하나의 패키지가 올바르게 동작하기 위해 필요한 패키지들의 설치 여부를 점검하는 작업을 의미하며, 패키지를 설치하거나 제거할 경우 대상 패키지와 다른 패키지들과의 의존 관계에 따라 설치 및 제거 여부가 결정된다. RPM을 이용한 프로그램 관리에서 가장 어려운 것이 의존성 추적 문제이다.

YUM은 레드햇 계열의 리눅스 배포판에서 RPM 호환 리눅스 운영체제를 위한 네트워크 지원 오픈 소스 명령라인 패키지 관리 프로그램이다. YUM은 네트워크를 기반으로 하고, 의존성 추적 문제를 자동적으로 처리해기 때문에 패키지들을 안전하게 설치, 제거 및 업데이트를 수행한다. YUM은 원격의 저장소(repository)를 접근하여 설치하고자 하는 패키지뿐 아니라 의존성 관계에 있는 패키지를 함께 다운받아 설치를 수행하기 때문에 관리자는 의존성 추적 문제를 손쉽게 해결할 수 있다.

2.1 RPM 패키지 구조

RPM 패키지 파일은 '.rpm' 확장자를 가지며, 다음과 같은 형태로 배포된다.

```
패키지 이름-버전-릴리즈 번호.아키텍처.rpm
```

각 영역별 의미를 살펴보면 다음과 같다.

영역	의미
패키지 이름	설치된 패키지에 대한 정보를 확인하거나 제거할 때 사용
버전	패키지의 기능이 변경되어 새로 발표되었음을 표시
릴리즈 번호	패키지의 기능이 변경되지는 않았지만 문제점이 개선되었음을 표시
아키텍처	최적화된 CPU 아키텍처를 표시 (alpha, i386, sparc, sparc64, ia64, ppc, ppc64, athlron, noarch 등은 바이너리 패키지, src는 소스 패키지)

배포된 패키지 파일의 이름이 'MySQL-server-5.1.66-1.i386.rpm'인 경우에 패키지 이름은 'MySQL-server'이고, 이를 이용하여 기존 설치 여부와 정보를 확인할 수 있다. 버전과 릴리즈 번호는 '5.1.66'와 '1'이고, 이를 이용하여 패키지의 기능과 문제점 개선 상태를 알 수 있다. 'i386'은 이 패키지를 지원하는 최적화된 CPU 아키텍처가 인텔 CPU임을 나타내며, 시스템의 CPU 아키텍처와 다른 경우 설치해서는 안된다. 참고로 'noarch'인 경우 CPU 아키텍처와 무관함을 의미한다.

일반적으로 패키지라고 하면 실행에 필요한 바이너리 파일과 설치 위치 정보 및 환경 설정 정보를 하나의 파일, 즉 바이너리 패키지를 의미한다. 그러나 패키지 제공사에서는 소스 패키지와 개발자를 위한 패키지도 제공한다.

소스 패키지는 프로그램 소스와 바이너리 패키지 생성 기준, 설정 파일, 패치 파일 등으로 구성되며, 설치할 경우 직접 실행할 수는 없다. 그러나 'rpm' 명령을 이용하여 CPU 아키텍처에 맞는 바이너리 패키지를 생성할 수 있다. 즉 'MySQL-5.1.66-1.src.rpm'을 설치하고, 인텔 CPU에서 바이너리 패키지를 생성하면 'MySQL-5.1.66-1.i386.rpm'이 생성되고, alpha에서 바이너리 패키지를 생성한 경우 'MySQL-5.1.66-1.alpha.rpm'이 생성된다.

개발자를 위한 패키지는 해당 프로그램과 연계된 프로그램을 개발할 때 필요한 헤더 파일과 라이브러리 및 맨 페이지로 구성된다. 이 패키지는 개발자가 프로그램 개발할 때 필요에 따라 사용되고, 일반 사용자는 의존성에 의해 필요한 경우 제외하고는 사용하지 않는다.

2.2 yum 명령

'yum' 명령은 레드햇 계열의 리눅스에서 네트워크 기반으로 패키지 관리 프로그램이다. 주요 기능으로는 질의, 설치, 제거, 업데이트 등이 있으며, 패키지와 패키지 그룹을 대상을 작업을 수행할 수 있다.

'yum' 명령은 다양한 패키지 관리 방법을 제공하며, 기본적인 사용법은 도움말을 확인으로 통해 알 수 있다.

```
# yum --help
```

```
root@iducs:~
load-transaction load a saved transaction from filename
[root@iducs ~]# yum --help | head -20
Loaded plugins: fastestmirror
Usage: yum [options] COMMAND

List of Commands:

check          Check for problems in the rpmdb
check-update   Check for available package updates
clean          Remove cached data
deplist        List a package's dependencies
distribution-synchronization Synchronize installed packages to the latest availa
ble versions
downgrade      downgrade a package
erase          Remove a package or packages from your system
groupinfo      Display details about a package group
groupinstall   Install the packages in a group on your system
grouplist      List available package groups
groupremove    Remove the packages in a group from your system
help           Display a helpful usage message
history        Display, or use, the transaction history
info           Display details about a package or group of packages
install        Install a package or packages on your system
[root@iducs ~]#
```

2.2.1 'yum' 명령을 이용한 질의

패키지를 지정하면 해당 패키지에 대한 목록 정보를 출력하고, 지정하지 않는 경우 전체 패키지 목록을 출력한다.

```
# yum list [패키지 이름]
```

'installed' 옵션을 입력하면 설치된 패키지 목록 또는 지정한 패키지의 설치 여부를 출력한다. 지정한 패키지가 설치되어 있지 않은 경우 아무 내용도 출력하지 않는다.

```
# yum list [installed | available | updates ] [패키지 이름]
```

```
root@iducs:~
[root@iducs ~]# yum list wget
Loaded plugins: fastestmirror
Loading mirror speeds from cached hostfile
 * base: ftp.daum.net
 * extras: ftp.daum.net
 * updates: ftp.daum.net
Available Packages
wget.i686                          1.12-1.4.el6                          base
[root@iducs ~]# yum list installed wget
Loaded plugins: fastestmirror
Loading mirror speeds from cached hostfile
 * base: ftp.daum.net
 * extras: ftp.daum.net
 * updates: ftp.daum.net
Error: No matching Packages to list
[root@iducs ~]# yum list available wget
Loaded plugins: fastestmirror
Loading mirror speeds from cached hostfile
 * base: ftp.daum.net
 * extras: ftp.daum.net
 * updates: ftp.daum.net
Available Packages
wget.i686                          1.12-1.4.el6                          base
[root@iducs ~]#
```

'wget' 패키지가 설치되어 있지 않은 경우 'installed' 옵션으로는 출력되지 않음을 확인할 수 있다.

설치되어 있는 패키지들 중에서 업데이트가 된 패키지 목록을 출력한다.

```
# yum check-update
```

```
[root@iducs ~]# yum check-update | tail -22
libuuid.i686                        2.17.2-12.7.el6_3                 updates
libxml2.i686                        2.7.6-8.el6_3.4                   updates
mysql-libs.i686                     5.1.66-1.el6_3                    updates
nspr.i686                           4.9.1-2.el6_3                     updates
nss.i686                            3.13.5-1.el6_3                    updates
nss-sysinit.i686                    3.13.5-1.el6_3                    updates
nss-tools.i686                      3.13.5-1.el6_3                    updates
nss-util.i686                       3.13.5-1.el6_3                    updates
openldap.i686                       2.4.23-26.el6_3.2                 updates
openssh.i686                        5.3p1-81.el6_3                    updates
openssh-server.i686                 5.3p1-81.el6_3                    updates
openssl.i686                        1.0.0-25.el6_3.1                  updates
python.i686                         2.6.6-29.el6_3.3                  updates
python-libs.i686                    2.6.6-29.el6_3.3                  updates
redhat-logos.noarch                 60.0.14-12.el6.centos             updates
selinux-policy.noarch               3.7.19-155.el6_3.8                updates
selinux-policy-targeted.noarch      3.7.19-155.el6_3.8                updates
sudo.i686                           1.7.4p5-13.el6_3                  updates
tzdata.noarch                       2012i-2.el6                       updates
udev.i686                           147-2.42.el6                      updates
upstart.i686                        0.6.5-12.el6                      updates
util-linux-ng.i686                  2.17.2-12.7.el6_3                 updates
[root@iducs ~]#
```

'openssh-server' 패키지가 현재 '5.3p1-81.el6'이 설치되어 있지만 '5.3p1-81.el6_3'으로 업데이트되어 있음을 확인할 수 있다.

```
[root@iducs ~]# yum list openssh-server
Loaded plugins: fastestmirror
Loading mirror speeds from cached hostfile
 * base: ftp.daum.net
 * extras: ftp.daum.net
 * updates: ftp.daum.net
Installed Packages
openssh-server.i686    5.3p1-81.el6      @anaconda-CentOS-201207051201.i386/6.3
Available Packages
openssh-server.i686    5.3p1-81.el6_3    updates
[root@iducs ~]#
```

지정한 패키지에 대한 상세한 정보를 출력한다.

```
# yum info <패키지 이름>
```

```
[root@iducs ~]# yum info openssh-server | tail -22
URL         : http://www.openssh.com/portable.html
License     : BSD
Description : OpenSSH is a free version of SSH (Secure SHell), a program for
            : logging into and executing commands on a remote machine. This
            : package contains the secure shell daemon (sshd). The sshd daemon
            : allows SSH clients to securely connect to your SSH server.

Available Packages
Name        : openssh-server
Arch        : i686
Version     : 5.3p1
Release     : 81.el6_3
Size        : 300 k
Repo        : updates
Summary     : An open source SSH server daemon
URL         : http://www.openssh.com/portable.html
License     : BSD
Description : OpenSSH is a free version of SSH (Secure SHell), a program for
            : logging into and executing commands on a remote machine. This
            : package contains the secure shell daemon (sshd). The sshd daemon
            : allows SSH clients to securely connect to your SSH server.

[root@iducs ~]#
```

'openssh-server'는 SSH(Secure SHell) 서비스를 제공하는 SSH 데몬 패키지이고, 현재 버전과 크기 등 자세한 정보를 확인할 수 있다. 참고로 패키지의 설치 여부와 관계없이 정보가 출력된다는 점이 'rpm -qi'와 차이점이라 할 수 있다.

절대경로명으로 지정한 명령이 패키지로 설치한 경우 제공한 패키지의 이름을 출력한다.

```
# yum provides <절대경로>
```

이 명령은 설치된 프로그램에 대하여 'rpm -qf'와 동일한 기능을 수행한다.

```
[root@iducs ~]# yum provides /usr/sbin/sshd | tail -22
 * updates: ftp.daum.net
openssh-server-5.3p1-81.el6_3.i686 : An open source SSH server daemon
Repo        : updates
Matched from:
Filename    : /usr/sbin/sshd



openssh-server-5.3p1-81.el6.i686 : An open source SSH server daemon
Repo        : base
Matched from:
Filename    : /usr/sbin/sshd



openssh-server-5.3p1-81.el6.i686 : An open source SSH server daemon
Repo        : installed
Matched from:
Other       : Provides-match: /usr/sbin/sshd



[root@iducs ~]#
```

'/usr/sbin/sshd' 라는 명령은 'openssh-server' 패키지에 포함되어 있었음을 확인할 수 있다. 'openssh-server'의

설치하고자 하는 패키지에 대한 의존성 관계를 출력한다.

```
# yum deplist <패키지이름>
```

```
[root@iducs ~]# yum deplist bind-utils | head  -19
Loaded plugins: fastestmirror
Loading mirror speeds from cached hostfile
 * base: ftp.daum.net
 * extras: ftp.daum.net
 * updates: ftp.daum.net
Finding dependencies:
package: bind-utils.i686 32:9.8.2-0.10.rc1.el6_3.3
  dependency: libz.so.1
   provider: zlib.i686 1.2.3-27.el6
  dependency: libisc.so.83
   provider: bind-libs.i686 32:9.8.2-0.10.rc1.el6
   provider: bind-libs.i686 32:9.8.2-0.10.rc1.el6_3.3
   provider: bind-libs.i686 32:9.8.2-0.10.rc1.el6_3.4
   provider: bind-libs.i686 32:9.8.2-0.10.rc1.el6_3.5
   provider: bind-libs.i686 32:9.8.2-0.10.rc1.el6_3.2
   provider: bind-libs.i686 32:9.8.2-0.10.rc1.el6_3.1
  dependency: libm.so.6
   provider: glibc.i686 2.12-1.80.el6
   provider: glibc.i686 2.12-1.80.el6_3.5


Exiting on Broken Pipe
[root@iducs ~]#
```

'bind-utils' 패키지는 'zlib', 'bind-libs', 'glibc' 등의 패키지와 의존 관계가 있는 것을 확인할 수 있다. 'yum' 명령을 실행하면 의존성 추적 문제를 해결하면서 작업을 수행하지만 의존성 관계에 대한 정보는 프로그램 설치 및 제거에 매우 중요한 정보이기 때문에 필요한 경우 확인할 수 있어야 한다.

2.2.2 'yum' 명령을 이용한 설치

'yum' 명령을 이용한 패키지 설치 방법은 살펴보면 아래와 같다.

```
# yum install <패키지이름> [<패키지이름> ...]
```

패키지 이름이 하나인 경우 하나의 패키지만 설치하고, 패키지 이름들이 나열된 경우 패키지들을 설치한다.

```
# yum install gcc make
```

'yum' 명령을 이용하여 'wget' 패키지를 설치하는 과정을 살펴보면 다음과 같다.

▸ 1단계 : 저장소 목록에 'wget'이라는 이름의 패키지가 존재하는지를 확인한다.

```
root@iducs:~
[root@iducs ~]# yum list wget
Loaded plugins: fastestmirror
Loading mirror speeds from cached hostfile
 * base: ftp.daum.net
 * extras: ftp.daum.net
 * updates: ftp.daum.net
Available Packages
wget.i686                        1.12-1.4.el6                        base
[root@iducs ~]# yum install wget
```

▸ 2단계 : 설치를 실행하면 의존성 추적에 관련된 정보를 포함한 설치 정보를 출력한다.

```
root@iducs:~
 * base: ftp.daum.net
 * extras: ftp.daum.net
 * updates: ftp.daum.net
Setting up Install Process
Resolving Dependencies
--> Running transaction check
---> Package wget.i686 0:1.12-1.4.el6 will be installed
--> Finished Dependency Resolution

Dependencies Resolved

================================================================================
 Package          Arch              Version                   Repository   Size
================================================================================
Installing:
 wget             i686              1.12-1.4.el6              base        481 k

Transaction Summary
================================================================================
Install       1 Package(s)

Total download size: 481 k
Installed size: 1.8 M
Is this ok [y/N]:
```

▶ 3단계 : 'y'를 입력하여 설치를 계속 수행한다.

```
root@iducs:~
Is this ok [y/N]: y
Downloading Packages:
wget-1.12-1.4.el6.i686.rpm                               | 481 kB     00:00
warning: rpmts_HdrFromFdno: Header V3 RSA/SHA256 Signature, key ID c105b9de: NOK
EY
Retrieving key from file:///etc/pki/rpm-gpg/RPM-GPG-KEY-CentOS-6
Importing GPG key 0xC105B9DE:
 Userid : CentOS-6 Key (CentOS 6 Official Signing Key) <centos-6-key@centos.org>
 Package: centos-release-6-3.el6.centos.9.i686 (@anaconda-CentOS-201207051201.i3
86/6.3)
 From   : /etc/pki/rpm-gpg/RPM-GPG-KEY-CentOS-6
Is this ok [y/N]: y
Running rpm_check_debug
Running Transaction Test
Transaction Test Succeeded
Running Transaction
  Installing : wget-1.12-1.4.el6.i686                                       1/1
  Verifying  : wget-1.12-1.4.el6.i686                                       1/1

Installed:
  wget.i686 0:1.12-1.4.el6

Complete!
[root@iducs ~]#
```

▶ 4단계: 설치가 성공하면 'Installed Packages' 목록으로 나타난다.

```
[root@iducs ~]# yum list wget
Loaded plugins: fastestmirror
Loading mirror speeds from cached hostfile
 * base: ftp.daum.net
 * extras: ftp.daum.net
 * updates: ftp.daum.net
Installed Packages
wget.i686                          1.12-1.4.el6                          @base
[root@iducs ~]#
```

'yum' 명령으로 패키지의 설치, 업데이트, 제거를 수행하기 위해서는 '/var/lib/rpm' 디렉토리에 존재하는 파일들에 대하여 쓰기 권한이 필요하다. '/var/lib/rpm' 디렉토리에 존재하는 파일의 허가권을 살펴보면 'root' 계정만이 쓰기 권한을 가지고 있다. 설치, 업데이트, 제거를 수행하기 위해서는 'root' 권한이 필요하다는 점은 기억해야 한다.

```
[root@iducs ~]# ls -l /var/lib/rpm/
total 16128
-rw-r--r--. 1 root root   864256 Oct 20 07:52 Basenames
-rw-r--r--. 1 root root    12288 Oct 11 18:42 Conflictname
-rw-r--r--. 1 root root    24576 Oct 20 07:56 __db.001
-rw-r--r--. 1 root root   180224 Oct 20 07:56 __db.002
-rw-r--r--. 1 root root  1318912 Oct 20 07:56 __db.003
-rw-r--r--. 1 root root   491520 Oct 20 07:56 __db.004
-rw-r--r--. 1 root root   245760 Oct 20 07:52 Dirnames
-rw-r--r--. 1 root root  1310720 Oct 20 07:52 Filedigests
-rw-r--r--. 1 root root    12288 Oct 20 07:52 Group
-rw-r--r--. 1 root root    12288 Oct 20 07:52 Installtid
-rw-r--r--. 1 root root    12288 Oct 20 07:52 Name
-rw-r--r--. 1 root root    12288 Oct 11 18:42 Obsoletename
-rw-r--r--. 1 root root 11259904 Oct 20 07:52 Packages
-rw-r--r--. 1 root root   667648 Oct 20 07:52 Providename
-rw-r--r--. 1 root root   507904 Oct 20 07:52 Provideversion
-rw-r--r--. 1 root root    12288 Oct 20 07:26 Pubkeys
-rw-r--r--. 1 root root   102400 Oct 20 07:52 Requirename
-rw-r--r--. 1 root root    61440 Oct 20 07:52 Requireversion
-rw-r--r--. 1 root root    24576 Oct 20 07:52 Sha1header
-rw-r--r--. 1 root root    12288 Oct 20 07:52 Sigmd5
-rw-r--r--. 1 root root    12288 Oct 11 18:42 Triggername
[root@iducs ~]#
```

2.2.3 'yum' 명령을 이용한 업데이트

yum' 명령을 이용한 패키지 업데이트 방법은 살펴보면 아래와 같다

```
# yum update <패키지이름> [<패키지이름> ...]
```

▶ 1단계 : 'openssh-server'의 현재 상태를 확인한다.

```
[root@iducs ~]# yum list openssh-server
Loaded plugins: fastestmirror
Loading mirror speeds from cached hostfile
 * base: ftp.daum.net
 * extras: ftp.daum.net
 * updates: ftp.daum.net
Installed Packages
openssh-server.i686    5.3p1-81.el6       @anaconda-CentOS-201207051201.i386/6.3
Available Packages
openssh-server.i686    5.3p1-81.el6_3     updates
[root@iducs ~]# yum update openssh-server
```

현재 '5.3p1-81.el6'가 설치된 상태이고, '5.3p1-81.el6_3' 버전으로 업데이트가 가능한 상태이다.

▶ 2단계 : 의존성 추적에 관련된 정보를 포함한 설치 정보를 출력한다

```
---> Package openssh-server.i686 0:5.3p1-81.el6_3 will be an update
--> Processing Dependency: openssh = 5.3p1-81.el6_3 for package: openssh-server-
5.3p1-81.el6_3.i686
--> Running transaction check
---> Package openssh.i686 0:5.3p1-81.el6 will be updated
---> Package openssh.i686 0:5.3p1-81.el6_3 will be an update
--> Finished Dependency Resolution

Dependencies Resolved

================================================================================
 Package              Arch         Version                  Repository     Size
================================================================================
Updating:
 openssh-server       i686         5.3p1-81.el6_3           updates       300 k
Updating for dependencies:
 openssh              i686         5.3p1-81.el6_3           updates       238 k

Transaction Summary
================================================================================
Upgrade       2 Package(s)

Total download size: 538 k
Is this ok [y/N]:
```

'openssh-server' 패키지는 'openssh' 패키지와 의존 관계가 있는 상태이다. 따라서 'openssh' 패키지를 업데이트 하고, 'openssh-server' 패

키지를 업데이트한다.

▸ 3단계 : 'y'를 누르면 업데이트를 수행하고, 설치 상태를 확인한다

```
(2/2): openssh-server-5.3p1-81.el6_3.i686.rpm           | 300 kB     00:00
--------------------------------------------------------------------------------
Total                                        940 kB/s | 538 kB     00:00
Running rpm_check_debug
Running Transaction Test
Transaction Test Succeeded
Running Transaction
  Updating   : openssh-5.3p1-81.el6_3.i686                                  1/4
  Updating   : openssh-server-5.3p1-81.el6_3.i686                           2/4
  Cleanup    : openssh-server-5.3p1-81.el6.i686                             3/4
  Cleanup    : openssh-5.3p1-81.el6.i686                                    4/4
  Verifying  : openssh-5.3p1-81.el6_3.i686                                  1/4
  Verifying  : openssh-server-5.3p1-81.el6_3.i686                           2/4
  Verifying  : openssh-5.3p1-81.el6.i686                                    3/4
  Verifying  : openssh-server-5.3p1-81.el6.i686                             4/4

Updated:
  openssh-server.i686 0:5.3p1-81.el6_3

Dependency Updated:
  openssh.i686 0:5.3p1-81.el6_3

Complete!
[root@iducs ~]#
```

```
[root@iducs ~]# yum list openssh-server
Loaded plugins: fastestmirror
Loading mirror speeds from cached hostfile
 * base: ftp.daum.net
 * extras: ftp.daum.net
 * updates: ftp.daum.net
Installed Packages
openssh-server.i686                 5.3p1-81.el6_3                    @updates
[root@iducs ~]#
```

2.2.3 'yum' 명령을 이용한 삭제

'yum' 명령을 이용한 패키지 제거 방법은 살펴보면 아래와 같다.

```
# yum remove <패키지이름> [<패키지이름> ...]
```

▸ 1단계 : 'openssh' 패키지를 설치 상태를 확인하고, 제거 명령을 실행한다.

```
[root@iducs ~]# yum list openssh
Loaded plugins: fastestmirror
Loading mirror speeds from cached hostfile
 * base: ftp.daum.net
 * extras: ftp.daum.net
 * updates: ftp.daum.net
Installed Packages
openssh.i686                        5.3p1-81.el6_3                        @updates
[root@iducs ~]# yum remove openssh
```

▶ 2단계 : 의존성 추적에 관련된 정보를 포함한 설치 정보를 출력한다

```
--> Running transaction check
---> Package openssh.i686 0:5.3p1-81.el6_3 will be erased
--> Processing Dependency: openssh = 5.3p1-81.el6_3 for package: openssh-server-
5.3p1-81.el6_3.i686
--> Running transaction check
---> Package openssh-server.i686 0:5.3p1-81.el6_3 will be erased
--> Finished Dependency Resolution

Dependencies Resolved

================================================================================
 Package              Arch        Version                 Repository       Size
================================================================================
Removing:
 openssh              i686        5.3p1-81.el6_3          @updates        658 k
Removing for dependencies:
 openssh-server       i686        5.3p1-81.el6_3          @updates        649 k

Transaction Summary
================================================================================
Remove        2 Package(s)

Installed size: 1.3 M
Is this ok [y/N]:
```

▸ 3단계 : 'y'를 누르면 의존 관계를 고려하여 제거한다.

```
Transaction Summary
================================================================================
Remove        2 Package(s)

Installed size: 1.3 M
Is this ok [y/N]: y
Downloading Packages:
Running rpm_check_debug
Running Transaction Test
Transaction Test Succeeded
Running Transaction
  Erasing    : openssh-server-5.3p1-81.el6_3.i686                          1/2
  Erasing    : openssh-5.3p1-81.el6_3.i686                                 2/2
  Verifying  : openssh-5.3p1-81.el6_3.i686                                 1/2
  Verifying  : openssh-server-5.3p1-81.el6_3.i686                          2/2

Removed:
  openssh.i686 0:5.3p1-81.el6_3

Dependency Removed:
  openssh-server.i686 0:5.3p1-81.el6_3

Complete!
[root@iducs ~]#
```

▸ 4단계 : 현재 'openssh' 패키지와 'openssh-server' 패키지가 설치되어 있지 않음을 확인할 수 있다.

```
[root@iducs ~]# yum list openssh openssh-server
Loaded plugins: fastestmirror
Loading mirror speeds from cached hostfile
 * base: ftp.daum.net
 * extras: ftp.daum.net
 * updates: ftp.daum.net
Available Packages
openssh.i686                        5.3p1-81.el6_3                    updates
openssh-server.i686                 5.3p1-81.el6_3                    updates
[root@iducs ~]#
```

커널 업데이트를 제외한 모든 패키지 업데이트의 경우 이전 버전의 패키지들을 저장하지 않는다. 즉 업데이트를 수행한 후에 업데이트한 패키지를 제거한 경우 이전 버전의 패키지를 사용할 수 없게 된다.

2.2.4 'yum' 명령을 이용한 패키지 그룹 관리

'yum' 명령은 패키지 뿐 아니라 패키지 그룹에 대하여서도 질의, 설치, 제거 작업을 수행할 수 있다.

'yum' 명령을 이용한 패키지 그룹 질의 방법은 살펴보면 아래와 같다

```
# yum grouplist <패키지 그룹 이름> [<패키지 그룹 이름> ...]
```

```
[root@iducs ~]# yum grouplist "E-mail server" "X Window System" "Desktop"
Loaded plugins: fastestmirror
Setting up Group Process
Loading mirror speeds from cached hostfile
 * base: ftp.daum.net
 * extras: ftp.daum.net
 * updates: ftp.daum.net
Installed Groups:
   E-mail server
Available Groups:
   Desktop
   X Window System
Done
[root@iducs ~]# yum grouplist "Development Tools"
Loaded plugins: fastestmirror
Setting up Group Process
Loading mirror speeds from cached hostfile
 * base: ftp.daum.net
 * extras: ftp.daum.net
 * updates: ftp.daum.net
Available Groups:
   Development tools
Done
[root@iducs ~]#
```

"E-mail server" 패키지 그룹은 설치 상태이고, "X Window System", "Desktop", "Development Tools" 패키지 그룹은 설치 가능 상태임을 확인할 수 있다.

'yum' 명령을 이용한 패키지 그룹 설치 방법은 살펴보면 아래와 같다

```
# yum groupinstall <패키지 그룹 이름> [<패키지 그룹 이름> ...]
```

'yum' 명령을 이용한 패키지 그룹 제거 방법은 살펴보면 아래와 같다

```
#  yum groupremove <패키지 그룹 이름> [<패키지 그룹 이름> ...]
```

2.2.5 데이터베이스 복구

'yum'을 이용하여 패키지를 관리하다보면 데이터베이스 오류가 발생하는 경우가 있다. 이 경우 복구하지 못하면 'yum' 명령으로 관리 작업을 수행할 수 없게 된다. 따라서 이에 대한 복구 작업이 필요하게 된다.

▸ 1단계 : 모든 캐시 데이터를 삭제한다.

```
# yum clean all
```

▸ 2단계 : rpm 데이터베이스를 삭제한다.

```
# rm -rf /var/lib/rpm/__db*
```

3단계 : rpm 데이터베이스를 재생성한다.

```
# rpm --rebuilddb
```

4단계 : 현재 시스템에 설치된 패키지들을 업데이트 한다.

```
# yum update
```

rpm 데이터베이스에 문제가 있는지를 확인하고자 하는 경우 다음과 같은 명령을 수행할 수 있다.

```
# yum check
```

이 작업은 시간이 많이 소요되기 때문에 이상이 있는 경우에만 실행한다.

2.2.6 저장소 목록 관리

현재 저장소(repository)들 목록을 확인하려면 다음과 같은 명령을 수행한다.

```
# yum repolist
```

CentOS 6.3은 안정성을 목표로하는 공개 엔터프라이즈 리눅스 배포판이다. CentOS에서 대부분의 경우 버전업의 문제나 공식적으로 지원하는 패키지에는 없어서 추가적으로 필요한 패키지를 위하여 RPMForge, EPEL(Extra Packages for Enterprise Linux)과 REMI를 사용한다.

```
root@iducs:~
[root@iducs ~]# yum repolist
Loaded plugins: fastestmirror
Loading mirror speeds from cached hostfile
 * base: ftp.daum.net
 * extras: ftp.daum.net
 * updates: ftp.daum.net
repo id                       repo name                                status
base                          CentOS-6 - Base                           4,776
extras                        CentOS-6 - Extras                            17
updates                       CentOS-6 - Updates                          758
repolist: 5,551
[root@iducs ~]#
```

EPEL은 엔터프라이즈 리눅스 배포판에는 포함되지 않았지만 활용도가 높은 추가적인 패키지들 집합을 의미한다.

CentOS 6.3의 저장소에는 'proftpd'나 'ntfs-3g'라는 패키지가 존재하지 않는다. 따라서 이들 패키지가 필요한 경우 소스를 이용해서 설치를 해야 한다. 또는 EPEL 저장소를 목록에 추가해서 이를 해결할 수 있다.

EPEL 저장소를 목록에 추가하기 위해서는 'epel-release'패키지를 설치해야 한다.

▶ 1단계 : 현재 저장소 목록을 확인하고, 'ntfs-3g'와 'proftpd'패키지 설치 가능 여부를 확인한다.

```
root@iducs:/var/download
[root@iducs download]# yum repolist | tail -7
 * extras: centos.chlux.co.kr
 * updates: centos.chlux.co.kr
repo id                       repo name                                status
base                          CentOS-6 - Base                           4,776
extras                        CentOS-6 - Extras                            17
updates                       CentOS-6 - Updates                          758
repolist: 5,551
[root@iducs download]# yum list ntfs-3g proftpd
Loaded plugins: fastestmirror
Loading mirror speeds from cached hostfile
 * base: centos.chlux.co.kr
 * extras: centos.chlux.co.kr
 * updates: centos.chlux.co.kr
Error: No matching Packages to list
[root@iducs download]#
```

CentOS 기본 저장소에서 제공하는 5551개의 패키지에 'ntfs-3g'와 'proftpd'가 존재하지 않는 것을 확인할 수 있다.

▸ 2단계 : EPEL 관련 패키지 'eple-realease'를 다운로드하고, 설치한다

```
# wget
http://dl.fedoraproject.org/pub/epel/6/i386/epel-release-6-7.noarch.rpm
```

```
# rpm -ivh epel-release-6-7.noarch.rpm
```

```
root@iducs:/var/download
[root@iducs download]# wget http://dl.fedoraproject.org/pub/epel/6/i386/epel-release-6-7.noarch.rpm
--2012-12-06 07:29:42--  http://dl.fedoraproject.org/pub/epel/6/i386/epel-release-6-7.noarch.rpm
Resolving dl.fedoraproject.org... 209.132.181.27, 209.132.181.23, 209.132.181.24, ...
Connecting to dl.fedoraproject.org|209.132.181.27|:80... connected.
HTTP request sent, awaiting response... 200 OK
Length: 14496 (14K) [application/x-rpm]
Saving to: "epel-release-6-7.noarch.rpm"

100%[======================================>] 14,496      84.4K/s   in 0.2s

2012-12-06 07:29:43 (84.4 KB/s) - "epel-release-6-7.noarch.rpm" saved [14496/14496]

[root@iducs download]# rpm -ivh epel-release-6-7.noarch.rpm
warning: epel-release-6-7.noarch.rpm: Header V3 RSA/SHA256 Signature, key ID 0608b895: NOKEY
Preparing...                ########################################### [100%]
   1:epel-release           ########################################### [100%]
[root@iducs download]#
```

▸ 3단계 : 추가된 저장소 목록을 확인하고, 'ntfs-3g'와 'proftpd'패키지 설치 가능 여부를 확인한다.

```
root@iducs:/var/download
[root@iducs download]# yum repolist | tail -7
 * updates: centos.chlux.co.kr
repo id          repo name                                            status
base             CentOS-6 - Base                                      4,776
*epel            Extra Packages for Enterprise Linux 6 - i386         6,753
extras           CentOS-6 - Extras                                       17
updates          CentOS-6 - Updates                                     758
repolist: 12,304
[root@iducs download]# yum list ntfs-3g proftpd
Loaded plugins: fastestmirror
Loading mirror speeds from cached hostfile
 * base: centos.chlux.co.kr
 * epel: ftp.jaist.ac.jp
 * extras: centos.chlux.co.kr
 * updates: centos.chlux.co.kr
Available Packages
ntfs-3g.i686                    2:2011.4.12-5.el6                     epel
proftpd.i686                    1.3.3g-1.el6                          epel
[root@iducs download]#
```

추가된 저장소인 EPEL는 6753개의 패키지로 구성되어 있고, 'nttf-3g'와 'proftpd' 패키지가 존재하여 설치가 가능한 상태임을 확인할 수 있다.

2.3 rpm 명령

'rpm' 명령은 레드햇 계열의 리눅스에서 패키지를 관리하는데 사용하는 프로그램이며, 주요 기능으로는 설치, 업그레이드, 제거, 질의, 검증, 서명 확인, 패키지 작성 및 패키지 데이터베이스 재생성이 있다

본 절에서 패키지 질의, 설치, 업그레이드, 제거 및 검증을 다루기로 한다.

실습을 위해 미러 사이트로부터 다음과 같은 패키지를 미리 다운로드하여 리눅스 시스템에서 사용가능한 위치에 저장한다. 국내에 있는 대표적인 미러 사이트에는 'http://ftp.daum.net',
'http://ftp.neowiz.com' 등이 있다.

```
http://ftp.daum.net/centos/6.3/os/i386/Packages/bind-utils-9.8.2-0.10.rc1.el6.i686.rpm
http://ftp.daum.net/centos/6.3/os/i386/Packages/bind-libs-9.8.2-0.10.rc1.el6.i686.rpm
```

2.3.1 질의

'rpm' 명령은 다양한 질의 방법을 제공하며, 그 사용법은 다음과 같다

```
# rpm -q[옵션] [파일 또는 패키지명]
```

패키지에 대한 작업 중에서 선행되어야 할 작업은 패키지가 설치되어 있는지 여부를 확인하거나 설치된 패키지에 대한 정보를 확인하는 작업이다.

주요 옵션을 살펴보면 다음과 같다.

옵션	의미
-a	모든 패키지에 대하여 질의
-l	패키지가 포함하는 파일을 출력
-f <file>	파일을 포함하는 패키지에 대하여 질의
-c	패키지가 포함하는 설정 파일만 출력
-d	패키지가 포함하는 문서 파일만 출력
-i	패키지 이름, 버전, 설명 등의 정보를 출력
-p <패키지명>	설치된 또는 설치되지 않은 패키지에 대하여 질의
-R	현재 패키지가 의존하고 있는 패키지 목록 출력
-s	패키지에 포함된 파일의 상태를 출력 정상(normal), 설치되지 않음(not installed), 교체됨(replaced)
--provides	패키지의 버전을 출력

패키지 정보에 대한 질의 방법 중 가장 많이 사용되는 명령으로 현재 시스템에 설치되어 있는 모든 패키지를 검색할 때 사용되는 명령이다.

```
# rpm -qa
```

현재 시스템에 설치되어 있는 모든 패키지들 중에서 지정한 패턴을 가진 패키지만을 검색하여 출력한다.

```
# rpm -qa | grep <패턴>
```

'rpm -ql'은 지정한 패키지에 포함된 파일들의 목록을 출력한다.

```
# rpm -ql <패키지 이름>
```

'rpm -qlp'는 설치 여부에 관계없이 지정한 패키지에 포함된 파일들의 목록을 출력한다.

```
# rpm -qlp <패키지 이름>
```

여기서 '-p' 옵션은 패키지의 설치 여부에 관계없이 질의를 수행한다

해당 패키지가 시스템에 설치되어 있지 않는 경우 '-ql' 옵션으로는 패키지에 포함된 파일 목록을 출력할 수 없고, '-qlp' 옵션을 rpm 패키지에 대하여 수행하면 패키지에 포함된 파일의 목록을 출력한다.

```
[root@iducs ~]# ls
anaconda-ks.cfg
bind-libs-9.8.2-0.10.rc1.el6.i686.rpm
bind-utils-9.8.2-0.10.rc1.el6.i686.rpm
install.log
install.log.syslog
man-1.6f-30.el6.i686.rpm
tigervnc-server-1.0.90-0.17.20110314svn4359.el6.i686.rpm
xz-4.999.9-0.3.beta.20091007git.el6.i686.rpm
xz-lzma-compat-4.999.9-0.3.beta.20091007git.el6.i686.rpm
[root@iducs ~]# rpm -ql bind-utils-9.8.2-0.10.rc1.el6.i686.rpm
package bind-utils-9.8.2-0.10.rc1.el6.i686.rpm is not installed
[root@iducs ~]# rpm -qlp bind-utils-9.8.2-0.10.rc1.el6.i686.rpm
/usr/bin/dig
/usr/bin/host
/usr/bin/nslookup
/usr/bin/nsupdate
/usr/share/man/man1/dig.1.gz
/usr/share/man/man1/host.1.gz
/usr/share/man/man1/nslookup.1.gz
/usr/share/man/man1/nsupdate.1.gz
[root@iducs ~]#
```

'rpm -qf'는 특정 파일을 포함하는 패키지를 출력하는 명령이다. 이 명령이 올바르게 실행되기 위해서는 해당 파일이 존재하는 디렉토리나 절대 경로를 이용하여야 한다.

```
# rpm -qf /usr/sbin/sshd
openssh-server-5.3p1-81.el6.i686
```

'yum provides /usr/sbin/sshd'와 유사한 기능을 수행한다.

'rpm -qR'은 해당 패키지가 의존하고 있는 패키지들의 목록을 출력한다.

```
# rpm -qR bind-utils
```

```
[root@iducs ~]# rpm -qRp bind-utils-9.8.2-0.10.rc1.el6.i686.rpm | head -22
bind-libs = 32:9.8.2-0.10.rc1.el6
libbind9.so.80
libc.so.6
libc.so.6(GLIBC_2.0)
libc.so.6(GLIBC_2.1)
libc.so.6(GLIBC_2.1.1)
libc.so.6(GLIBC_2.3)
libc.so.6(GLIBC_2.3.4)
libc.so.6(GLIBC_2.4)
libcap.so.2
libcrypto.so.10
libdl.so.2
libdns.so.81
libgssapi_krb5.so.2
libidn.so.11
libidn.so.11(LIBIDN_1.0)
libisc.so.83
libisccc.so.80
libisccfg.so.82
libkrb5.so.3
libkrb5.so.3(krb5_3_MIT)
liblwres.so.80
[root@iducs ~]#
```

'bind-utils' 패키지는 'bind-libs' 패키지와 의존 관계가 있음을 확인할 수 있다. 'yum deplist bind-utils'와 유사한 기능을 수행한다.

'rpm -qs'는 해당 패키지가 포함하는 파일의 상태를 출력한다.

```
# rpm -qs bind-utils
```

해당 패키지에 포함된 파일이 정상적인 상태임을 알려준다.

```
[root@iducs /]# rpm -qa bind-utils
bind-utils-9.8.2-0.10.rc1.el6.i686
[root@iducs /]# rpm -qs bind-utils
normal        /usr/bin/dig
normal        /usr/bin/host
normal        /usr/bin/nslookup
normal        /usr/bin/nsupdate
normal        /usr/share/man/man1/dig.1.gz
normal        /usr/share/man/man1/host.1.gz
normal        /usr/share/man/man1/nslookup.1.gz
normal        /usr/share/man/man1/nsupdate.1.gz
[root@iducs /]#
```

설치가 되어 있지 않은 경우 rpm 패키지에 대하여 질의 작업을 수행하게 되고, '-qsp' 옵션을 수행하면 '(no state)'를 출력한다.

```
[root@iducs download]# rpm -qa bind-utils
[root@iducs download]# rpm -qs bind-utils
package bind-utils is not installed
[root@iducs download]# rpm -qs bind-utils-9.8.2-0.10.rc1.el6.i686.rpm
package bind-utils-9.8.2-0.10.rc1.el6.i686.rpm is not installed
[root@iducs download]# rpm -qsp bind-utils-9.8.2-0.10.rc1.el6.i686.rpm
(no state)    /usr/bin/dig
(no state)    /usr/bin/host
(no state)    /usr/bin/nslookup
(no state)    /usr/bin/nsupdate
(no state)    /usr/share/man/man1/dig.1.gz
(no state)    /usr/share/man/man1/host.1.gz
(no state)    /usr/share/man/man1/nslookup.1.gz
(no state)    /usr/share/man/man1/nsupdate.1.gz
[root@iducs download]#
```

'rpm -qi'는 패키지 이름, 버전, 릴리즈 번호, 제작된 시간 등 해당 패키지에 대한 자세한 정보를 출력하는 명령이다.

```
# rpm –qip bind-utils-9.8.2-0.10.rc1.el6.i686.rpm
```

```
[root@iducs ~]# rpm -qip bind-utils-9.8.2-0.10.rc1.el6.i686.rpm
Name        : bind-utils                   Relocations: (not relocatable)
Version     : 9.8.2                             Vendor: CentOS
Release     : 0.10.rc1.el6                  Build Date: Fri 22 Jun 2012 11:21:47
 AM EDT
Install Date: (not installed)               Build Host: c6b7.bsys.dev.centos.org
Group       : Applications/System           Source RPM: bind-9.8.2-0.10.rc1.el6.
src.rpm
Size        : 440331                           License: ISC
Signature   : RSA/SHA1, Sun 24 Jun 2012 06:07:14 PM EDT, Key ID 0946fca2c105b9de
Packager    : CentOS BuildSystem <http://bugs.centos.org>
URL         : http://www.isc.org/products/BIND/
Summary     : Utilities for querying DNS name servers
Description :
Bind-utils contains a collection of utilities for querying DNS (Domain
Name System) name servers to find out information about Internet
hosts. These tools will provide you with the IP addresses for given
host names, as well as other information about registered domains and
network addresses.

You should install bind-utils if you need to get information from DNS name
servers.
[root@iducs ~]#
```

2.3.2 설치

'rpm' 명령은 다양한 패키지 설치 방법을 제공하며, 그 사용법은 다음과 같다.

```
# rpm -i[옵션] <패키지명>
```

주요 옵션을 살펴보면 다음과 같다.

옵션	의미
-h	설치할 때 해쉬(#) 표시를 이용하여 진행 상황을 표시
-v	설치할 때 자세한 정보를 표시
--force	기존에 패키지가 설치되어 있는 경우도 무시하고 설치
--nodeps	패키지 의존성 검사를 무시하고 설치
--oldpackge	새로운 패키지를 지우고 더 예전 패키지로 교체
--replacepkgs	기존에 패키지가 설치되어 있는 경우, 새로 설치되는 패키지로 교체
--replacefiles	기존에 패키지가 설치되어 있는 경우, 새로 설치되는 파일로 교체
--root [dir]	설치될 패키지를 '/' 디렉토리의 해당 디렉토리에 설치
--test	설치하지 않고 충돌 사항이 있는지 점검 후 보고

'rpm -ivh'는 지정한 패키지를 진행 상황과 자세한 내용을 표시하며 설치하는 명령이다. 패키지가 정상적으로 설치되기 위해서는 '/var/lib/rpm' 디렉토리에 존재하는 rpm 패키지 데이터베이스에 기록할 수 있어야 하고, 패키지에 포함된 파일들이 실제로 기록되어야 하는 디렉토리에 대한 쓰기 권한이 있어야 한다. 다음은 'bind-utils'를 'rpm -ivh'로 설치를 시도한 화면이다.

```
[root@iducs ~]# rpm -ivh bind-utils-9.8.2-0.10.rc1.el6.i686.rpm
error: Failed dependencies:
        bind-libs = 32:9.8.2-0.10.rc1.el6 is needed by bind-utils-32:9.8.2-0.10.rc1.el6.i686
        libbind9.so.80 is needed by bind-utils-32:9.8.2-0.10.rc1.el6.i686
        libdns.so.81 is needed by bind-utils-32:9.8.2-0.10.rc1.el6.i686
        libisc.so.83 is needed by bind-utils-32:9.8.2-0.10.rc1.el6.i686
        libisccc.so.80 is needed by bind-utils-32:9.8.2-0.10.rc1.el6.i686
        libisccfg.so.82 is needed by bind-utils-32:9.8.2-0.10.rc1.el6.i686
        liblwres.so.80 is needed by bind-utils-32:9.8.2-0.10.rc1.el6.i686
[root@iducs ~]# rpm -ivh bind-libs-9.8.2-0.10.rc1.el6.i686.rpm
Preparing...                ########################################### [100%]
   1:bind-libs              ########################################### [100%]
[root@iducs ~]# rpm -ivh bind-utils-9.8.2-0.10.rc1.el6.i686.rpm
Preparing...                ########################################### [100%]
   1:bind-utils             ########################################### [100%]
[root@iducs ~]#
```

'bind-utils' 패키지를 설치해보면 'error: Failed dependencies:'라는 오류가 발생한다. 이는 'bind-utils'가 'bind-libs'에 의존 관계가 있기 때문이다. 즉 'bind-utils'을 설치하기 전에 'bind-libs'가 설치되어 있어야 한다. 따라서 'bind-libs'를 설치한 후 'bind-utils'를 설치하면 정상적으로 설치되는 것을 확인할 수 있다. 다행스럽게도 'bind-libs'를 제외한 의존 관계가 있는 'libbind9.so.80' 등과 같은 요소들이 설치되어 있기 때문에 손쉽게 설치가 가능했다. 그러나 의존 관계가 있는 요소들이 설치되어 있지 않은 경우 설치해야 한다.

'root'는 rpm 데이터베이스와 해당 디렉토리에 대한 쓰기 권한을 가지고 있기 때문에 정상적으로 설치가 된다.

만약 일반 사용자 계정인 'admin'으로 rpm을 설치한다면 'admin'은 rpm 데이터베이스에 대한 쓰기 권한도 없을 뿐 아니라, 설치 대상 디렉토리 '/usr/bin'과 '/usr/share'에 쓰기 권한이 없다. 따라서 설치되지 않음을 확인할 수 있다.

```
[admin@iducs download]$ rpm -ivh xz-4.999.9-0.3.beta.20091007git.el6.i686.rpm
error: can't create transaction lock on /var/lib/rpm/.rpm.lock (Permission denied)
[admin@iducs download]$ rpm -ivh bind-utils-9.8.2-0.10.rc1.el6.i686.rpm
error: can't create transaction lock on /var/lib/rpm/.rpm.lock (Permission denied)
[admin@iducs download]$
```

일반적으로 설치되어 있는 패키지와 동일한 패키지를 설치하는 경우 설치되지 않지만, '--force' 옵션을 사용하면 설치할 수 있다.

2.3.3 업데이트

'rpm' 명령은 패키지 업데이트 방법을 제공하며, 그 사용법은 다음과 같다.

```
# rpm -U[옵션] <패키지명>
```

현재 설치되어 있는 패키지를 새로운 버전으로 업그레이드하고, 이전 패키지를 자동으로 제거하며, 옵션은 설치 옵션과 동일하다.

2.3.4 제거

'rpm' 명령은 설치되어 있는 패키지를 제거하는 방법을 제공하며, 그 사용법은 다음과 같다.

```
# rpm -e[옵션] <패키지명>
```

주요 옵션을 살펴보면 다음과 같다.

옵션	의미
--nodeps	패키지 의존성 검사를 무시하고 제거
--test	제거하지 않고 테스트

'-e' 옵션과 '--test'를 함께 사용하면 실제로 지정한 패키지를 제거하지 않고, 제거가 가능한지를 테스트한다. 실제로 제거가 된 경우 질의를 하면 설치되어 있지 않음을 알리는 메시지를 출력한다.

'rpm' 명령으로 설치하는 경우 의존성 추적을 고려하지 않는 경우 오류가 발생할 수 있다.

2.3.5 검증

'rpm' 명령은 설치되어 있는 패키지에 대한 검증 방법을 제공하며, 그 사용법은 다음과 같다.

```
# rpm -V[옵션] <패키지명>
```

설치되어 있는 파일들에 대하여 rpm 데이터베이스에 저장된 내용과 오리지널 패키지의 내용을 비교한다. 검증 내용은 크기, MD5 체크섬, 퍼미션, 타입, 소유자, 그룹 등이다. 차이점이 발견되면 출력한다. 각 항목별 의미를 살펴보면 다음과 같다.

항목	의미
S	파일 크기의 변경 여부를 표시
M	퍼미션과 파일 유형을 포함한 접근 모드의 변경 여부를 표시
5	MD5 체크섬(checksum)을 이용한 파일 변경 여부를 표시
L	심볼릭 링크의 변경 여부를 표시
D	장치 파일의 변경 여부를 표시
U	파일 소유권 변경 여부를 표시
G	파일 소유 그룹의 소유권 변경 여부를 표시
T	최근 수정일 변경 여부를 표시
.	변경이 없음

'rpm -Va'은 시스템에 설치된 모든 패키지에 대하여 파일의 변경 유무를 검증하는 화면이다.

```
root@iducs:~
[root@iducs ~]# rpm -Va
....L....  c /etc/pam.d/fingerprint-auth
....L....  c /etc/pam.d/password-auth
....L....  c /etc/pam.d/smartcard-auth
....L....  c /etc/pam.d/system-auth
[root@iducs ~]#
```

검증에서 사용하는 패키지 지시 옵션은 질의 옵션과 동일하다. 즉 'a' 옵션을 모든 패키지를 의미한다. 참고로 'c'는 변경된 파일이 설정 파일임을 의미한다.

2.3.6

rpm 데이터베이스 자체의 문제로 rpm 명령이 수행되지 않는 경우가 있다. 이 때 다음과 같은 명령을 사용하면 데이터베이스를 재작성함으로써 해결할 수 있다.

```
# rpm --rebuilddb
```

2.3.7 'rpm' 명령으로 man 패키지 설치

▶ 1단계 : 해당 되는 패키지를 저장소로부터 다운로드 한다.

저장소를 방문하여 'man'이라는 이름을 가진 패키지를 검색해보면 31개가 존재하고, 그 중에서 'man'으로 시작하는 패키지가 13개 존재한다. 어느 패키지가 설치에 필요한 패키지인지 확인하는 것도 매우 번거로운 일이다. 여기서는 'man-1.6f-30.el6.i686.rpm'을 다운로드 하기로 한다.

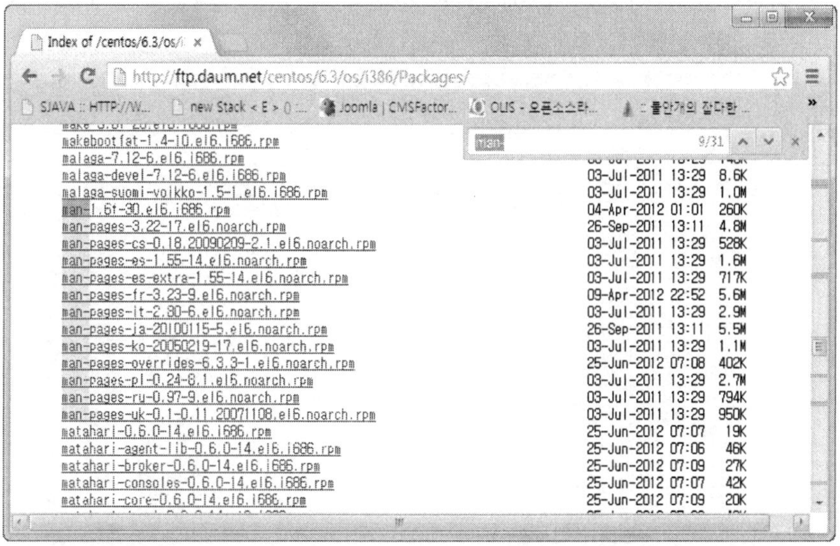


```
# wget
http://ftp.daum.net/centos/6.3/os/i386/Packages/man-1.6f-30.el6.i686.rpm
```

▶ 2단계 : 다운로드한 패키지를 설치한다.

```
# rpm -ivh man-1.6f-30.el6.i686.rpm
```

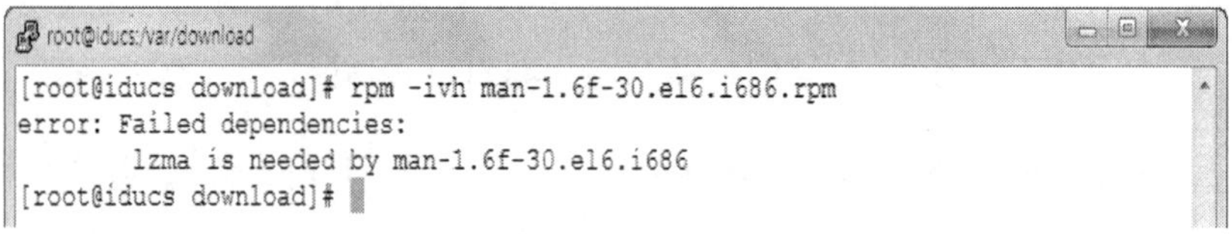

의존 관계에 있는 패키지가 설치되어 있지 않아서 설치가 되지 않고, 의존성 추적 결과를 출력한다.

▸ 3단계 : 'man' 패키지와 의존 관계에 있는 패키지를 저장소로부터 다운로드 하고, 설치한다.

저장소를 살펴보면 'lzma'라는 이름의 패키지가 다행스럽게도 하나가 존재한다. 이를 다운로드 하고, 설치한다.

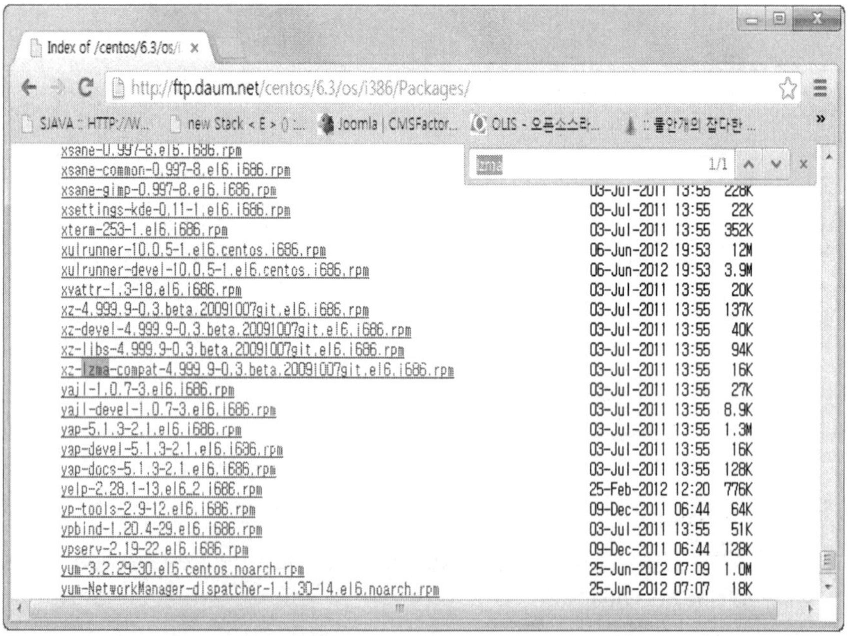


```
# wget
http://ftp.daum.net/centos/6.3/os/i386/Packages/xz-lzma-compat-4.999.9-0.3.beta.20091007git.el6.i686.rpm
# rpm -ivh
xz-lzma-compat-4.999.9-0.3.beta.20091007git.el6.i686.rpm
```

'xz-lzma-compat' 패키지와 의존 관계가 있는 'xz'라는 패키지가 설치되어 있지 않아서 오류가 발생한다.

▸ 4단계 : 'xz-lzma-compat' 패키지와 의존 관계에 있는 패키지를 저장소로부터 다운로드 하고, 설치한다.

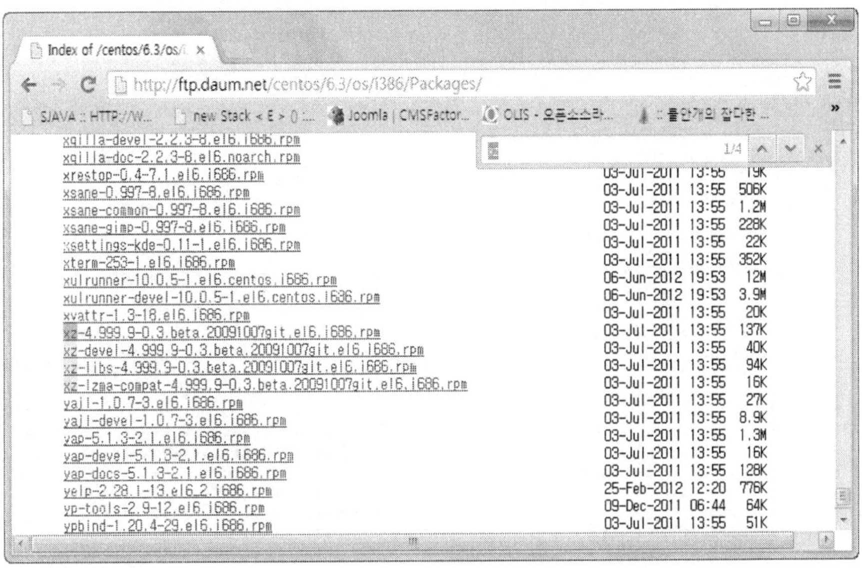

저장소를 살펴보면 'xz'라는 이름의 패키지가 4개가 존재하는 것을 확인할 수 있다.

'xz' 패키지라고 하면 'xz'뒤에 바로 버전이 나타나는 패키지를 의미한다. 'xz-devel'은 'xz'를 지원하는 소프트웨어를 개발할 때 사용되는 패키지이고, 'xz-libs'는 'xz'를 지원하는 라이브러리 패지키이다.

```
# wget
http://ftp.daum.net/centos/6.3/os/i386/Packages/xz-4.999.9-0.3.beta.20091007git.el6.i686.rpm
```

이제 순차적으로 의존 관계에 따라 설치를 하면 설치가 되고 실행이 된다.

```
# rpm –ivh xz-4.999.9-0.3.beta.20091007git.el6.i686.rpm
```

```
# rpm –ivh
xz-lzma-compat-4.999.9-0.3.beta.20091007git.el6.i686.rpm
```

```
# rpm –ivh
xz-lzma-compat-4.999.9-0.3.beta.20091007git.el6.i686.rpm
```

```
root@iducs:/var/download
--2012-12-06 06:23:06--  http://ftp.daum.net/centos/6.3/os/i386/Packages/xz-4.99
9.9-0.3.beta.20091007git.el6.i686.rpm
Resolving ftp.daum.net... 211.62.252.36
Connecting to ftp.daum.net|211.62.252.36|:80... connected.
HTTP request sent, awaiting response... 200 OK
Length: 140288 (137K) [text/plain]
Saving to: "xz-4.999.9-0.3.beta.20091007git.el6.i686.rpm"

100%[======================================>] 140,288      835K/s   in 0.2s

2012-12-06 06:23:12 (835 KB/s) - "xz-4.999.9-0.3.beta.20091007git.el6.i686.rpm"
saved [140288/140288]

[root@iducs download]# rpm -ivh xz-4.999.9-0.3.beta.20091007git.el6.i686.rpm
Preparing...                ########################################### [100%]
   1:xz                     ########################################### [100%]
[root@iducs download]# rpm -ivh xz-lzma-compat-4.999.9-0.3.beta.20091007git.el6.
i686.rpm
Preparing...                ########################################### [100%]
   1:xz-lzma-compat         ########################################### [100%]
[root@iducs download]# rpm -ivh man-1.6f-30.el6.i686.rpm
Preparing...                ########################################### [100%]
   1:man                    ########################################### [100%]
[root@iducs download]#
```

'yum' 명령을 이용하여 설치하는 경우 의존성 추적을 'yum' 명령이 수행하기 때문에 손쉽게 설치가 가능하다.

```
# yum install man
```

3. 소스를 이용한 프로그램 설치

패키지를 이용한 설치는 편리하지만 사용자가 설정을 변경하여 설치할 수 없고, 일부의 파일을 추출하는 일도 불가능하다. 또한 개발자의 경우도 소프트웨어를 패키지로 만드는 것은 압축된 아카이브로 만드는 일에 비해 매우 어렵다.

소스를 이용한 프로그램 설치는 사용자의 환경에 맞도록 환경 설정을 하여 설치할 수 있다. 이를 수행하기 위해서는 대부분의 소스들이 압축된 아카이브(archive) 파일 형태로 배포가 되기 때문에 아카이브 생성과 해제, 파일 압축 및 압축 해제 방법을 반드시 숙지해야 한다.

3.3.1 tar

리눅스 시스템을 사용하다 보면 많은 디렉토리와 파일을 다루게 된다. 예를 들어 연관된 다수의 디렉토리와 파일들을 복사하거나 네트워크를 통해 전송해야 하는 경우 이들을 하나의 파일로 묶을 수 있다면 일부분만 복사되거나 전송되는 문제는 발생하지 않을 뿐 아니라 손쉽게 조작할 수 있다.

리눅스에서는 디렉토리와 파일들을 하나의 파일로 묶을 수 있는데, 묶여진 파일을 아카이브 파일이라 하며, 'tar' 명령을 이용하여 생성할 수 있다.

```
# tar [옵션] <아카이브 파일명> <대상 파일 목록 또는 디렉토리>
```

'tar' 명령의 주요 옵션을 살펴보면 다음과 같다.

옵션	의미
A	아카이브에 tar 파일을 추가
c	새로운 아카이브 파일을 생성
f	아카이브 파일명을 지정
r	아카이브에 파일을 추가(append)
t	아카이브의 목록을 출력
u	아카이브 안에 있는 기존의 파일을 새로운 파일로 업데이트
v	아카이브 생성 및 해제 과정을 출력
x	아카이브로부터 파일을 추출
z	gzip을 이용하여 압축 및 해제
j	bzip2를 이용하여 압축 및 해제

다음은 'cvf' 옵션을 이용하여 아카이브 파일을 생성하고, 'tvf' 옵션을 이용하여 확인하는 화면이다.

```
# tar cvf <아카이브 파일명> <추가할 파일 목록>
```

```
root@iducs:~
[root@iducs ~]# ls -l
total 20
-rw-------. 1 root root  961 Nov 22 07:18 anaconda-ks.cfg
-rw-r--r--. 1 root root 8421 Nov 22 07:18 install.log
-rw-r--r--. 1 root root 3161 Nov 22 07:18 install.log.syslog
[root@iducs ~]# tar cvf archive.tar install.log install.log.syslog
install.log
install.log.syslog
[root@iducs ~]# tar tvf archive.tar
-rw-r--r-- root/root      8421 2012-11-22 07:18 install.log
-rw-r--r-- root/root      3161 2012-11-22 07:18 install.log.syslog
[root@iducs ~]#
```

기존의 아카이브 파일에 추가해야 할 새로운 파일이나 디렉토리가 있는 경우 'uvf' 옵션을 이용하여 추가할 수 있다.

```
# tar uvf <아카이브 파일명> <추가할 파일 목록>
```

```
[root@iducs ~]# tar uvf archive.tar anaconda-ks.cfg
anaconda-ks.cfg
[root@iducs ~]# ls -l
total 40
-rw-------. 1 root root   961 Nov 22 07:18 anaconda-ks.cfg
-rw-r--r--  1 root root 20480 Dec  5 06:49 archive.tar
-rw-r--r--. 1 root root  8421 Nov 22 07:18 install.log
-rw-r--r--. 1 root root  3161 Nov 22 07:18 install.log.syslog
[root@iducs ~]# tar tvf archive.tar
-rw-r--r-- root/root      8421 2012-11-22 07:18 install.log
-rw-r--r-- root/root      3161 2012-11-22 07:18 install.log.syslog
-rw------- root/root       961 2012-11-22 07:18 anaconda-ks.cfg
[root@iducs ~]#
```

기존의 파일은 그래도 유지되고, 새로운 파일만업데이트되는 것을 확인할 수 있다.

다음은 'rvf' 옵션을 사용한 화면이다.

```
# tar rvf <아카이브 파일명> <추가할 파일 목록>
```

기존의 파일들 뒤에 새로 지정한 파일들이 추가되는 것을 확인할 수 있다.

하나로 묶여진 아카이브 파일을 해제하는 방법은 다음과 같다.

```
# tar xvf <아카이브 파일명>
```

```
[root@iducs ~]# ls
anaconda-ks.cfg  archive.tar  install.log  install.log.syslog
[root@iducs ~]# pwd
/root
[root@iducs ~]# mkdir tar-test
[root@iducs ~]# mv archive.tar tar-test/
[root@iducs ~]# cd tar-test/
[root@iducs tar-test]# ls
archive.tar
[root@iducs tar-test]# pwd
/root/tar-test
[root@iducs tar-test]# tar xvf archive.tar
install.log
install.log.syslog
anaconda-ks.cfg
[root@iducs tar-test]# ls
anaconda-ks.cfg  archive.tar  install.log  install.log.syslog
[root@iducs tar-test]#
```

아카이브가 해제되는 것을 확인하기 위해 'tar-test' 디렉토리를 생성하고, 'archive.tar'를 이동한다. 이동 후에 'xvf' 옵션을 이용하여 'archive.tar'를 아카이브를 해제하면 'tar-test' 디렉토리에 묶여있던 파일이 해제되어 나타나는 것을 확인할 수 있다.

압축과 연동하는데 사용하는 'z'와 'j' 옵션은 'gzip' 명령과 'bzip2' 명령에서 다루기로 한다.

3.3.2 gzip

'gzip' 명령은 Lempel-Ziv(LZ77/LZ78) 압축 알고리즘을 사용하는 리눅스의 대표적인 파일 압축 프로그램으로 그 사용법은 다음과 같다.

```
# gzip [옵션] <대상 파일 목록>
```

아무 옵션 없이 파일 목록을 나열하면 각각의 파일 이름 뒤에 '.gz' 확장자가 첨부된 압축 파일이 생성된다. 각각의 원본 파일들이 압축된 파일로 변화된 것을 확인할 수 있다.

```
root@iducs:~/tar-test
[root@iducs tar-test]# ls -l
total 40
-rw------- 1 root root   961 Nov 22 07:18 anaconda-ks.cfg
-rw-r--r-- 1 root root 20480 Dec  5 06:51 archive.tar
-rw-r--r-- 1 root root  8421 Nov 22 07:18 install.log
-rw-r--r-- 1 root root  3161 Nov 22 07:18 install.log.syslog
[root@iducs tar-test]# gzip anaconda-ks.cfg install.log
[root@iducs tar-test]# ls -l
total 32
-rw------- 1 root root   659 Nov 22 07:18 anaconda-ks.cfg.gz
-rw-r--r-- 1 root root 20480 Dec  5 06:51 archive.tar
-rw-r--r-- 1 root root  2380 Nov 22 07:18 install.log.gz
-rw-r--r-- 1 root root  3161 Nov 22 07:18 install.log.syslog
[root@iducs tar-test]# gzip archive.tar
[root@iducs tar-test]# ls -l
total 16
-rw------- 1 root root  659 Nov 22 07:18 anaconda-ks.cfg.gz
-rw-r--r-- 1 root root 3725 Dec  5 06:51 archive.tar.gz
-rw-r--r-- 1 root root 2380 Nov 22 07:18 install.log.gz
-rw-r--r-- 1 root root 3161 Nov 22 07:18 install.log.syslog
[root@iducs tar-test]#
```

'anaconda-ks.cfg'와 'install.log'에 대하여 압축을 실행하면 각각 압축되는 것을 확인할 수 있다. 즉 압축에는 묶는 기능이 포함되어 있지 않다. 윈도우즈 환경에서 많은 압축 프로그램이 아카이브 기능과 압축 기능을 연속적으로 수행하기 때문에 압축 기능에 묶는 기능이 포함되어 있는 것으로 혼동될 수 있지만, 리눅스에서는 이를 구분하고 있다. 묶는 기능은 관리의 편리성을 증대하기 위해 사용하는 것이고,

압축은 용량을 줄이기 위해 사용하는 것이다.

또한 'archive.tar'는 세 개의 파일을 묶은 아카이브 파일로 20480 바이트의 용량이지만 압축을 수행하면 3725 바이트로 용량이 감소하는 것을 확인할 수 있다.

주요 옵션을 살펴보면 다음과 같다.

옵션	의미
-c, --stdout	원본 파일의 변화 없이 표준 출력에 쓰기
-d, --decompress	압축 해제
-l, --list	압축된 파일의 목록을 출력
-1, --fast	빠르게 압축
-9, --best	압축 효율을 높여서 압축

다음은 'gzip -d'와 'tar xvfz'를 실행하여 압축을 해제하는 화면이다.

```
root@iducs:~/tar-test
[root@iducs tar-test]# ls -lh
total 16K
-rw------- 1 root root  659 Nov 22 07:18 anaconda-ks.cfg.gz
-rw-r--r-- 1 root root 3.7K Dec  5 06:51 archive.tar.gz
-rw-r--r-- 1 root root 2.4K Nov 22 07:18 install.log.gz
-rw-r--r-- 1 root root 3.1K Nov 22 07:18 install.log.syslog
[root@iducs tar-test]# rm -rf anaconda-ks.cfg.gz install.log.*
[root@iducs tar-test]# ls -lh
total 4.0K
-rw-r--r-- 1 root root 3.7K Dec  5 06:51 archive.tar.gz
[root@iducs tar-test]# gzip -d archive.tar.gz
[root@iducs tar-test]# ls -lh
total 20K
-rw-r--r-- 1 root root 20K Dec  5 06:51 archive.tar
[root@iducs tar-test]# tar xvf archive.tar
install.log
install.log.syslog
anaconda-ks.cfg
[root@iducs tar-test]# ls -lh
total 40K
-rw------- 1 root root  961 Nov 22 07:18 anaconda-ks.cfg
-rw-r--r-- 1 root root  20K Dec  5 06:51 archive.tar
-rw-r--r-- 1 root root 8.3K Nov 22 07:18 install.log
-rw-r--r-- 1 root root 3.1K Nov 22 07:18 install.log.syslog
[root@iducs tar-test]#
```

'gzip -d'는 gzip 형식으로 압축된 파일을 해제하여 원래 파일을 생성하고, 'tar xvf'에서 'z' 옵션은 gzip 형식으로 압축된 아카이브 파일의 압축을 해제하여 아카이브 파일을 생성한다. 'xvf' 옵션은 아카이브 파일을 해제하여 원래 파일들을 생성한다.

'gzip'으로 압축된 아카이브 파일을 압축을 풀고, 해제하는 경우

'tar' 명령의 'z' 옵션과 연계하여 사용하면 손쉽게 처리할 수 있다. 다음은 'tar xvfz'를 이용하여 'gz' 형식의 아카이브 파일의 압축을 해제하고, 아카이브 파일을 원래대로 복원할 수 있다.

```
# tar xvfz httpd-2.4.3.tar.gz
```

참고로 gunzip은 'gzip -d'와 동일한 기능을 수행하는 명령이다.

3.3.3 bzip2

'bzip2' 명령은 Burrows-Wheeler 블럭 정렬 텍스트 압축 알고리즘과 Huffman 코딩을 이용하여 파일을 압축하는 프로그램으로 'gzip'보다 대체로 높은 압축 효율을 제공하는 것으로 알려져 있다. 그 사용법은 다음과 같다.

```
# # bzip [옵션] <대상 파일 목록>
```

아무 옵션 없이 파일 목록을 나열하면 각각의 파일 이름 뒤에 '.bz2' 확장자가 첨부된 압축 파일이 생성된다. 다음은 'archive.tar'을 gzip 형식과 bzip2 형식으로 압축한 화면이다.

```
root@iducs:~/tar-test
[root@iducs tar-test]# ls -lh
total 40K
-rw------- 1 root root  961 Nov 22 07:18 anaconda-ks.cfg
-rw-r--r-- 1 root root  20K Dec  5 06:51 archive.tar
-rw-r--r-- 1 root root 8.3K Nov 22 07:18 install.log
-rw-r--r-- 1 root root 3.1K Nov 22 07:18 install.log.syslog
[root@iducs tar-test]# cp archive.tar archive-bz.tar
[root@iducs tar-test]# ls -lh
total 60K
-rw------- 1 root root  961 Nov 22 07:18 anaconda-ks.cfg
-rw-r--r-- 1 root root  20K Dec  5 07:22 archive-bz.tar
-rw-r--r-- 1 root root  20K Dec  5 06:51 archive.tar
-rw-r--r-- 1 root root 8.3K Nov 22 07:18 install.log
-rw-r--r-- 1 root root 3.1K Nov 22 07:18 install.log.syslog
[root@iducs tar-test]# gzip archive.tar
[root@iducs tar-test]# bzip2 archive-bz.tar
[root@iducs tar-test]# ls -lh
total 28K
-rw------- 1 root root  961 Nov 22 07:18 anaconda-ks.cfg
-rw-r--r-- 1 root root 3.6K Dec  5 07:22 archive-bz.tar.bz2
-rw-r--r-- 1 root root 3.7K Dec  5 06:51 archive.tar.gz
-rw-r--r-- 1 root root 8.3K Nov 22 07:18 install.log
-rw-r--r-- 1 root root 3.1K Nov 22 07:18 install.log.syslog
[root@iducs tar-test]#
```

각각의 원본 파일들이 압축된 파일로 변화된 것을 확인할 수 있다.

압축된 결과를 보면 bzip2 형식이 gzip 형식보다 압축 효율면에서 우수하다는 것을 확인할 수 있다. 그러나 텍스트 파일들만을 압축한 경우 gzip이 bzip2보다 우수한 압축 효율을 나타내기도 한다.

주요 옵션을 살펴보면 다음과 같다.

옵션	의미
-c	원본 파일의 변화 없이 표준 출력에 쓰기
-d	압축 해제
-k	원본 파일을 보존하고 압축함
-1, --fast	압축 시 블록 크기를 100k로 함
-9, --best	압축 시 블록 크기를 900k로 함

다음은 bzip2 형식의 파일 'bzip2 -d'나 'bupzip2'를 사용하여 압축을 해제하는 화면이다.

```
root@iducs:~/tar-test
[root@iducs tar-test]# ls -lh
total 28K
-rw-------. 1 root root  948 Oct 11 18:42 anaconda-ks.cfg
-rw-r--r--. 1 root root 3.6K Nov 10 00:41 archive-bz.tar.bz2
-rw-r--r--. 1 root root 3.7K Nov 10 00:41 archive.tar.gz
-rw-r--r--. 1 root root 8.3K Oct 11 18:42 install.log
-rw-r--r--. 1 root root 3.1K Oct 11 18:42 install.log.syslog
[root@iducs tar-test]# bzip2 -d archive-bz.tar.bz2
[root@iducs tar-test]# ls -lh
total 44K
-rw-------. 1 root root  948 Oct 11 18:42 anaconda-ks.cfg
-rw-r--r--. 1 root root  20K Nov 10 00:41 archive-bz.tar
-rw-r--r--. 1 root root 3.7K Nov 10 00:41 archive.tar.gz
-rw-r--r--. 1 root root 8.3K Oct 11 18:42 install.log
-rw-r--r--. 1 root root 3.1K Oct 11 18:42 install.log.syslog
[root@iducs tar-test]#
```

'archive-bz.tar.bz2'파일의 용량은 3.6KB인데, 압축을 풀면 'bz2'형식의 파일이 사라지고 20KB 용량의 아카이브 파일을 'archive-bz.tar'이 생성한다.

bzip2 형식의 아카이브 파일로 압축하거나 해제하는 경우 'tar' 명령의 'j' 옵션과 연계하여 사용하면 손쉽게 처리할 수 있다. 다음은 'tar xvfj'를 이용하여 bzip2 형식의 아카이브 파일의 압축을 해제하고, 아카이브 파일을 원래대로 복원할 수 있다.

```
# tar xvfj httpd-2.4.3.tar.bz2
```

```
[root@iducs tar-test]# wget http://mirror.apache-kr.org//httpd/httpd-2.4.3.tar.b
z2
--2012-11-10 00:53:41--  http://mirror.apache-kr.org//httpd/httpd-2.4.3.tar.bz2
Resolving mirror.apache-kr.org... 211.115.106.101
Connecting to mirror.apache-kr.org|211.115.106.101|:80... connected.
HTTP request sent, awaiting response... 200 OK
Length: 4559279 (4.3M) [application/x-bzip2]
Saving to: "httpd-2.4.3.tar.bz2"

100%[======================================>] 4,559,279   1.52M/s   in 2.9s

2012-11-10 00:53:43 (1.52 MB/s) - "httpd-2.4.3.tar.bz2" saved [4559279/4559279]

[root@iducs tar-test]# tar xvfj httpd-2.4.3.tar.bz2
```

wget을 이용하여 다운받은 'httpd-2.4.3.tar.bz2' 파일은 'httpd-2.4.3'이란 디렉토리를 아카이브 파일로 만들고, 이를 'bz2' 형식으로 압축한 파일이다. 따라서 'httpd-2.4.3.tar.bz2'에 대하여 'xvfj' 옵션을 적용하면 원본 파일인 'httpd-2.4.3' 디렉토리가 생성되는 것을 확인할 수 있다.

```
httpd-2.4.3/build/win32/apache.ico
httpd-2.4.3/build/win32/httpd.rc
httpd-2.4.3/build/rpm/htcacheclean.init
httpd-2.4.3/build/rpm/httpd.init
httpd-2.4.3/build/rpm/httpd.logrotate
httpd-2.4.3/build/rpm/httpd.spec.in
httpd-2.4.3/build/pkg/buildpkg.sh
httpd-2.4.3/build/pkg/pkginfo.in
httpd-2.4.3/build/pkg/README
httpd-2.4.3/build/aix/aixinfo
httpd-2.4.3/build/aix/aixproto.ksh
httpd-2.4.3/build/aix/buildaix.ksh
httpd-2.4.3/build/aix/mkinstallp.ksh
httpd-2.4.3/build/aix/README
[root@iducs tar-test]# ls -l
total 4504
-rw-------.  1 root      root       948 Oct 11 18:42 anaconda-ks.cfg
-rw-r--r--.  1 root      root     20480 Nov 10 00:41 archive-bz.tar
-rw-r--r--.  1 root      root      3719 Nov 10 00:41 archive.tar.gz
drwxr-xr-x. 11 iducs500  games     4096 Aug 17 13:20 httpd-2.4.3
-rw-r--r--.  1 root      root   4559279 Aug 20 09:22 httpd-2.4.3.tar.bz2
-rw-r--r--.  1 root      root      8421 Oct 11 18:42 install.log
-rw-r--r--.  1 root      root      3161 Oct 11 18:42 install.log.syslog
[root@iducs tar-test]#
```

3.3.4 split

'split' 명령은 큰 사이즈의 파일을 여러 개의 작은 파일로 분할하는 명령으로 그 사용법은 다음과 같다.

```
# split [옵션] 대상파일 [접두파일명]
```

대상 파일 뒤에 접두 파일명을 지정하는 경우 분할된 파일의 이름은 접두 파일명 다음에 'aa', 'ab', 'ac' 형식으로 생성되고, 지정하지 않는 경우 'xaa', 'xab' 형식으로 생성된다.

```
root@iducs:~/tar-test
[root@iducs tar-test]# ls
anaconda-ks.cfg  archive.tar.gz  httpd-2.4.3.tar.bz2  install.log.syslog
archive-bz.tar   httpd-2.4.3     install.log
[root@iducs tar-test]# ls -lh httpd-2.4.3.tar.bz2
-rw-r--r--. 1 root root 4.4M Aug 20 09:22 httpd-2.4.3.tar.bz2
[root@iducs tar-test]# split httpd-2.4.3.tar.bz2
[root@iducs tar-test]# ls
anaconda-ks.cfg  httpd-2.4.3.tar.bz2  xab  xaf  xaj  xan  xar
archive-bz.tar   install.log          xac  xag  xak  xao  xas
archive.tar.gz   install.log.syslog   xad  xah  xal  xap
httpd-2.4.3      xaa                  xae  xai  xam  xaq
[root@iducs tar-test]# ls -lh xaa xas
-rw-r--r--. 1 root root 248K Nov 10 01:01 xaa
-rw-r--r--. 1 root root 221K Nov 10 01:01 xas
[root@iducs tar-test]#
```

접두 파일명을 지정하지 않았기 때문에 'xaa', 'xab' 형식의 파일명을 가진 분할 파일들이 생성되는 것을 확인할 수 있다. 아무 옵션을 사용하지 않는 경우 1000행 단위로 분할되며, '-l' 옵션을 이용하여 행 단위로 분할할 수도 있다.

```
# split -b 100000 httpd-2.4.3.tar.bz2 apache-
```

아래 그림을 보면 'httpd-2.4.3.tar.bz2' 파일을 100000 bytes 크기로, 'apache-'로 시작하는 파일명의 분할 파일들이 생성되는 것을 확인할 수 있다.

```
[root@iducs tar-test]# rm -rf x*
[root@iducs tar-test]# ls
anaconda-ks.cfg  archive.tar.gz  httpd-2.4.3.tar.bz2  install.log.syslog
archive-bz.tar   httpd-2.4.3     install.log
[root@iducs tar-test]# split -b 100000 httpd-2.4.3.tar.bz2 apache-
[root@iducs tar-test]# ls
anaconda-ks.cfg  apache-ak  apache-av  apache-bg  apache-br
apache-aa        apache-al  apache-aw  apache-bh  apache-bs
apache-ab        apache-am  apache-ax  apache-bi  apache-bt
apache-ac        apache-an  apache-ay  apache-bj  archive-bz.tar
apache-ad        apache-ao  apache-az  apache-bk  archive.tar.gz
apache-ae        apache-ap  apache-ba  apache-bl  httpd-2.4.3
apache-af        apache-aq  apache-bb  apache-bm  httpd-2.4.3.tar.bz2
apache-ag        apache-ar  apache-bc  apache-bn  install.log
apache-ah        apache-as  apache-bd  apache-bo  install.log.syslog
apache-ai        apache-at  apache-be  apache-bp
apache-aj        apache-au  apache-bf  apache-bq
[root@iducs tar-test]# ls -lh apache-aa apache-bt
-rw-r--r--. 1 root root 98K Nov 10 01:05 apache-aa
-rw-r--r--. 1 root root 58K Nov 10 01:05 apache-bt
[root@iducs tar-test]#
```

다음은 'cat' 명령을 이용하여 분할된 파일을 통합시키는 화면이다.

```
[root@iducs tar-test]# ls
anaconda-ks.cfg  apache-ak  apache-av  apache-bg  apache-br
apache-aa        apache-al  apache-aw  apache-bh  apache-bs
apache-ab        apache-am  apache-ax  apache-bi  apache-bt
apache-ac        apache-an  apache-ay  apache-bj  archive-bz.tar
apache-ad        apache-ao  apache-az  apache-bk  archive.tar.gz
apache-ae        apache-ap  apache-ba  apache-bl  httpd-2.4.3
apache-af        apache-aq  apache-bb  apache-bm  httpd-2.4.3.tar.bz2
apache-ag        apache-ar  apache-bc  apache-bn  install.log
apache-ah        apache-as  apache-bd  apache-bo  install.log.syslog
apache-ai        apache-at  apache-be  apache-bp
apache-aj        apache-au  apache-bf  apache-bq
[root@iducs tar-test]# cat apache-* >> apache.tar.bz2
[root@iducs tar-test]# rm -rf apache-* httpd-2.4.3*
[root@iducs tar-test]# ls
anaconda-ks.cfg  archive-bz.tar  install.log
apache.tar.bz2   archive.tar.gz  install.log.syslog
[root@iducs tar-test]# tar xvfj apache.tar.bz2
```

```
root@iducs:~/tar-test
httpd-2.4.3/build/program.mk
httpd-2.4.3/build/rpm/
httpd-2.4.3/build/rules.mk.in
httpd-2.4.3/build/special.mk
httpd-2.4.3/build/sysv_makefile
httpd-2.4.3/build/win32/
httpd-2.4.3/build/win32/apache.ico
httpd-2.4.3/build/win32/httpd.rc
httpd-2.4.3/build/rpm/htcacheclean.init
httpd-2.4.3/build/rpm/httpd.init
httpd-2.4.3/build/rpm/httpd.logrotate
httpd-2.4.3/build/rpm/httpd.spec.in
httpd-2.4.3/build/pkg/buildpkg.sh
httpd-2.4.3/build/pkg/pkginfo.in
httpd-2.4.3/build/pkg/README
httpd-2.4.3/build/aix/aixinfo
httpd-2.4.3/build/aix/aixproto.ksh
httpd-2.4.3/build/aix/buildaix.ksh
httpd-2.4.3/build/aix/mkinstallp.ksh
httpd-2.4.3/build/aix/README
[root@iducs tar-test]# ls
anaconda-ks.cfg  archive-bz.tar  httpd-2.4.3  install.log.syslog
apache.tar.bz2   archive.tar.gz  install.log
[root@iducs tar-test]#
```

bzip2 형식으로 압축된 아카이브 파일을 분할하였다가 통합한 경우, 통합된 파일이 이전 파일과 동일하다는 것을 알 수 있다.

참고로 리눅스에서는 두 파일의 차이점을 비교하여 주는 'diff' 명령이 존재하며, 그 사용법은 다음과 같다.

```
# diff [옵션] 파일1 파일2
```

```
root@iducs:~/tar-test
[root@iducs tar-test]# ls
anaconda-ks.cfg  archive-bz.tar  httpd-2.4.3  install.log.syslog
apache.tar.bz2   archive.tar.gz  install.log
[root@iducs tar-test]# cp anaconda-ks.cfg anaconda
[root@iducs tar-test]# ls
anaconda         apache.tar.bz2  archive.tar.gz  install.log
anaconda-ks.cfg  archive-bz.tar  httpd-2.4.3     install.log.syslog
[root@iducs tar-test]# diff anaconda-ks.cfg anaconda
[root@iducs tar-test]# diff archive.tar.gz archive-bz.tar
Binary files archive.tar.gz and archive-bz.tar differ
[root@iducs tar-test]# gzip -d archive.tar.gz
[root@iducs tar-test]# diff archive.tar archive-bz.tar
[root@iducs tar-test]#
```

3.3.5 소스로 'vim' 설치 실습

설치단계

1. 소스 프로그램을 다운로드하고, 무결성 검사를 수행한 후 압축 및 아카이브를 해제한다.
2. './configure' 명령을 이용하여 컴파일 및 설치에 필요한 환경을 설정한다.
3. 'make' 명령으로 컴파일을 실행한다.
4. 'make install' 명령으로 컴파일된 프로그램을 지정한 경로에 설치한다.
5. 실행에 필요한 추가적인 설정을 수행한다.

현재 설치되어 있는 'vi' 편집기는 7.2 버전이고, 'vim-minimal' 패키지에 포함되어 있는 명령임을 확인할 수 있다.

```
root@iducs:/var/download
[root@iducs download]# which vi
/bin/vi
[root@iducs download]# rpm -qf /bin/vi
vim-minimal-7.2.411-1.8.el6.i686
[root@iducs download]# vi -version
VIM - Vi IMproved 7.2 (2008 Aug 9, compiled Apr  5 2012 10:13:12)
Garbage after option argument: "-version"
More info with: "vim -h"
[root@iducs download]#
```

▸ 1단계 : vim의 최신 소스 코드를 다운로드하고, 압축과 아카이브를 해제한다.

```
# wget ftp://ftp.vim.org/pub/vim/unix/vim-7.3.tar.bz2
```

```
# tar xvfj vim-7.3.tar.bz2
```

```
==> SIZE vim-7.3.tar.bz2 ... 9080692
==> PASV ... done.    ==> RETR vim-7.3.tar.bz2 ... done.
Length: 9080692 (8.7M) (unauthoritative)

100%[======================================>] 9,080,692    183K/s   in 50s

2012-12-06 09:10:36 (177 KB/s) - "vim-7.3.tar.bz2" saved [9080692]

[root@iducs download]# tar xvfj vim-7.3.tar.bz2 | tail -3
vim73/vimtutor.com
vim73/README_extra.txt
vim73/README_vms.txt
[root@iducs download]# cd vim73/
[root@iducs vim73]# ls
configure       README_amibin.txt       README_ole.txt      runtime
Contents        README_amibin.txt.info  README_os2.txt      runtime.info
Contents.info   README_amisrc.txt       README_os390.txt    src
csdpmi4b.zip    README_amisrc.txt.info  README_srcdos.txt   src.info
farsi           README_ami.txt          README_src.txt      uninstal.txt
Filelist        README_ami.txt.info     README.txt          vimdir.info
libs            README_bindos.txt       README.txt.info     Vim.info
Makefile        README_dos.txt          README_unix.txt     vimtutor.bat
nsis            README_extra.txt        README_vms.txt      vimtutor.com
pixmaps         README_mac.txt          README_w32s.txt     Xxd.info
[root@iducs vim73]#
```

▸ 2단계 : 생성된 디렉토리에서 './configure'를 수행하여 컴파일 환경을 설정한다.

```
# cd vim73
# ./configure --prefix=/root/vim
```

```
checking for an ANSI C-conforming const... yes
checking for working volatile... yes
checking for mode_t... yes
checking for off_t... yes
checking for pid_t... yes
checking for size_t... yes
checking for uid_t in sys/types.h... yes
checking for uint32_t... yes
checking whether time.h and sys/time.h may both be included... yes
checking for ino_t... yes
checking for dev_t... yes
checking whether byte ordering is bigendian... no
checking for rlim_t... yes
checking for stack_t... yes
checking whether stack_t has an ss_base field... no
checking --with-tlib argument... empty: automatic terminal library selection
checking for tgetent in -lncurses... no
checking for tgetent in -ltermlib... no
checking for tgetent in -ltermcap... no
checking for tgetent in -lcurses... no
no terminal library found
checking for tgetent()... configure: error: NOT FOUND!
      You need to install a terminal library; for example ncurses.
      Or specify the name of the library with --with-tlib.
[root@iducs vim73]#
```

빌드 과정에서 사용하는 'gcc'와 'make' 패키지가 설치되어 있지 않은 경우 오류가 발생하므로 설치를 확인한다. 설치가 되어 있지 않은 경우 설치한다. 다음은 'ncurses-devel' 패키지가 설치되어 있지 않아서 발생하는 오류이다.

다음과 같은 명령을 수행하여 개발에 필요한 패키지를 설치한 후에 './configure'를 수행하면 정상적으로 컴파일 환경 설정이 생성된다.

```
# yum install gcc make ncurses-devel
```

```
root@iducs:/var/download/vim73
checking size of time_t... 4
checking size of off_t... 8
checking uint32_t is 32 bits... ok
checking whether memmove handles overlaps... yes
checking for _xpg4_setrunelocale in -lxpg4... no
checking how to create tags... ctags
checking how to run man with a section nr... man
checking --disable-nls argument... no
checking for msgfmt... no
checking for NLS... msgfmt not found - disabled
checking dlfcn.h usability... yes
checking dlfcn.h presence... yes
checking for dlfcn.h... yes
checking for dlopen()... yes
checking for dlsym()... yes
checking setjmp.h usability... yes
checking setjmp.h presence... yes
checking for setjmp.h... yes
checking for GCC 3 or later... yes
checking whether we need -D_FORTIFY_SOURCE=1... yes
configure: updating cache auto/config.cache
configure: creating auto/config.status
config.status: creating auto/config.mk
config.status: creating auto/config.h
[root@iducs vim73]# make; make install
```

▶ 3단계 : 'make'와 'make install' 과정을 연속적으로 수행한다.

```
# make; make install
```

▶ 4단계 : 지정한 디렉토리에 새로운 버전의 'vim'이 설치되었음을 확인할 수 있다.

```
# /root/vim/bin/vim -version
```

추가적으로 편리한 사용을 위해 다음과 같은 환경 설정을 한다. 기존 'vi'를 이용하여 아래와 같은 내용을 추가한다.

```
# vi /root/.bash_profile
```

```
alias vi='/root/vim/bin/vim'
```

```
root@iducs:~
# .bash_profile

# Get the aliases and functions
if [ -f ~/.bashrc ]; then
        . ~/.bashrc
fi

# User specific environment and startup programs

PATH=$PATH:$HOME/bin

export PATH

alias vi='/root/vim/bin/vim'
```

수정된 환경 설정 파일을 재부팅하지 않고 'source'를 이용해서 바로 적용해본다.

```
# source /root/.bash_profile
```

```
root@iducs:~
[root@iducs ~]# vi -version
VIM - Vi IMproved 7.2 (2008 Aug 9, compiled Apr  5 2012 10:13:12)
Garbage after option argument: "-version"
More info with: "vim -h"
[root@iducs ~]# /root/vim/bin/vim -version
VIM - Vi IMproved 7.3 (2010 Aug 15, compiled Dec  6 2012 09:26:18)
Garbage after option argument: "-version"
More info with: "vim -h"
[root@iducs ~]# vi /root/.bash_profile
[root@iducs ~]# source /root/.bash_profile
[root@iducs ~]# vi -version
VIM - Vi IMproved 7.3 (2010 Aug 15, compiled Dec  6 2012 09:26:18)
Garbage after option argument: "-version"
More info with: "vim -h"
[root@iducs ~]#
```

vi를 실행하여 '~/.vimrc'라는 환경 설정 파일을 생성한다.

```
# vi /root/.vimrc
```

syntax on	" 구문강조 사용
set autoindent	" 자동 들여쓰기
set cindent	" C 프로그래밍시 자동 들여쓰기
set smartindent	" 스마트한 들여쓰기
set ruler	" 화면 우측 하단에 현재 커서의 위치(줄,칸) 표시
set number	" 행번호 표시, set nu 도 가능
set hlsearch	" 검색어 강조, set hls 도 가능
set tabstop=4	" 탭을 4칸으로
set fileencoding=utf-8	" 파일 저장시 인코딩 방법 설정
set fencs=ucs-bom,utf-8,euc-kr,latin1	
et backspace=eol,start,indent "	줄의 끝, 시작, 들여쓰기에서 백스페이스시 이전줄로
set history=100	" vi 편집기록 기억갯수 .viminfo에 기록

08 프로세스 및 장치 관리

리눅스 시스템에서는 다양한 자원을 사용하여 작업을 수행한다. 시스템의 중요 자원으로는 앞에서 배운 파일 뿐 아니라 프로세스와 장치 등이 존재하며 효율적인 관리를 통해 시스템의 성능을 극대화 할 수 있다. 본 장에서는 프로세스와 작업 관리 방법을 살펴본다. 또한 시스템의 정보 확인 및 설정 도구에 대하여 알아본 후 장치 관리 방법에 대해서도 살펴본다.

1. 프로세스 관리

하나의 프로그램을 실행하면 해당 프로그램만 메모리에 적재되기도 하지만 연관 있는 파일과 프로그램들이 함께 메모리에 적재되기도 한다. 이와 같이 독립적인 주소 공간과 리소스를 가지고 현재 실행중인 프로그램을 프로세스(process)라고 한다. 프로세스는 특정 작업을 독자적으로 수행하기도 하지만 다른 프로세스들과 협력하여 수행하기도 한다. 실제로 리눅스 시스템에는 시스템 자원을 관리하는 커널과 다수의 프로세스들이 동시에 동작하고 있다. 따라서 불필요한 프로세스가 동작하고 있다면 자원이 낭비되고 이는 시스템 성능에 좋지 않은 영향을 주기 때문에 프로세스의 효율적인 관리는 필수적이다.

리눅스에서는 프로세스들을 식별하기 위해 각 프로세스마다 고유한 식별자인 PID(Process IDentifier)를 부여하고, 이를 이용하여 프로세스를 관리한다.

프로세스를 분류하면 다음과 같다.

종류	의미
대화식 프로세스	터미널을 통해 사용자의 요청에 응답하는 형식으로 처리되는 프로세스
배치 프로세스	터미널과 무관하게 작업 대기 큐를 이용하여 순차적으로 처리되는 프로세스
서버 프로세스	시스템 부팅 시 함께 가동되어 서비스 요청이 있을 때까지 대기하는 프로세스로 '데몬(daemon)'이라고 함

사용자가 로그인하기 전에는 'mingetty' 프로세스가 터미널을 관리하지만 로그인을 하면 'mingetty' 프로세스는 죽고, 셸 프로세스가 터미널을 관리한다. 셸 프로세스는 명령이 입력될 때마다 새로운 프로세스를 생성한다. 새로운 프로세스를 생성하는 것을 포킹(forking)이라고 하며, 이는 한 프로세스가 두 개로 나누어진다는 의미를 갖는다.

대화식 프로세스는 터미널에서 실행되며, 포그라운드(foreground) 프로세스와 백그라운드(background) 프로세스로 나눌 수 있다. 포그라운드 프로세스는 실행한 터미널에서 사용자와 대화식으로 실행되는 프로세스를 의미한다. 명령이 포그라운드 프로세스로 실행되는 경우 명령 실행이 종료될 때까지 다음 명령을 실행할 수 없다.

백그라운드 프로세스는 실행한 터미널과는 독립적으로 실행되는 프로세스를 의미한다. 명령을 처리하는데 소요되는 시간이 긴 경우 명령을 백그라운드로 실행하면 명령 실행이 끝날 때까지 기다리지 않고 바로 셸에게 제어권이 넘어가서 다음 명령을 실행할 수 있고, 백그라운드 프로세스는 포그라운드 프로세스와 병행 실행된다. 백그라운드 프로세스의 실행이 종료되면 실행한 터미널에 작업 결과를 반환한다

작업 제어(job control)를 통해 프로세스는 포그라운드에서 백그라운드로 또는 백그라운드에서 포그라운드로 전환하여 수행될 수 있으며 일반적으로 작업은 하나 또는 그 이상의 프로세스로 구성된다. 'jobs' 명령을 이용하면 현재 셸에서 백그라운드로 수행 중인 작업을 확인할 수 있으며 그 사용법은 다음과 같다.

```
# jobs [옵션]
```

다음은 'jobs -l' 명령을 실행한 화면이다.

```
[root@iducs ~]# echo 5^1000000 | bc &
[1] 9793
[root@iducs ~]# echo 3^1000000 | bc &
[2] 9795
[root@iducs ~]# echo 2^1000000 | bc &
[3] 9797
[root@iducs ~]# jobs -l
[1]   9792 Running                 echo 5^1000000
      9793 Running                 | bc &
[2]-  9794 Running                 echo 3^1000000
      9795 Running                 | bc &
[3]+  9796 Running                 echo 2^1000000
      9797 Running                 | bc &
[root@iducs ~]#
```

현재 3개의 백그라운드 프로세스가 정지 상태로 존재하는 것을 알 수 있다. +기호는 가장 최근에 실행한 백그라운드 프로세스를 나타내고, -기호는 실행한 백그라운드 프로세스 중 두 번째로 최근에 실행한 프로세스를 나타낸다.

'fg' 명령을 이용하면 백그라운드 프로세스를 포그라운드에서 실행되도록 전환할 수 있으며, 그 사용법은 다음과 같다.

```
# fg [%작업번호]
```

'%' 기호 뒤에 작업번호를 입력하고 'fg' 명령을 실행하면 지정된 백그라운드 프로세스가 포그라운드로 전환되어 실행되며, 'fg' 명령만 실행하면 가장 최근에 실행한 백그라운드 프로세스가 포그라운드로 전환되어 실행된다. 다음은 'fg' 명령을 이용하여 백그라운드 프로세스들 중에서 하나를 포그라운드로 전환하는 화면이다.

```
[root@iducs ~]# echo 2^10000000 | bc &
[1] 9800
[root@iducs ~]# echo 3^10000000 | bc &
[2] 9802
[root@iducs ~]# echo 5^10000000 | bc &
[3] 9804
[root@iducs ~]# fg %1
echo 2^10000000 | bc
```

'fg %1'을 실행하면 'echo 2^10000000 | bc' 프로세스가 포그라운드로 전환되어 실행된다.

포그라운드 프로세스를 백그라운드로 전환하는 방법은 터미널에서 'ctrl+z'를 입력하는 것이다. 그러나 'ctrl+z'는 프로세스를 포그라운드에서 백그라운드로 전환하지만 전환된 프로세스는 정지된 상태가 된다. 따라서 전환 후 실행이 되게 하려면 'bg' 명령을 실행하면 된다. 다음은 'bg' 명령의 사용법이다.

```
# bg [%작업번호]
```

'bg' 명령만 실행하면 가장 최근에 실행한 백그라운드 프로세스가 백그라운드로 실행하고, '%' 기호 뒤에 작업번호를 입력하고 'bg' 명령을 실행하면 지정된 백그라운드 프로세스가 백그라운드로 실행한다. 다음은 'bg %2'를 실행한 화면이다.

```
root@iducs:~
[2] 9802
[root@iducs ~]# echo 5^10000000 | bc &
[3] 9804
[root@iducs ~]# fg %1
echo 2^10000000 | bc
^Z
[1]+  Stopped                 echo 2^10000000 | bc
[root@iducs ~]# jobs -l
[1]+  9799 Done                    echo 2^10000000
      9800 Stopped                 | bc
[2]   9801 Running                 echo 3^10000000
      9802 Running                 | bc &
[3]-  9803 Running                 echo 5^10000000
      9804 Running                 | bc &
[root@iducs ~]# bg %1
[1]+ echo 2^10000000 | bc &
[root@iducs ~]# jobs -l
[1]   9799 Running                 echo 2^10000000
      9800 Running                 | bc &
[2]-  9801 Running                 echo 3^10000000
      9802 Running                 | bc &
[3]+  9803 Running                 echo 5^10000000
      9804 Running                 | bc &
[root@iducs ~]# 
```

백그라운드에서 정지 상태에 있던 'echo 2^10000000 | bc' 프로세스가 실행되는 것을 확인할 수 있다. 실제로 'echo 2^10000000 | bc'가 실행을 종료하는데 많은 시간이 소요된다. 즉 이 명령을 포그라운드로 실행하면 사용자는 동일한 터미널에서 이전 명령이 종료되기 전 까지 다음 명령을 실행할 수 없게 된다. 백그라운드 프로세스의 실행이 종료되면 결과와 함께 '[작업번호] Done'이라는 문자열을 터미널에 반환한다.

```
root@iducs:~
2333899846655759986585907317382848805802356154045526475977961451497 8\
0013245848921484995255966443087532348822218675627153191764138708195 1\
9515918793312269732659926242088334712251258022889731874275365216609 0\
5608695626807813243619514601013205930303511274585935816802320006931 1\
6733768290608627174350730162828297391956740880983251826715577034311 9\
7457408959380268500697978415823490669875537735421015504811413450623 0\
2958642216388148963004433099540634245685810940280269825056484891383 1\
6431056720874790840406172259512907176033503845306908209053045637845 1\
7639402962909266476874495530448501821149863587108645884865130614187 6\
7611390473975453720442340140526588539135928121852639647688919521084 8\
1175709705935974482295893496773621580006345567740778660743696154012 2\
1097864514794738449457876725782103073530760291688452440754492582447 5\
6281326850779200225639156400813064096379874613067721924732908215842 6\
9613523832935667497121217233750407577221533204390666267550957054871 7\
5132238773137474513774985946673486224866703476007772048201136586336 2\
0368875724648697958796481333291687431332609081022179530668017573823 6\
6173615577089271596424178742346581268307002979425014757522374377225 8\
1279570876814400646181230768518654423846681022137278800053812455386 7\
5947847424852921769939147818627141079175332355550191747286089705646 3\
0687735669667838540318899783521847841664834323410018255732662370891 3\
87109376

[1]   Done                    echo 2^10000000 | bc
[root@iducs ~]#
```

명령을 실행한 후에 'ctrl+z'와 'bg' 명령을 이용하여 백그라운드로 실행할 수 있지만 실행 단계에서 바로 백그라운드로 실행할 수도 있다. 처음부터 백그라운드로 실행하는 방법은 다음과 같다.

```
# (명령) &
```

명령은 백그라운드에서 실행되고, 바로 다음 명령을 실행할 수 있도록 제어권이 셸 프로세스에게 넘겨진다. 사용자는 백그라운드 프로세스가 종료되기 전에도 다음 명령을 입력하여 실행할 수 있다.

```
root@iducs:~
[root@iducs ~]# jobs
[2]-  Running                 echo 3^10000000 | bc &
[3]+  Running                 echo 5^10000000 | bc &
[root@iducs ~]# echo 2^1000000 | bc &
[4] 9822
[root@iducs ~]# jobs
[2]   Running                 echo 3^10000000 | bc &
[3]-  Running                 echo 5^10000000 | bc &
[4]+  Running                 echo 2^1000000 | bc &
[root@iducs ~]#
```

프로세스를 관리하기 위해서는 먼저 프로세스의 상태를 알아야 하며, 'ps' 명령을 이용하면 현재 동작하고 있는 프로세스의 상태를 알 수 있다. 다음은 'ps(process status)' 명령의 사용법이다.

```
# ps [옵션]
```

'ps' 명령의 대표적인 옵션을 살펴보면 다음과 같다.

옵션		의미
a	BSD 계열	제어 터미널이 있는 모든 사용자들의 프로세스를 표시
x		제어 터미널이 없는 프로세스를 표시
-e	표준	시스템에서 동작중인 모든 프로세스를 표시
u	출력 형식	사용자 지향(user oriented) 형식으로 정보 표시
-f		상세한 정보 표시(full listing)
-F		좀 더 상세하게 정보 표시(extra full listing)
-l		가장 상세하게 프로세스 정보 표시(long listing)
w, -w		광폭(wide)으로 표시
m, -m		모든 스레드 표시

'ps' 명령에 대한 좀 더 자세한 사항은 'man ps' 명령을 실행하면 알 수 있다.

'ps' 명령만을 실행하면 현재 로그인한 사용자의 셸에서 구동되고 있는 프로세스에 대한 정보가 화면에 나타난다. 새로운 터미널을 실행하거나 다른 사용자로 로그인하면 새로운 셸이 실행되기 때문에 프로세스에 대한 정보가 다른 것을 알 수 있다. 다음은 'ps' 명령만을 실행한 화면으로 프로세스 아이디(PID), 명령을 수행한 터미널(TTY), 명령 수행 시간(TIME) 및 명령 이름(CMD)만 나타나는 것을 알 수 있다.

```
root@iducs:~
[root@iducs ~]# ps
  PID TTY          TIME CMD
 9677 pts/0    00:00:00 bash
 9802 pts/0    00:06:10 bc
 9804 pts/0    00:06:08 bc
 9826 pts/0    00:00:00 ps
[root@iducs ~]#
```

```
root@iducs:~
[root@iducs ~]# ps
  PID TTY          TIME CMD
 9829 pts/1    00:00:00 bash
 9843 pts/1    00:00:00 ps
[root@iducs ~]#
```

TTY(Teletypewriter)는 리눅스 디바이스 컨트롤러 중에서 콘솔 또는 터미널을 의미하고, pts는 가상 터미널(pseudo-terminal)로 X 윈도우용 터미널이나 원격 터미널을 의미한다.

관리자의 경우 프로세스를 관리하기 위해서는 실행중인 모든 프로세스에 대한 정보를 알아야한다. 이 경우 일반적으로 'ps aux' 명령이나 'ps -ef' 명령을 사용하지만 'ps aux' 명령이 좀 더 많은 정보를 제공한다. 다음은 'ps aux' 명령을 실행한 화면이다.

```
[root@iducs ~]# ps aux | head -22
USER       PID %CPU %MEM    VSZ   RSS TTY      STAT START   TIME COMMAND
root         1  0.0  0.1   2872  1392 ?        Ss   Dec05   0:01 /sbin/init
root         2  0.0  0.0      0     0 ?        S    Dec05   0:00 [kthreadd]
root         3  0.0  0.0      0     0 ?        S    Dec05   0:00 [migration/0]
root         4  0.0  0.0      0     0 ?        S    Dec05   0:00 [ksoftirqd/0]
root         5  0.0  0.0      0     0 ?        S    Dec05   0:00 [migration/0]
root         6  0.0  0.0      0     0 ?        S    Dec05   0:01 [watchdog/0]
root         7  0.0  0.0      0     0 ?        S    Dec05   0:01 [events/0]
root         8  0.0  0.0      0     0 ?        S    Dec05   0:00 [cgroup]
root         9  0.0  0.0      0     0 ?        S    Dec05   0:00 [khelper]
root        10  0.0  0.0      0     0 ?        S    Dec05   0:00 [netns]
root        11  0.0  0.0      0     0 ?        S    Dec05   0:00 [async/mgr]
root        12  0.0  0.0      0     0 ?        S    Dec05   0:00 [pm]
root        13  0.0  0.0      0     0 ?        S    Dec05   0:00 [sync_supers]
root        14  0.0  0.0      0     0 ?        S    Dec05   0:00 [bdi-default]
root        15  0.0  0.0      0     0 ?        S    Dec05   0:00 [kintegrityd/0]
root        16  0.0  0.0      0     0 ?        S    Dec05   0:01 [kblockd/0]
root        17  0.0  0.0      0     0 ?        S    Dec05   0:00 [kacpid]
root        18  0.0  0.0      0     0 ?        S    Dec05   0:00 [kacpi_notify]
root        19  0.0  0.0      0     0 ?        S    Dec05   0:00 [kacpi_hotplug]
root        20  0.0  0.0      0     0 ?        S    Dec05   0:00 [ata/0]
root        21  0.0  0.0      0     0 ?        S    Dec05   0:00 [ata_aux]
[root@iducs ~]#
```

현재 시스템에서 실행 중인 모든 프로세스들에 대한 자세한 정보를 알 수 있다. 각 항목을 살펴보면 다음과 같다.

<table>
<tr><th>항목</th><th colspan="3">의미</th></tr>
<tr><td>USER</td><td colspan="3">프로세스를 실행한 사용자 이름</td></tr>
<tr><td>PID</td><td colspan="3">프로세스 아이디</td></tr>
<tr><td>%CPU</td><td colspan="3">CPU 사용률</td></tr>
<tr><td>%MEM</td><td colspan="3">메모리 사용률</td></tr>
<tr><td>VSZ</td><td colspan="3">가상 메모리 크기</td></tr>
<tr><td>RSS</td><td colspan="3">작업 수행에 사용된 스왑되지 않은 실제 메모리 크기</td></tr>
<tr><td>TTY</td><td colspan="3">명령을 수행한 터미널</td></tr>
<tr><td rowspan="6">STAT</td><td rowspan="6">프로세스 상태</td><td>D</td><td>인터럽트 불가능한 일시 정지</td></tr>
<tr><td>R</td><td>실행 상태</td></tr>
<tr><td>S</td><td>인터럽트 가능한 일시 정지</td></tr>
<tr><td>T</td><td>정지 상태</td></tr>
<tr><td>Z</td><td>좀비 상태</td></tr>
<tr><td>W</td><td>페이징 상태</td></tr>
<tr><td>START_TIME</td><td colspan="3">프로세스 구동 시간</td></tr>
<tr><td>COMMAND</td><td colspan="3">명령 이름</td></tr>
</table>

STAT 항목을 보면 상태 기호 이외에도 부가적인 기호들이 존재한다. 이를 살펴보면 다음과 같다.

기호	의미
<	높은 우선순위(다른 사용자에게 스케줄링 우선권을 빼앗기지 않음)
N	낮은 우선순위(다른 사용자에게 스케줄링 우선권을 빼앗길 수 있음)
L	실시간 또는 주문된 입출력을 위해 메모리에 감금된 페이지를 가짐
s	세션의 리더임을 표시
l	멀티스레드임을 표시
+	포그라운드 프로세스 그룹에 속함

관리를 위해 특정 프로세스에 대한 자세한 정보만을 얻기 위해서는 'ps aux'와 함께 'grep' 명령을 사용한다. 다음은 'ps aux | grep tty' 명령을 수행하여 'tty'라는 프로그램의 정보만을 추출한 화면이다.

```
root@iducs:~
[root@iducs ~]# ps aux | grep tty
root      1457  0.0  0.0   1988   512 tty2     Ss+  Dec05   0:00 /sbin/mingetty
/dev/tty2
root      1459  0.0  0.0   1988   512 tty3     Ss+  Dec05   0:00 /sbin/mingetty
/dev/tty3
root      1461  0.0  0.0   1988   504 tty4     Ss+  Dec05   0:00 /sbin/mingetty
/dev/tty4
root      1463  0.0  0.0   1988   512 tty5     Ss+  Dec05   0:00 /sbin/mingetty
/dev/tty5
root      1465  0.0  0.0   1988   512 tty6     Ss+  Dec05   0:00 /sbin/mingetty
/dev/tty6
root      1466  0.0  0.1   5220  1728 tty1     Ss+  Dec05   0:00 -bash
root      9852  0.0  0.0   4352   728 pts/0    S+   14:13   0:00 grep tty
[root@iducs ~]#
```

참고로 '|'는 파이프(pipe)라 하고, 여러 명령을 연결하여 실행할 때 사용한다. 그 사용법은 다음과 같다.

```
# (명령 1) | (명령 2)
```

명령 1을 실행한 결과가 명령 2에게 전달되고, 전달된 내용을 이용하여 명령 2를 수행한다.

모든 프로세스의 부모 프로세스는 'init' 프로세스이고, 하나의 프로세스는 자신을 생성한 부모 프로세스를 가지며, 경우에 따라 자신도 새로운 프로세스를 생성하여 생성된 프로세스의 부모가 된다. 리눅스에서는 부모 프로세스가 종료되면 자식 프로세스도 함께 종료되기 때문에 간혹 종료가 되지 않는 프로세스를 종료하는 경우 부모 프로세스를 종료하면 문제가 해결된다. 이처럼 프로세스를 관리하는데 프로세스들 간의 관계 정보가 필요한 경우가 있다. 'pstree' 명령은 프로세스들 간의 관계를 출력한다.

```
root@iducs:~
[root@iducs ~]# pstree
init─┬─auditd───{auditd}
     ├─crond
     ├─login───bash
     ├─master─┬─pickup
     │        └─qmgr
     ├─5*[mingetty]
     ├─rsyslogd───3*[{rsyslogd}]
     ├─smbd───smbd
     ├─sshd─┬─sshd───bash─┬─2*[bc]
     │      │             └─pstree
     │      └─sshd───bash
     ├─udevd───2*[udevd]
     └─xinetd
[root@iducs ~]#
```

'pstree -p' 명령은 프로세스들 간의 관계와 프로세스 아이디를 출력한다.

```
root@iducs:~
[root@iducs ~]# pstree -p
init(1)─┬─auditd(1288)───{auditd}(1289)
        ├─crond(1432)
        ├─login(1455)───bash(1466)
        ├─master(1422)─┬─pickup(9759)
        │              └─qmgr(1430)
        ├─mingetty(1457)
        ├─mingetty(1459)
        ├─mingetty(1461)
        ├─mingetty(1463)
        ├─mingetty(1465)
        ├─rsyslogd(1304)─┬─{rsyslogd}(1305)
        │                ├─{rsyslogd}(1307)
        │                └─{rsyslogd}(1308)
        ├─smbd(1441)───smbd(1451)
        ├─sshd(3750)─┬─sshd(9675)───bash(9677)─┬─bc(9802)
        │            │                         ├─bc(9804)
        │            │                         └─pstree(9863)
        │            └─sshd(9827)───bash(9829)
        ├─udevd(412)─┬─udevd(745)
        │            └─udevd(757)
        └─xinetd(1346)
[root@iducs ~]#
```

앞서 말한바와 같이 불필요한 프로세스의 작업 수행을 방지해야 하며 이를 위해 프로세스를 종료할 수 있어야 한다. 리눅스에서는 'kill' 명령을 이용하여 프로세스를 종료할 수 있으며 그 사용법은 다음과 같다.

 # kill [<-시그널 번호> | <-s 시그널 이름>] [종료시킬 프로세스 아이디]

'kill' 명령의 옵션을 살펴보면 다음과 같다.

옵션	의미
-l	시그널 이름과 번호를 반환한다.
-[s]시그널 이름 또는 -번호	지정한 시그널을 보낸다.

다음은 'kill -l' 명령을 수행한 화면으로 사용가능한 시그널의 번호와 이름을 알 수 있다.

```
root@iducs:~
[root@iducs ~]# kill -l
 1) SIGHUP       2) SIGINT       3) SIGQUIT      4) SIGILL       5) SIGTRAP
 6) SIGABRT      7) SIGBUS       8) SIGFPE       9) SIGKILL     10) SIGUSR1
11) SIGSEGV     12) SIGUSR2     13) SIGPIPE     14) SIGALRM     15) SIGTERM
16) SIGSTKFLT   17) SIGCHLD     18) SIGCONT     19) SIGSTOP     20) SIGTSTP
21) SIGTTIN     22) SIGTTOU     23) SIGURG      24) SIGXCPU     25) SIGXFSZ
26) SIGVTALRM   27) SIGPROF     28) SIGWINCH    29) SIGIO       30) SIGPWR
31) SIGSYS      34) SIGRTMIN    35) SIGRTMIN+1  36) SIGRTMIN+2  37) SIGRTMIN+3
38) SIGRTMIN+4  39) SIGRTMIN+5  40) SIGRTMIN+6  41) SIGRTMIN+7  42) SIGRTMIN+8
43) SIGRTMIN+9  44) SIGRTMIN+10 45) SIGRTMIN+11 46) SIGRTMIN+12 47) SIGRTMIN+13
48) SIGRTMIN+14 49) SIGRTMIN+15 50) SIGRTMAX-14 51) SIGRTMAX-13 52) SIGRTMAX-12
53) SIGRTMAX-11 54) SIGRTMAX-10 55) SIGRTMAX-9  56) SIGRTMAX-8  57) SIGRTMAX-7
58) SIGRTMAX-6  59) SIGRTMAX-5  60) SIGRTMAX-4  61) SIGRTMAX-3  62) SIGRTMAX-2
63) SIGRTMAX-1  64) SIGRTMAX
[root@iducs ~]#
```

'kill' 명령은 지정한 시그널을 프로세스에게 전송한다. 지정한 시그널이 없는 경우 'SIGTERM' 시그널을 전송하는데, 'SIGTERM' 시그널을 받고도 종료되지 않는 프로세스는 'SIGKILL' 시그널을 전송하여 종료할 수 있다. 다음은 'kill 9829' 명령과 'kill -9 9829' 명령을 실행하였을 때 나타나는 화면이다.

```
root@iducs:~
[root@iducs ~]# ps u
USER       PID %CPU %MEM   VSZ
root      1457  0.0  0.0  1988
root      1459  0.0  0.0  1988
root      1461  0.0  0.0  1988
root      1463  0.0  0.0  1988
root      1465  0.0  0.0  1988
root      1466  0.0  0.1  5220
root      9677  0.0  0.1  5252
root      9829  0.0  0.1  5252
root      9886  0.0  0.1  4924
[root@iducs ~]# kill 9829
[root@iducs ~]# ps u
USER       PID %CPU %MEM   VSZ
root      1457  0.0  0.0  1988
root      1459  0.0  0.0  1988
root      1461  0.0  0.0  1988
root      1463  0.0  0.0  1988
root      1465  0.0  0.0  1988
root      1466  0.0  0.1  5220
root      9677  0.0  0.1  5252
root      9829  0.0  0.1  5252
root      9887  0.0  0.1  4928
[root@iducs ~]#
```

```
root@iducs:~
[root@iducs ~]# ps
  PID TTY          TIME CMD
 9829 pts/1    00:00:00 bash
 9891 pts/1    00:00:00 ps
[root@iducs ~]#
```

'kill 9829' 명령을 실행하였을 때 PID가 9829인 프로세스가 종료되지 않는다.

'kill -9 9829' 명령을 실행하면 9829 프로세스는 'SIGKILL' 시그널을 전송받고 종료되는 것을 알 수 있다. 참고로 'kill -9 9829'과 'kill -s SIGKILL 9829'은 같은 작업을 수행한다.

```
[root@iducs ~]# kill 9829
[root@iducs ~]# ps u
USER       PID %CPU %MEM    VSZ   RSS TTY      STAT START   TIME COMMAND
root      1457  0.0  0.0   1988   512 tty2     Ss+  Dec05   0:00 /sbin/mingetty
root      1459  0.0  0.0   1988   512 tty3     Ss+  Dec05   0:00 /sbin/mingetty
root      1461  0.0  0.0   1988   504 tty4     Ss+  Dec05   0:00 /sbin/mingetty
root      1463  0.0  0.0   1988   512 tty5     Ss+  Dec05   0:00 /sbin/mingetty
root      1465  0.0  0.0   1988   512 tty6     Ss+  Dec05   0:00 /sbin/mingetty
root      1466  0.0  0.1   5220  1728 tty1     Ss+  Dec05   0:00 -bash
root      9677  0.0  0.1   5252  1788 pts/0    Ss   09:32   0:00 -bash
root      9829  0.0  0.1   5252  1712 pts/1    Ss+  14:11   0:00 -bash
root      9887  0.0  0.1   4928  1064 pts/0    R+   14:26   0:00 ps u
[root@iducs ~]# kill -9 9829
[root@iducs ~]# ps u
USER       PID %CPU %MEM    VSZ   RSS TTY      STAT START   TIME COMMAND
root      1457  0.0  0.0   1988   512 tty2     Ss+  Dec05   0:00 /sbin/mingetty
root      1459  0.0  0.0   1988   512 tty3     Ss+  Dec05   0:00 /sbin/mingetty
root      1461  0.0  0.0   1988   504 tty4     Ss+  Dec05   0:00 /sbin/mingetty
root      1463  0.0  0.0   1988   512 tty5     Ss+  Dec05   0:00 /sbin/mingetty
root      1465  0.0  0.0   1988   512 tty6     Ss+  Dec05   0:00 /sbin/mingetty
root      1466  0.0  0.1   5220  1728 tty1     Ss+  Dec05   0:00 -bash
root      9677  0.0  0.1   5252  1788 pts/0    Ss   09:32   0:00 -bash
root      9893  0.0  0.1   4924  1060 pts/0    R+   14:30   0:00 ps u
[root@iducs ~]#
```

시스템에 존재하는 특정 이름의 프로세스를 모두 종료하고자 하는 경우 'kill' 명령으로 종료할 수 있지만 해당 PID들을 지정해야 한다. 그러나 'killall' 명령을 이용하면 동일한 이름의 프로세스들을 한 번에 종료시킬 수 있다. 다음은 'killall' 명령의 사용법이다.

```
# killall [-s 시그널 이름] <종료시킬 프로세스 이름>
```

웹 서버 데몬과 같은 멀티 쓰레드를 사용하는 경우 데몬을 실행하면 다수의 쓰레드가 생성된다. 만약 정상적인 종료가 되지 않는 경우 'killall httpd' 명령으로 한 번에 종료할 수 있다.

'yum' 명령을 이용하여 프로그램을 설치하는 과정에서 가끔 'yum' 명령이 적절한 저장소를 찾지 못해서 무한히 기다리는 현상이 발생한다. 이 경우 터미널을 하나만 사용할 수 있다면 무작정 기다려야 한다

```
[root@iducs ~]# ps aux | grep httpd
root      9953  0.0  0.3  11204  3208 ?        Ss   14:38   0:00 /usr/sbin/httpd
apache    9955  0.0  0.2  11204  2064 ?        S    14:38   0:00 /usr/sbin/httpd
apache    9956  0.0  0.2  11204  2064 ?        S    14:38   0:00 /usr/sbin/httpd
apache    9957  0.0  0.2  11204  2068 ?        S    14:38   0:00 /usr/sbin/httpd
apache    9958  0.0  0.2  11204  2064 ?        S    14:38   0:00 /usr/sbin/httpd
apache    9959  0.0  0.2  11204  2064 ?        S    14:38   0:00 /usr/sbin/httpd
apache    9960  0.0  0.2  11204  2064 ?        S    14:38   0:00 /usr/sbin/httpd
apache    9961  0.0  0.2  11204  2064 ?        S    14:38   0:00 /usr/sbin/httpd
apache    9962  0.0  0.2  11204  2064 ?        S    14:38   0:00 /usr/sbin/httpd
root      9969  0.0  0.0   4352   728 pts/0    S+   14:39   0:00 grep httpd
[root@iducs ~]# killall httpd
[root@iducs ~]# ps aux | grep httpd
root      9972  0.0  0.0   4352   724 pts/0    S+   14:39   0:00 grep httpd
[root@iducs ~]#
```

GUI 환경이나 원격 접속의 경우 터미널을 추가로 실행하여 문제가 있는 터미널을 강제로 중지하여 계속 작업을 할 수 있다. 또한 다수의 터미널을 사용하면 동시에 여러 작업을 독립적으로 수행할 수 있다.

런레벨 3으로 부팅한 시스템에 로컬 로그인을 수행한 경우 하나의 터미널만 사용할 수 있는 것으로 생각될 수 있지만 실제로 가상 콘솔 기능이 제공되어 다수의 터미널을 사용하는 장점을 기대할 수 있다.

콘솔이라 모니터, 키보드, 마우스로 구성된 서버 접속 기기를 의미한다. 가상 콘솔은 소프트웨어적으로 구현된 콘솔이라고 생각하면 된다. 리눅스에서는 'Alt + F1 ~ F6' 키를 이용하여 6개의 가상 콘솔들을 스위칭하면서 사용할 수 있다.

시스템이 부팅되어 나타나는 콘솔이 첫 번째 가상 콘솔이며, 'tty1'로 표현된다. 'Alt + F1'을 누르면 다른 가상 콘솔에서 첫 번째 가상 콘솔로 스위칭된다.

▸ 1단계 : 첫 번째 가상 콘솔, 'tty1'에서 'shutdown –h +5' 명령을 실행한다.

현재 'tty1' ~ 'tty6'까지 6개의 가상 콘솔과 'pts/0', 'pts/2' 원격 또는 GUI 터미널이 실행중임을 확인할 수 있다.

시스템 종료는 접속한 모든 사용자에게 종료 메시지를 보낸다.

```
[root@iducs ~]# echo tty1
tty1
[root@iducs ~]# ps u
USER       PID %CPU %MEM    VSZ   RSS TTY      STAT START   TIME COMMAND
root      1420  0.0  0.0   2004   512 tty3     Ss+  12:43   0:00 /sbin/mingetty
root      1422  0.0  0.0   2004   508 tty4     Ss+  12:43   0:00 /sbin/mingetty
root      1424  0.0  0.0   2004   512 tty5     Ss+  12:43   0:00 /sbin/mingetty
root      1426  0.0  0.0   2004   508 tty6     Ss+  12:43   0:00 /sbin/mingetty
root      1427  0.0  0.1   5252  1720 tty1     Ss   12:44   0:00 -bash
root      1448  0.0  0.1   5252  1756 pts/0    Ss+  12:45   0:00 -bash
root      1526  0.0  0.1   5252  1780 pts/2    Ss+  12:53   0:00 -bash
root     19005  0.0  0.1   5252  1720 tty2     Ss+  15:21   0:00 -bash
root     19035  0.0  0.1   4932  1064 tty1     R+   15:25   0:00 ps u
[root@iducs ~]# shutdown -h +5

Broadcast message from root@tty2.induk.ac.kr
        (/dev/tty1) at 15:25 ...

The system is going down for halt in 5 minutes!
_
```

▶ 2단계 : 'Alt + F2'를 눌러 두 번째 가상 콘솔, 'tty2'로 스위칭하고 'shutdown' 명령을 취소한다.

```
[root@iducs ~]# echo tty2
tty2
[root@iducs ~]#
Broadcast message from root@tty2.induk.ac.kr
        (/dev/tty1) at 15:25 ...

The system is going down for halt in 5 minutes!
^C
[root@iducs ~]#
Broadcast message from root@tty2.induk.ac.kr
        (/dev/tty1) at 15:26 ...

The system is going down for halt in 4 minutes!
^C
[root@iducs ~]# ps
  PID TTY          TIME CMD
19005 tty2     00:00:00 bash
19039 tty2     00:00:00 ps
[root@iducs ~]# ps aux | grep shutdown
root     19036  0.0  0.0   4944  1000 tty1     S+   15:25   0:00 shutdown -h +5
root     19041  0.0  0.0   4352   728 tty2     S+   15:27   0:00 grep shutdown
[root@iducs ~]# kill -9 19036_
```

'tty1'에서 보낸 종료 메시지가 전송된 것을 확인할 수 있다. 시스템에 PID가 19036인 'shutdown' 프로세스가 실행중이다.

'kill -9 19036'을 실행하면, 'tty1'에서 실행한 'shutdown' 프로세스가 종료된다.

▸3단계 : 'Alt + F1'을 눌러 첫 번째 가상 콘솔, 'tty1'로 스위칭하고 확인한다.

```
[root@iducs ~]# echo tty1
tty1
[root@iducs ~]# ps u
USER       PID %CPU %MEM    VSZ   RSS TTY      STAT START   TIME COMMAND
root      1420  0.0  0.0   2004   512 tty3     Ss+  12:43   0:00 /sbin/mingetty
root      1422  0.0  0.0   2004   508 tty4     Ss+  12:43   0:00 /sbin/mingetty
root      1424  0.0  0.0   2004   512 tty5     Ss+  12:43   0:00 /sbin/mingetty
root      1426  0.0  0.0   2004   508 tty6     Ss+  12:43   0:00 /sbin/mingetty
root      1427  0.0  0.1   5252  1732 tty1     Ss   12:44   0:00 -bash
root      1448  0.0  0.1   5252  1756 pts/0    Ss+  12:45   0:00 -bash
root      1526  0.0  0.1   5252  1780 pts/2    Ss+  12:53   0:00 -bash
root     19005  0.0  0.1   5252  1724 tty2     Ss+  15:21   0:00 -bash
root     19338  0.0  0.1   4928  1064 tty1     R+   15:35   0:00 ps u
[root@iducs ~]# shutdown -h +5

Broadcast message from root@tty2.induk.ac.kr
        (/dev/tty1) at 15:35 ...

The system is going down for halt in 5 minutes!
Killed
[root@iducs ~]# ps aux | grep shutdown
root     19345  0.0  0.0   4352   728 tty1     S+   15:36   0:00 grep shutdown
[root@iducs ~]# _
```

'tty1'에서 실행한 'shutdown -h +5' 명령의 프로세스가 종료됨을 확인할 수 있다. 따라서 이제 시스템은 종료되지 않는다.

2. 시스템 정보 확인 및 설정

2.1 uname

'uname' 명령은 시스템 정보를 출력하는 명령으로 그 사용법은 다음과 같다.

```
# uname [-a/s/n/r/v/m/p/i/o]
```

'-a' 옵션을 사용하면 다양한 시스템 정보가 나타난다.

```
root@iducs:~
[root@iducs ~]# uname -a
Linux iducs.induk.ac.kr 2.6.32-279.el6.i686 #1 SMP Fri Jun 22 10:59:55 UTC 2012
i686 i686 i386 GNU/Linux
[root@iducs ~]# 
```

다음은 각 항목과 관련 있는 옵션을 나타낸다.

옵션	의미	옵션	의미
-s	커널 이름	-m	하드웨어 머신의 종류
-n	호스트 이름	-p	프로세서 종류
-r	커널 버전	-i	하드웨어 플랫폼
-v	커널 컴파일 시간	-o	운영체제이름

참고로 CPU에 대한 좀 더 자세한 정보는 '/proc/cpuinfo' 파일을 살펴보면 알 수 있다.

```
root@iducs:~
[root@iducs ~]# cat /proc/cpuinfo
processor       : 0
vendor_id       : GenuineIntel
cpu family      : 6
model           : 26
model name      : Intel(R) Core(TM) i7 CPU         920  @ 2.67GHz
stepping        : 5
cpu MHz         : 2664.820
cache size      : 8192 KB
fdiv_bug        : no
hlt_bug         : no
f00f_bug        : no
coma_bug        : no
fpu             : yes
fpu_exception   : yes
cpuid level     : 11
wp              : yes
flags           : fpu vme de pse tsc msr pae mce cx8 apic sep mtrr pge mca cmov
pat pse36 clflush dts mmx fxsr sse sse2 ss nx rdtscp lm constant_tsc up arch_per
fmon pebs bts xtopology tsc_reliable nonstop_tsc aperfmperf unfair_spinlock pni
ssse3 cx16 sse4_1 sse4_2 x2apic popcnt hypervisor lahf_lm ida dts
bogomips        : 5329.64
clflush size    : 64
cache_alignment : 64
address sizes   : 40 bits physical, 48 bits virtual
power management:

[root@iducs ~]#
```

2.2 hostname

'hostname' 명령은 호스트 이름을 출력하거나 재지정하는 명령이다.

```
root@iducs:~
[root@iducs ~]# hostname
localhost.localdomain
[root@iducs ~]# uname -n
localhost.localdomain
[root@iducs ~]# hostname iducs.induk.ac.kr
[root@iducs ~]# hostname
iducs.induk.ac.kr
[root@iducs ~]# uname -n
iducs.induk.ac.kr
[root@iducs ~]#
```

호스트 이름이 'localhost.localdomain'에서 'iducs.induk.ac.kr'로 변경된 것을 확인할 수 있다. 호스트 이름의 재지정은 'root'만 수행할 수 있다.

재부팅하면 설정한 정보가 사라지며, 이를 방지하기 위해서는 '/etc/sysconfig/network' 파일의 'HOSTNAME' 지시자의 값도 'iducs.induk.ac.kr'로 설정해야 한다.

2.3 w

'w' 명령은 현재 시스템에 로그인한 사용자와 각 사용자가 실행한 프로세스에 대한 정보를 출력한다.

```
[root@iducs ~]# w
 15:16:05 up 3 min,  3 users,  load average: 0.02, 0.05, 0.01
USER     TTY      FROM              LOGIN@   IDLE   JCPU   PCPU WHAT
root     tty1     -                 15:13    1:13   0.00s  0.07s login -- root
root     pts/0    192.168.116.1     15:15    0.00s  0.00s  0.00s w
admin    pts/1    192.168.116.1     15:15    7.00s  0.00s  0.00s -bash
[root@iducs ~]#
```

사용자 계정 이름과 사용 중인 터미널 이름, 로그인한 호스트 이름, 로그인 시간, 유휴 시간, CPU 사용 시간 및 실행한 프로세스 이름을 출력된다.

2.4 who

'who' 명령은 현재 시스템에 로그인한 사용자의 이름과 사용 중인 터미널 이름, 로그인 시간, 로그인한 호스트 이름을 출력한다.

```
[root@iducs ~]# who
root     tty1         2012-12-06 15:13
root     pts/0        2012-12-06 15:15 (192.168.116.1)
admin    pts/1        2012-12-06 15:15 (192.168.116.1)
[root@iducs ~]#
```

2.5 finger

'finger' 명령은 'who'와 비슷하지만 사용자의 실제 이름을 추가적으로 출력하는 명령이다.

```
[root@iducs ~]# yum list finger
Loaded plugins: fastestmirror
Loading mirror speeds from cached hostfile
 * base: centos.chlux.co.kr
 * extras: centos.chlux.co.kr
 * updates: centos.chlux.co.kr
Installed Packages
finger.i686                          0.17-39.el6                              @base
[root@iducs ~]# finger
Login      Name       Tty       Idle  Login Time   Office      Office Phone
admin                 pts/1        3  Dec  6 15:15 (192.168.116.1)
root       root       tty1         4  Dec  6 15:13
root       root       pts/0           Dec  6 15:15 (192.168.116.1)
[root@iducs ~]#
```

2.6 top

'top' 명령은 실시간으로 시스템 작업에 대한 정보를 출력하는 명령으로 그 사용법은 다음과 같다.

```
# top [-d/n/p/u]
```

주요 옵션을 살펴보면 다음과 같다.

옵션	의미
-d <ss.tt>	화면 갱신 시간 지정, 기본 값은 3초
-n <n>	화면 갱신 횟수 지정, 기본은 무제한
-p <pid>	특정 pid의 프로세스에 대한 정보만을 출력
-u <사용자명 또는 사용자 id>	특정 사용자에 대한 작업 정보만을 출력

시스템에 이상이 있다고 느껴질 때 'top' 명령을 사용하면 어떤 프로세스가 시스템 자원을 과도하게 사용하는지를 알 수 있다. 'top' 명령을 아무 옵션 없이 사용하면 3초 단위로 무제한 갱신한다. 실행 중에 'h'를 입력하면 도움말이 화면에 출력되고, 'q'를 입력하면 종료된다

'top' 명령이 제공하는 정보는 크게 두 부분으로 나뉜다. 화면의 상단에는 현재 시간, 시스템 운영 시간, 현재 시스템 사용자 수, 시스템 평균 작업 부하, 프로세스 개수와 상태, CPU 사용 현황, 메모리 사용 현황 및 스왑 사용 현황을 출력하고, 하단에는 각 프로세스를 CPU 사

용률을 기준으로 내림차순으로 출력한다.

'top -d 5 -n 3 -u 500은 사용자 id가 500인 사용자의 작업 정보를 5초마다 3번 갱신하여 출력하는 명령이고, 다음은 그 실행 화면이다.

```
root@ducs:~
top - 15:25:57 up 13 min,  4 users,  load average: 0.00, 0.00, 0.00
Tasks:  81 total,   1 running,  80 sleeping,   0 stopped,   0 zombie
Cpu(s):  0.3%us,  0.9%sy,  0.0%ni, 98.7%id,  0.1%wa,  0.0%hi,  0.0%si,  0.0%st
Mem:   1030800k total,   120380k used,   910420k free,     8056k buffers
Swap:  1048568k total,        0k used,  1048568k free,    77588k cached

  PID USER      PR  NI  VIRT  RES  SHR S %CPU %MEM    TIME+  COMMAND
 1465 admin     20   0 11600 1552  812 S  0.0  0.2   0:00.02 sshd
 1466 admin     20   0  5120 1652 1416 S  0.0  0.2   0:00.00 bash
```

화면 하단의 각 프로세스 정보에 대한 영역별 의미를 살펴보면 다음과 같다.

영역	의미
PID	프로세스 ID 번호
USER	프로세스 소유자 이름
PR	프로세스 실행 우선순위(priority)
NI	나이스(nice) 값, 값의 범위는 -20~19이고, 낮을수록 높은 우선순위를 가짐
VIRT	프로세스가 사용하는 가상 메모리 양, RES + SWAP
RES	프로세스가 사용하는 실제 메모리 양, 코드 + 데이터
SHR	프로세스가 사용하는 공유 메모리 양
S	프로세스 상태
%CPU	프로세스의 CPU 사용량
%MEM	프로세스의 메모리 사용량
TIME+	프로세스 실행 후 CPU 총 사용 시간
COMMAND	명령 또는 프로그램 이름

2.7 free

'free' 명령은 시스템 메모리에 대한 정보를 출력하는 명령으로 그 사용법은 다음과 같다.

```
# free [-b | -k | -m] [-o] [-s delay] [-t] [-V]
```

'free' 명령은 시스템 전체 메모리, 사용 중인 메모리, 여유 메모리, 공유 메모리, 버퍼, 캐시 메모리 및 스왑 메모리에 대한 정보를 제공한다.

각 옵션을 살펴보면 다음과 같다.

옵션	의미
-b, -k, -m	메모리 양의 표시 단위를 byte, kilobyte, megabyte로 표시함
-o	버퍼와 캐쉬 관련 내용을 표시하지 않음
-s <n>	n초마다 갱신하여 표시함
-t	총 합계를 표시함

```
root@iducs:~
[root@iducs ~]# free
             total       used       free     shared    buffers     cached
Mem:       1030800     119724     911076          0       8080      77588
-/+ buffers/cache:      34056     996744
Swap:      1048568          0    1048568
[root@iducs ~]# free -b
             total       used       free     shared    buffers     cached
Mem:    1055539200  122597376  932941824          0    8282112   79454208
-/+ buffers/cache:   34861056 1020678144
Swap:   1073733632          0 1073733632
[root@iducs ~]# free -k
             total       used       free     shared    buffers     cached
Mem:       1030800     119724     911076          0       8088      77596
-/+ buffers/cache:      34040     996760
Swap:      1048568          0    1048568
[root@iducs ~]# free -m
             total       used       free     shared    buffers     cached
Mem:          1006        116        889          0          7         75
-/+ buffers/cache:         33        973
Swap:         1023          0       1023
[root@iducs ~]#
```

2.8 vmstat

'vmstat' 명령은 메모리 사용을 실시간으로 출력하는 명령으로 그 사용법은 다음과 같다.

```
# vmstat [옵션] [delay [count]]
```

주요 옵션을 살펴보면 다음과 같다.

옵션	의미
-a	비활성/활성 페이지 통계를 출력
-d	디스크 통계를 출력
-D	디스크 테이블을 출력
-p	디스크 파티션 통계를 출력
-s	가상 메모리 테이블을 출력
-m	slabinfo(캐쉬된 객체에 대한 자세한 정보)를 출력 /proc/slabinfo를 참조함
-S [k/K/m/M]	kilobyte, megabyte 단위로 출력, 기본 값은 kilobyte

다음은 'vmstat'과 'vmstat -a'를 실행한 화면이다.

```
[root@iducs ~]# vmstat 1 3
procs -----------memory---------- ---swap-- -----io---- --system-- -----cpu-----
 r  b   swpd   free   buff  cache   si   so    bi    bo   in   cs us sy id wa st
 0  0      0 911048   8152  77620    0    0    67     5   24   30  0  1 99  0  0
 0  0      0 911040   8152  77620    0    0     0     0   12   13  0  0 100  0
0
 0  0      0 911040   8160  77616    0    0     0    12   19   22  0  0 100  0
0
[root@iducs ~]# vmstat -a 1 3
procs -----------memory---------- ---swap-- -----io---- --system-- -----cpu-----
 r  b   swpd   free  inact active   si   so    bi    bo   in   cs us sy id wa st
 0  0      0 911048  39772  56040    0    0    66     5   24   30  0  1 99  0  0
 0  0      0 911040  39772  56044    0    0     0     0   14   10  0  1 99  0  0
 0  0      0 911040  39772  56044    0    0     0     0   16   18  0  1 99  0  0
```

각각 1초의 지연시간으로 3번 메모리 사용량을 출력한다.

출력된 정보에 대한 영역별 의미를 살펴보면 다음과 같다.

구분	영역	의미
procs	r	실행을 기다리는 프로세스 개수
	b	인터럽트 불가능한 일시 정지 프로세스 개수
memory	swpd	사용 중인 가상 메모리 양
	free	유휴 메모리 양
	buff	버퍼 메모리 양
	cache	캐쉬 메모리 양
	inact	비활성 메모리 양, -a 옵션
	active	활성 메모리 양, -a 옵션

swap	si	디스크로부터 메모리로 스왑인된 메모리 양
	so	디스크로 스왑된 메모리 양
io	bi	전송받은 블록 수
	bo	전송된 블록 수
system	in	초당 인터럽트 개수
	cs	초당 컨텍스트 스위치(context-switch) 개수
cpu	us	사용자 모드에서 실행하는데 소요된 시간
	sy	커널 모드에서 실행하는데 소요된 시간
	id	유휴 시간, 2.5.41 이전에는 wa를 의미했음.
	wa	입출력을 기다리는데 소요된 시간

2.9 last

'last' 명령은 최근 시스템에 로그인한 사용자 정보를 제공하는 명령이다. 그 사용법은 다음과 같다.

```
# last [옵션] [사용자명]  [tty ...]
```

주요 옵션을 살펴보면 다음과 같다.

옵션	의미
-n <n>	최근 n개만 출력, -num 옵션과 동일함
-R	호스트 이름을 표시하지 않음
-a	호스트 이름을 맨 마지막 항목으로 표시함
-d	다른 호스트에서 접속한 것만을 출력
-x	shutdown이나 run level 변경 상태도 출력

다음은 'root' 사용자의 최근 로그인 정보 5개만을 출력한 화면이다.

```
root@iducs:~
[root@iducs ~]# last -n 5 root
root     pts/2        192.168.116.1    Thu Dec  6 15:23   still logged in
root     pts/0        192.168.116.1    Thu Dec  6 15:15   still logged in
root     tty1                          Thu Dec  6 15:13   still logged in
root     pts/1        192.168.116.1    Thu Dec  6 14:11 - 14:30  (00:19)
root     pts/0        192.168.116.1    Thu Dec  6 09:32 - down   (05:39)

wtmp begins Thu Nov 22 07:20:57 2012
[root@iducs ~]#
```

2.10 df

'df' 명령은 현재 마운트된 파일 시스템의 디스크 공간 사용 내용을 출력하는 명령이다. 그 사용법은 다음과 같다.

```
# df [옵션]
```

주요 옵션을 살펴보면 다음과 같다.

옵션	의미
-a	0 블록 크기의 파일 시스템까지 모두 출력
-B <n>	n 크기의 블록으로 표시
-h	K, M, G를 이용 읽기 쉬운 형식으로 표시
-i	블록 사용 현황 대신 inode 정보 출력
-k	블록 크기를 1K로 사용하여 표시

'df' 명령은 파일 시스템의 전체 크기, 사용 중인 공간, 여유 공간, 사용률 및 마운트 포인트 등의 정보를 제공한다. 다음은 사용자에게 읽기 쉬운 형식으로 디스크 공간 사용 내용을 출력한 화면이다.

```
root@iducs:~
[root@iducs ~]# df -h
Filesystem            Size  Used Avail Use% Mounted on
/dev/sda2             4.0G 1000M  2.8G  27% /
tmpfs                 504M     0  504M   0% /dev/shm
/dev/sda1             194M   24M  161M  13% /boot
/dev/sda5             4.8G  138M  4.4G   3% /home
[root@iducs ~]# df -h -a
Filesystem            Size  Used Avail Use% Mounted on
/dev/sda2             4.0G 1000M  2.8G  27% /
proc                     0     0     0   -  /proc
sysfs                    0     0     0   -  /sys
devpts                   0     0     0   -  /dev/pts
tmpfs                 504M     0  504M   0% /dev/shm
/dev/sda1             194M   24M  161M  13% /boot
/dev/sda5             4.8G  138M  4.4G   3% /home
none                     0     0     0   -  /proc/sys/fs/binfmt_misc
[root@iducs ~]#
```

2.11 du

'du' 명령은 특정 파일이나 디렉토리의 디스크 공간 사용 현황을 출력하는 명령이다. 그 사용법은 다음과 같다.

```
# du [옵션] [파일 또는 디렉토리 이름]
```

주요 옵션을 살펴보면 다음과 같다.

옵션	의미
-a	모든 파일에 대한 정보를 표시, 초기 값은 경로에 대한 정보만 표시
-b, -k, -m	바이트, 킬로 바이트, 메가 바이트 단위로 크기 표시, 기본 값은 킬로 바이트
-c	지정한 디렉토리와 하위 디렉토리가 사용하고 있는 용량을 표시하고, 마지막에 총 사용량을 추가적으로 표시
-h	읽기 쉬운 형식으로 표시
--max-depth <n>	지정한 디렉토리의 깊이가 n이하인 하위 디렉토리만 표시
-s	지정한 디렉토리가 총 사용하고 있는 디스크 용량만 표시
-S	하위 디렉토리의 사용량을 합산하지 않고, 각각 사용하고 있는 용량으로 표시

'du' 명령은 특정 디렉토리와 포함된 하위 디렉토리 및 파일이 사용하는 디스크 공간에 대한 정보를 제공한다. 하위 디렉토리들의 사용량과 경로가 나타나고, 사용량을 합산한 상위 디렉토리가 나타나며, 최종적으로 지정한 디렉토리의 디스크 사용량과 경로가 나타난다.

```
root@iducs:~
[root@iducs ~]# du . | tail -22
52      ./vim/share/man/it.UTF-8
48      ./vim/share/man/ru.KOI8-R/man1
52      ./vim/share/man/ru.KOI8-R
48      ./vim/share/man/fr.ISO8859-1/man1
52      ./vim/share/man/fr.ISO8859-1
48      ./vim/share/man/fr/man1
52      ./vim/share/man/fr
52      ./vim/share/man/fr.UTF-8/man1
56      ./vim/share/man/fr.UTF-8
48      ./vim/share/man/it.ISO8859-1/man1
52      ./vim/share/man/it.ISO8859-1
44      ./vim/share/man/pl.ISO8859-2/man1
48      ./vim/share/man/pl.ISO8859-2
44      ./vim/share/man/man1
44      ./vim/share/man/pl/man1
48      ./vim/share/man/pl
632     ./vim/share/man
21912   ./vim/share
23256   ./vim
4       ./.pki/nssdb
8       ./.pki
23336   .
[root@iducs ~]#
```

각 디렉토리별 사용 용량을 확인할 수 있으며, 현재 디렉토리는 총 23336 Kb를 사용하고 있다.

다음은 '-sh'와 '-S' 옵션을 사용하여 실행한 화면이다.

```
root@iducs:~
[root@iducs ~]# du -sh .
23M     .
[root@iducs ~]# du -S . | tail
4       ./vim/share/man/pl.ISO8859-2
44      ./vim/share/man/man1
44      ./vim/share/man/pl/man1
4       ./vim/share/man/pl
4       ./vim/share/man
4       ./vim/share
4       ./vim
4       ./.pki/nssdb
4       ./.pki
72      .
[root@iducs ~]#
```

'-sh' 옵션은 지정한 디렉토리가 사용하고 있는 디스크 용량을 사용자가 읽기 쉬운 형태로 제공한다. 또한 -S는 하위 디렉토리의 사용량을 합산하지 않고, 각각 사용하고 있는 용량으로 표시하는 것을 확인할 수 있다.

2.12 date

'date' 명령은 현재 시스템의 시간과 날짜를 출력하고, 설정하는 명령이다. 그 사용법은 다음과 같다.

```
# date [-d/date/s/set] [+FORMAT] [MMDDhhmm[ [CC]YY] [.ss]]
```

시스템의 시간과 날짜는 모든 사용자가 확인할 수 있지만 설정은 'root'만이 할 수 있다. 주요 옵션을 살펴보면 다음과 같다.

<table>
<tr><th>옵션</th><th>의미</th></tr>
<tr><td>-d <date-string></td><td rowspan="2">월 이름, 시간대, 오전, 오후 등 시간에 관련된 거의 모든 공동 형식을 지원하며, 지정된 시간을 출력</td></tr>
<tr><td>-s <date-string></td></tr>
<tr><td>−u</td><td>표준시 형식으로 출력</td></tr>
</table>

다음은 'date' 명령을 이용하여 시스템 시간을 출력하고 재설정한 화면이다.

```
[root@iducs ~]# date
Wed Jul  4 17:02:05 EDT 2012
[root@iducs ~]# date -s "2 day"
Fri Jul  6 17:02:15 EDT 2012
[root@iducs ~]# date -s "2 day ago"
Wed Jul  4 17:02:28 EDT 2012
[root@iducs ~]# date -s "1 months"
Sat Aug  4 17:02:42 EDT 2012
[root@iducs ~]# date -s "1 months ago"
Wed Jul  4 17:03:02 EDT 2012
[root@iducs ~]# date -s "1 months ago 2 day ago"
Sat Jun  2 17:03:43 EDT 2012
[root@iducs ~]# date 070417022012
Wed Jul  4 17:02:00 EDT 2012
[root@iducs ~]#
```

제공하는 시간의 범위는 시스템마다 조금씩 다르지만 CentOS 6.3에서 년도를 두 자리 수로 표현할 때 1969년 12월 31일 19시부터 2038년 1월 18일 22시 14분까지 표시된다. 년도를 네 자리 수로 표현할 때 1901년 12월 14일 00시 00분부터 2038년 1월 18일 22시 14분까지 표시된다.

3. 장치 관리

리눅스에서는 인식된 하드 디스크 뿐 아니라 CD/DVD 롬, USB 모두 루트 디렉토리의 하위에존재하는 디렉토리 형식의 마운트 지점(mount point)과 마운트해야 사용이 가능하다. 또는 네트워크 카드와 같은 장치도 인식 후에 활성화를 해야 사용이 가능하다. 본 절에서는 하드 디스크와 USB을 시스템에 추가하여 사용해본다.

3.1 하드 디스크 추가 및 사용

하드 디스크 추가를 실습하기 위해 하드 디스크를 구매할 수 없다면, 가상화 소프트웨어에서 가상 머신에 가상 하드 디스크를 추가로 장착하면 동일한 효과를 기대할 수 있다.

▶ 1단계 : 가상 머신에 가상 하드 디스크를 추가한다.

1-1 VMWare에서 'Edit Virtual Machine Settings'를 클릭한다.
1-2 'Virtual Machine Settings'에서 'Add'를 클릭한다.
1-3 'Add Hardware Wizard'의 'Hardware Type' 단계에서 'Hard Disk'를 선택한다.
1-4 'Add Hardware Wizard'의 'Select a Disk' 단계에서 'Create a new virtual disk'를 선택한다.
1-5 'Add Hardware Wizard'의 'Select a Disk Type' 단계에서 'SCSI'를 선택한다.
1-6 'Add Hardware Wizard'의 'Specify Disk Capacity' 단계에서 1GB로 선택한다.
1-7 'Add Hardware Wizard'의 'Select a Disk File' 단계에서 디스크 파일의 저장 위치와 이름을 확인하고 'Finish'를 선택한다.
1-8 'Virtual Machine Settings'에서 추가된 하드 디스크 정보를 확인하고 'OK'를 선택한다.

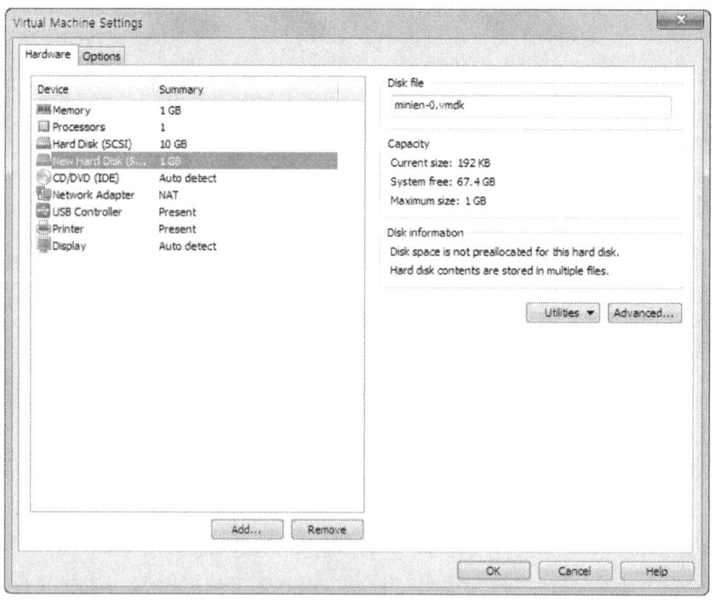

▸ 2단계 : 가상 머신의 파워를 켜서 리눅스를 부팅하고, 'root' 계정으로 로그인한 후 'fdisk -l'을 실행한다.

fdisk -l

'fdisk -l'은 현재 시스템의 파티션 테이블 목록을 출력한다.

```
[root@localhost ~]# fdisk -l

Disk /dev/sda: 10.7 GB, 10737418240 bytes
255 heads, 63 sectors/track, 1305 cylinders
Units = cylinders of 16065 * 512 = 8225280 bytes
Sector size (logical/physical): 512 bytes / 512 bytes
I/O size (minimum/optimal): 512 bytes / 512 bytes
Disk identifier: 0x000946a1

   Device Boot      Start         End      Blocks   Id  System
/dev/sda1   *           1          26      204800   83  Linux
Partition 1 does not end on cylinder boundary.
/dev/sda2              26         548     4194304   83  Linux
Partition 2 does not end on cylinder boundary.
/dev/sda3             548         679     1048576   82  Linux swap / Solaris
Partition 3 does not end on cylinder boundary.
/dev/sda4             679        1306     5037056    5  Extended
/dev/sda5             679        1306     5036032   83  Linux

Disk /dev/sdb: 1073 MB, 1073741824 bytes
255 heads, 63 sectors/track, 130 cylinders
Units = cylinders of 16065 * 512 = 8225280 bytes
Sector size (logical/physical): 512 bytes / 512 bytes
I/O size (minimum/optimal): 512 bytes / 512 bytes
Disk identifier: 0x00000000

[root@localhost ~]#
```

현재 2개의 디스크가 인식이 되어 있고, '/dev/sda' 장치는 파티셔닝이 되어 있는 상태이고, '/dev/sdb' 장치는 파티셔닝이 되어 있지 않은 상태임을 확인할 수 있다. 참고로 '/dev/sda' 첫 번째 SCSI 방식의 하드 디스크는 두 개의 주 파티션과 스왑 영역 그리고 하나의 확장 파티션으로 파티셔닝 되어 있다.

▶ 3단계 : 추가된 하드 디스크에 대하여 파티셔닝을 수행한다.

fdisk /dev/sdb

3-1 'n'을 눌러 새로운 파티션 추가를 선택한다.
3-2 'p'를 눌러 주 파티션을 선택한다.
3-3 '1'을 눌러 첫 번째 주 파티션을 생성한다.
3-4 파티션 크기 설정을 위해 시작 실린더 위치를 선택한다.
3-5 파티션 크기 설정을 위해 마지막 실린더 위치를 선택한다.

```
[root@localhost ~]# fdisk /dev/sdb

WARNING: DOS-compatible mode is deprecated. It's strongly recommended to
         switch off the mode (command 'c') and change display units to
         sectors (command 'u').

Command (m for help): n
Command action
   e   extended
   p   primary partition (1-4)
p
Partition number (1-4): 1
First cylinder (1-130, default 1):
Using default value 1
Last cylinder, +cylinders or +size{K,M,G} (1-130, default 130):
Using default value 130

Command (m for help):
```

3-6 'p'를 눌러 파티션 테이블의 확인한다.

3-7 'w'를 눌러 파티션 설정을 저장한다. 저장을 하지 않으면 파티션이 생성되지 않는다.

```
Command (m for help): p

Disk /dev/sdb: 1073 MB, 1073741824 bytes
255 heads, 63 sectors/track, 130 cylinders
Units = cylinders of 16065 * 512 = 8225280 bytes
Sector size (logical/physical): 512 bytes / 512 bytes
I/O size (minimum/optimal): 512 bytes / 512 bytes
Disk identifier: 0x96c93e42

   Device Boot      Start         End      Blocks   Id  System
/dev/sdb1               1         130     1044193+  83  Linux

Command (m for help): w
The partition table has been altered!

Calling ioctl() to re-read partition table.
Syncing disks.
[root@localhost ~]#
```

참고로 파티션 설정을 저장하지 않고 'fdisk'를 종료하려면 'q'를 입력하면 된다.

▶ 4단계 : 생성된 파티션에 파일 시스템을 생성한다.

```
# mkfs -t ext4 /dev/sdb1
또는
# mkfs.ext4 /dev/sdb1
```

```
[root@localhost ~]# mkfs -t ext4 /dev/sdb1
mke2fs 1.41.12 (17-May-2010)
Filesystem label=
OS type: Linux
Block size=4096 (log=2)
Fragment size=4096 (log=2)
Stride=0 blocks, Stripe width=0 blocks
65280 inodes, 261048 blocks
13052 blocks (5.00%) reserved for the super user
First data block=0
Maximum filesystem blocks=268435456
8 block groups
32768 blocks per group, 32768 fragments per group
8160 inodes per group
Superblock backups stored on blocks:
        32768, 98304, 163840, 229376

Writing inode tables: done
Creating journal (4096 blocks): done
Writing superblocks and filesystem accounting information: done

This filesystem will be automatically checked every 35 mounts or
180 days, whichever comes first.  Use tune2fs -c or -i to override.
[root@localhost ~]#
```

CentOS 6.3의 기본 파일 시스템은 'ext4'이다. 성공적으로 파일 시스템이 생성되었음을 확인할 수 있다. 참고로 파일 시스템을 생성하는 작업은 포맷이라고도 한다.

```
Disk /dev/sdb: 1073 MB, 1073741824 bytes
255 heads, 63 sectors/track, 130 cylinders
Units = cylinders of 16065 * 512 = 8225280 bytes
Sector size (logical/physical): 512 bytes / 512 bytes
I/O size (minimum/optimal): 512 bytes / 512 bytes
Disk identifier: 0x96c93e42

   Device Boot      Start         End      Blocks   Id  System
/dev/sdb1               1         130     1044193+  83  Linux
[root@localhost ~]#
```

▶ 5단계 : 마운트 지점을 생성하고, 마운트 한다.

'/mnt/harddisk1'이라는 디렉토리를 생성하고, '/dev/sdb1' 파티션을 이 디렉토리에 마운트 한다.

```
# mkdir /mnt/harddisk1
# mount -t ext4 /dev/sdb1 /mnt/harddisk1
```

디렉토리를 생성하고 내용을 확인하면 아무것도 존재하지 않지만, 마운트를 성공한 후 확인을 하면 'lost+found'라는 디렉토리가 존재한다

```
root@localhost:~
[root@localhost ~]# mkdir /mnt/harddisk1
[root@localhost ~]# ls -l /mnt/harddisk1/
total 0
[root@localhost ~]# mount -t ext4 /dev/sdb1 /mnt/harddisk1/
[root@localhost ~]# ls -l /mnt/harddisk1/
total 16
drwx------. 2 root root 16384 Dec  6 19:13 lost+found
```

```
# mount -v
```

```
root@localhost:~
[root@localhost ~]# mount
/dev/sda2 on / type ext4 (rw)
proc on /proc type proc (rw)
sysfs on /sys type sysfs (rw)
devpts on /dev/pts type devpts (rw,gid=5,mode=620)
tmpfs on /dev/shm type tmpfs (rw,rootcontext="system_u:object_r:tmpfs_t:s0")
/dev/sda1 on /boot type ext4 (rw)
/dev/sda5 on /home type ext4 (rw)
none on /proc/sys/fs/binfmt_misc type binfmt_misc (rw)
/dev/sdb1 on /mnt/harddisk1 type ext4 (rw)
[root@localhost ~]#
```

현재 시스템의 마운트 정보를 출력한다.

참고로 마운트된 파티션을 더 이상 사용하지 않기 위해서는 'umount' 명령을 사용한다.

```
# umount <장치이름>
```

▸ 6단계 : 부팅할 때 자동으로 마운트될 수 있도록 '/etc/fstab'을 편집한다.

/dev/sdb1	/mnt/harddisk1	ext4	defaults	1	1
장치 이름	마운트 지점	파일시스템 종류	파일시스템 고유 옵션	덤프 필요 여부	fsck 무결성 체크 여부

```
#
# /etc/fstab
# Created by anaconda on Thu Nov 22 07:16:11 2012
#
# Accessible filesystems, by reference, are maintained under '/dev/disk'
# See man pages fstab(5), findfs(8), mount(8) and/or blkid(8) for more info
#
UUID=a59e3f63-3c3b-4065-9101-57b4d7e7e3a3 /                       ext4    defaul
ts        1 1
UUID=5deb1adf-2639-43fd-adce-2499cc1be40c /boot                   ext4    defaul
ts        1 2
UUID=3bb00f20-96f9-4611-aab7-abaab203aab2 /home                   ext4    defaul
ts        1 2
UUID=56536b21-b77e-4f62-bcb6-8c743b7f821e swap                    swap    defaul
ts        0 0
tmpfs                   /dev/shm                tmpfs   defaults        0 0
devpts                  /dev/pts                devpts  gid=5,mode=620  0 0
sysfs                   /sys                    sysfs   defaults        0 0
proc                    /proc                   proc    defaults        0 0
/dev/sdb1               /mnt/harddisk1          ext4    defaults        1 1
~
~
-- INSERT --
```

이제 시스템을 부팅할 때마다 '/mnt/harddisk1' 지점에 '/dev/sdb1' 파티션이 자동으로 마운트 된다.

3.2 LVM(Logical Volume Manager)

LVM은 디스크의 용량을 논리적으로 조절하고 관리하여 디스크의 추가와 다른 시스템으로의 이동이 가능하도록 하는 프로그램이다. 디스크 공간을 복수의 논리 볼륨에 할당하여, 손쉽게 디스크 재조정이 가능한 파일 시스템을 구현하는 데 사용된다.

LVM으로 하드 디스크를 관리하는 과정에서 사용되는 용어를 정리하면 다음과 같다.

용어	약어	의미
Physical Volume 물리적 볼륨	PV	/dev/sdb1, /dev/sdc1와 같은 하드 디스크 파티션
Volume Group 볼륨 그룹	VG	물리적 볼륨을 그룹으로 생성한 것
Logical Volume 논리적 볼륨	LV	볼륨 그룹을 논리적으로 나누어 생성한 논리 파티션
Physical Extent 물리적 확장	PE	물리적 볼륨의 할당 단위
Logical Extent 논리적 확장	LE	논리적 볼륨의 할당 단위

참고로 부트로더는 볼륨 그룹을 읽을 수 없기 때문에 '/boot'는 볼륨 그룹의 논리 볼륨이 아닌 파티션에 할당되어야 한다.

LVM으로 하드 디스크를 관리하기 위해서는 'lvm2' 패키지가 설치되어 있어야 한다. 만약 설치가 되어있지 않는 경우 설치를 해야 한다

```
# yum install lvm2
```

```
root@ducs:~
--> Finished Dependency Resolution

Dependencies Resolved

================================================================================
 Package                      Arch      Version                 Repository  Size
================================================================================
Installing:
 lvm2                         i686      2.02.95-10.el6_3.2      updates    626 k
Installing for dependencies:
 device-mapper                i686      1.02.74-10.el6_3.2      updates    135 k
 device-mapper-event          i686      1.02.74-10.el6_3.2      updates     88 k
 device-mapper-event-libs     i686      1.02.74-10.el6_3.2      updates     83 k
 device-mapper-libs           i686      1.02.74-10.el6_3.2      updates    161 k
 libudev                      i686      147-2.42.el6            updates     76 k
 lvm2-libs                    i686      2.02.95-10.el6_3.2      updates    697 k

Transaction Summary
================================================================================
Install       7 Package(s)

Total download size: 1.8 M
Installed size: 3.6 M
Is this ok [y/N]: y
```

1GB, 500MB, 2GB 용량의 하드 디스크를 하나의 볼륨 그룹으로 생성하고, 하나의 논리적 볼륨으로 생성하여 마운트해보자.

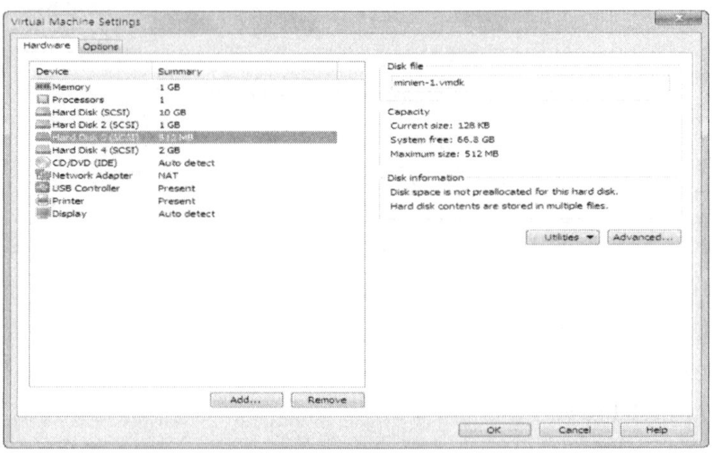

▸ 1단계 : 1GB, 500MB, 2GB 용량의 하드 디스크를 물리적 볼륨 생성을 위한 파티셔닝을 한다.

```
# fdisk -l
```

```
Disk /dev/sdb: 1073 MB, 1073741824 bytes
255 heads, 63 sectors/track, 130 cylinders
Units = cylinders of 16065 * 512 = 8225280 bytes
Sector size (logical/physical): 512 bytes / 512 bytes
I/O size (minimum/optimal): 512 bytes / 512 bytes
Disk identifier: 0x00000000


Disk /dev/sdc: 536 MB, 536870912 bytes
64 heads, 32 sectors/track, 512 cylinders
Units = cylinders of 2048 * 512 = 1048576 bytes
Sector size (logical/physical): 512 bytes / 512 bytes
I/O size (minimum/optimal): 512 bytes / 512 bytes
Disk identifier: 0x00000000


Disk /dev/sdd: 2147 MB, 2147483648 bytes
255 heads, 63 sectors/track, 261 cylinders
Units = cylinders of 16065 * 512 = 8225280 bytes
Sector size (logical/physical): 512 bytes / 512 bytes
I/O size (minimum/optimal): 512 bytes / 512 bytes
Disk identifier: 0x00000000

[root@localhost ~]#
```

시스템에 인식된 하드 디스크를 주 파티션으로 선택하고, '8e(Linux LVM)' 유형으로 파티셔닝을 한다.

```
# fdisk <장치 이름>
```

1. 시스템에 '/dev/sdb'로 인식된 하드 디스크의 첫 번째 파티션, '/dev/sdb1'을 모든 용량을 사용하도록 생성한다.

키 입력 : 'n'(새로운 파티션) -> 'p'(주 파티션으로 생성함) -> '1'(파티션 번호를 1로함) -> 'Enter'(첫 실린더 번호 사용함) -> 'Enter' (마지막 실린더 번호 사용함)

```
[root@localhost ~]# fdisk /dev/sdb

WARNING: DOS-compatible mode is deprecated. It's strongly recommended to
         switch off the mode (command 'c') and change display units to
         sectors (command 'u').

Command (m for help): n
Command action
   e   extended
   p   primary partition (1-4)
p
Partition number (1-4): 1
First cylinder (1-130, default 1):
Using default value 1
Last cylinder, +cylinders or +size{K,M,G} (1-130, default 130):
Using default value 130
```

2. '/dev/sdb1'의 시스템 유형을 '8e'로 변경하여 저장한다.

키 입력 : 't'(시스템 유형 변경) -> '8e' (Linux LVM 유형을 선택함) -> 'p' (파티션 테이블을 출력함) -> 'w' (파티션 테이블을 디스크에 저장하고 종료함)

```

Command (m for help): t
Selected partition 1
Hex code (type L to list codes): 8e
Changed system type of partition 1 to 8e (Linux LVM)

Command (m for help): p

Disk /dev/sdb: 1073 MB, 1073741824 bytes
255 heads, 63 sectors/track, 130 cylinders
Units = cylinders of 16065 * 512 = 8225280 bytes
Sector size (logical/physical): 512 bytes / 512 bytes
I/O size (minimum/optimal): 512 bytes / 512 bytes
Disk identifier: 0x0ebfdd9d

   Device Boot      Start         End      Blocks   Id  System
/dev/sdb1               1         130     1044193+  8e  Linux LVM

Command (m for help): w
The partition table has been altered!

Calling ioctl() to re-read partition table.
Syncing disks.
[root@localhost ~]#
```

리눅스에서 제공하는 시스템 유형을 살펴보면 다음과 같다.

```
Command (m for help): l

 0  Empty            24  NEC DOS          81  Minix / old Lin  bf  Solaris
 1  FAT12            39  Plan 9           82  Linux swap / So  c1  DRDOS/sec (FAT-
 2  XENIX root       3c  PartitionMagic   83  Linux            c4  DRDOS/sec (FAT-
 3  XENIX usr        40  Venix 80286      84  OS/2 hidden C:   c6  DRDOS/sec (FAT-
 4  FAT16 <32M       41  PPC PReP Boot    85  Linux extended   c7  Syrinx
 5  Extended         42  SFS              86  NTFS volume set  da  Non-FS data
 6  FAT16            4d  QNX4.x           87  NTFS volume set  db  CP/M / CTOS / .
 7  HPFS/NTFS        4e  QNX4.x 2nd part  88  Linux plaintext  de  Dell Utility
 8  AIX              4f  QNX4.x 3rd part  8e  Linux LVM        df  BootIt
 9  AIX bootable     50  OnTrack DM       93  Amoeba           e1  DOS access
 a  OS/2 Boot Manag  51  OnTrack DM6 Aux  94  Amoeba BBT       e3  DOS R/O
 b  W95 FAT32        52  CP/M             9f  BSD/OS           e4  SpeedStor
 c  W95 FAT32 (LBA)  53  OnTrack DM6 Aux  a0  IBM Thinkpad hi  eb  BeOS fs
 e  W95 FAT16 (LBA)  54  OnTrackDM6       a5  FreeBSD          ee  GPT
 f  W95 Ext'd (LBA)  55  EZ-Drive         a6  OpenBSD          ef  EFI (FAT-12/16/
10  OPUS             56  Golden Bow       a7  NeXTSTEP         f0  Linux/PA-RISC b
11  Hidden FAT12     5c  Priam Edisk      a8  Darwin UFS       f1  SpeedStor
12  Compaq diagnost  61  SpeedStor        a9  NetBSD           f4  SpeedStor
14  Hidden FAT16 <3  63  GNU HURD or Sys  ab  Darwin boot      f2  DOS secondary
16  Hidden FAT16     64  Novell Netware   af  HFS / HFS+       fb  VMware VMFS
17  Hidden HPFS/NTF  65  Novell Netware   b7  BSDI fs          fc  VMware VMKCORE
18  AST SmartSleep   70  DiskSecure Mult  b8  BSDI swap        fd  Linux raid auto
1b  Hidden W95 FAT3  75  PC/IX            bb  Boot Wizard hid  fe  LANstep
1c  Hidden W95 FAT3  80  Old Minix        be  Solaris boot     ff  BBT
1e  Hidden W95 FAT1

Command (m for help):
```

'/dev/sdc'와 '/dev/sdd'에도 동일하게 작업을 수행하면 최종적으로 1GB, 500MB, 2GB 용량의 'Linux LVM' 유형의 하드 디스크 파티션이 생성됨을 확인할 수 있다.

```
root@localhost:~
Disk /dev/sdb: 1073 MB, 1073741824 bytes
255 heads, 63 sectors/track, 130 cylinders
Units = cylinders of 16065 * 512 = 8225280 bytes
Sector size (logical/physical): 512 bytes / 512 bytes
I/O size (minimum/optimal): 512 bytes / 512 bytes
Disk identifier: 0x0ebfdd9d

   Device Boot      Start         End      Blocks   Id  System
/dev/sdb1               1         130     1044193+  8e  Linux LVM

Disk /dev/sdc: 536 MB, 536870912 bytes
64 heads, 32 sectors/track, 512 cylinders
Units = cylinders of 2048 * 512 = 1048576 bytes
Sector size (logical/physical): 512 bytes / 512 bytes
I/O size (minimum/optimal): 512 bytes / 512 bytes
Disk identifier: 0xd1e5ab74

   Device Boot      Start         End      Blocks   Id  System
/dev/sdc1               1         512      524272   8e  Linux LVM

Disk /dev/sdd: 2147 MB, 2147483648 bytes
255 heads, 63 sectors/track, 261 cylinders
Units = cylinders of 16065 * 512 = 8225280 bytes
Sector size (logical/physical): 512 bytes / 512 bytes
I/O size (minimum/optimal): 512 bytes / 512 bytes
Disk identifier: 0xeabed377

   Device Boot      Start         End      Blocks   Id  System
/dev/sdd1               1         261     2096451   8e  Linux LVM
[root@localhost ~]#
```

▸ 2단계 : 물리적 볼륨(Physical Volume)을 생성한다.

```
# pvcreate <장치 이름>
```

```
root@localhost:~
[root@localhost ~]# pvcreate /dev/sdb1
  Writing physical volume data to disk "/dev/sdb1"
  Physical volume "/dev/sdb1" successfully created
[root@localhost ~]# pvcreate /dev/sdc1
  Writing physical volume data to disk "/dev/sdc1"
  Physical volume "/dev/sdc1" successfully created
[root@localhost ~]# pvcreate /dev/sdd1
  Writing physical volume data to disk "/dev/sdd1"
  Physical volume "/dev/sdd1" successfully created
[root@localhost ~]#
```

생성된 물리적 볼륨에 대한 정보를 확인한다.

```
# pvdisplay <물리적 볼륨 이름>
```

▸ 3단계 : 볼륨 그룹(Volume Group)을 생성하고, 활성화한다.

```
# vgcreate <볼륨 그룹 이름> <물리적 볼륨 이름> <물리적 볼륨 이름>
```

```
# vgchange -a [y | n] <볼륨 그룹 이름>
```

```
[root@localhost ~]# vgcreate iducsVG /dev/sdb1 /dev/sdc1 /dev/sdd1
  Volume group "iducsVG" successfully created
[root@localhost ~]# vgchange -a y iducsVG
  0 logical volume(s) in volume group "iducsVG" now active
```

볼륨 그룹에 대한 정보를 확인해본다.

 # vgdisplay [-v <볼륨 그룹 이름>]

```
[root@localhost ~]# vgdisplay iducsVG
  --- Volume group ---
  VG Name               iducsVG
  System ID
  Format                lvm2
  Metadata Areas        3
  Metadata Sequence No  1
  VG Access             read/write
  VG Status             resizable
  MAX LV                0
  Cur LV                0
  Open LV               0
  Max PV                0
  Cur PV                3
  Act PV                3
  VG Size               3.48 GiB
  PE Size               4.00 MiB
  Total PE              892
  Alloc PE / Size       0 / 0
  Free  PE / Size       892 / 3.48 GiB
  VG UUID               1WWh1L-G2ge-5211-BdGd-bMBZ-dHBs-8pZb6T

[root@localhost ~]#
[root@localhost ~]#
```

참로로 '-v' 옵션을 사용하면 볼륨 그룹에 포함된 물리적 볼륨에 대한 정보를 확인할 수 있다.

```
  VG Size               3.48 GiB
  PE Size               4.00 MiB
  Total PE              892
  Alloc PE / Size       0 / 0
  Free  PE / Size       892 / 3.48 GiB
  VG UUID               1WWh1L-G2ge-5211-BdGd-bMBZ-dHBs-8pZb6T

  --- Physical volumes ---
  PV Name               /dev/sdb1
  PV UUID               J2qR83-Sgsz-j5qV-j1Q2-H99e-ACjF-Pq79N8
  PV Status             allocatable
  Total PE / Free PE    254 / 254

  PV Name               /dev/sdc1
  PV UUID               3mTlJm-3nps-mVbC-MsAa-VvPI-Vr4b-NrG4nX
  PV Status             allocatable
  Total PE / Free PE    127 / 127

  PV Name               /dev/sdd1
  PV UUID               zxYWyH-cKsn-RJ74-D9ku-Ygp9-iYmQ-jJBY8m
  PV Status             allocatable
  Total PE / Free PE    511 / 511

[root@localhost ~]#
```

▶ 4단계 : 논리적 볼륨(Logical Volume)을 생성한다.

```
# lvcreate -L 1500MB -n lv1 iducsVG
# lvcreate -L 2GB -n lv2 iducsVG
```

```
root@localhost:~
[root@localhost ~]# lvcreate -L 1500MB -n lv1 iducsVG
  Logical volume "lv1" created
[root@localhost ~]# lvcreate -L 2GB -n lv2 iducsVG
  Logical volume "lv2" created
```

'/dev/iducsVG/lv1'과 '/dev/iducsVG/lv2'라는 논리적 볼륨이 생성된다 생성된 논리적 볼륨에 대한 정보를 확인한다.

```
# lvdisplay <논리적 볼륨의 장치명>
```

```
root@localhost:~
[root@localhost ~]# lvdisplay /dev/iducsVG/lv1
  --- Logical volume ---
  LV Path                /dev/iducsVG/lv1
  LV Name                lv1
  VG Name                iducsVG
  LV UUID                7L88aW-VbQf-Vmml-Spd0-lnS2-fai4-MLVW7y
  LV Write Access        read/write
  LV Creation host, time localhost.localdomain, 2012-12-07 04:04:50 -0500
  LV Status              available
  # open                 0
  LV Size                1.46 GiB
  Current LE             375
  Segments               1
  Allocation             inherit
  Read ahead sectors     auto
  - currently set to     256
  Block device           253:0

[root@localhost ~]#
```

논리적 볼륨, lv1의 장치명은 '/dev/iducsVG/lv1'임을 유의해야 한다. 생성을 잘못한 경우에는 'lvremove'를 이용하여 제거한 후 다시 생성한다.

```
# lvremove <논리적 볼륨의 장치명>
```

▶ 5단계 : 논리적 볼륨에 파일 시스템을 생성한다.

논리적 볼륨이 'ext4' 유형의 파일 시스템을 갖도록 한다.

```
# mkfs -t ext4 /dev/iducsVG/lv1
# mkfs -t ext4 /dev/iducsVG/lv2
```

```
[root@localhost ~]# mkfs -t ext4 /dev/iducsVG/lv1
mke2fs 1.41.12 (17-May-2010)
Filesystem label=
OS type: Linux
Block size=4096 (log=2)
Fragment size=4096 (log=2)
Stride=0 blocks, Stripe width=0 blocks
96000 inodes, 384000 blocks
19200 blocks (5.00%) reserved for the super user
First data block=0
Maximum filesystem blocks=394264576
12 block groups
32768 blocks per group, 32768 fragments per group
8000 inodes per group
Superblock backups stored on blocks:
        32768, 98304, 163840, 229376, 294912

Writing inode tables: done
Creating journal (8192 blocks): done
Writing superblocks and filesystem accounting information: done

This filesystem will be automatically checked every 28 mounts or
180 days, whichever comes first.  Use tune2fs -c or -i to override.
[root@localhost ~]#
```

'fdisk -l'을 실행하면 논리적 볼륨이 추가된 것을 확인한 수 있다.

```
Units = cylinders of 16065 * 512 = 8225280 bytes
Sector size (logical/physical): 512 bytes / 512 bytes
I/O size (minimum/optimal): 512 bytes / 512 bytes
Disk identifier: 0xeabed377

   Device Boot      Start         End      Blocks   Id  System
/dev/sdd1               1         261     2096451   8e  Linux LVM

Disk /dev/mapper/iducsVG-lv1: 1572 MB, 1572864000 bytes
255 heads, 63 sectors/track, 191 cylinders
Units = cylinders of 16065 * 512 = 8225280 bytes
Sector size (logical/physical): 512 bytes / 512 bytes
I/O size (minimum/optimal): 512 bytes / 512 bytes
Disk identifier: 0x00000000

Disk /dev/mapper/iducsVG-lv2: 2147 MB, 2147483648 bytes
255 heads, 63 sectors/track, 261 cylinders
Units = cylinders of 16065 * 512 = 8225280 bytes
Sector size (logical/physical): 512 bytes / 512 bytes
I/O size (minimum/optimal): 512 bytes / 512 bytes
Disk identifier: 0x00000000

[root@localhost ~]#
```

▸ 6단계 : 마운트 지점을 생성하고, 마운트를 한다.

'/mnt/lv1'이라는 디렉토리를 생성하고, '/dev/iducsVG/lv1'을 이 디렉토리에 마운트 한다.

```
# mkdir /mnt/lv1
# mount -t ext4 /dev/iducsVG/lv1 /mnt/lv1
```

'/mnt/lv2'이라는 디렉토리를 생성하고, '/dev/iducsVG/lv2'을 이 디렉토리에 마운트 한다.

```
# mkdir /mnt/lv2
# mount -t ext4 /dev/iducsVG/lv2 /mnt/lv2
```

마운트를 한 후 'mount'명령을 실행하였을 때 추가된 내용이 나타나면 마운트가 성공하여 사용할 수 있게 된 것을 의미한다.

```
root@localhost:~
[root@localhost ~]# mount
/dev/sda2 on / type ext4 (rw)
proc on /proc type proc (rw)
sysfs on /sys type sysfs (rw)
devpts on /dev/pts type devpts (rw,gid=5,mode=620)
tmpfs on /dev/shm type tmpfs (rw,rootcontext="system_u:object_r:tmpfs_t:s0")
/dev/sda1 on /boot type ext4 (rw)
/dev/sda5 on /home type ext4 (rw)
none on /proc/sys/fs/binfmt_misc type binfmt_misc (rw)
/dev/mapper/iducsVG-lv1 on /mnt/lv1 type ext4 (rw)
[root@localhost ~]# mkdir /mnt/lv2
[root@localhost ~]# mount -t ext4 /dev/iducsVG/lv2 /mnt/lv2
[root@localhost ~]# mount
/dev/sda2 on / type ext4 (rw)
proc on /proc type proc (rw)
sysfs on /sys type sysfs (rw)
devpts on /dev/pts type devpts (rw,gid=5,mode=620)
tmpfs on /dev/shm type tmpfs (rw,rootcontext="system_u:object_r:tmpfs_t:s0")
/dev/sda1 on /boot type ext4 (rw)
/dev/sda5 on /home type ext4 (rw)
none on /proc/sys/fs/binfmt_misc type binfmt_misc (rw)
/dev/mapper/iducsVG-lv1 on /mnt/lv1 type ext4 (rw)
/dev/mapper/iducsVG-lv2 on /mnt/lv2 type ext4 (rw)
[root@localhost ~]#
```

'df' 명령을 실행하여 현재 마운트된 파일 시스템의 디스크 공간 사용 내용을 확인하면 '/mnt/lv1'에 1.5GB, /mnt/lv2'에 2GB의 파티션이 연결되어 사용할 수 있음을 알 수 있다.

```
root@localhost:/mnt/lv2
[root@localhost lv2]# df
Filesystem           1K-blocks      Used Available Use% Mounted on
/dev/sda2              4128448    687544   3231192  18% /
tmpfs                   515400         0    515400   0% /dev/shm
/dev/sda1               198337     23628    164469  13% /boot
/dev/sda5              4956876    140920   4564156   3% /home
/dev/mapper/iducsVG-lv1
                       1511856     35024   1400032   3% /mnt/lv1
/dev/mapper/iducsVG-lv2
                       2064208     68608   1890744   4% /mnt/lv2
[root@localhost lv2]#
```

3.3 USB 디스크 사용

리눅스에서 USB를 사용하는 방법은 하드 디스크 추가와 매우 유사하다. USB는 대부분의 경우 사용가능한 상태이기 때문에 파티션 생성이나 파일 시스템 생성의 과정은 생략할 수 있고, USB의 파일 시스템 유형을 확인하고 마운트를 수행해야 한다.

실습을 위해 VMware에서 호스트에 장착된 USB를 사용하는 경우 하단의 장치 아이콘들 중에서 'Mass Storage Device'에서 오른쪽 버튼을 클릭하면 메뉴가 나타난다. 나타난 메뉴에서 'Connect'를 선택하면 USB가 게스트 운영체제, 리눅스에 장착된다.

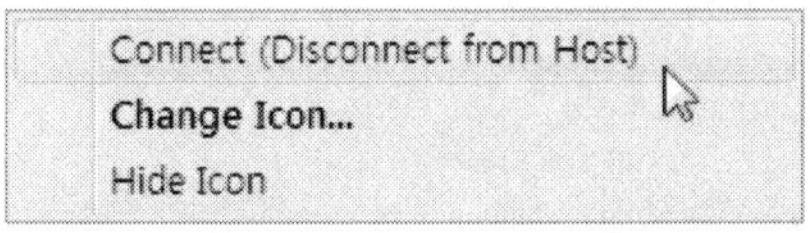

▸ 1단계 : 'fdisk -l'을 실행하여 USB의 파티션 정보를 확인한다.

```
Units = cylinders of 16065 * 512 = 8225280 bytes
Sector size (logical/physical): 512 bytes / 512 bytes
I/O size (minimum/optimal): 512 bytes / 512 bytes
Disk identifier: 0x00000000


Disk /dev/mapper/iducsVG-lv2: 2147 MB, 2147483648 bytes
255 heads, 63 sectors/track, 261 cylinders
Units = cylinders of 16065 * 512 = 8225280 bytes
Sector size (logical/physical): 512 bytes / 512 bytes
I/O size (minimum/optimal): 512 bytes / 512 bytes
Disk identifier: 0x00000000


Disk /dev/sde: 16.2 GB, 16219373568 bytes
255 heads, 63 sectors/track, 1971 cylinders
Units = cylinders of 16065 * 512 = 8225280 bytes
Sector size (logical/physical): 512 bytes / 512 bytes
I/O size (minimum/optimal): 512 bytes / 512 bytes
Disk identifier: 0x0fb1e918

   Device Boot      Start         End      Blocks   Id  System
/dev/sde1   *           1        1972    15839200+   c  W95 FAT32 (LBA)
[root@localhost ~]#
```

현재 인식된 장치의 파일 시스템 유형이 'W95 FAT32 (LBA)' 이다. 즉, 윈도우즈 파일 시스템중 'FAT32'라는 파일 시스템 유형이다.

▸ 2단계 : 마운트 지점을 생성하고, 마운트를 한다.

'FAT32' 유형의 파티션을 사용하기 위해서는 '-t vfat' 옵션을 사용해야 한다.

```
# mkdir /media/usb
# mount -t vfat /dev/sde1 /media/usb
```

```
root@localhost:/media/usb
[root@localhost ~]# mkdir /media/usb
[root@localhost ~]# mount -t vfat /dev/sde1 /media/usb
[root@localhost ~]# mount
/dev/sda2 on / type ext4 (rw)
proc on /proc type proc (rw)
sysfs on /sys type sysfs (rw)
devpts on /dev/pts type devpts (rw,gid=5,mode=620)
tmpfs on /dev/shm type tmpfs (rw,rootcontext="system_u:object_r:tmpfs_t:s0")
/dev/sda1 on /boot type ext4 (rw)
/dev/sda5 on /home type ext4 (rw)
none on /proc/sys/fs/binfmt_misc type binfmt_misc (rw)
/dev/mapper/iducsVG-lv1 on /mnt/lv1 type ext4 (rw)
/dev/mapper/iducsVG-lv2 on /mnt/lv2 type ext4 (rw)
/dev/sde1 on /media/usb type vfat (rw)
[root@localhost ~]# cd /media/usb
[root@localhost usb]# ls
8???? ?? ????.hwp              ghost.exe
bookmark.txt                   Ghostexp.exe
BOOTLOG.PRV                    IO.SYS
```

성공적으로 마운트가 되어 사용할 수 있게 되었다. 그러나 한글로 된 파일 이름을 비 정상적으로 나타나고 있다. 이는 문자열

기존의 usb 파티션을 언마운트하고, '-o iocharset-utf' 옵션을 추가하여 마운트하면 한글 문제를 해결할 수 있다.

```
# umount /dev/sde1
# mount -t vfat -o iocharset=utf8 /dev/sde1 /media/usb
```

```
root@localhost:/media/usb
[root@localhost ~]# cd /media/usb/
[root@localhost usb]# umount /media/usb/
umount: /media/usb: device is busy.
        (In some cases useful info about processes that use
         the device is found by lsof(8) or fuser(1))
[root@localhost usb]# cd
[root@localhost ~]# umount /media/usb/
[root@localhost ~]# mount -t vfat -o iocharset=utf8 /dev/sde1 /media/usb
[root@localhost ~]# cd /media/usb/
[root@localhost usb]# ls
8프로세스 관리 장치관리.hwp      ghost.exe
bookmark.txt                   Ghostexp.exe
BOOTLOG.PRV                    IO.SYS
```

언마운트하는 명령은 'unmount'가 아닌 'umount'임을 기억해야하고, 사용중인 경우 언마운트를 할 수 없다.

참고로 CD/DVD의 경우 '/dev/sr0' 장치로 인식된다. 따라서 '-t iso9660'을 사용해서 마운트해 주어야 한다.

```
# mkdir /media/cdrom
# mount -t vfat /dev/sr0 /media/cdrom
```

09 네트워크 이해

리눅스의 대표적인 특징 중의 하나는 강력한 네트워크 기능을 제공한다는 것이다. 리눅스는 TCP/IP 네트워킹을 완벽하게 구현하고 있을 뿐 아니라 다양한 프로토콜과 네트워크 서비스를 지원하고 있으며, 커널에 네트워크 방화벽 지원 기능을 포함시킴으로써 안전한 네트워크 환경 구축을 지원한다. 실제로 많은 사용자들이 다양한 인터넷 서비스를 제공하는 서버를 구축하고, 운영하기 위해서 리눅스를 사용한다. 따라서 네트워크 기능 제공은 리눅스의 가장 중요한 요소 중에 하나이다.

1. 네트워크 설정

네트워크를 사용하기 위해서는 먼저 네트워크 장치에 대한 인식이 필요하다. 네트워크 장치 인식이란 장착된 네트워크 장치를 지원하는 요소가 커널에 포함되거나 모듈로 메모리에 적재됨으로써 장치 사용이 가능해지는 것을 의미한다. 리눅스는 다양한 네트워크 장치를 지원하기 때문에 리눅스 설치 시 자동으로 인식되지만 때때로 장치를 인식하지 못하는 경우 장착된 네트워크 장치의 호환성을 확인해보아야 한다.

터미널 모드에서 네트워크 장치에 대한 설정을 하기 위해서는 'system-config-network-tui'라는 시스템 설정 프로그램을 사용하거나 '/etc/sysconfig/network-scripts/ifcfg-eth0'와 같은 설정 파일을 편집하는 방법이 있다.

시스템 도구를 이용한 네트워크 설정을 살펴보면 다음과 같다.

▶ 1단계 : ‘system-config-network-tui’를 실행한다.

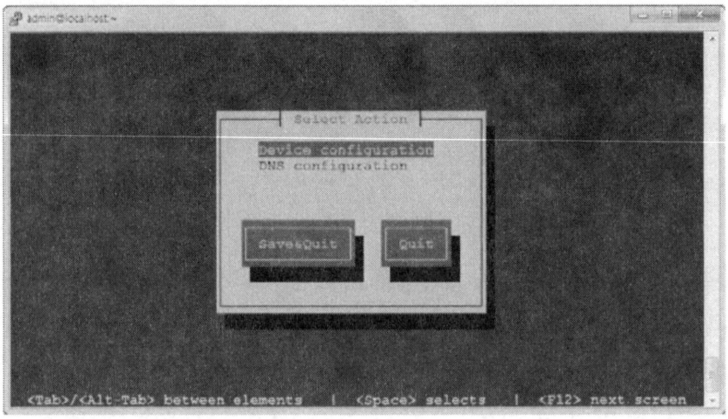

Device configuration’을 통해 장치 설정을 수행할 수 있고, ‘DNS configuration’을 통해 DNS 설정을 수행할 수 있다.

만약 ‘system-config-network-tui’가 실행되지 않는다면 해당 패키지가 설치되어 있는지를 확인한다.

```
# yum list installed | grep system-config-network-tui
```

설치되어 있지 않은 경우에는 설치한다.

```
# yum install system-config-network-tui
```

▶ 2단계 : ‘Device configuration’을 선택한다. 인식된 장치가 나타나고, 새로운 장치를 추가할 수 있는 화면이 나타난다.

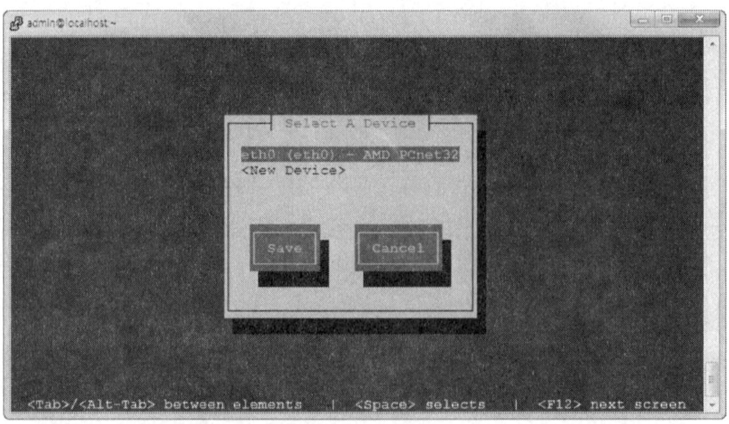

현재 ‘eth0’ 장치로는 ‘AMD PCnet32’이라는 하드웨어가 인식되어 있음을 확인할 수 있다. 참고로 ‘eth0’는 첫 번째 ‘ethernet card’, 즉 랜카드를 의미한다.

▸ 3단계 : 인식된 장치를 선택하면 장치에 대한 네트워크 설정을 할 수 있는 화면이 나타난다.

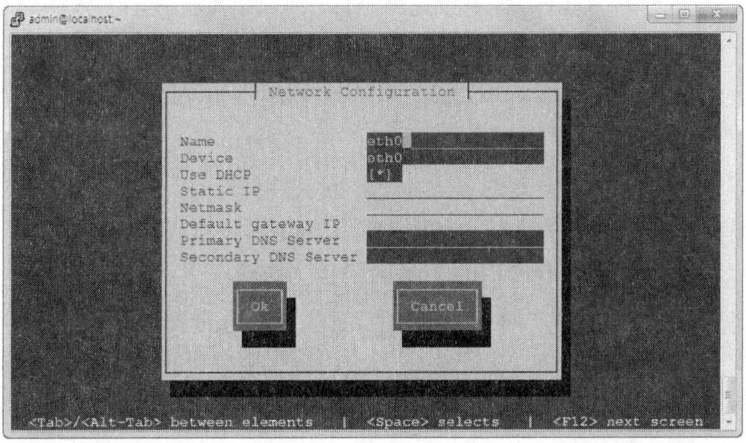

네트워크를 사용하기 위해서는 장치의 올바른 인식뿐 아니라 올바른 네트워크 정보 설정이 필요하다. 네트워크 정보 설정은 IP 주소, 넷마스크, 게이트웨이 주소, 네임 서버 주소 등의 정보를 설정하는 것이다.

현재 DHCP 서버에 의한 동적 할당을 사용하고 있는 것을 확인할 수 있다. 고정 IP를 할당하는 경우 게이트웨이 주소, 넷마스크, 프라이머리 DNS 서버 주소 등에 대한 설정이 추가적으로 필요하다.

인식된 장치별 네트워크 정보 파일의 위치와 내용을 확인하면 다음과 같다.

네트워크 설정 파일의 BOOTPROTO 영역과 ONBOOT 영역의 의미는 다음과 같다.

BOOTPROTO 영역은 네트워크 장치에 정보를 설정할 때 사용할 프로토콜을 지정하는 영역이다. 'none' 또는 'static'으로 설정할 경우 네트워크 장치에 대한 정보를 설정할 때 관리자가 직접 입력한다는 의미이다. 즉 BROAD CAST, IPADDR, NETMASK, NETWORK 번호를 관리자가 직접 입력해야 한다. 'dhcp'로 설정할 경우 네트워크 장치에 대한 정보를 설정할 때 dhcp 프로토콜을 사용하여 네트워크 정보를 서버로부터 받아와서 장치에 설정한다는 의미이다. 이 경우 해당 네트워크에 dhcp 서버가 시작되어 있어야 하며, dhcp 서버의 설정에 따라 네트워크 설정 값이 달라진다. dhcp 서버는 IP 주소를 동적(dynamic)으로 할당하는 것을 기본으로 하며, 설정에 따라 정적(static)으로 할당하기도 한다.

'bootparam'으로 설정할 경우, bootparamd가 시작되는 서버로부터 정적으로 IP 주소를 할당받는다.

ONBOOT 영역은 부팅할 때 네트워크 장치를 활성화할 것인지를 결정하는 영역이다. 'no'로 설정할 경우 네트워크 장치에 올바른 네트워크 정보가 할당되어도 부팅시 장치가 활성화되지 않아 네트워크를 사용할 수 없다. 'yes'로 설정할 경우 올바른 네트워크 정보가 할당되어 있는 경우 장치가 부팅시 활성화되어 네트워크를 사용할 수 있다.

▸ 5단계 : 네트워크 장치 인식과 네트워크 정보 설정한 후 장치를 활성화한다. 활성화는 지정한 게이트웨이 값을 읽은 후 라우팅 테이블을 생성함으로써 네트워크 사용이 가능하도록 하는 것을 의미한다.

장치를 활성화하는 방법으로는 네트워크 서비스를 재시작하는 방법이 있다.

```
# service network restart
```

이 방법은 'ONBOOT' 항목의 설정값이 'yes'인 장치들만을 활성화한다. 활성화에 성공하면 해당 장치의 'inet addr :' 항목에 IP 주소가 할당된다. 참고로 현재 동작중인 네트워크 서비스를 종료했다가 다시 시작하기 때문에 서비스를 제공하고 있는 경우에는 오류가 발생할 수 있다는 점에 유의해야 한다.

특정 장치만 활성화하려면 'ifup' 명령을 사용하는 방법이 있다.

```
# ifup <장치명>
```

이 방법은 'ONBOOT' 항목의 설정값에 관계없이 활성화할 수 있다.

특정 장치를 비활성화할 경우 'ifdown' 명령을 사용한다.

```
# ifdown <장치명>
```

'ifconfig' 명령으로도 장치를 활성화하거나 비활성화할 수 있다.

▸ 6단계 : 'ifconfig' 명령을 사용하여 네트워크 장치에 할당된 정보를 확인한다. 참고로 'ifconfig'명령은 네트워크 장치에 정보를 설정할 수도 있다.

```
root@localhost:~
[root@localhost ~]# ifconfig
eth0      Link encap:Ethernet  HWaddr 00:0C:29:55:60:EF
          inet addr:192.168.116.132  Bcast:192.168.116.255  Mask:255.255.255.0
          inet6 addr: fe80::20c:29ff:fe55:60ef/64 Scope:Link
          UP BROADCAST RUNNING MULTICAST  MTU:1500  Metric:1
          RX packets:277 errors:0 dropped:0 overruns:0 frame:0
          TX packets:186 errors:0 dropped:0 overruns:0 carrier:0
          collisions:0 txqueuelen:1000
          RX bytes:33391 (32.6 KiB)  TX bytes:21635 (21.1 KiB)
          Interrupt:19 Base address:0x2000

lo        Link encap:Local Loopback
          inet addr:127.0.0.1  Mask:255.0.0.0
          inet6 addr: ::1/128 Scope:Host
          UP LOOPBACK RUNNING  MTU:16436  Metric:1
          RX packets:0 errors:0 dropped:0 overruns:0 frame:0
          TX packets:0 errors:0 dropped:0 overruns:0 carrier:0
          collisions:0 txqueuelen:0
          RX bytes:0 (0.0 b)  TX bytes:0 (0.0 b)

[root@localhost ~]#
```

현재 시스템에는 루프백(loopback)장치와 한 개의 이더넷 장치가 존재하는데, 루프백 장치명은 'lo'이고, 이더넷 장치명 'eth0'이다.

표시된 정보의 각 항목별 의미를 살펴보면 다음과 같다.

항목	의미
Link encap:Ethernet	해당 인터페이스가 이더넷임을 표시
HWaddr 00:0C:29:55:60:EF	하드웨어 주소
inet addr:192.168.116.132	IPv4 (TCP/IP) 주소
Bcast:192.168.116.255	브로드캐스트 주소
Mask:255.255.255.0	넷마스크 주소
inet6 addr: fe80::20c:29ff:fe55:60ef/64 Scope:Link	IPv6 주소
UP BROADCAST RUNNING MULTICAST	해당 인터페이스가 활성화되어 있고, 브로드캐스트와 멀티캐스트를 지원
MTU:1500 Metric:1	MTU(Maximum Transfer Unit), 즉 한 번에 전송할 수 있는 최대 패킷의 크기가 1500 바이트임을 표시, 메트릭이 1임을 표시
RX packets:187 errors:0 dropped:0 overruns:0 frame:0	수신된 패킷의 수, 오류 패킷의 수, 폐기된 패킷의 수, 오버런의 수, 프레임의 수
TX packets:126 errors:0 dropped:0 overruns:0 carrier:0	전송한 패킷의 수, 오류 패킷의 수, 폐기된 패킷의 수, 오버런의 수, 프레임의 수
collisions:0 txqueuelen:1000	해당 인터페이스에서 발생한 충돌 패킷의 수와 전송 큐의 길이를 표시
RX bytes:24658 (24.0 KiB)	해당 인터페이스로 수신된 데이터 용량
TX bytes:14063 (13.7 KiB)	해당 인터페이스에서 전송한 데이터 용량
Base address:0x2000	해당 인터페이스가 사용하고 있는 IO 주소

2. 호스트 이름과 IP 주소 변환

IP 주소는 네트워크상에서 네트워크 장치를 식별할 수 있는 역할을 한다. 따라서 해당 호스트에 접속하기 위해서는 해당 호스트의 IP 주소를 알아야 한다. 일반적으로 IP 주소는 컴퓨터에게 편한 형태이지만 사람에게는 호스트 이름이 친숙하다. 여기서 호스트 이름은 FQDN(Fully Qualified Domain Name), 즉 완전한 도메인 이름을 의미하며, 호스트(기계) 이름과 도메인 이름으로 구성된다.

FQDN의 형식을 살펴보면 다음과 같다.

```
hostname.domainname 또는 machinename.domainname
```

실습 : 시스템에 완전한 도메인 이름을 설정

▶ 1단계 : '/etc/sysconfig/network'에 포함된 'HOSTNAME' 지시자의 설정값을 변경한다.

```
root@localhost:~
[root@localhost ~]# cat /etc/sysconfig/network
NETWORKING=yes
HOSTNAME=localhost.localdomain
[root@localhost ~]# vi /etc/sysconfig/network
[root@localhost ~]# cat /etc/sysconfig/network
NETWORKING=yes
HOSTNAME=iducs.induk.ac.kr
[root@localhost ~]#
```

'/etc/sysconfig/network'에는 네트워크 설정 여부와 호스트 이름 및 게이트웨이에 대한 정보가 저장되어 있다.

'HOSTNAME' 지시자의 설정값을 변경하여도 현재 시스템의 호스트 이름을 확인하면 변경되어 있지 않음을 확인할 수 있다. 이 경우 시스템을 재시작하면 변경한 내용이 적용이 된다.

▶ 2단계 : 시스템을 재시작하지 않고 호스트 이름을 변경하고자 한다면 'hostname'명령을 사용한다. 'hostname' 명령은 현재 시스템의 도메인 이름을 출력하거나 설정하는 명령이다.

```
# hostname iducs.induk.ac.kr
```

```
[root@localhost ~]# hostname
localhost.localdomain
[root@localhost ~]# hostname iducs.induk.ac.kr
[root@localhost ~]# hostname
iducs.induk.ac.kr
[root@localhost ~]#
```

'hostname'으로 설정한 호스트 이름은 시스템을 재시작하면 효력이 사라진다. 따라서 1단계와 2단계를 동시에 수행하는 것이 바람직하다.

사용자의 편리한 사용을 위해 사용자가 입력한 호스트 이름을 IP 주소로 변환해주는 기능이 필요하다. 이런 변환을 수행해주는 서버를 네임 서버 또는 DNS 서버라고 한다.

리눅스에서 호스트 이름을 IP 주소로 변환하는 과정은 다음과 같다.

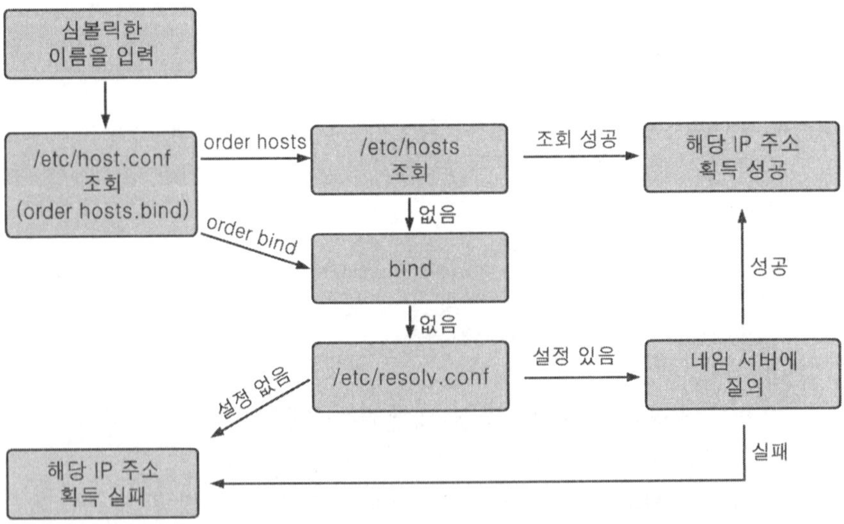

사용자가 호스트 이름을 입력하면, 변환을 위해 제일 먼저 '/etc/host.conf'를 접근한다. 이 파일에는 호스트 이름을 IP 주소로 변환할 때 검색하는 순서가 기록되어 있다.

```
[root@localhost ~]# cat /etc/host.conf
order hosts,bind
multi on
[root@localhost ~]#
```

'order hosts,bind'는 IP 주소로 변환을 위해 '/etc/hosts' 문서를 먼저 검색하고, 해당 호스트 이름이 없는 경우 네임 서버(bind)에 질의하라는 의미이다. 'multi on'은 하나의 호스트가 여러개의 IP 주소를 가질 수 있도록 하는 설정이다.

'/etc/hosts'에는 주로 자주 방문하는 호스트에 대한 정보가 저장되어 있다.

```
[root@iducs ~]# cat /etc/hosts
127.0.0.1   localhost localhost.localdomain localhost4 localhost4.localdomain4
::1         localhost localhost.localdomain localhost6 localhost6.localdomain6
192.168.116.132         iducs   iducs.induk.ac.kr
[root@iducs ~]#
```

'/etc/hosts'에 시스템의 IP 주소와 호스트 이름 추가한다. 일반적으로 네임 서버는 접속 시간을 필요로 하기 때문에 '/etc/hosts'를 이용한 변환은 네임 서버를 이용하는 것보다 빠르다는 장점이 있다. 참고로 'iducs'나 'iducs.induk.ac.kr'을 입력하면 '192.168.116.132'라는 IP 주소로 변환된다.

만약 '/etc/hosts'에 입력한 호스트 이름에 대한 정보가 없다면 네임 서버를 통해 해당 IP 주소를 검색하게 된다. 질의를 보낼 네임 서버의 목록은 일반적으로 '/etc/resolv.conf' 파일에 기록되어 있다.

```
[root@iducs ~]# cat /etc/resolv.conf
; generated by /sbin/dhclient-script
search localdomain induk.ac.kr
nameserver 192.168.116.2
[root@iducs ~]#
```

nameserver 영역은 네임 서버를 통해 IP 주소를 질의할 경우 어느 네임 서버에게 질의를 할 것인가를 지정하는 영역이다. 일반적으로 두 개 이상을 지정하는 것을 권장한다. 그 이유는 하나의 네임 서버가 다운되어나 경로 이상으로 접근이 불가능한 경우, 다른 네임 서버로 접속하여 질의할 수 있기 때문이다. 네임 서버를 지정할 때에는 반드시 IP 주소로 지정해주어야 하는데, IP 주소가 아닌 경우 질의할 네임 서버에 접근하지 못하는 현상이 발생하기 때문이다. 현재 두 개의 네임 서버의 IP 주소가 설정되어 있는 것을 확인할 수 있다.

선택적으로 search 영역이 사용되는데 자주 사용되는 로컬 도메인 주소를 지정하면, 간단한 호스트 이름을 입력해도 완전한 호스트 이름으로 완성하여 검색해준다. 예를 들면 search 영역의 값을 'induk.ac.kr'로 지정한 경우, 사용자가 'iducs'만 입력해도 'iducs.induk.ac.kr'로 완성하여 해당 IP 주소를 검색하게 된다.

네임 서버에게 해당 호스트 이름에 대한 IP 주소를 직접 질의하려면 'nslookup' 명령을 사용하면 된다.

```
root@iducs:~
[root@iducs ~]# nslookup www.google.com
Server:         192.168.116.2
Address:        192.168.116.2#53

Non-authoritative answer:
Name:   www.google.com
Address: 173.194.79.99
Name:   www.google.com
Address: 173.194.79.103
Name:   www.google.com
Address: 173.194.79.104
Name:   www.google.com
Address: 173.194.79.105
Name:   www.google.com
Address: 173.194.79.106
Name:   www.google.com
Address: 173.194.79.147

[root@iducs ~]#
```

호스트 이름에 대한 IP 주소를 네임 서버에게 질의하는 것으로 이때 '/etc/ resolv.conf'에서 첫 번째 네임 서버에게 질의를 보낸다.

'nslookpu' 명령은 특정 네임 서버의 동작을 확인하기 위해 질의를 보내고자할 때 사용되며, 그 사용법은 다음과 같다.

```
# nslookup <호스트이름> <질의할 네임 서버>
```

'nslookup' 명령이 없는 경우 'bind-utils'라는 패키지가 설치되어 있는 지 확인하고, 설치되어 있지 않은 경우 설치해야 한다.

다음은 '168.126.63.1'이라는 네임 서버에 'www.google.com'의 IP 주소를 질의하는 화면이다.

```
root@iducs:~
[root@iducs ~]# nslookup www.google.com 168.126.63.1
Server:         168.126.63.1
Address:        168.126.63.1#53

Non-authoritative answer:
Name:   www.google.com
Address: 74.125.129.103
Name:   www.google.com
Address: 74.125.129.104
Name:   www.google.com
Address: 74.125.129.105
Name:   www.google.com
Address: 74.125.129.106
Name:   www.google.com
Address: 74.125.129.147
Name:   www.google.com
Address: 74.125.129.99

[root@iducs ~]# 
```

3. 포트와 소켓

일반적으로 서비스를 제공하는 호스트를 서버라고 하고, 서비스를 제공받는 호스트를 클라이언트라고 한다. 리눅스는 다양한 네트워크 서비스를 제공하며, 경우에 따라 하나의 서버에서 다수의 서비스를 제공하기도 한다.

그럼 다수의 서비스를 제공하는 서버의 경우 클라이언트가 어떤 서비스를 원하는지 어떻게 구분할 수 있을까? 이 질문에 대한 답은 포트이다.

포토(port)란 네트워크 서비스를 식별하기 위해 부여된 번호를 의미한다. 서버에는 특정 포트로부터 오는 서비스 요청을 기다리는 데몬(daemon)들이 존재하며, 이들은 클라이언트가 지정한 포트를 이용하여 요청한 서비스를 구분하여 제공한다. 즉, 클라이언트는 IP 주소로 서버에 접속하고, 포트로 서비스를 지정한다고 할 수 있다.

포트의 범위는 0~65535이지만, 이 중에서 0~1023 범위의 포트는 IANA (Internet Assigned Numbers Authority)에서 지정한 포트들로, 이 범위의 서비스를 이용하는 클라이언트는 항상 지정한 포트를 사용하여 접속하도록 설계 및 제작된다. 즉 웹 브라우저를 이용하여 웹 서비스를 받는 경우 IP 주소만 입력하고, 80 포트를 지정하지 않아도 80 포트에 해당하는 웹 서비스를 제공받는다.

각 서비스별 포트 및 프로토콜에 대한 정의는 '/etc/services' 파일에서 확인할 수 있다.

```
# /etc/services:
# $Id: services,v 1.48 2009/11/11 14:32:31 ovasik Exp $
#
# Network services, Internet style
# IANA services version: last updated 2009-11-10
#
# Note that it is presently the policy of IANA to assign a single well-known
# port number for both TCP and UDP; hence, most entries here have two
  entries
# even if the protocol doesn't support UDP operations.
# Updated from RFC 1700, ``Assigned Numbers'' (October 1994).  Not all
  ports
# are included, only the more common ones.
#
# The latest IANA port assignments can be gotten from
# http://www.iana.org/assignments/port-numbers
# The Well Known Ports are those from 0 through 1023.
# The Registered Ports are those from 1024 through 49151
# The Dynamic and/or Private Ports are those from 49152 through 65535
#
# Each line describes one service, and is of the form:
#
# service-name  port/protocol  [aliases ...]   [# comment]
tcpmux          1/tcp                           # TCP port service multiplexer
tcpmux          1/udp                           # TCP port service multiplexer
rje             5/tcp                           # Remote Job Entry
rje             5/udp                           # Remote Job Entry
echo            7/tcp
echo            7/udp
discard         9/tcp           sink null
discard         9/udp           sink null
systat          11/tcp          users
systat          11/udp          users
daytime         13/tcp
daytime         13/udp
```

```
qotd            17/tcp          quote
qotd            17/udp          quote
msp             18/tcp                          # message send protocol
msp             18/udp                          # message send protocol
chargen         19/tcp          ttytst source
chargen         19/udp          ttytst source
ftp-data        20/tcp
ftp-data        20/udp
# 21 is registered to ftp, but also used by fsp
ftp             21/tcp
ftp             21/udp          fsp fspd
ssh             22/tcp                          # The Secure Shell (SSH) Protocol
ssh             22/udp                          # The Secure Shell (SSH) Protocol
telnet          23/tcp
telnet          23/udp
# 24 - private mail system
lmtp            24/tcp                          # LMTP Mail Delivery
lmtp            24/udp                          # LMTP Mail Delivery
smtp            25/tcp          mail
smtp            25/udp          mail
time            37/tcp          timserver
time            37/udp          timserver
rlp             39/tcp          resource        # resource location
rlp             39/udp          resource        # resource location
nameserver      42/tcp          name            # IEN 116
nameserver      42/udp          name            # IEN 116
nicname         43/tcp          whois
nicname         43/udp          whois
tacacs          49/tcp                          # Login Host Protocol (TACACS)
tacacs          49/udp                          # Login Host Protocol (TACACS)
re-mail-ck      50/tcp                          # Remote Mail Checking Protocol
re-mail-ck      50/udp                          # Remote Mail Checking Protocol
domain          53/tcp                          # name-domain server
domain          53/udp
```

```
whois++         63/tcp
whois++         63/udp
bootps          67/tcp                          # BOOTP server
bootps          67/udp
bootpc          68/tcp          dhcpc           # BOOTP client
bootpc          68/udp          dhcpc
tftp            69/tcp
tftp            69/udp
gopher          70/tcp                          # Internet Gopher
gopher          70/udp
netrjs-1        71/tcp                          # Remote Job Service
netrjs-1        71/udp                          # Remote Job Service
netrjs-2        72/tcp                          # Remote Job Service
netrjs-2        72/udp                          # Remote Job Service
netrjs-3        73/tcp                          # Remote Job Service
netrjs-3        73/udp                          # Remote Job Service
netrjs-4        74/tcp                          # Remote Job Service
netrjs-4        74/udp                          # Remote Job Service
finger          79/tcp
finger          79/udp
http            80/tcp          www www-http    # WorldWideWeb HTTP
http            80/udp          www www-http    # HyperText Transfer Protocol
```

한 서버가 다수 클라이언트로부터 접근될 때 어떻게 구분하여 데이터를 전송할 수 있을까? 한 클라이언트가 다수의 서버를 연결하고 있는 경우 어떤 서버로부터 온 데이터인지 어떻게 구분할 수 있을까? 이 질문에 대한 답은 소켓(socket)이다.

소켓은 네트워크상에서 클라이언트 프로그램과 서버 프로그램 사이의 통신 방법으로 서버의 IP 주소, 포트 번호와 클라이언트의 IP 주소, 포트 번호를 이용한 데이터 전송을 위해 형성한 연결을 의미한다.

다음은 원격에서 하나의 ssh 클라이언트 프로그램으로 접속하였을 때와 두개의 ssh 클라이언트 프로그램으로 접속하였을 때, 서비스 프로세스와 소켓의 변화를 나타낸다.

클라이언트로부터 서비스 요청이 올 때마다, 새로운 프로세스와 소켓이 생성됨을 확인할 수 있다.

```
root@iducs:~
[root@iducs ~]# ps aux | grep ssh
root      1069  0.0  0.0   8508  1004 ?        Ss   18:28   0:00 /usr/sbin/sshd
root      1183  0.0  0.5  13500  5780 ?        Ss   18:30   0:00 sshd: root@pts/
0
root      1275  0.0  0.0   4336   748 pts/0    S+   18:48   0:00 grep ssh
[root@iducs ~]# netstat -t | grep ssh
tcp        0     52 iducs:ssh                  192.168.116.1:49960         ESTA
BLISHED
[root@iducs ~]# ps aux | grep ssh
root      1069  0.0  0.0   8508  1004 ?        Ss   18:28   0:00 /usr/sbin/sshd
root      1183  0.0  0.5  13500  5780 ?        Ss   18:30   0:00 sshd: root@pts/
0
root      1278  0.6  0.2   9852  2620 ?        Ss   18:48   0:00 sshd: [accepted
]
sshd      1279  1.6  0.1   9852  1372 ?        S    18:48   0:00 sshd: [net]

root      1281  0.0  0.0   4336   748 pts/0    S+   18:49   0:00 grep ssh
[root@iducs ~]# netstat -t | grep ssh
tcp        0     52 iducs:ssh                  192.168.116.1:49960         ESTA
BLISHED
tcp        0      0 iducs:ssh                  192.168.116.1:50005         ESTA
BLISHED
[root@iducs ~]#
```

클라이언트로부터 웹 서비스 요청이 온 경우, 프로세스와 소켓의 변화를 살펴보면 다음과 같다.

```
root@iducs:~
[root@iducs ~]# ps aux | grep httpd
root      1340  0.0  0.3  11188  3300 ?        Ss   18:52   0:00 /usr/sbin/httpd
apache    1342  0.0  0.2  11188  2076 ?        S    18:52   0:00 /usr/sbin/httpd
apache    1343  0.0  0.2  11188  2076 ?        S    18:52   0:00 /usr/sbin/httpd
apache    1344  0.0  0.2  11188  2076 ?        S    18:52   0:00 /usr/sbin/httpd
apache    1345  0.0  0.2  11188  2076 ?        S    18:52   0:00 /usr/sbin/httpd
apache    1346  0.0  0.2  11188  2076 ?        S    18:52   0:00 /usr/sbin/httpd
apache    1347  0.0  0.2  11188  2076 ?        S    18:52   0:00 /usr/sbin/httpd
apache    1348  0.0  0.2  11188  2076 ?        S    18:52   0:00 /usr/sbin/httpd
apache    1349  0.0  0.2  11188  2076 ?        S    18:52   0:00 /usr/sbin/httpd
root      1551  0.0  0.0   4336   752 pts/0    S+   18:55   0:00 grep httpd
[root@iducs ~]# netstat -t | grep http
[root@iducs ~]# netstat -t | grep http
tcp        0      0 iducs:http                 ::ffff:192.168.116.1:50052  TIME
_WAIT
tcp        0      0 iducs:http                 ::ffff:192.168.116.1:50049  TIME
_WAIT
tcp        0      0 iducs:http                 ::ffff:192.168.116.1:50050  TIME
_WAIT
tcp        0      0 iducs:http                 ::ffff:192.168.116.1:50051  TIME
_WAIT
[root@iducs ~]#
```

웹 서비스의 경우 다수의 서비스 프로세스가 동작하면서 서비스를 제공하고, 현재 1340 프로세스가 세션의 리더이며, 연결을 담당한다. 첫 번째 요청의 경우 50052, 50049, 50050, 50051소켓을 생성하여 서비스를 제공함을 확인할 수 있다.

일반적으로 서버의 서비스 프로세스는 하나 이상이 동작하면서 서비스를 제공하고, 그 중 첫 번째 프로세스는 연결을 담당한다. 따라서 클라이언트로부터 서비스 요청이 올 경우, 첫 번째 프로세스는 다음 프로세스를 호출하여 새로운 소켓을 열어 서비스를 제공한다. 만약 호출할 다음 프로세스가 존재하지 않는 경우에는 새로운 프로세스를 생성한다. 다음 요청이 올 경우, 다음 프로세스를 호출하여 새로운 소켓을 열어 서비스를 제공한다.

하나의 클라이언트가 다수의 서버를 접속하는 경우, 각 클라이언트 프로세스마다 새로운 클라이언트 포트를 열고, 서버의 서비스 포트를 접속한다. 서버는 클라이언트의 포트 번호를 이용하여 클라이언트를 식별하여 서비스를 제공한다. 클라이언트 포트 번호는 1024부터 65535 포트 중에서 사용하지 않는 포트를 순차적으로 사용한다.

4. 서버 유형(Server Type)

서버에는 클라이언트가 요청한 서비스를 제공하기 위해 서비스 프로세스, 즉 데몬(Daemon)이 동작하고 있다. 데몬은 메모리를 할당받아 사용하기 때문에 효율적인 메모리 사용을 위해 관리가 필요하다. 즉 요청의 빈도가 높은 서비스의 경우 요청에 바로 대응할 수 있도록 항상 데몬이 실행되어야 하지만, 요청 빈도가 낮은 서비스의 경우 필요할 때만 실행되고, 실행 후 종료되어야 한다.

리눅스에서는 서비스의 요청 빈도에 따라 standalone 유형과 inetd 유형의 데몬 동작 방식이 존재한다.

standalone 유형의 데몬은 독립적으로 실행되며, 서비스 요청에 신속하게 대응할 수 있으며, 일반적으로 standalone 유형의 데몬에는 named, httpd, sendmail, nfs, samba 등이 있다. standalone 유형의 데몬을 제어하는 스크립트 파일은 '/etc/init.d' 또는 '/etc/rc.d/init.d'에 존재한다

```
root@iducs:~
[root@iducs ~]# ls /etc/rc.d/init.d/
auditd     halt       killall     network  restorecond  saslauthd  udev-post
crond      ip6tables  netconsole  postfix  rsyslog      single     xinetd
functions  iptables   netfs       rdisc    sandbox      sshd
[root@iducs ~]# ls /etc/init.d/
auditd     halt       killall     network  restorecond  saslauthd  udev-post
crond      ip6tables  netconsole  postfix  rsyslog      single     xinetd
functions  iptables   netfs       rdisc    sandbox      sshd
```

inetd 유형의 데몬은 인터넷 서비스를 수행하는 데몬에 의해 실행되

며, 서비스 요청에 신속하게 대응하기 어려우며, inetd 유형의 데몬에는 telnet, pop3, imap, rlogin, finger, tftp 등이 있지만, 데몬의 유형은 서버의 목적에 따라 다르게 동작할 수도 있다.

xinetd는 기존의 inetd를 개선한 인터넷 서비스 데몬이다. xinetd는 원격 호스트의 주소와 접근 시간에 기반하여 모든 서비스에 대한 접근 통제 메커니즘을 제공하고, 접근 거부 공격을 방지할 수 있으며, 다른 데몬을 실행하거나 종료하는 등의 관리 기능을 가지고 있어 '슈퍼 데몬'이라고도 한다. 광범위한 로그 기록 기능을 제공하고, 사용 가능한 서버 인자 수에 제한이 없으며, 호스트 기계에서 특정 IP 주소로 특정 서비스를 바인드(bind)할 수 있게 해준다.

xinetd 데몬은 standalone 유형으로 부팅할 때 시작되고, '/etc/xinetd.conf'를 이용하여 기본적인 설정을 한다. 각 서비스는 xinetd에 대한 독자적인 설정 파일을 가지며 이들은 '/etc/xinetd.d' 디렉토리에 존재한다. '/etc/xinetd.d' 디렉토리를 살펴보면 다음과 같다.

```
[root@iducs ~]# ls /etc/xinetd.d/
chargen-dgram   daytime-stream  echo-dgram     time-dgram
chargen-stream  discard-dgram   echo-stream    time-stream
daytime-dgram   discard-stream  tcpmux-server
[root@iducs ~]#
```

'/etc/xinetd.conf' 파일을 살펴보면 다음과 같다.

```
#
# This is the master xinetd configuration file. Settings in the
# default section will be inherited by all service configurations
# unless explicitly overridden in the service configuration. See
# xinetd.conf in the man pages for a more detailed explanation of
# these attributes.
defaults
{
# The next two items are intended to be a quick access place to
# temporarily enable or disable services.
#
#       enabled         =
#       disabled        =
```

```
# Define general logging characteristics.
        log_type        = SYSLOG daemon info
        log_on_failure  = HOST
        log_on_success  = PID HOST DURATION EXIT

# Define access restriction defaults
#
#       no_access       =
#       only_from       =
#       max_load        = 0
        cps             = 50 10
        instances       = 50
        per_source      = 10

# Address and networking defaults
#
#       bind            =
#       mdns            = yes
        v6only          = no

# setup environmental attributes
#
#       passenv         =
        groups          = yes
        umask           = 002

# Generally, banners are not used. This sets up their global defaults
#
#       banner          =
#       banner_fail     =
#       banner_success  =
}

includedir /etc/xinetd.d
```

부팅할 때 standalone 유형의 서비스를 시작하려면 텍스트 모드에서는 'ntsysv'를 이용해 설정해야 한다. 참고로 GUI 모드에서는 'system-config-services' 또는 'serviceconf'를 이용하여 해당 서비스 설정을 해야 한다.

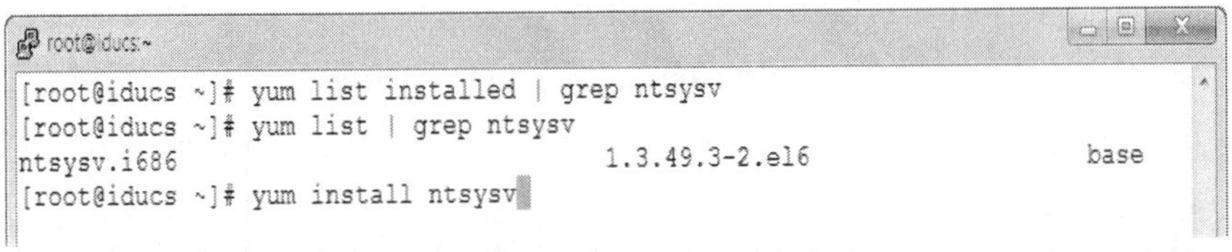

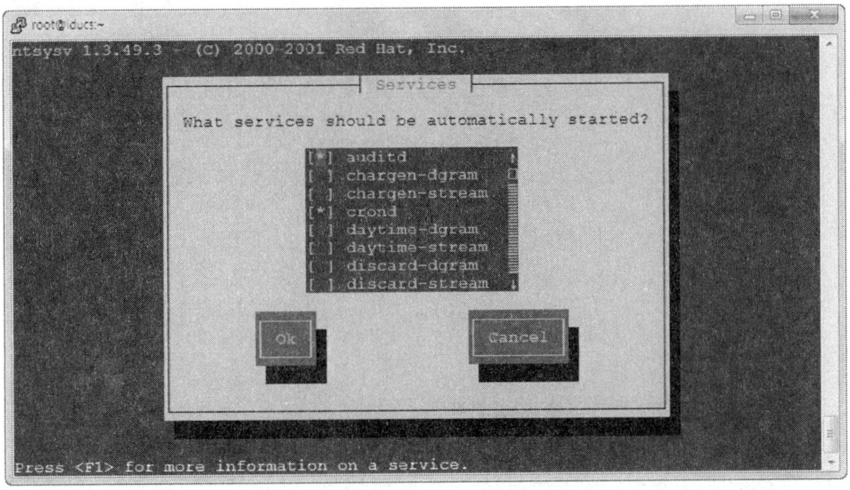

5. 네트워크 관련 명령어

5.1 ping

'ping' 명령은 특정 호스트에 ICMP ECHO_REQUEST 패킷을 전송하여 도달할 수 있는지를 확인하는 명령으로 그 사용법은 다음과 같다

```
# ping [옵션] <호스트 이름 또는 IP 주소>
```

일반적으로 ECHO_REQUEST 패킷을 받은 특정 호스트나 게이트웨이는 동작중인 경우 ECHO_RESPONSE 패킷을 전송한다. 때때로 보안

을 위해 동작중인 경우도 응답 패킷을 전송하지 않도록 설정할 수 있다. 다음은 ping 요청을 거부하도록 설정하는 방법이다.

```
# echo 1 > /proc/sys/net/ipv4/icmp_echo_ignore_all
```

'echo 1' 대신 'echo 0'으로 명령을 수행하면 모든 ping 요청에 응답하게 된다. 다음은 'localhost'에 ping 요청을 한 화면으로 'icmp_echo_ignore_all'을 설정하기 전에는 응답하였지만, 설정한 후에는 응답하지 않는 것을 확인할 수 있다.

```
[root@iducs ~]# ping -c 3 localhost
PING localhost (127.0.0.1) 56(84) bytes of data.
64 bytes from localhost (127.0.0.1): icmp_seq=1 ttl=64 time=0.083 ms
64 bytes from localhost (127.0.0.1): icmp_seq=2 ttl=64 time=0.067 ms
64 bytes from localhost (127.0.0.1): icmp_seq=3 ttl=64 time=0.071 ms

--- localhost ping statistics ---
3 packets transmitted, 3 received, 0% packet loss, time 2000ms
rtt min/avg/max/mdev = 0.067/0.073/0.083/0.012 ms
[root@iducs ~]# echo 1 > /proc/sys/net/ipv4/icmp_echo_ignore_all
[root@iducs ~]# ping -c 3 localhost
PING localhost (127.0.0.1) 56(84) bytes of data.

--- localhost ping statistics ---
3 packets transmitted, 0 received, 100% packet loss, time 12000ms

[root@iducs ~]#
```

참고로 '-c' 옵션은 ping 요청 횟수를 지정하는데 사용된다.

5.2 netstat(network status)

'netstat' 명령은 네트워크 연결, 라우팅 테이블, 인터페이스 통계, 위장 연결 및 멀티캐스트 멤버쉽 등의 네트워크 사용 현황을 출력하는 명령으로 그 사용법은 다음과 같다.

```
# netstat [옵션]
```

주요 옵션을 살펴보면 다음과 같다.

옵션	의미
옵션 없음	활성화되어 있고, 열려있는 소켓의 목록을 표시
-r, --route	커널의 라우팅 테이블을 표시
-g, --groups	IPv4 또는 IPv6 멀티 캐스트 그룹 멤버쉽을 표시
-M, --masquerade	위장 연결 목록을 표시
-s, --statistics	각 프로토콜을 위한 요약 통계를 표시

-i, --interfaces=iface	모든 또는 지정한 네트워크 인터페이스 테이블을 표시
-n, --numeric	숫자 형식의 주소로 표시
-a, --a	연결된 모든 소켓의 목록을 표시
-l, --listening	리스닝 소켓들만 표시
-t 또는 -u	tcp 연결 또는 udp 연결을 출력
-p, --program	소켓을 사용하고 있는 PID와 프로그램명을 출력
-c, --continuous	매초마다 반복적으로 선택된 정보를 출력

다음은 현재 시스템의 라우팅 테이블을 출력하는 화면이고, '-n' 옵션은 호스트 이름이나 게이트웨이 이름을 숫자 형식의 주소로 표시하는 역할을 한다.

```
root@iducs:~
[root@iducs ~]# netstat -r
Kernel IP routing table
Destination     Gateway         Genmask         Flags   MSS Window  irtt Iface
192.168.116.0   *               255.255.255.0   U         0 0          0 eth0
link-local      *               255.255.0.0     U         0 0          0 eth0
default         192.168.116.2   0.0.0.0         UG        0 0          0 eth0
[root@iducs ~]# netstat -rn
Kernel IP routing table
Destination     Gateway         Genmask         Flags   MSS Window  irtt Iface
192.168.116.0   0.0.0.0         255.255.255.0   U         0 0          0 eth0
169.254.0.0     0.0.0.0         255.255.0.0     U         0 0          0 eth0
0.0.0.0         192.168.116.2   0.0.0.0         UG        0 0          0 eth0
[root@iducs ~]#
```

5.3 wget

'wget'은 비대화형(non-interactive)으로 인터넷 프로토콜을 통해 파일을 검색하고 다운로드 하는 검출기(retriver)이다. 그 사용법은 다음과 같다.

```
# wget [옵션] <URL>
```

'URL'은 다운로드하고자 하는 자원의 위치를 의미하며, http, ftp 등 다양한 프로토콜을 지원한다.

주요 옵션을 살펴보면 다음과 같다.

옵션	의미
-c	이어 받기를 활성화함
-t	다운로드를 실패하였을 때 재시도 횟수를 설정함
-r	재귀적으로 다운로드를 수행함 '-l' 옵션을 사용하여 무한 다운로드를 방지해야함

다음은 'wget'명령으로 'epel-release-6-7.noarch.rpm' 파일을 검출하는 화면이다.

```
root@iducs:~
[root@iducs ~]# wget http://dl.fedoraproject.org/pub/epel/6/i386/epel-release-6-
7.noarch.rpm
--2012-11-30 08:29:56--  http://dl.fedoraproject.org/pub/epel/6/i386/epel-releas
e-6-7.noarch.rpm
Resolving dl.fedoraproject.org... 209.132.181.26, 209.132.181.27, 209.132.181.23
, ...
Connecting to dl.fedoraproject.org|209.132.181.26|:80... connected.
HTTP request sent, awaiting response... 200 OK
Length: 14496 (14K) [application/x-rpm]
Saving to: "epel-release-6-7.noarch.rpm"

100%[======================================>] 14,496      63.3K/s   in 0.2s

2012-11-30 08:29:57 (63.3 KB/s) - "epel-release-6-7.noarch.rpm" saved [14496/144
96]

[root@iducs ~]# ls -l epel-release-6-7.noarch.rpm
-rw-r--r--. 1 root root 14496 May 10  2012 epel-release-6-7.noarch.rpm
[root@iducs ~]#
```

참고로 최소(minimal) 설치를 한 경우 'wget'이 설치되지 않으므로 해당 패키지를 설치해야 한다.

```
# which wget
# yum -y install wget
```

5.4 route

'route' 명령은 시스템의 라우팅 테이블 정보를 출력하거나 조작하는 명령으로 그 사용법은 다음과 같다.

```
# route [옵션]
```

주요 옵션을 살펴보면 다음과 같다.

<table>
<tr><th>옵션</th><th>의미</th></tr>
<tr><td>-n</td><td>숫자 형식의 주소로 표시</td></tr>
<tr><td>-e</td><td>확장된 정보를 표시</td></tr>
<tr><td>add [-net|-host] <IP 주소> [netmask Nm] [gw Gw] [metric N] [mss M] [window W]</td><td>라우트(route) 정보 추가</td></tr>
<tr><td>del [-net|-host] <IP 주소> [gw Gw] [netmask Nm] [metric N] [[dev] If]</td><td>라우트 정보 삭제</td></tr>
</table>

'-n' 옵션을 사용하면 연관된 주소들이 숫자 형식으로 표현된다.

```
root@iducs:~
[root@iducs ~]# route
Kernel IP routing table
Destination     Gateway         Genmask         Flags Metric Ref    Use Iface
192.168.116.0   *               255.255.255.0   U     0      0        0 eth0
link-local      *               255.255.0.0     U     1002   0        0 eth0
default         192.168.116.2   0.0.0.0         UG    0      0        0 eth0
[root@iducs ~]# route -n
Kernel IP routing table
Destination     Gateway         Genmask         Flags Metric Ref    Use Iface
192.168.116.0   0.0.0.0         255.255.255.0   U     0      0        0 eth0
169.254.0.0     0.0.0.0         255.255.0.0     U     1002   0        0 eth0
0.0.0.0         192.168.116.2   0.0.0.0         UG    0      0        0 eth0
[root@iducs ~]#
```

표시된 정보의 주요 영역별 의미를 살펴보면 다음과 같다.

영역	의미
Destination	목적지의 네트워크 주소나 호스트 주소를 의미함, '*' 또는 '0.0.0.0'은 default를 의미하며, 지정되지 않은 모든 목적지들은 이 정보를 따름
Gateway	외부와 연결하는 기본적인 라우터의 IP 주소를 의미함, '*' 또는 '0.0.0.0'은 외부로 연결되지 않는 로컬 네트워크를 의미함
Genmask	넷마스크(netmask)를 의미함
Flags	라우팅 대상의 상태, 'U'는 현재 동작중임을 의미하고, 'G'는 외부 연결을 위해 게이트웨이로 지정되어 있다는 것을 의미함

참고로 'route' 명령으로 라우팅 테이블에 정보를 추가/삭제하기 위해서는 'root' 권한이 필요하다.

5.5 traceroute

'traceroute' 명령은 목적지까지의 경로를 추적하여 출력하는 명령으로 그 사용법은 다음과 같다.

```
# traceroute [옵션] <호스트 이름 또는 IP 주소>
```

만약 지정한 호스트가 응답이 없는 경우 라우터 주소 대신 '*'가 출력되며, 상단의 '30 hops max' 메시지는 경유 가능한 최대 라우터 수가 30임을 의미한다.

5.6 arp

'arp'는 시스템 ARP(Address Resolution Protocol) 캐쉬를 조작하는 명령으로 그 사용법은 다음과 같다.

```
# arp [옵션]
```

주요 옵션을 살펴보면 다음과 같다.

옵션	의미
-e	리눅스 스타일로 하드웨어 주소를 표시
-n	숫자 형식의 주소로 표시
-d <호스트명>	지정한 호스트명을 ARP 캐쉬로부터 삭제
-s <호스트명> <하드웨어 주소>	ARP 캐쉬에 새로운 하드웨어 주소를 저장

'arp' 명령을 이용하면 하드웨어에 대한 정보를 알 수 있다.

```
root@iducs:~
[root@iducs ~]# arp
Address                  HWtype  HWaddress           Flags Mask            Iface
192.168.116.254          ether   00:50:56:f5:eb:c0   C                     eth0
192.168.116.2            ether   00:50:56:e0:2d:a2   C                     eth0
iducs                    ether   00:0c:29:55:60:f9   CM                    eth0
192.168.116.1            ether   00:50:56:c0:00:08   C                     eth0
[root@iducs ~]#
```

IP 주소, 하드웨어 유형, 하드웨어 주소 등을 확인할 수 있다. 참고로 하드웨어 주소 중 앞 3바이트는 제조 회사의 고유번호를 의미하고, 뒤 3바이트는 제품 일련번호를 의미하며, 이 주소는 유일한 식별 번호로 하드웨어 장치를 식별하는데 사용된다.

6. 방화벽 설정

방화벽이란 외부에서 시스템으로의 접근을 선별적으로 차단해주는 네트워크 보호 장치를 의미한다. 안전해야 하는 사내 네트워크와 공개된 네트워크 사이에서 보안 정책에 의해서 접근을 허용 또는 거부하는 역할을 수행하는 컴퓨터 시스템 또는 장치를 의미한다.

'iptables'는 리눅스 커널 방화벽의 보안 정책 테이블을 관리하는 프로그램을 의미하고, 패킷 필터링 정책 테이블을 관리한다. 실제로 패킷 필터링 기능은 커널에 탑재되어 있는 'netfilter'가 담당한다.

네트워크를 통해 새로운 서비스를 제공하거나 기존의 서비스를 더 이상 제공하지 않는 경우 해당 포트에 대한 보안 정책이 변경되어야 한다.

보안 정책을 변경하는 방법에는 'iptables'를 이용한 방법, '/etc/sysconfig/iptables' 파일을 편집하는 방법, 방화벽 설정 도구인 'system-config-firewall-tui'를 사용하는 방법이 있으며 데스크탑 환경에서는 GUI 기반 방화벽 설정 도구 'sysem-config-firewall'을 사용한다.

'system-config-tui'를 실행하면 다음과 같은 방화벽 설정이 나타난다

여기에서는 'Enabled'을 이용하여서 방화벽의 동작 여부를 설정할 수 있고, 'Customize'를 선택하여 보안 규칙을 설정할 수 있다. 현재 'Enabled'가 선택되어 있으므로 설정을 마치면 방화벽이 활성화된다.

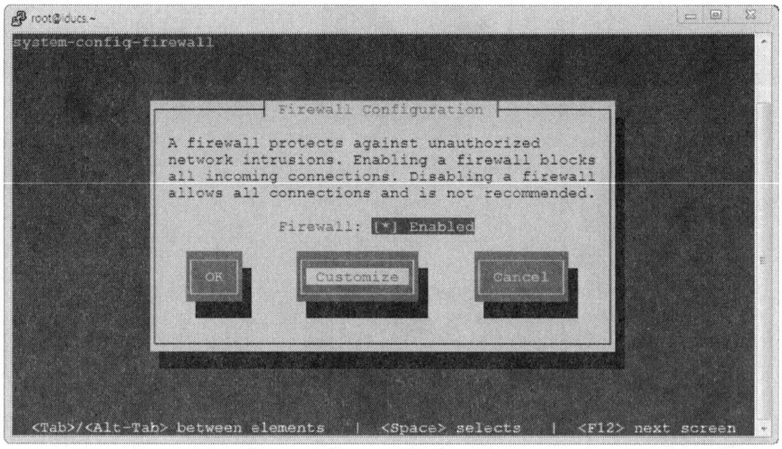

'Customize'를 선택하면 신뢰 서비스들(Trusted Services)들을 선택할 수 있는 화면이 나타난다.

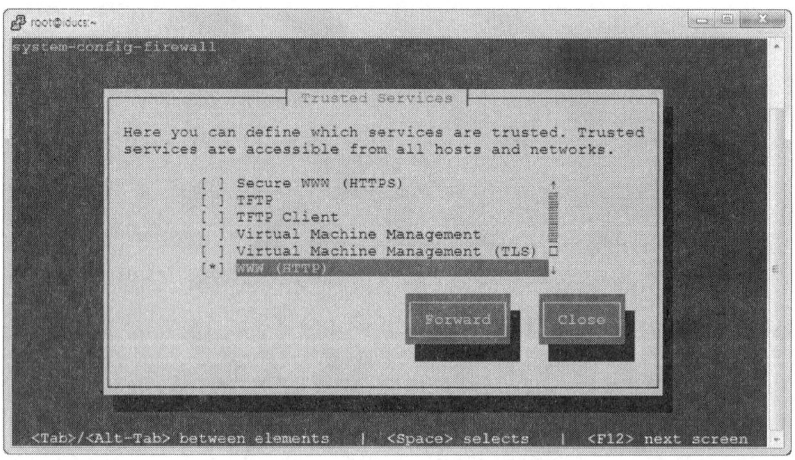

목록에서 해당하는 서비스가 있는 경우 선택하면 보안 규칙이 추가되어 방화벽 차단이 해제된다. 'WWW (HTTP)'를 선택한 경우 '-A INPUT -m state --state NEW -m tcp -p tcp --dport 80 –j ACCEPT'라는 보안 규칙이 추가되어 80번 포트에 대한 방화벽 차단이 해제된다.

만약 목록에 해당하는 서비스가 없는 경우 'Forword'를 선택하여 포트를 지정하고, 이에 대한 방화벽 설정을 진행할 수 있다. 8080번 포트는 목록에 없으므로 이에 대한 방화벽 설정을 하고자하는 경우 'Forword'를 선택한다.

'Forword'를 선택하면 나머지 포트(Others Post) 설정이 나타난다.

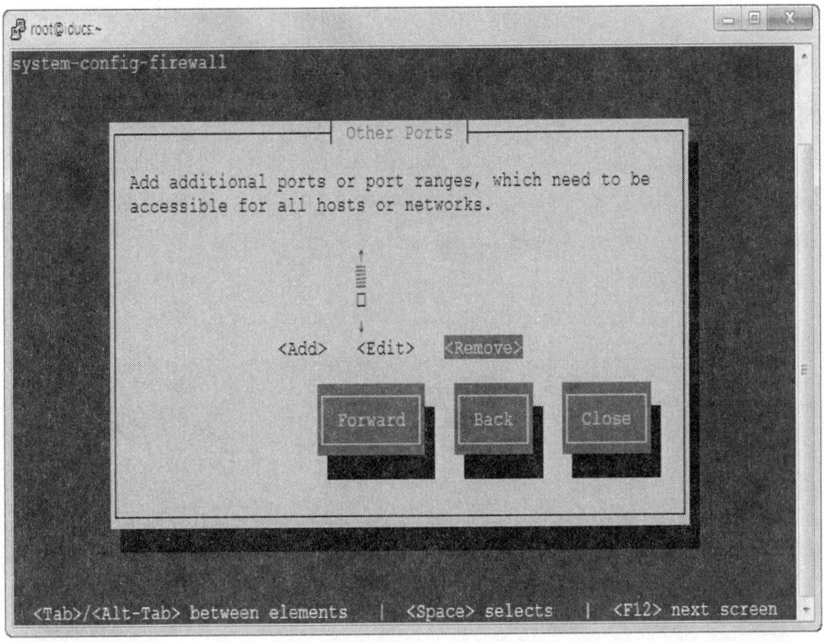

'<Add>'를 선택하면 추가적인 포트와 프로토콜을 설정할 수 있는 화면이 나타난다.

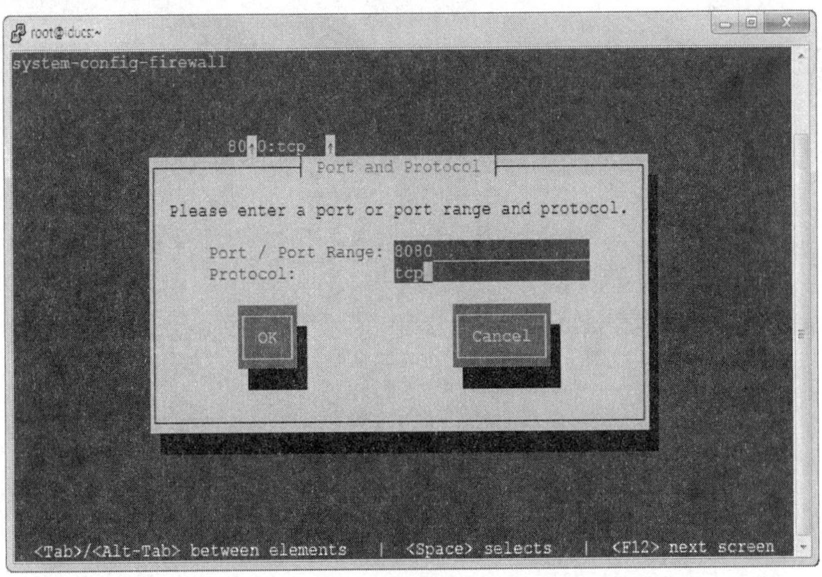

8080과 tcp를 입력하고 'OK'를 누르면 8080번 포트로 들어오는 tcp 프로토콜 패킷에 대하여 방화벽 차단 해제가 나타난다. 실제로 '-A INPUT -m state --state NEW -m tcp -p tcp --dport 80 –j ACCEPT'라는 보안 규칙이 추가된다.

'Other Ports'에서 'Forward'를 누르면 신뢰 인터페이스(Trusted Interface)에 대한 설정이 가능한 화면이 나타난다. 'Forword'를 선택하면 계속해서 마스커레이딩 설정, 포트 포워딩 설정, ICMP 필터링 설정, 커스텀 규칙 추가 등을 수행할 수 있다.

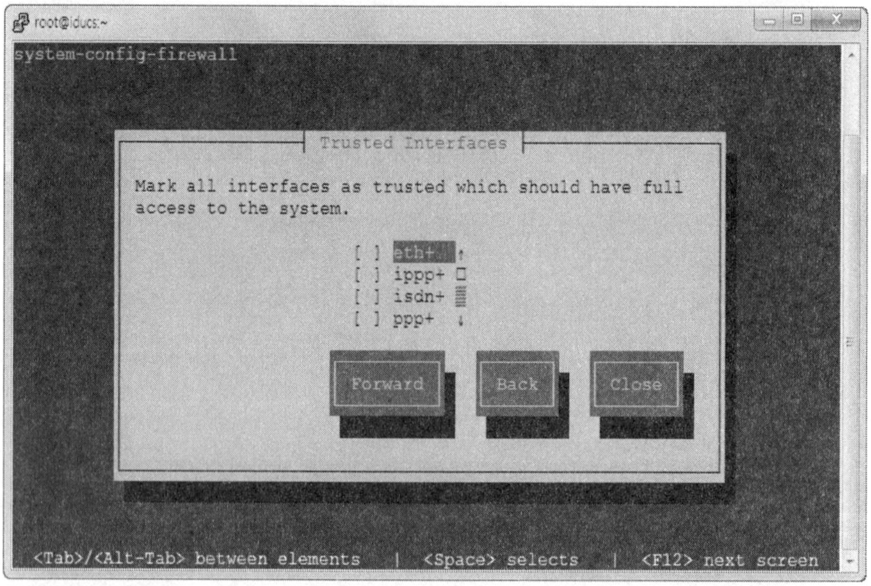

보안 서버가 아닌 경우 위와 같은 세밀한 설정을 하지 않는다. 따라서 포트에 대한 보안 규칙에 대한 설정을 정확하게 수행하도록 한다. 다음은 기존의 방화벽 설정에 수정된 보안 규칙을 적용할 것인지를 확인하는 화면이다.

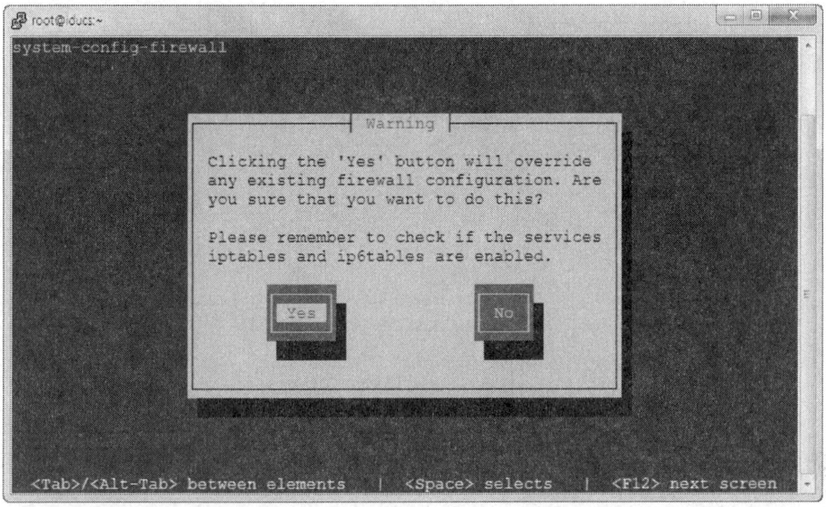

'Yes'를 눌러 80번 포트와 8080번 포트에 대한 보안 규칙이 추가되었는지 확인한다.

'iptables'의 '-L -n'옵션은 현재 지정되어 있는 보안 규칙들을 번호 형식으로 출력한다.

```
# iptables -L -n
```

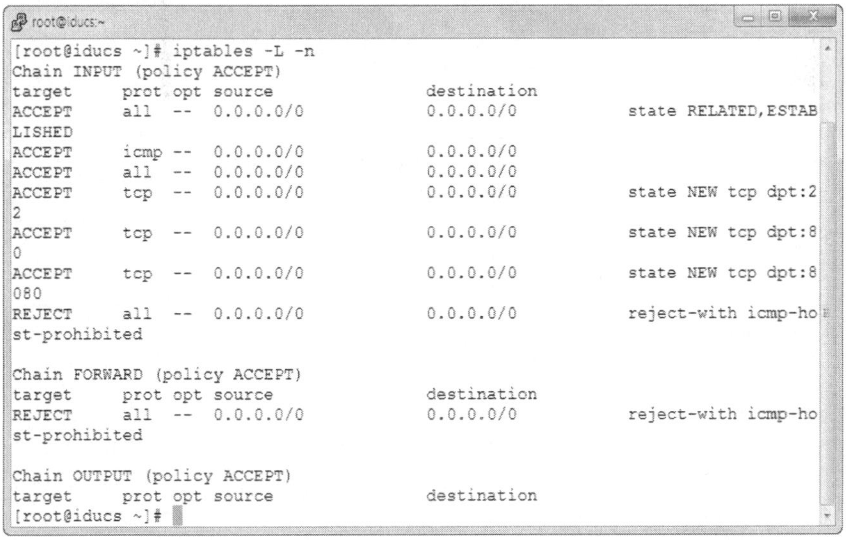

```
root@iducs:~
[root@iducs ~]# iptables -L -n
Chain INPUT (policy ACCEPT)
target     prot opt source               destination
ACCEPT     all  --  0.0.0.0/0            0.0.0.0/0           state RELATED,ESTAB
LISHED
ACCEPT     icmp --  0.0.0.0/0            0.0.0.0/0
ACCEPT     all  --  0.0.0.0/0            0.0.0.0/0
ACCEPT     tcp  --  0.0.0.0/0            0.0.0.0/0           state NEW tcp dpt:2
2
ACCEPT     tcp  --  0.0.0.0/0            0.0.0.0/0           state NEW tcp dpt:8
0
ACCEPT     tcp  --  0.0.0.0/0            0.0.0.0/0           state NEW tcp dpt:8
080
REJECT     all  --  0.0.0.0/0            0.0.0.0/0           reject-with icmp-ho
st-prohibited

Chain FORWARD (policy ACCEPT)
target     prot opt source               destination
REJECT     all  --  0.0.0.0/0            0.0.0.0/0           reject-with icmp-ho
st-prohibited

Chain OUTPUT (policy ACCEPT)
target     prot opt source               destination
[root@iducs ~]#
```

vi 편집기로 '/etc/sysconfig/iptables'은 보안 정책이 저장되는 테이블이다. 이를 살펴보면 시스템의 보안 정책을 확인할 수 있다.

```
# Firewall configuration written by system-config-firewall
# Manual customization of this file is not recommended.
*filter
:INPUT ACCEPT [0:0]
:FORWARD ACCEPT [0:0]
:OUTPUT ACCEPT [0:0]
-A INPUT -m state --state ESTABLISHED,RELATED -j ACCEPT
-A INPUT -p icmp -j ACCEPT
-A INPUT -i lo -j ACCEPT
-A INPUT -m state --state NEW -m tcp -p tcp --dport 22 -j ACCEPT
-A INPUT -m state --state NEW -m tcp -p tcp --dport 80 -j ACCEPT
-A INPUT -m state --state NEW -m tcp -p tcp --dport 8080 -j ACCEPT
-A INPUT -j REJECT --reject-with icmp-host-prohibited
-A FORWARD -j REJECT --reject-with icmp-host-prohibited
COMMIT
```

주요 옵션을 살펴보면 다음과 같다.

옵션	의미
-A	보안 규칙을 추가
-D	보안 규칙을 제거
-I	보안 규칙을 삽입
-L	지정한 보안 규칙을 출력
-j	최종 선택을 지정, ACCEPT 또는 REJECT
-s	패킷이 출발한 서버 IP를 지정
-d	패킷이 도착하는 서버 IP를 지정
-p	사용하는 프로토콜을 지정
-m state	상태 추적
--sport	패킷의 출발지 포트를 지정
--dport	패킷의 도착지 포트를 지정
--ports	출발지와 도착지의 포트 범위가 동일할 때 지정
--reject-with	해당 호스트에 대한 접근 차단이 이유를 지정. 보안 서버의 경우 사용하지 않음

보안 정책을 수정하면 방화벽 서비스를 재시작해야 적용이 된다.

```
# service iptables restart
```

7. SELinux

SELinux는 리눅스의 보안성을 향상시키기 위한 접근 제어 보안 정책들을 지원하기 위한 메카니즘으로 미 국가 보안국(U.S. National Security Agency)의 오픈 소스 커뮤니티에 릴리즈한 Linux의 보안 강화 버전으로서 리눅스 보안 모듈(LSM, Linux Security Modules)을 이용하여 리눅스 커널에 강제 접근 제어(MAC, Mandatory Access Control)를 구현한 것이다.

Fedora Core3부터 기본으로 적용되기 시작하였고, 대부분의 배포판에서 지원되고 있다.

SELinux의 설정 파일은 '/etc/sysconfig/selinux'이며, 두 개의 지시자로 동작과 적용 방식을 설정한다.

```
[root@iducs ~]# cat /etc/sysconfig/selinux

# This file controls the state of SELinux on the system.
# SELINUX= can take one of these three values:
#     enforcing - SELinux security policy is enforced.
#     permissive - SELinux prints warnings instead of enforcing.
#     disabled - No SELinux policy is loaded.
SELINUX=enforcing
# SELINUXTYPE= can take one of these two values:
#     targeted - Targeted processes are protected,
#     mls - Multi Level Security protection.
SELINUXTYPE=targeted


[root@iducs ~]#
```

'SELINUX' 지시자는 보안 정책의 적용 여부를 설정한다.

설정값	의미
enforcing	보안 정책을 적용함
permissive	보안 정책을 위반할 때 경고 메세지를 출력하고 로그에 저장함
disabled	보안 정책을 적용하지 않음

편리한 실습을 위해서 'SELinux' 지시자의 설정값을 'disabled'로 설정한다.

'SELINUXTYPE' 지시자는 보안 정책의 적용 범위를 설정한다.

설정값	의미
targeted	네트워크 데몬들을 대상으로 보안 정책을 적용
strict	시스템 전체를 대상으로 보안 정책을 적용

편리한 실습을 위해서 'SELinux' 지시자의 설정값을 'disabled'로 설정한다.

'SELINUXTYPE' 지시자는 보안 정책의 적용 범위를 설정한다.

설정값	의미
targeted	네트워크 데몬들을 대상으로 보안 정책을 적용
strict	시스템 전체를 대상으로 보안 정책을 적용

대부분의 위협은 네트워크를 통해 발생하기 때문에 'SELINUXTYPE'의 설정값은 'targeted'으로 한다. 'strict'의 경우 시스템 활용에 어려움을 발생할 수 있다.

만약 네트워크 데몬을 사용하는 중에 문제가 발생하면 'sestatus' 명령을 사용하여 SELinux의 설정 상태를 확인한다.

```
# sestatus
```

```
root@iducs:~
[root@iducs ~]# sestatus
SELinux status:                 enabled
SELinuxfs mount:                /selinux
Current mode:                   enforcing
Mode from config file:          enforcing
Policy version:                 24
Policy from config file:        targeted
[root@iducs ~]#
```

'Current mode' 항목의 값이 'enforcing'이므로 현재 보안 정책이 적용중이고, 'Policy from config file' 항목이 'targeted'이므로 네트워크 데몬들에 대하여 적용중임을 알 수 있다.

보안 정책의 적용 여부를 설정 파일의 편집이 아닌 명령으로 변경할 수도 있다. 'setenforce' 명령은 'enabled'와 'permissive'중에서 적용 방법을 선택할 수 있다.

```
# sestatus [Enforcing | Permissive | 1 | 0]
```

```
[root@iducs ~]# setenforce --help
usage:  setenforce [ Enforcing | Permissive | 1 | 0 ]
[root@iducs ~]# setenforce 0
[root@iducs ~]# sestatus
SELinux status:                 enabled
SELinuxfs mount:                /selinux
Current mode:                   permissive
Mode from config file:          enforcing
Policy version:                 24
Policy from config file:        targeted
[root@iducs ~]#
```

SELinux의 경우 보안태그 또는 라벨링을 통해 해당 파일이나 디렉토리분아니라 자원에 대한 엑세스 허용 여부를 결정한다.

파일이나 디렉토리에 대한 보안 태그 또는 라벨을 확인하려면 'ls -Z'를 사용한다.

```
[root@localhost etc]# ls -Z | head -22
-rw-r--r--. root root system_u:object_r:adjtime_t:s0   adjtime
-rw-r--r--. root root system_u:object_r:etc_aliases_t:s0 aliases
-rw-r--r--. root root system_u:object_r:etc_aliases_t:s0 aliases.db
drwxr-xr-x. root root system_u:object_r:etc_t:s0       alternatives
-rw-r--r--. root root system_u:object_r:etc_t:s0       anacrontab
drwxr-x---. root root system_u:object_r:etc_t:s0       audisp
drwxr-x---. root root system_u:object_r:auditd_etc_t:s0 audit
drwxr-xr-x. root root system_u:object_r:etc_t:s0       bash_completion.d
-rw-r--r--. root root system_u:object_r:etc_t:s0       bashrc
drwxr-xr-x. root root system_u:object_r:etc_runtime_t:s0 blkid
-rw-r--r--. root root system_u:object_r:etc_t:s0       centos-release
drwxr-xr-x. root root system_u:object_r:etc_t:s0       chkconfig.d
drwxr-xr-x. root root system_u:object_r:system_cron_spool_t:s0 cron.d
drwxr-xr-x. root root system_u:object_r:bin_t:s0       cron.daily
-rw-r--r--. root root system_u:object_r:etc_t:s0       cron.deny
drwxr-xr-x. root root system_u:object_r:bin_t:s0       cron.hourly
drwxr-xr-x. root root system_u:object_r:bin_t:s0       cron.monthly
-rw-r--r--. root root system_u:object_r:system_cron_spool_t:s0 crontab
drwxr-xr-x. root root system_u:object_r:bin_t:s0       cron.weekly
-rw-r--r--. root root system_u:object_r:etc_t:s0       crypttab
-rw-r--r--. root root system_u:object_r:etc_t:s0       csh.cshrc
-rw-r--r--. root root system_u:object_r:etc_t:s0       csh.login
[root@localhost etc]#
```

프로세스에 대한 보안 태그 및 라벨을 확인하려면 'pa auZ'를 사용한다.

```
[root@localhost etc]# ps auZ | head
LABEL                           USER       PID %CPU %MEM    VSZ   RSS TTY      S
TAT START   TIME COMMAND
system_u:system_r:getty_t:s0    root      1289  0.0  0.0   1988   312 tty2     S
s+  05:34   0:00 /sbin/mingetty /dev/tty2
system_u:system_r:getty_t:s0    root      1291  0.0  0.0   1988   312 tty3     S
s+  05:34   0:00 /sbin/mingetty /dev/tty3
system_u:system_r:getty_t:s0    root      1295  0.0  0.0   1988   312 tty4     S
s+  05:34   0:00 /sbin/mingetty /dev/tty4
system_u:system_r:getty_t:s0    root      1297  0.0  0.0   1988   312 tty5     S
s+  05:34   0:00 /sbin/mingetty /dev/tty5
system_u:system_r:getty_t:s0    root      1299  0.0  0.0   1988   312 tty6     S
s+  05:34   0:00 /sbin/mingetty /dev/tty6
unconfined_u:unconfined_r:unconfined_t:s0-s0:c0.c1023 root 1305 0.0  0.1 5104 12
96 tty1 Ss+ 05:34   0:00 -bash
unconfined_u:unconfined_r:unconfined_t:s0-s0:c0.c1023 root 1325 0.0  0.1 5204 13
84 pts/0 Ss+ 05:35   0:00 -bash
unconfined_u:unconfined_r:unconfined_t:s0-s0:c0.c1023 root 1344 0.0  0.1 5204 13
80 pts/1 Ss 05:40   0:00 -bash
unconfined_u:unconfined_r:unconfined_t:s0-s0:c0.c1023 root 9709 0.0  0.1 5224 17
40 pts/2 Ss 05:51   0:00 -bash
[root@localhost etc]#
```

10 FTP 서버 구축 및 운영

1. 개요

FTP(File Transfer Protocol)는 네트워크로 연결된 컴퓨터들 간에 파일을 전송하기 위해 만들어진 통신 규약을 의미하고, FTP 서버는 파일 전송 서비스를 제공하는 컴퓨터 시스템을 의미한다. 웹 서비스가 널리 사용되면서 그 활용률은 낮아졌지만, 파일 전송 기능만을 고려하는 경우 성능이 우수하여 여전히 사용되고 있다.

Centos 6.3은 기본 FTP 서버 프로그램으로 vsFTPD를 제공한다. 먼저 설치와 운영이 손쉬운 vsFTPD를 이용하여 FTP 서버를 구축하고, 운영해본다. ProFTPD는 vsFTPD보다 강력한 설정 방법과 높은 보안성을 제공하기 때문에 널리 사용되고 있다. ProFTPD 소스프로그램을 이용하여 FTP 서버를 구축하고, 운영해본다.

2. 구축 개요

SELinux 보안 정책이 'enforcing'인 경우 보안 주체와 대상이 되는 파일, 디렉터리, 디바이스에 대한 강제 접근 제어를 수행하기 때문에 구축 단계에서는 많은 문제를 발생한다. 따라서 정책을 'disabled' 또는 'permissive'로 한다. '/etc/sysconfig/selinux'의 SELINUX 지시자의 값을 'disabled'로 한다.

```
SELINUX=disabled
```

구축 과정은 준비 단계와 구축 단계로 나눌 수 있다. 이를 간단하게 요약하면 다음과 같다.

준비 단계

1. FTP 데몬이 실행중인지를 확인하고, 종료한다.
2. 기존에 설치된 FTP 패키지가 존재하는지를 확인하고, 삭제한다.

구축 단계

1. FTP 패키지 또는 소스 프로그램을 이용하여 설치한다.
2. FTP 서비스가 사용하는 포트에 대한 방화벽을 해제한다.
3. 설치된 FTP 서버가 적절하게 운영될 수 있도록 환경 설정을 수행하고, FTP 서버를 실행한다.

실행중이거나 기존에 설치된 FTP 서버가 존재하는 경우 이를 중지한 후 삭제하지 않고 설치를 수행하면 올바른 설치가 어려울 뿐 아니라 서버 운영 과정에서도 충돌 등의 문제가 발생할 수 있다. 따라서 다음과 같은 설치 준비 과정을 수행해야 한다.

'ps aux | grep ftp'를 수행한다. 이 명령은 현재 실행중인 모든 프로세스들 목록에서 'ftp'라는 문자열을 포함하는 라인만을 출력한다. 모든 FTP 데몬이나 FTP 클라이언트는 바이너리 파일에 'ftp'라는 문자열을 포함한다. 따라서 이 명령을 통해 실행중인 FTP 데몬이나 FTP 클라이언트가 실행중인지를 확인할 수 있다. 다음은 기존에 실행중인 FTP 데몬이 존재하는 지를 확인하는 화면이다.

```
root@centos63:~
[root@centos63 ~]# ps aux | grep ftp
root       3283  0.0  0.0   4352   736 pts/6    S+   20:11   0:00 grep ftp
nobody    29378  0.0  0.1   3344  1108 ?        Ss   Nov13   0:01 proftpd: (accep
ting connections)
[root@centos63 ~]#
```

실행중인 FTP 데몬이 존재하는 경우 먼저 제어스크립트로 프로세스 종료를 수행해본다. 만약 제어스크립트를 이용하여 종료가 되지 않는 경우 'kill' 명령을 이용하여 프로세스를 종료한다. 다음은 실행중인 FTP 데몬을 종료하는 화면이다.

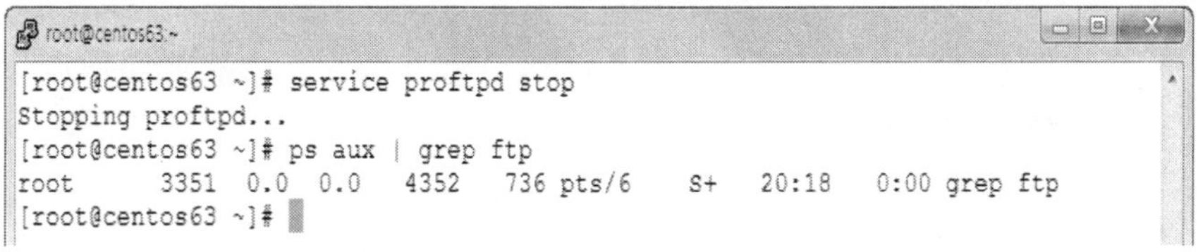

구축 준비가 완료되면 설치하고자 하는 FTP 패키지를 다운로드 하거나, 소스프로그램을 다운로드 한다. 다운로드 뿐 아니라 다양한 최신 정보를 얻을 수 있기 때문에 공식 사이트를 방문하기를 권장한다. vsFTPD의 공식 사이트는 'https://security.appspot.com/ vsftpd.html'이다.

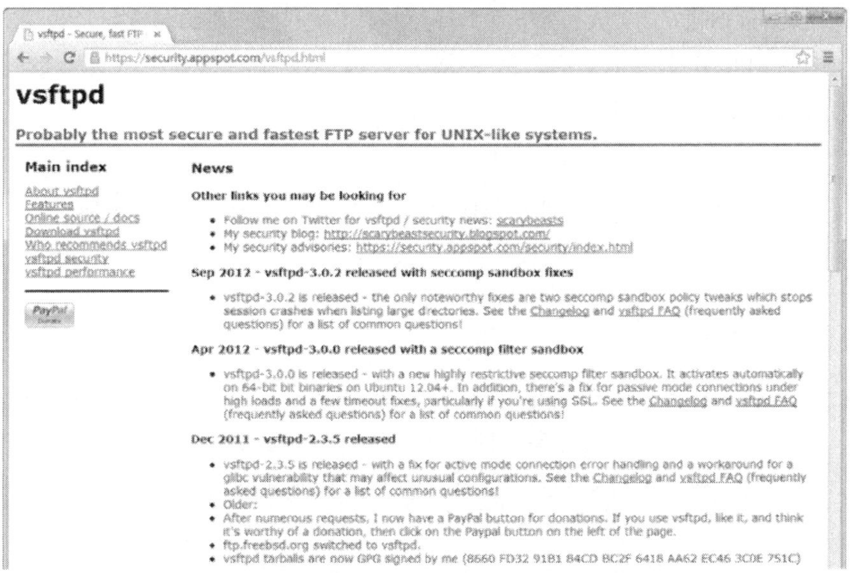

ProFTPD의 공식 사이트는 'http://www.proftpd.org' 이다.

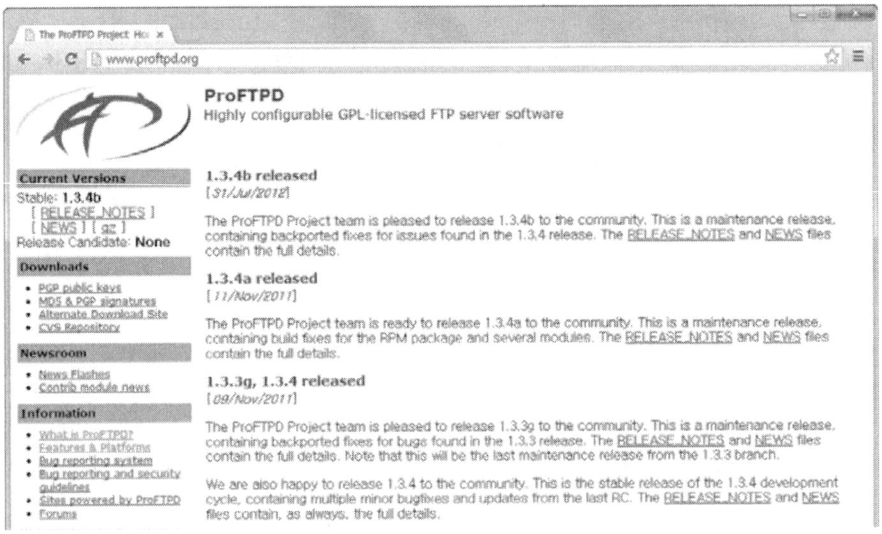

CentOS에서는 'yum' 명령으로 설치하는 경우 의존성 검사와 다운로드 및 설치가 연속적으로 수행하기 때문에 추가적인 다운로드를 필요로 하지 않는다.

3. vsFTPD(Very Secure FTPD) 구축 및 운영

3.1 구축

vsFTPD는 레드햇 계열의 배포판에 기본적으로 포함되는 패키지로 향상된 보안성과 성능을 제공한다. CentOS 6.3에서도 'vsftpd-2.2.2-11'을 기본적으로 제공하고, 'yum' 명령을 수행하여 간단하게 설치할 수 있다.

```
root@centos63:~
[root@centos63 ~]# yum list | grep vsftpd
vsftpd.i686                          2.2.2-11.el6                    base
[root@centos63 ~]#
```

다음은 'yum' 명령으로 'vsftpd' 패키지를 설치하는 화면이다.

```
[root@centos63 ~]# yum install vsftpd
Loaded plugins: fastestmirror
Loading mirror speeds from cached hostfile
 * base: data.nicehosting.co.kr
 * extras: data.nicehosting.co.kr
 * updates: data.nicehosting.co.kr
Setting up Install Process
Resolving Dependencies
--> Running transaction check
---> Package vsftpd.i686 0:2.2.2-11.el6 will be installed
--> Finished Dependency Resolution

Dependencies Resolved

================================================================================
 Package           Arch            Version                  Repository     Size
================================================================================
Installing:
 vsftpd            i686            2.2.2-11.el6             base          157 k

Transaction Summary
================================================================================
Install       1 Package(s)
```

```
Installed size: 344 k
Is this ok [y/N]: y
Downloading Packages:
vsftpd-2.2.2-11.el6.i686.rpm                             | 157 kB     00:00
warning: rpmts_HdrFromFdno: Header V3 RSA/SHA1 Signature, key ID c105b9de: NOKEY
Retrieving key from file:///etc/pki/rpm-gpg/RPM-GPG-KEY-CentOS-6
Importing GPG key 0xC105B9DE:
 Userid : CentOS-6 Key (CentOS 6 Official Signing Key) <centos-6-key@centos.org>
 Package: centos-release-6-3.el6.centos.9.i686 (@anaconda-CentOS-201207051201.i3
86/6.3)
 From   : /etc/pki/rpm-gpg/RPM-GPG-KEY-CentOS-6
Is this ok [y/N]: y
Running rpm_check_debug
Running Transaction Test
Transaction Test Succeeded
Running Transaction
  Installing : vsftpd-2.2.2-11.el6.i686                                     1/1
  Verifying  : vsftpd-2.2.2-11.el6.i686                                     1/1

Installed:
  vsftpd.i686 0:2.2.2-11.el6

Complete!
[root@centos63 ~]#
```

vsFTPD 패키지를 이용한 설치를 하는 경우 기본 경로는 '/var/ftp/pub'이고, 환경 설정과 관련된 파일은 '/etc/vsftpd/vsftpd.conf'이다. 일반적으로 환경 설정 파일은 'root' 또는 'root'가 위임한 사용자가 관리한다. 그러나 기본 경로는 접근 허용된 사용자가 충분한 허가권을 가지고 있는지를 확인해야 한다. 따라서 이들에 대한 소유권과 허가권 확인이 필요하다.

```
root@centos63:~
[root@centos63 ~]# ls -ld /var/ftp
drwxr-xr-x. 3 root root 4096 Oct 20 08:31 /var/ftp
[root@centos63 ~]# ls -ld /var/ftp/pub
drwxr-xr-x. 2 root root 4096 Jun 22 03:54 /var/ftp/pub
[root@centos63 ~]# ls -l /etc/vsftpd/vsftpd.conf
-rw-------. 1 root root 4599 Jun 22 03:54 /etc/vsftpd/vsftpd.conf
[root@centos63 ~]#
```

'/var/ftp/pub'에 Others 그룹의 사용자들이 접근하는 경우 읽기는 가능하지만 쓰기가 불가능하다.

다음은 vsFTPD 데몬을 제어스크립트를 이용하여 실행한 화면이다.

```
root@centos63:~
[root@centos63 ~]# ps aux | grep vsftpd
root      1606  0.0  0.0   4336   748 pts/0    S+   08:49   0:00 grep vsftpd
[root@centos63 ~]# service vsftpd start
Starting vsftpd for vsftpd:                                [  OK  ]
[root@centos63 ~]# ps aux | grep vsftpd
root      1620  0.0  0.0   6768   636 ?        Ss   08:49   0:00 /usr/sbin/vsftp
d /etc/vsftpd/vsftpd.conf
root      1623  0.0  0.0   4336   752 pts/0    S+   08:49   0:00 grep vsftpd
[root@centos63 ~]#
```

vsFTPD 데몬이 실행중임을 확인할 수 있다. 여기서 FTP 클라이언트 프로그램을 실행하여 익명(anonymous) 사용자로 접속을 시도하면 실패한다. 이유를 살펴보면 FTP는 다른 통신 프로토콜과 마찬가지로 고유의 포트를 이용하여 통신한다. vsFTPD에서 사용하고 있는 21번 포트가 방화벽에 의해 차단되어 있기 때문이다. 따라서 21번 포트에 대한 차단을 해제해야 한다.

다음은 'system-config-firewall-tui'를 실행하여 21번 포트에 대한 방화벽 차단을 해제하는 화면이다.

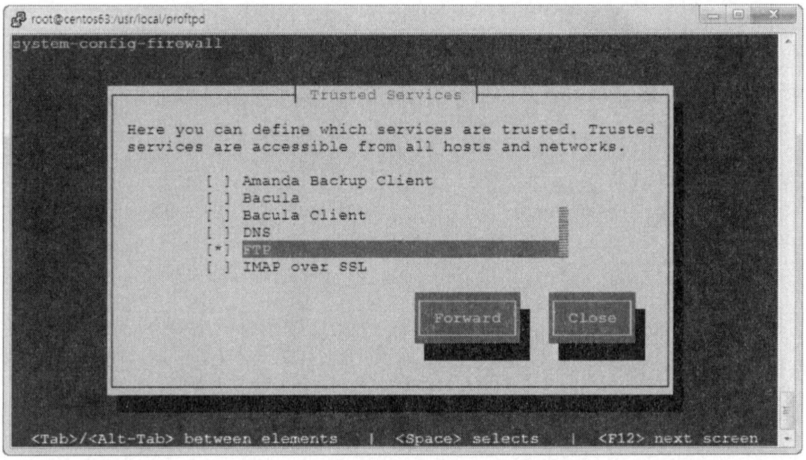

'system-config-firewall-tui'을 사용하는 경우 항목 간 이동은 '<Tab>' 키를 이용하고, 항목 내 이동은 화살표 키를 사용하며, 선택의 전환(toggle)은 스페이스 바를 눌러 수행한다. 초기화면에서 'Customize'를 선택하면 위와 같은 화면이 나타난다. 여기서 화살표를 'FTP' 항목으로 이동하고, 스페이스 바를 눌러 'FTP'를 선택한 후 'Tab' 키를 눌러 'Close'를 선택한다.

방화벽 설정을 변경한 후 'service iptables restart'를 실행하여 변경된 내용을 적용해야 한다. 다음은 변경된 방화벽 설정을 적용하고, 적용된 결과를 확인하는 화면이다.

```
[root@centos63 ~]# system-config-firewall-tui
[root@centos63 ~]# service iptables restart
iptables: Flushing firewall rules:                         [  OK  ]
iptables: Setting chains to policy ACCEPT: filter          [  OK  ]
iptables: Unloading modules:                               [  OK  ]
iptables: Applying firewall rules:                         [  OK  ]
iptables: Loading additional modules: nf_conntrack_ftp     [  OK  ]
[root@centos63 ~]# cat /etc/sysconfig/iptables
# Firewall configuration written by system-config-firewall
# Manual customization of this file is not recommended.
*filter
:INPUT ACCEPT [0:0]
:FORWARD ACCEPT [0:0]
:OUTPUT ACCEPT [0:0]
-A INPUT -m state --state ESTABLISHED,RELATED -j ACCEPT
-A INPUT -p icmp -j ACCEPT
-A INPUT -i lo -j ACCEPT
-A INPUT -m state --state NEW -m tcp -p tcp --dport 22 -j ACCEPT
-A INPUT -m state --state NEW -m tcp -p tcp --dport 21 -j ACCEPT
-A INPUT -j REJECT --reject-with icmp-host-prohibited
-A FORWARD -j REJECT --reject-with icmp-host-prohibited
COMMIT
[root@centos63 ~]#
```

설정 파일에 '-A INPUT -m state --state NEW -m tcp -p tcp --dport 21 -j ACCEPT' 이 추가된 것을 확인할 수 있다. 'iptables -L' 명령을 수행하여서 현재 실행중인 방화벽의 상태를 확인할 수 있다.

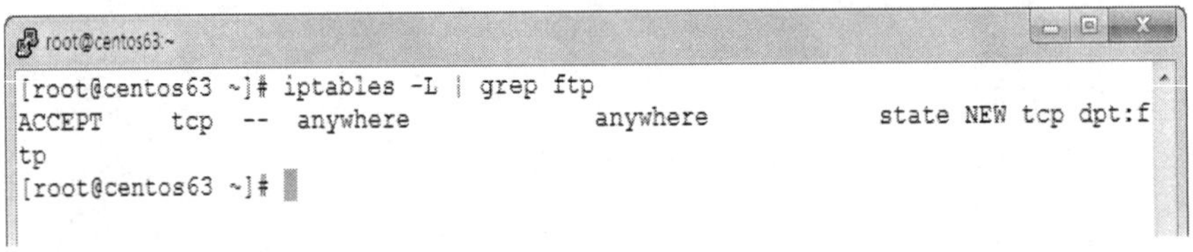

다음은 IE8과 Chrome으로 vsFTPD가 실행중인 서버에 익명으로 접속한 화면이다.

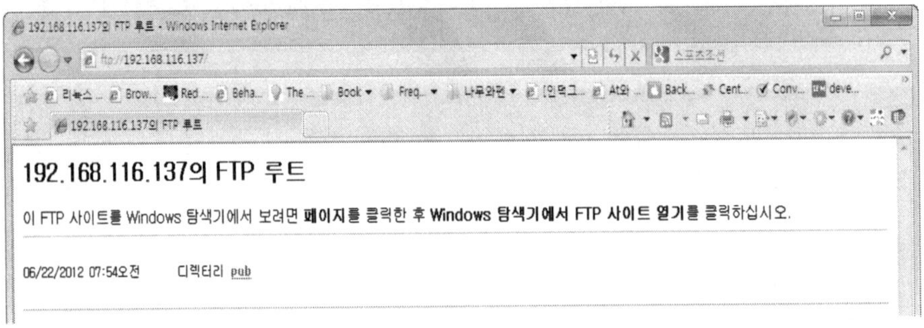

웹 브라우저를 이용하여서도 FTP 서비스를 사용할 수 있지만 효율적인 사용을 위해 전용의 소프트웨어, FTP 클라이언트를 사용해본다. FTP 클라이언트는 매우 많은 종류가 있지만 성능면에서 우수한 'FileZilla Client'가 널리 사용되고 있고, 이외에도 'ALFTP', 'CuteFTP', 'LeapFTP' 등도 많이 사용되고 있다. FTP 클라이언트들의 기능들은 매우 유사하다. 따라서 본 절에서는 'FileZilla Client'를 사용하여 FTP 서비스를 사용해본다.

'FileZilla Client'를 사용하기 위해서는 공식 사이트인 'http://filezilla-project.org'에 접속하여 클라이언트 프로그램을 다운로드 받는다. 'FileZilla Client'는 윈도우즈 뿐 아니라 리눅스, Mac OS X 환경을 지원함으로 실습 환경에 맞는 버전을 다운로드 한다.

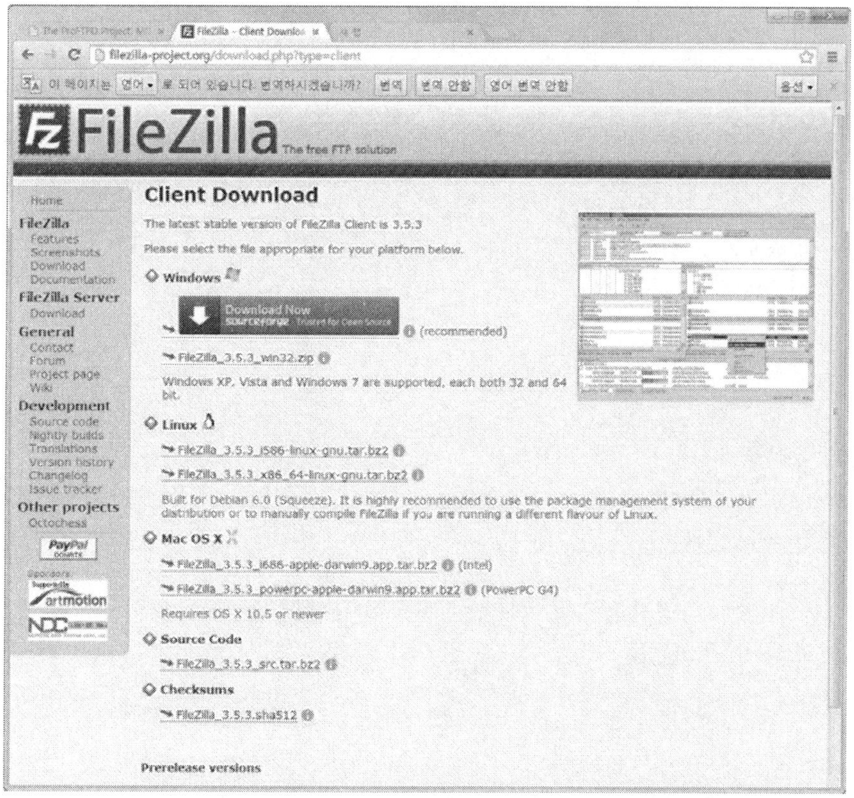

윈도우즈 환경에서 'FileZilla Client'를 설치하여 사용한다면, 윈도우즈 용 3.5.3 버전을 다운로드 받아 압축을 해제하고, 'filezilla.exe'를 실행하면 다음과 같은 화면이 나타난다.

'호스트(H) :' 항목에 FTP 서버 주소를 입력하고 '빠른 연결' 버튼을 클릭하면 접속을 실행한다.

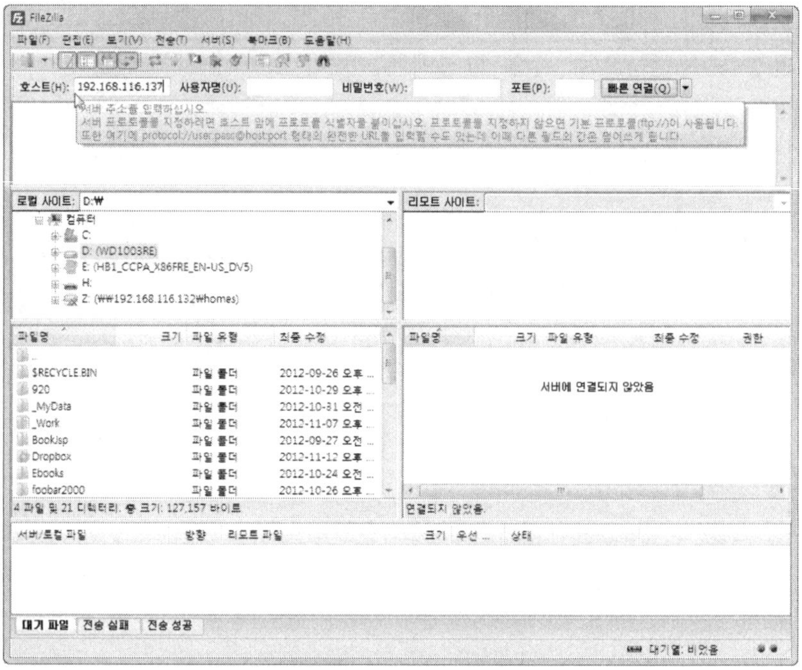

다음은 익명사용자로 접속을 시도하여 성공한 화면이다.

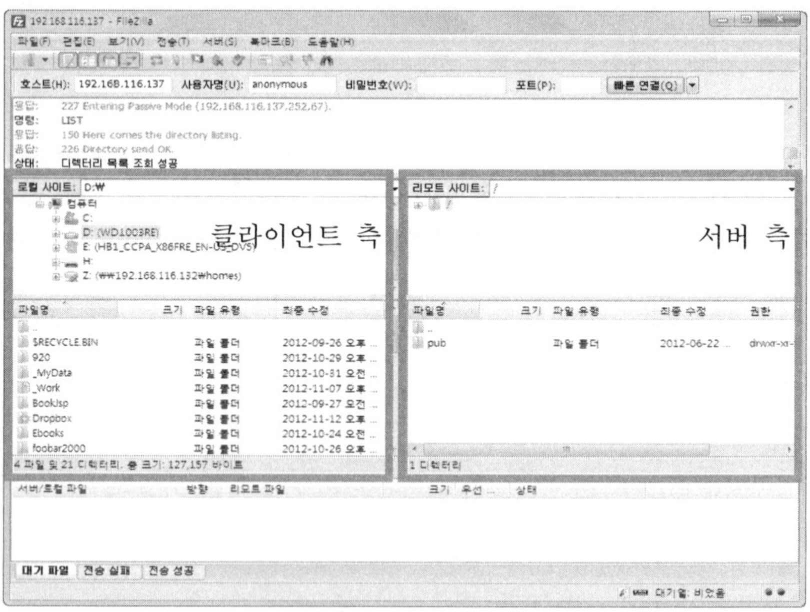

로컬 사이트는 클라이언트 측을 의미하고, 리모트 사이트는 서버 측을 의미한다.

실습을 위해 FTP서버 측 '/var/ftp/pub' 디렉터리에 'ftptest'라는 파일을 생성하고, 다운로드를 수행한다.

```
[root@centos63 ~]# cd /var/ftp/pub/
[root@centos63 pub]# echo "ftp test file" > ftptest
[root@centos63 pub]# ls -l
total 4
-rw-r--r--. 1 root root 14 Oct 20 06:30 ftptest
[root@centos63 pub]# cp /etc/vsftpd/vsftpd.conf .
[root@centos63 pub]# ls -l
total 12
-rw-r--r--. 1 root root   14 Oct 20 06:30 ftptest
-rw-------. 1 root root 4599 Oct 20 06:31 vsftpd.conf
[root@centos63 pub]#
```

"FileZilla Client"로 연결하면 'ftptest'가 파일 목록에 나타나는 것을 확인할 수 있다. 다운로드의 경우 수행되지만 업로드는 수행되지 않음을 확인할 수 있다.

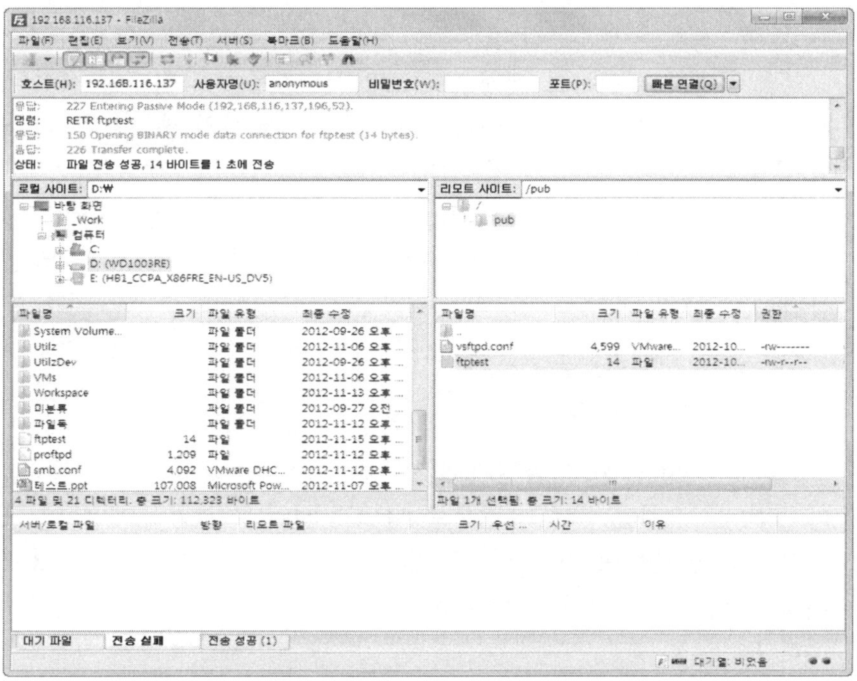

참고로 'vsftpd.conf'는 '/etc/vsftpd/vsftpd.conf'를 복사한 파일로 다운로드가 되지 않는다.

3.2 환경 설정 및 운영

설치가 완료되어 서버가 실행중이지만 다운로드와 업로드가 되지 않는 경우가 발생한다. 왜 이런 문제가 발생하는 것일까? 일반적으로 사용자가 vsFTPD 서버에 다운로드 또는 업로드가 가능하도록 하기 위해서는 먼저 환경 설정을 수정하여 사용자가 다운로드 또는 업로드가 가능하도록 하고, 해당 디렉터리에 대한 소유권 또는 허가권에 대한 변경이 필요하다.

vsFTPD 사용자는 익명 사용자와 로컬 사용자로 구분된다.

익명 사용자는 기본적으로 파일과 디렉터리에 대한 읽기 권한만을 갖는 사용자이다. 즉, 다운로드 전용의 사용자이다. 그러나 환경 설정과 소유권 및 허가권 변경으로 통해 파일 생성과 디렉터리 생성은 가능하지만 삭제는 불가능하다.

로컬 사용자는 리눅스 계정으로 FTP 서비스를 사용하도록 허가된 사용자를 의미하고, 이 사용자는 기본적으로 자신의 홈 디렉터리를 기본 경로로 하여 읽기, 쓰기, 삭제 등의 모든 권한을 갖는다.

먼저 익명 사용자의 경우 'ftptest'는 다운로드가 가능하였지만, 'vsftpd.conf'의 경우 다운로드가 되지 않고, 아래와 같은 오류를 발생한다.

```
550 Failed to open file.
550 Permission denied
```

서버 측 'vsftpd.conf' 파일의 허가권을 보면 '-rw-------'을 알 수 있다. 익명 사용자는 'ftp' 계정으로 나머지(others) 그룹에 해당하는데 해당 파일에 대하여 읽기 권한이 없기 때문에 다운로드가 되지 않는 것이다. 따라서 나머지 그룹에 읽기 권한을 부여하면 다운로드가 가능하다.

```
root@centos63:/var/ftp/pub
[root@centos63 pub]# ls -l
total 8
-rw-------. 1 root root 4599 Oct 21 06:14 vsftpd.conf
[root@centos63 pub]# chmod 604 vsftpd.conf
[root@centos63 pub]# ls -l
total 8
-rw----r--. 1 root root 4599 Oct 21 06:14 vsftpd.conf
[root@centos63 pub]#
```

익명 사용자가 서버에 파일을 업로드하기 위해서는 먼저 환경 설정 파일을 편집해야 한다. 환경 설정 파일에서 anon_upload_enable 지시자의 주석을 제거해 주어야 한다.

```
anon_upload_enable=YES
```

서버에 디렉터리를 생성하게 하기 위해서는 anon_mkdir_write_enable 지시자의 주석을 제거해 주어야 한다.

```
anon_mkdir_write_enable=YES
```

```
root@centos63:/var/ftp/pub
#
# Uncomment this to allow the anonymous FTP user to upload files. This only
# has an effect if the above global write enable is activated. Also, you will
# obviously need to create a directory writable by the FTP user.
anon_upload_enable=YES
#
# Uncomment this if you want the anonymous FTP user to be able to create
# new directories.
anon_mkdir_write_enable=YES
#
# Activate directory messages - messages given to remote users when they
# go into a certain directory.
dirmessage_enable=YES
#
# The target log file can be vsftpd_log_file or xferlog_file.
# This depends on setting xferlog_std_format parameter
xferlog_enable=YES
#
# Make sure PORT transfer connections originate from port 20 (ftp-data).
connect_from_port_20=YES
#
# If you want, you can arrange for uploaded anonymous files to be owned by
# a different user. Note! Using "root" for uploaded files is not
-- INSERT --
```

환경 설정 파일을 수정한 후에 vsFTPD 데몬을 재시작해야 한다.

```
# service vsftpd restart
```

'FileZilla Client'를 실행하고, 서버에 접속하여 파일을 업로드 하거나 디렉터리를 생성하면 작업을 수행하지 못하고 아래와 같은 오류가 발생한다.

```
553 Could not create file.
550 Create directory operation failed.
```

이는 vsFTPD 데몬은 작업 수행을 허용하였지만, 실제 저장되는 기본 디렉터리인 '/var/ftp/pub'에 쓰기 권한이 없기 때문이다. 따라서 '/var/ftp/pub'의 허가권을 '-rwxrwxrwx', 즉 '777'로 지정하면 오류가 발생하지 않고, 파일 업로드와 디렉터리 생성이 가능함을 확인 할 수 있다

```
# chmod 777 /var/ftp/pub
또는
# chmod go+w /var/ftp/pub
```

다음은 위와 같이 설정한 후 익명 사용자 계정으로 'smb.conf'라는 파일을 업로드를 수행한 결과, 업로드가 정상적으로 수행된 화면이다.

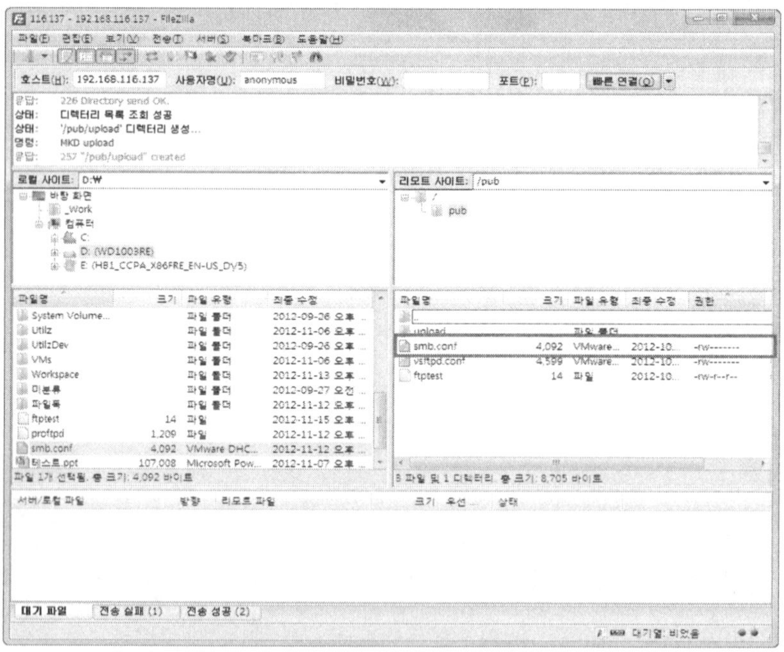

앞서 말한바와 같이 익명 사용자는 파일 또는 디렉터리 생성은 가능하지만 삭제는 불가능하다.

이제 로컬 사용자에 대한 다운로드와 업로드에 대하여 알아본다. 실습을 위해 'ftpuser'라는 계정을 생성한다.

```
# useradd ftpuser
# passwd ftpuser
```

vsFTPD를 패키지 방식으로 설치하면 환경 설정 파일, '/etc/vsftpd/vsftpd.conf'에 포함된 'local_enable'와 'write_enable'이라는 지시자가 'YES'로 지정되어 있음을 확인할 수 있다.

```
local_enable=YES
write_enable=YES
```

만약 존재하지 않는 경우 추가하고, 주석 처리된 경우 주석을 제거한다.

'FileZilla Client'를 실행하고, 'ftpuser'라는 계정으로 서버에 접속한 후 파일 및 디렉터리에 대하여 작업을 하면 다운로드와 업로드가 모두 원활하게 동작하는 것을 확인할 수 있다. 참고로 삭제가 되지 않는 경우가 발생할 수 있는데 해당 파일이나 디렉터리의 소유권과 그룹별 허가권을 확인해야 한다.

환경 설정에 대하여 좀 더 알아보면 다음과 같다.

보안상의 이유로 익명 사용자의 접근을 차단해야 하는 경우 'anonymous_enable' 지시자를 이용하면 차단할 수 있다.

```
anonymous_enable=NO
```

기본값은 'YES'이고, 익명 사용자의 접근을 허용한다. 'NO'로 변경하면 익명 사용자로의 접속이 불가능해진다.

'ftpd_banner' 지시자를 이용하면 접속한 사용자에게 현재 접속한 서버에 대한 정보를 메시지로 제공할 수 있다.

```
ftpd_banner=Welcome to EGYOU's vsFTPD.
```

기본적으로 주석 처리되어 있다. 이를 해제하고 메시지를 지정한 후 접속을 하면 환영 메시지로 'Welcome to EGYOU's vsFTPD.'라는 메시지가 출력됨을 확인할 수 있다.

로컬 사용자는 자신의 홈 디렉터리를 접근할 수 있다. 기본적으로 보안을 위해서 상위 디렉터리로의 이동을 제한한다. 그러나 로컬 사용자에게 상위 디렉터리로의 이동을 허용해주어야 할 경우 'chroot_local_user' 지시자의 주석 처리를 제거한다.

```
chroot_local_user=YES
```

모든 로컬 사용자에게 상위 디렉터리로의 이동을 허용해주지 않고 일부 로컬 사용자에게만 허용할 경우 'chroot_list_enable' 지시자의 설정값을 'YES'로 한다. 그리고 '/etc/vsftpd/chroot_list' 파일을 생성하여 해당되는 로컬 사용자의 계정을 저장한다.

```
chroot_list_enable=YES
# (default follows)
#chroot_list_file=/etc/vsftpd/chroot_list
```

'chroot_list_file' 지시자의 주석 처리를 제거하고, 설정값을 변경하여 상위 디렉터리 이동을 허용하는 계정의 저장 파일을 변경할 수 있다

부팅할 때 vsFTDP를 실행하기 위해서는 'chkconfig' 명령으로 해당 서비스를 'on' 한다.

```
# chkconfig vsftpd on
# ckkconfig --list vsftpd
vsftpd          0:off   1:off   2:on    3:on    4:on    5:on    6:off
```

3.3 vsFTPD 데몬의 서비스 유형 변경

FTP 서비스가 빈번하게 요청된다면 FTP 데몬을 Standalone 유형으로 서비스하는 것이 효율적이다. 그러나 빈번하지 요청되지 않는 경

우 독립실행형의 데몬은 자원 낭비를 유발하기 때문에 이 경우 inetd 유형으로 서비스하는 것이 효율적이다.

본 절에서는 vsFTPD 서비스를 inetd형으로 서비스할 수 있도록 설정해본다.

▸ 1단계 : vsFTPD 서비스가 실행 중인 경우 제어 스크립트를 이용하여 제어 스크립트를 이용하여 종료하고, 'chkconfig'를 이용하여 부팅 시 자동 시작을 해제한다.

```
# service vsftpd stop
# chkconfig vsftpd off
```

▸ 2단계 : xinetd 패키지가 설치되어 있는 지를 확인하고, 설치가 되어있지 않은 경우 설치한다.

```
# yum list installed | grep xinetd
# yum install xinetd
```

설정 파일에서 'listen' 지시자의 설정값은 'YES'이다. 이것은 vsftpd 데몬이 Standalone 유형으로 실행하고, IPv4 소켓을 청취한다. 따라서 여기서는 'vsftpd.conf'에 포함되어 있는 'listen' 지시자의 설정값을 'NO'로 하여 xinetd 유형으로 실행하게 해야 한다.

```
# When "listen" directive is enabled, vsftpd runs in standalone mode and
# listens on IPv4 sockets. This directive cannot be used in conjunction
# with the listen_ipv6 directive.
listen=NO
#
# This directive enables listening on IPv6 sockets. To listen on IPv4 and IPv6
# sockets, you must run two copies of vsftpd with two configuration files.
# Make sure, that one of the listen options is commented !!
# isten_ipv6=YES
```

참고로 IPv6를 사용하는 경우 'listen_ipv6' 지시자의 주석을 제거한다

이제 'xinetd' 데몬이 vsFTPD 데몬을 제어하기 위해 사용하는 제어 스크립트 파일, 'vsftpd' 파일을 '/etc/xinetd.d/' 디렉터리에 생성한다.

제어 파일은 '/usr/share/doc/vsftpd-2.2.2/vsftpd.xinetd' 파일을 복사하여 사용한다.

```
root@centos63:~
# default: off
# description: The vsftpd FTP server serves FTP connections. It uses \
#       normal, unencrypted usernames and passwords for authentication.
service ftp
{
        socket_type             = stream
        wait                    = no
        user                    = root
        server                  = /usr/sbin/vsftpd
        server_args             = /etc/vsftpd/vsftpd.conf
        nice                    = 10
        disable                 = no
        flags                   = IPv4
}
~
~
~
~
~
~
~
~
~
-- INSERT --
```

'disable' 지시자의 설정값이 'no'로 설정되어야 한다.

'FileZilla Client'로 접속하지 않은 상태에서 xinetd 서비스를 재시작한다.

```
root@centos63:/etc/xinetd.d
[root@centos63 xinetd.d]# service xinetd restart
Stopping xinetd:                                           [FAILED]
Starting xinetd:                                           [  OK  ]
[root@centos63 xinetd.d]# pstree
init─┬─auditd───{auditd}
     ├─crond
     ├─dhclient
     ├─master─┬─pickup
     │        └─qmgr
     ├─6*[mingetty]
     ├─rsyslogd───3*[{rsyslogd}]
     ├─sshd───sshd───bash───pstree
     ├─udevd───2*[udevd]
     └─xinetd
[root@centos63 xinetd.d]# netstat -a | grep ftp
tcp        0      0 *:ftp                       *:*                         LIST
EN
[root@centos63 xinetd.d]# 
```

'xinetd'의 자식 프로세스가 아직 존재하지 않음을 확인할 수 있고, 'ftp'라는 이름으로 연결된 소켓이 존재하지 않음을 확인할 수 있다.

'FileZilla Client'로 접속을 하면 다음과 같은 변화가 발생한다.

```
root@centos63:/etc/xinetd.d
[root@centos63 xinetd.d]# pstree
init─┬─auditd───{auditd}
     ├─crond
     ├─dhclient
     ├─master─┬─pickup
     │        └─qmgr
     ├─6*[mingetty]
     ├─rsyslogd───3*[{rsyslogd}]
     ├─sshd───sshd───bash───pstree
     ├─udevd───2*[udevd]
     └─xinetd───vsftpd───vsftpd
[root@centos63 xinetd.d]# netstat -a | grep ftp
tcp        0      0 *:ftp                       *:*                         LIST
EN
tcp        0      0 centos63:ftp                192.168.116.1:52805         ESTA
BLISHED
[root@centos63 xinetd.d]# 
```

'xinetd'의 자식 프로세스로 'vsftpd'가 존재하는 것을 확인할 수 있고, 'ftp'라는 이름으로 연결된 소켓이 존재하는 것을 확인할 수 있다.

4. ProFTPD 구축 및 운영

앞서 설명한 바와 같이 FTP 서버 프로그램 중 가장 널리 사용되는 것이 ProFTPD 이다. 따라서 본 절에서는 ProFTPD 서버를 구축을 수행하고, 이를 운영함으로써 소스프로그램을 이용한 FTP 서버 구축 방법과 운영 방법을 습득한다.

먼저 올바른 구축을 위해 구축 준비 단계를 수행한다. vsFTPD와 같은 FTP 데몬이 실행중이거나 설치된 상태인지를 확인하고, 이를 중지시키고, 해당 패키지를 제거한다. vsFTPD의 경우 패키지를 이용하여 설치했기 때문에 중지와 제거가 용이하다. 그러나 소스프로그램을 이용하여 설치하는 경우 'kill'과 'rm' 명령을 이용하여 관리자가 FTP 데몬의 실행 중지와 제거를 수행해야 한다.

4.1 구축

ProFTPD 구축 방법으로는 패키지를 이용한 구축하는 방법과 소스 프로그램을 다운로드받아서 구축하는 방법이 있다.

ProFTPD 패키지를 이용한 구축을 살펴보면 다음과 같다.

1. CentOS 6.3은 'ProFTPD' 패키지를 제공하지 않고 있기 때문에 EPEL 저장소를 설치한다.
2. 'yum list available | grep ftp' 명령을 이용하여 설치 가능한 패키지 목록에 ProFTPD 패키지가 존재하는 지 확인한다.
3. 'yum install <패키지 이름>' 명령을 수행하여 패키지를 설치한다.
4. 방화벽에서 FTP에서 사용하는 포트인 21번 tcp 포트를 허용한다.

본 절에서는 소스 프로그램을 이용하는 구축을 살펴보면 다음과 같다.

공식 사이트인 'http://www.proftpd. org'를 방문하여 최신의 ProFTPD 소스 프로그램을 확인하고, 다운로드 한다.

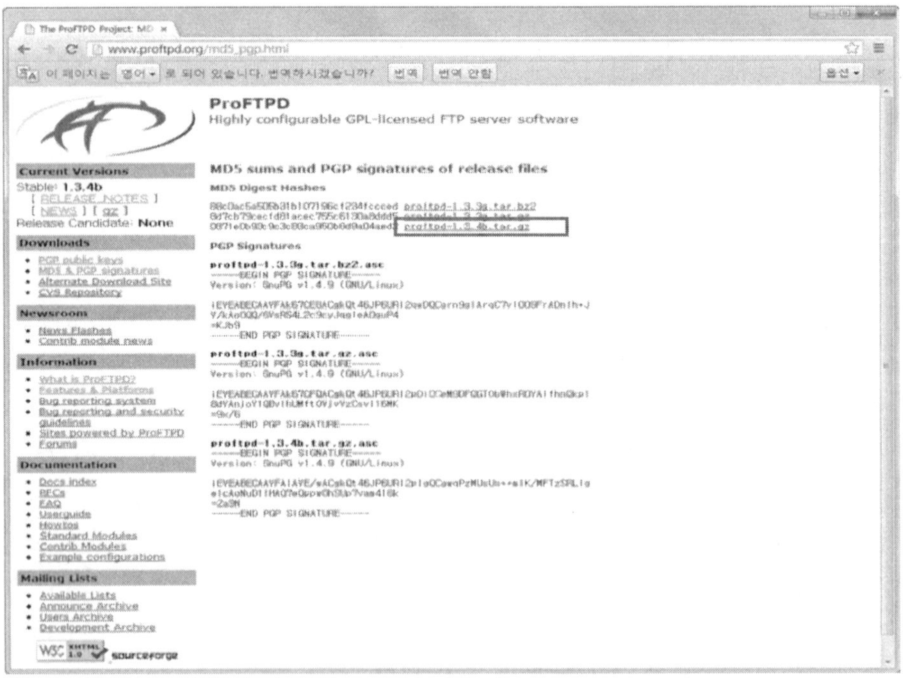

현재 ProFTPD 프로그램의 안정 버전은 '1.3.4b' 버전임을 확인할 수 있다. '[bz2]'를 선택하면 'proftpd-1.3.4b.tar.gz'를 다운로드받을 수 있다

'proftpd-1.3.4b.tar.gz'를 다운로드한 후 다운로드 받은 파일이 무결한 지를 확인하기 위해 필요한 MD5 체크섬 값을 확인해야 한다.

```
# wget ftp://ftp.proftpd.org/distrib/source/proftpd-1.3.4b.tar.gz
```

```
# md5sum proftpd-1.3.4b.tar.gz
0871e0b93c9c3c88ca950b6d9a04aed2 proftpd-1.3.4b.tar.gz
```

```
root@centos63:~
[root@centos63 ~]# wget ftp://ftp.proftpd.org/distrib/source/proftpd-1.3.4b.tar.
gz
--2012-10-20 19:06:22--  ftp://ftp.proftpd.org/distrib/source/proftpd-1.3.4b.tar
.gz
           => "proftpd-1.3.4b.tar.gz"
Resolving ftp.proftpd.org... 86.59.114.198, 2001:858:2:5::5
Connecting to ftp.proftpd.org|86.59.114.198|:21... connected.
Logging in as anonymous ... Logged in!
==> SYST ... done.    ==> PWD ... done.
==> TYPE I ... done.  ==> CWD (1) /distrib/source ... done.
==> SIZE proftpd-1.3.4b.tar.gz ... 7647825
==> PASV ... done.    ==> RETR proftpd-1.3.4b.tar.gz ... done.
Length: 7647825 (7.3M) (unauthoritative)

100%[======================================>] 7,647,825    139K/s   in 60s

2012-10-20 19:07:28 (124 KB/s) - "proftpd-1.3.4b.tar.gz" saved [7647825]

[root@centos63 ~]# md5sum proftpd-1.3.4b.tar.gz
0871e0b93c9c3c88ca950b6d9a04aed2  proftpd-1.3.4b.tar.gz
[root@centos63 ~]# ls -lh proftpd-1.3.4b.tar.gz
-rw-r--r-- 1 root root 7.3M Oct 20 19:07 proftpd-1.3.4b.tar.gz
[root@centos63 ~]#
[root@centos63 ~]#
```

다운로드 받은 파일이 무결한 경우 적절한 디렉터리로 이동하여 압축된 아카이브 파일을 해제한다.

```
# tar xvfz proftpd-1.3.4b.gz
```

압축된 아카이브 파일이 해제되면 현재 디렉터리에 'proftpd-1.3.4b'라는 디렉터리가 생성되고, 그 내부에 소스가 저장된다.

```
proftpd-1.3.4b/tests/t/telnet.t
proftpd-1.3.4b/configure.in
proftpd-1.3.4b/README.controls
proftpd-1.3.4b/CREDITS
proftpd-1.3.4b/Makefile.in
proftpd-1.3.4b/README.DSO
proftpd-1.3.4b/README.ports
[root@centos63 ~]# cd proftpd-1.3.4b
[root@centos63 proftpd-1.3.4b]# pwd
/root/proftpd-1.3.4b
[root@centos63 proftpd-1.3.4b]# ls
acconfig.h      include         README                  README.PAM
aclocal.m4      INSTALL         README.AIX              README.ports
ChangeLog       install-sh      README.capabilities     README.Solaris2.5x
config.guess    lib             README.classes          README.Unixware
config.h.in     locale          README.controls         RELEASE_NOTES
config.sub      ltmain.sh       README.cygwin           sample-configurations
configure       m4              README.DSO              src
configure.in    Makefile.in     README.facl             stamp-h.in
contrib         Make.rules.in   README.FreeBSD          tests
COPYING         modules         README.IPv6             utils
CREDITS         NEWS            README.LDAP
doc             proftpd.spec    README.modules
[root@centos63 proftpd-1.3.4b]#
```

ProFTPD 소스 디렉터리를 살펴보면 'INSTALL' 파일이 존재하는데, 이 파일에는 ProFTPD 설치 방법 및 설치 후 시스템 설정 등의 정보가 기록되어 있으므로 ProFTPD 설치 사용자는 반드시 읽어보아야 한다.

'INSTALL' 파일을 살펴보면 다음과 같다.

```
  See the "Directory and file names" section of the './configure --help'
  output for the arguments to change these defaults.  For instance,
  to place all these directories under /usr/ rather than /usr/local/,
  you could use:

      $ ./configure --prefix=/usr

  Or, to place the configuration file in /etc/ and the runtime state
  files in /var/proftpd/, you would use:

      $ ./configure --sysconfdir=/etc --localstatedir=/var

  Optional ProFTPD modules can be included using '--with-modules=LIST',
  where 'LIST' is a colon-separated list of module names.  This applies
  only to optional modules, such as those found in the contrib/ directory
  (the core modules in the modules/ directory are either mandatory or
  included by default).  For example, if you wish to include both the
  readme and LDAP modules, you would use:

      $ ./configure --with-modules=mod_readme:mod_ldap

  Some operating systems require you to use either '--enable-autoshadow'
  or '--enable-shadow' if you wish to use the system's shadow password
```

'./configure'를 이용한 컴파일 환경 설정은 설치 경로를 지정하고, 컴파일에 필요한 요소를 점검하며, 해당 프로그램이 지원하는 기능들 중에서 필요한 기능을 선택하는 역할을 한다. 이를 위해 다양한 옵션을 제공하고 있으며 './configure --help' 명령을 이용하면 다양한 옵션과 그 의미를 알 수 있다.

본 절에서는 다음과 같은 옵션으로 './configure' 명령을 수행하여 ProFTPD 컴파일 환경을 설정한다.

```
# ./ configure \
> --prefix=/usr/local/proftpd \
> --enable-shadow
```

설정한 옵션의 의미를 살펴보면 다음과 같다.

옵션	의미
--prefix=/usr/local/proftpd	ProFTPD가 설치될 경로를 '/usr/local/proftpd'로 설정
--enable-shadow	쉐도우 파일을 사용하는 시스템에서 동작하도록 설정

'./configure' 명령이 올바르게 수행되면 각각의 디렉터리에 'Makefile'이 생성된다. 만약 컴파일에 필요한 요소가 부족하거나 옵션이 잘못 설정된 경우 컴파일 환경 설정 과정은 실패하게 된다. 이 경우 'Makefile'도 생성되지 않으며, 이 경우 'make' 과정도 올바르게 수행될 수 없다.

다음은 './configure' 명령을 실행하였지만 개발 도구가 설치되어 있지 않아서 오류가 발생한 경우를 나타낸다.

```
root@centos63:~/proftpd-1.3.4b
[root@centos63 proftpd-1.3.4b]# ./configure \
> --prefix=/usr/local/proftpd \
> --enable-shadow
checking build system type... i686-pc-linux-gnu
checking host system type... i686-pc-linux-gnu
checking target system type... i686-pc-linux-gnu
checking for gcc... no
checking for cc... no
checking for cl.exe... no
configure: error: no acceptable C compiler found in $PATH
See `config.log' for more details.
[root@centos63 proftpd-1.3.4b]#
```

'gcc'와 'make' 패키지와 같은 개발 도구 설치되어 있는 지를 확인한다.

```
# yum list installed | grep gcc
# yum list installed | grep make
```

만약 설치가 되어 있지 않은 경우 설치한다.

```
# yum install gcc make
```

다음은 './configure' 과정이 정상적으로 수행된 화면이다.

```
root@centos63:~/proftpd-1.3.4b
config.status: creating contrib/Makefile
config.status: creating include/Makefile
config.status: creating lib/Makefile
config.status: creating locale/Makefile
config.status: creating modules/Makefile
config.status: creating src/Makefile
config.status: creating src/prxs
config.status: creating src/ftpdctl.8
config.status: creating src/proftpd.8
config.status: creating src/xferlog.5
config.status: creating tests/Makefile
config.status: creating utils/Makefile
config.status: creating utils/ftpcount.1
config.status: creating utils/ftpscrub.8
config.status: creating utils/ftpshut.8
config.status: creating utils/ftptop.1
config.status: creating utils/ftpwho.1
config.status: creating Makefile
config.status: creating Make.rules
config.status: creating config.h
config.status: config.h is unchanged
config.status: executing libtool commands
config.status: executing default commands
[root@centos63 proftpd-1.3.4b]#
```

이제 컴파일 환경 설정 과정이 정상적으로 수행되었다면 'make' 과정을 수행한다.

```
# make
```

다음은 'make' 과정이 정상적으로 수행된 화면이다.

```
.o src/display.o src/auth.o src/fsio.o src/mkhome.o src/ctrls.o src/event.o src/
var.o src/throttle.o src/session.o src/trace.o src/encode.o src/proctitle.o src/
filter.o src/pidfile.o src/env.o src/version.o src/wtmp.o src/memcache.o modules
/mod_core.o modules/mod_xfer.o modules/mod_auth_unix.o modules/mod_auth_file.o m
odules/mod_auth.o modules/mod_ls.o modules/mod_log.o modules/mod_site.o modules/
mod_delay.o modules/mod_facts.o modules/mod_ident.o modules/mod_cap.o modules/mo
dule_glue.o  -L/root/proftpd-1.3.4b/lib -lsupp -lcrypt -ldl -L/root/proftpd-1.3.
4b/lib/libcap -lcap
cd utils/ && make utils
make[1]: Entering directory `/root/proftpd-1.3.4b/utils'
make[1]: Nothing to be done for `utils'.
make[1]: Leaving directory `/root/proftpd-1.3.4b/utils'
gcc -L./lib   -o ftpcount utils/ftpcount.o utils/scoreboard.o utils/misc.o -lsup
p -lcrypt -ldl
gcc -L./lib   -o ftpdctl src/ftpdctl.o src/pool.o src/str.o src/netaddr.o src/lo
g.o src/ctrls.o -lsupp -lcrypt -ldl   -L./lib/libcap -lcap
gcc -L./lib   -o ftpscrub utils/ftpscrub.o utils/scoreboard.o utils/misc.o -lsup
p -lcrypt -ldl
gcc -L./lib   -o ftpshut utils/ftpshut.o -lsupp -lcrypt -ldl
gcc -L./lib   -o ftptop utils/ftptop.o utils/scoreboard.o utils/misc.o  -lsupp -
lcrypt -ldl
gcc -L./lib   -o ftpwho utils/ftpwho.o utils/scoreboard.o utils/misc.o -lsupp -l
crypt -ldl
[root@centos63 proftpd-1.3.4b]#
```

'make' 과정을 통해 ProFTPD 실행에 관련된 바이너리 파일과 설정 파일이 현재 디렉터리에 생성된다.

'make' 과정이 정상적으로 수행되었다면 'make install' 과정을 수행한다.

```
# make install
```

다음은 'make install' 과정을 수행하는 화면이다.

```
d/share/man/man8
/usr/bin/install -c -o root -g root -m 0644 ./utils/ftpshut.8  /usr/local/proftp
d/share/man/man8
/usr/bin/install -c -o root -g root -m 0644 ./utils/ftpcount.1 /usr/local/proftp
d/share/man/man1
/usr/bin/install -c -o root -g root -m 0644 ./utils/ftptop.1   /usr/local/proftp
d/share/man/man1
/usr/bin/install -c -o root -g root -m 0644 ./utils/ftpwho.1   /usr/local/proftp
d/share/man/man1
/usr/bin/install -c -o root -g root -m 0644 ./src/xferlog.5    /usr/local/proftp
d/share/man/man5
cd lib/ && make install
make[1]: Entering directory `/root/proftpd-1.3.4b/lib'
make[1]: Nothing to be done for `install'.
make[1]: Leaving directory `/root/proftpd-1.3.4b/lib'
/usr/bin/install -c -o root -g root -m 0644 config.h /usr/local/proftpd/include/
proftpd/config.h
cd include/ && make install
make[1]: Entering directory `/root/proftpd-1.3.4b/include'
make[1]: Leaving directory `/root/proftpd-1.3.4b/include'
/usr/bin/install -c -o root -g root -m 0644 proftpd.pc /usr/local/proftpd/lib/pk
gconfig/proftpd.pc
test -z """" || (cd locale/ && make install)
[root@centos63 proftpd-1.3.4b]#
```

'make install' 과정은 'make' 과정을 통해 생성된 실행 관련 바이너리 파일들과 설정 파일들을 './configure' 명령 수행 시 설치 디렉터리를 지정한 경우 지정한 디렉터리에 복사하고, 지정하지 않은 경우 '/etc/proftpd.conf'로 복사한다.

ProFTPD 서버가 설치된 디렉터리를 살펴보면 다음과 같다.

```
root@centos63:/usr/local/proftpd
[root@centos63 proftpd-1.3.4b]# cd /usr/local/proftpd/
[root@centos63 proftpd]# ls -l
total 32
drwxr-xr-x 2 root root 4096 Oct 20 19:54 bin
drwxr-xr-x 2 root root 4096 Oct 20 19:44 etc
drwxr-xr-x 3 root root 4096 Oct 20 19:44 include
drwxr-xr-x 4 root root 4096 Oct 20 19:44 lib
drwxr-xr-x 2 root root 4096 Oct 20 19:44 libexec
drwxr-xr-x 2 root root 4096 Oct 20 19:54 sbin
drwxr-xr-x 4 root root 4096 Oct 20 19:44 share
drwxr-xr-x 2 root root 4096 Oct 20 19:44 var
[root@centos63 proftpd]# ls -l etc
total 4
-rw-r--r-- 1 root root 1911 Oct 20 19:44 proftpd.conf
[root@centos63 proftpd]# find / -name proftpd.conf -print
/usr/local/proftpd/etc/proftpd.conf
[root@centos63 proftpd]#
```

지정한 설치 경로의 'etc' 디렉터리에 환경 설정 파일 'proftpd.conf'가 존재함을 확인할 수 있다.

설치 완료된 ProFTPD 서버를 시작하는 방법은 다음과 같다.

```
# /usr/local/proftpd/sbin/proftpd
```

설치 완료 후 위와 같은 명령을 실행하면 다음과 오류가 발생한다.

```
root@centos63:/usr/local/proftpd
[root@centos63 proftpd]# ls -l sbin/
total 556
-rwxr-xr-x 1 root root  11256 Oct 20 20:08 ftpscrub
-rwxr-xr-x 1 root root   6128 Oct 20 20:08 ftpshut
lrwxrwxrwx 1 root root      7 Oct 20 20:08 in.proftpd -> proftpd
-rwxr-xr-x 1 root root 548672 Oct 20 20:08 proftpd
[root@centos63 proftpd]# sbin/proftpd
centos63.induk.ac.kr proftpd[18965]: Fatal: Group: Unknown group 'nogroup' on li
ne 30 of '/usr/local/proftpd/etc/proftpd.conf'
[root@centos63 proftpd]# /usr/local/proftpd/sbin/proftpd
centos63.induk.ac.kr proftpd[18966]: Fatal: Group: Unknown group 'nogroup' on li
ne 30 of '/usr/local/proftpd/etc/proftpd.conf'
[root@centos63 proftpd]#
```

ProFTPD의 환경 설정 파일을 살펴보면 데몬을 실행하는 사용자를 'nobody'로, 그룹을 'nogroup'로 설정하고 있다. 그러나 CentOS 6.3에는 'nogroup'이 존재하지 않는다. 환경 설정 파일인 'proftpd.conf'에 포함된 'Group' 지시자의 설정 값을 아래와 같이 변경한다.

```
Group                nobody
#Group               nobody          # <== nogroup
```

'Group' 지시자의 설정 값 'nogroup'을 'nobody'로 수정한다.

```
root@centos63:/usr/local/proftpd
# at once, simply increase this value.  Note that this ONLY works
# in standalone mode, in inetd mode you should use an inetd server
# that allows you to limit maximum number of processes per service
# (such as xinetd).
MaxInstances                    30

# Set the user and group under which the server will run.
User                            nobody
Group                           nobody
#Group                          nogroup

# To cause every FTP user to be "jailed" (chrooted) into their home
# directory, uncomment this line.
#DefaultRoot ~

# Normally, we want files to be overwriteable.
AllowOverwrite          on

# Bar use of SITE CHMOD by default
<Limit SITE_CHMOD>
  DenyAll
</Limit>

-- INSERT --
```

환경 파일을 수정한 후 ProFTPD 서버를 실행하면 FQDN 설정이 올바른 경우 정상적으로 동작한다.

```
root@centos63:/usr/local/proftpd
[root@centos63 proftpd]# /usr/local/proftpd/sbin/proftpd
centos63.induk.ac.kr proftpd[19055]: warning: unable to determine IP address of
'centos63.induk.ac.kr'
centos63.induk.ac.kr proftpd[19055]: error: no valid servers configured
centos63.induk.ac.kr proftpd[19055]: Fatal: error processing configuration file
'/usr/local/proftpd/etc/proftpd.conf'
[root@centos63 proftpd]# hostname
centos63.induk.ac.kr
[root@centos63 proftpd]# cat /etc/hosts
127.0.0.1   localhost localhost.localdomain localhost4 localhost4.localdomain4
::1         localhost localhost.localdomain localhost6 localhost6.localdomain6
[root@centos63 proftpd]# echo "192.168.5.137 centos63 centos63.induk.ac.kr" >> /
etc/hosts
[root@centos63 proftpd]# cat /etc/hosts
127.0.0.1   localhost localhost.localdomain localhost4 localhost4.localdomain4
::1         localhost localhost.localdomain localhost6 localhost6.localdomain6
192.168.5.137 centos63 centos63.induk.ac.kr
[root@centos63 proftpd]# /usr/local/proftpd/sbin/proftpd
[root@centos63 proftpd]#
```

만약 'unable to determine IP address of ...'와 같은 오류 메시지가 나타난다면 FQDN 설정을 확인하고, 올바르게 수정한다.

```
# echo '192.168.116.137 centos63 centos63.induk.ac.kr' >> /etc/hosts
```

외부에서 접속이 가능하도록 하기 위해서는 ProFTPD가 사용하는 21번 포트에 대한 방화벽의 차단 여부를 확인하고, 이를 해제해주어야 한다.

```
# system-config-firewall-tui
# service iptables restart
```

리눅스 시스템에 사용되는 텍스트 기반 FTP 클라이언트 프로그램에는 'ftp', 'lftp', 'ncftp' 등이 존재한다. 다음은 'lftp' 프로그램을 이용하여 ProFTPD 서버를 접속한 화면이다.

```
# lftp admin@iducs.induk.ac.kr
```

```
root@centos63:~
[root@centos63 ~]# lftp egyou@centos63.induk.ac.kr
Password:
lftp egyou@centos63.induk.ac.kr:~> ls
-rw-r--r--    1 egyou    egyou          14 Oct 20 12:02 ftptest
-rw-r--r--    1 egyou    egyou        1209 Oct 20 12:02 proftpd
lftp egyou@centos63.induk.ac.kr:~> help
    !<shell-command>                     (commands)
    alias [<name> [<value>]]             bookmark [SUBCMD]
    cache [SUBCMD]                       cat [-b] <files>
    cd <rdir>                            chmod [OPTS] mode file...
    close [-a]                           [re]cls [opts] [path/][pattern]
    debug [<level>|off] [-o <file>]      du [options] <dirs>
    exit [<code>|bg]                     get [OPTS] <rfile> [-o <lfile>]
    glob [OPTS] <cmd> <args>             help [<cmd>]
    history -w file|-r file|-c|-l [cnt]  jobs [-v]
    kill all|<job_no>                    lcd <ldir>
    lftp [OPTS] <site>                   ls [<args>]
    mget [OPTS] <files>                  mirror [OPTS] [remote [local]]
    mkdir [-p] <dirs>                    module name [args]
    more <files>                         mput [OPTS] <files>
    mrm <files>                          mv <file1> <file2>
    [re]nlist [<args>]                   open [OPTS] <site>
    pget [OPTS] <rfile> [-o <lfile>]     put [OPTS] <lfile> [-o <rfile>]
    pwd [-p]                             queue [OPTS] [<cmd>]
    quote <cmd>                          repeat [OPTS] [delay] [command]
    rm [-r] [-f] <files>                 rmdir [-f] <dirs>
    scache [<session_no>]                set [OPT] [<var> [<val>]]
    site <site_cmd>                      source <file>
    torrent [-O <dir>] <file>            user <user|URL> [<pass>]
    version                              wait [<jobno>]
    zcat <files>                         zmore <files>
lftp egyou@centos63.induk.ac.kr:~>
```

참고로 'ftp>'에서 'help'를 입력하면 FTP 명령어 목록이 출력되고, 'exit'를 입력하면 종료된다.

다음은 윈도우즈 환경에서 'FileZilla Client'를 이용하여 익명 사용자로 ProFTPD 서버를 접속한 화면이다.

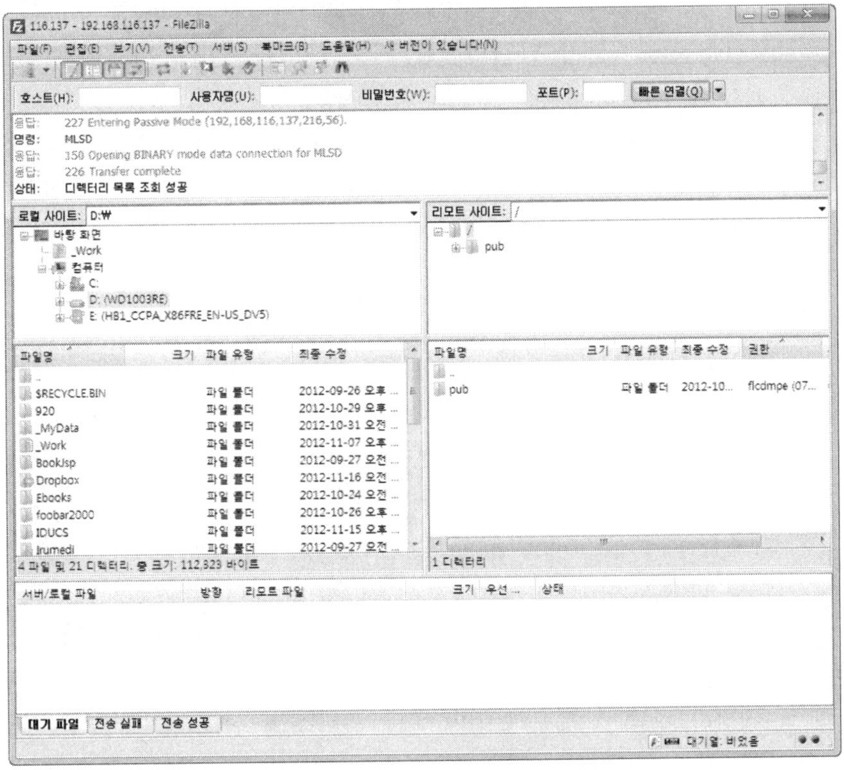

ProFTPD를 소스 프로그램으로 설치한 경우 제어 스크립트 파일을 생성하지 않는다. 따라서 제어 스트립트를 이용한 시작/종료/재시작 등이 불가능하다. ProFTPD 서버의 종료는 해당 프로세스를 직접 종료해주어야 한다. 다음 명령은 'proftpd'라는 이름을 가진 모든 프로세스를 종료한다.

```
# killall proftpd
```

4.2 환경 설정 및 운영

본 절에서는 ProFTPD 서버의 환경 설정 방법에 대하여 알아보기로 한다. 앞서 살펴본 바와 같이 ProFTPD의 환경 설정 파일은 'proftpd.conf'이고, 설치 디렉터리를 지정한 경우 '설치 디렉터리/etc'에 존재하며, 지정하지 않은 경우 '/etc'에 존재한다.

먼저 'proftpd.conf'에 포함된 지시자들과 그 의미를 살펴보기로 한다

'ServerName' 지시자는 ProFTPD 서버를 접속할 때 클라이언트 화면에 표시되는 문자열을 설정한다. 일반적으로 서버의 이름을 나타내는 문자열을 설정 값으로 사용한다.

```
ServerName          "ProFTPD ver1.3.4b"
```

'ServerType' 지시자는 ProFTPD 서버의 동작 모드를 설정한다.

```
ServerType          <standalone | inetd>
```

가능한 설정 값은 'standalone'과 'inetd'이다. 'standalone'으로 설정한 경우에는 'proftpd'라는 데몬 프로세스가 항상 실행중이기 때문에 클라이언트의 요청을 빠르게 응답할 수 있지만, 시스템 자원을 지속적으로 사용한다. 'inetd'로 설정한 경우에는 클라이언트의 요청이 있을 때 'xinetd'라는 데몬 프로세스가 해당 서비스를 실행하기 때문에 응답이 느리지만, 시스템 자원을 절약할 수 있으며, 높은 보안성을 제공한다. 'inetd'로 설정한 경우 '/etc/xinetd.d/' 디렉터리에 'proftpd'라는 설정 파일을 생성해야 한다.

'DefaultServer' 지시자는 IP 주소로 접속할 경우 기본 서버로 접속 허가 여부를 설정한다. 설정 값이 'on'인 경우 해당 IP 주소로 기본 서버에 접속할 수 있으며, 'off'인 경우 거부된다.

```
DefaultServer          <on | off>
```

'Port' 지시자는 'standalone' 타입으로 동작하는 FTP 서버가 사용하는 포트 번호를 설정하며, 기본 설정 값은 21이다.

```
Port                          21
```

'Umask' 지시자는 생성되는 파일이나 디렉터리에 대한 기본 허가권을 설정한다. 설정 값 '022'는 새로 생성된 디렉터리는 절대모드로 '755'를, 새로 생성된 파일은 절대모드로 '644'의 허가권을 갖게 된다.

```
Umask                         022
```

'MaxInstances' 지시자는 'standalone' 타입으로 동작하는 경우 생성할 수 있는 최대 자식 프로세스 수를 설정한다. 생성되는 프로세스의 수를 제한함으로써 DoS(Denial of Service) 공격을 막을 수 있다.

```
MaxInstances                  30
```

'User'와 'Group' 지시자는 ProFTPD 데몬을 실행할 수 있는 사용자와 그룹을 설정한다.

```
User                          nobody
Group                         nogroup
```

'Group'의 초기 설정 값인 'nogroup'은 존재하지 않기 때문에 데몬 실행 시 오류를 발생한다. 이를 해결하기 위해서 앞에서 'nobody'로 설정한다. 실행된 데몬 프로세스는 비특권 사용자인 'nobody' 사용자와 비특권 그룹인 'nobody' 그룹의 제한적인 권한을 갖게 된다.

'RootLogin'은 root 계정으로 로그인을 가능 또는 불가능하게 설정한다. 'on'인 경우 'root' 계정으로 로그인이 가능하게 된다. 그러나 보안 측면에서는 'off'로 설정하거나 'RootLogin' 지시자 부분을 주석으로 처리할 것을 권장한다.

```
RootLogin                     <on | off>
```

'AllowOverwrite' 지시자는 일반적으로 사용자가 원하는 경우 덮어쓰기가 가능하도록 설정한다.

```
AllowOverWrite                    <on | off>
```

'<Anonymous >~</Anonymous>'는 FTP 서버를 익명(Anonymous)으로 접속할 수 있도록 설정하는 부분이다.

```
<Anonymous ~ftp>
  User                         ftp
  Group                        ftp
  # We want clients to be able to login with "anonymous" as
well as "ftp"
  UserAlias                    anonymous ftp

  # Limit the maximum number of anonymous logins
  MaxClients                   10

  # We want 'welcome.msg' displayed at login, and '.message'
displayed
  # in each newly chdired directory.
  DisplayLogin                 welcome.msg
  DisplayChdir                 .message

  # Limit WRITE everywhere in the anonymous chroot
  <Limit WRITE>
    DenyAll
  </Limit>
</Anonymous>
```

'~ftp'는 익명으로 FTP 서버를 접속했을 때 접근하는 경로를 'ftp'라는 계정의 홈 디렉터리로 지정한다. 만약 '~ftp' 대신 '/home/share'를 지정하면 익명으로 접속했을 때 '/home/share' 디렉터리를 접근하게 된다.

'User'와 'Group' 지시자는 익명으로 FTP 서버에 접속한 사용자의 권한을 설정한다. 현재 익명으로 접속한 사용자는 'ftp'라는 이름의 사용자와 그룹의 권한을 부여받게 된다. 앞에서 지정한 디렉터리에 대하여 다양한 FTP 명령을 실행하기 위해서는 해당 디렉터리에 대한 소유권 또는 허가권에 대한 적절한 수정이 필요하다.

'UserAlias' 지시자는 익명으로 FTP 서버에 접속이 가능한 사용자의 별칭을 설정한다. 현재 익명으로 접속 가능한 사용자는 'ftp' 사용자이고, 이에 대한 별칭으로 'anonymous'를 지정하였으므로 'anonymous'로도 접속이 가능하다.

'MaxClients' 지시자는 익명 FTP 서버에 접속 가능한 최대 클라이언트의 수를 설정한다. 메시지 표시 부분에 '%m' 옵션을 이용하여 최대 클라이언트의 수를 표시할 수 있다.

```
MaxClients              3 "maximum logins %M"
```

익명으로 FTP 서버에 접속한 사용자 수가 3명을 초과하면 "530 maximum logins 3"이란 메시지가 출력된다.

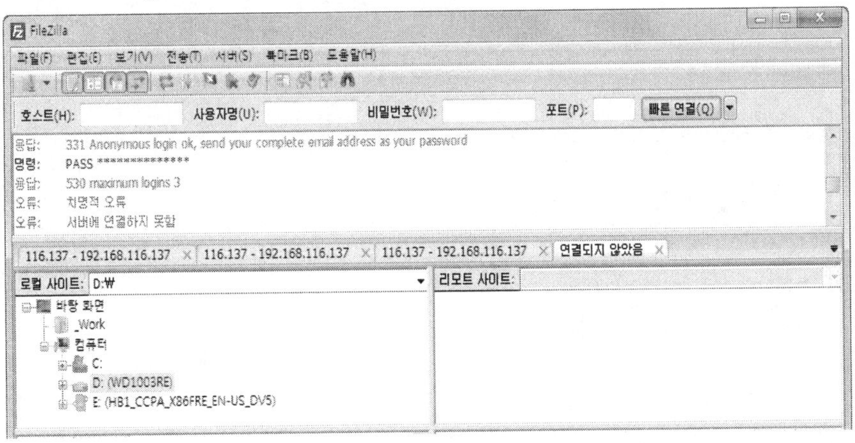

'DisplayLogin' 지시자는 FTP 서버에 접속하여 로그인을 성공했을 때 클라이언트에 표시할 메시지가 저장된 파일의 경로를 설정한다. 로그인에 성공하면 'welcome.msg'에 저장된 내용이 클라이언트에게 표시된다.

'DisplayFirstChdir' 지시자는 로그인에 성공한 후 특정 디렉터리로 이동하는 경우 클라이언트에 표시할 메시지가 저장된 파일의 경로를 설정한다. 이동한 디렉터리에 '.message' 파일이 존재하는 경우 그 내용이 클라이언트에게 표시된다.

'DisplayLogin'과 'DisplayFirstChdir' 지시자가 지정한 메시지 파일을 작성할 때 사용가능한 다양한 옵션을 제공한다.

옵션	의미
%C	현재 작업 디렉터리를 표시
%F	FTP 서버의 사용가능한 하드디스크 용량을 바이트 단위로 표시
%f	FTP 서버의 사용가능한 하드디스크 용량을 MB 또는 GM 단위로 표시
%L	FTP 서버의 호스트 이름을 표시
%M	동시에 접속 가능한 최대 클라이언트의 수를 표시
%N	현재 FTP 서버에 접속한 클라이언트의 수를 표시
%R	접속한 클라이언트의 호스트 이름을 표시
%T	접속한 FTP 서버의 현재 시간을 표시

'<Limit>~</Limit>'는 FTP에서 사용되는 명령어들에 대한 설정을 하는 부분이며, 현재 쓰기 명령을 사용할 수 없도록 설정되어 있다. '<Limit>~ </Limit>'에서 사용가능한 옵션들과 그 의미를 살펴보면 다음과 같다.

옵션	의미
CWD	작업 디렉터리를 변경
MKD	디렉터리 생성
RMD	디렉터리 삭제
RNFR	디렉터리 이름 변경
RNTO	디렉터리 이동
DELE	파일 삭제
LIST	디렉터리 목록 출력
RETR	서버에서 클라이언트로 파일 전송
STOR	클라이언트에서 서버로 파일 전송
READ	파일 읽기에 관련된 모든 명령 실행
WRITE	파일 또는 디렉터리에 대한 쓰기, 생성, 삭제 등 관련된 모든 명령 실행
DIRS	디렉터리 목록 출력
ALL	모든 FTP 명령
LOGIN	서버에 접속 또는 로그인에 관련된 명령 실행

'/home/share/*' 디렉터리에 포함된 모든 파일에 대한 삭제와 디렉터

리에 대한 삭제 기능은 제한하고, 읽기와 서버로 전송 및 디렉터리 생성이 가능하도록 설정하려면 <Anonymous> ~ </Anonymous> 사이에 다음과 같은 내용을 추가한다.

```
<Directory /home/share/*>
        <Limit DELE RMD>
                DenyAll
        </Limit>
        <Limit READ STOR MDK>
                AllowAll
        </Limit>
</Directory>
```

4.3 ProFTPD 데몬의 서비스 유형 변경

'proftpd'라는 이름의 Standalone 유형의 제어 스크립트를 생성하고, '/etc/rc.d/init.d'에 복사하면 ProFTPD 데몬을 제어할 수 있다.

```
#!/bin/sh
# chkconfig: - 80 30
# description: ProFTPD Deamon ver1.3.4b
# ProFTPD files
FTPD=/usr/local/proftpd
FTPD_BIN=$FTPD/sbin/proftpd
FTPD_CONF=$FTPD/etc/proftpd.conf
```

'# chkconfig:'와 '# description:'는 주석 처리되어 있지만 ProFTPD 서비스 등록에 필요한 지시자이다.

```
# chkconfig proftpd on
# ckkconfig —list proftpd
proftpd         0:off   1:off   2:on    3:on    4:on    5:on    6:off
```

런레벨 2 ~ 5로 부팅할 때 'proftpd'가 자동으로 실행이 되도록 설정됨을 확인 할 수 있다.

다음은 제어 스크립트로 ProFTPD 서비스를 시작하는 화면이다.

```
# service proftpd start
Starting proftpd...
```

이제 ProFTPD 서비스를 xinetd 유형으로 서비스하도록 설정해보자.

▸ 준비 1 단계 : ProFTPD 서비스가 실행 중인 경우 제어 스크립트를 이용하여 제어 스크립트를 이용하여 종료하고, 'chkconfig'를 이용하여 부팅 시 자동 시작을 해제한다.

```
# service proftpd stop
# chkconfig proftpd off
```

▸ 준비 2 단계 : xinetd 패키지가 설치되어 있는 지를 확인하고, 설치가 되어있지 않은 경우 설치한다.

```
# yum list installed | grep xinetd
# yum install xinetd
```

▸ 1 단계 : 환경 설정 파일에서 'ServerType' 지시자의 속성값을 'standalone'에서 'inetd'로 설정한다. 'xinetd'로 설정하지 않도록 주의해야 한다.

```
ServerType                    inetd
```

▸ 2 단계 : xinetd 데몬이 ProFTPD 데몬을 제어하기 위해 사용하는 제어 스크립트 파일, 'proftpd' 파일을 '/etc/xinetd.d/' 디렉터리에 생성한다.

```
# default: off
# description: The ProFTP server serves FTP connections.
service ftp
{
        socket_type             = stream
        wait                    = no
        user                    = root
        server                  = /usr/local/proftpd/sbin/proftpd
        server_args             = -c /usr/local/proftpd/etc/proftpd.conf
        nice                    = 10
        disable                 = no
        flags                   = REUSE
}
~
~
~
~
~
~
~
~
~
~
-- INSERT --
```

'disbale' 지시자의 설정값이 'no'로 설정되어야 한다. 'server'와 'server_args' 지시자의 경우 실제 설치 경로를 지정해야 한다.

'FileZilla Client'로 접속하지 않은 상태에서 xinetd 서비스를 재시작 한다.

```
[root@centos63 xinetd.d]# service xinetd restart
Stopping xinetd:                                           [FAILED]
Starting xinetd:                                           [  OK  ]
[root@centos63 xinetd.d]# pstree
init─┬─auditd───{auditd}
     ├─crond
     ├─dhclient
     ├─master─┬─pickup
     │        └─qmgr
     ├─6*[mingetty]
     ├─rsyslogd───3*[{rsyslogd}]
     ├─sshd───sshd───bash───pstree
     ├─udevd───2*[udevd]
     └─xinetd
[root@centos63 xinetd.d]# netstat -a | grep ftp
tcp        0      0 *:ftp                       *:*                         LIST
EN
[root@centos63 xinetd.d]# 
```

'xinetd'의 자식 프로세스가 아직 존재하지 않음을 확인할 수 있고, 'ftp'라는 이름으로 연결된 소켓이 존재하지 않음을 확인할 수 있다.

'FileZilla Client'로 접속을 하면 다음과 같은 변화가 발생한다.

```
root@centos63:/etc/xinetd.d
[root@centos63 xinetd.d]# pstree
init─┬─auditd───{auditd}
     ├─crond
     ├─dhclient
     ├─master─┬─pickup
     │        └─qmgr
     ├─6*[mingetty]
     ├─rsyslogd───3*[{rsyslogd}]
     ├─sshd───sshd───bash───pstree
     ├─udevd───2*[udevd]
     └─xinetd───proftpd
[root@centos63 xinetd.d]# netstat -a | grep ftp
tcp        0      0 centos63:ftp                192.168.116.1:53167         ESTA
BLISHED
tcp        0      0 *:ftp                       *:*                         LIST
EN
[root@centos63 xinetd.d]#
```

'xinetd'의 자식 프로세스로 'proftpd'가 존재하는 것을 확인할 수 있고, 'ftp'라는 이름으로 연결된 소켓이 존재하는 것을 확인할 수 있다.

11 삼바(samba) 서버 구축 및 운영

1. 개요

많은 리눅스 사용자들은 사용의 편리성과 풍부한 애플리케이션을 제공하는 윈도우즈를 함께 사용한다. 윈도우즈 환경에서 수행한 작업의 결과를 리눅스와 공유해야 하는 경우나 리눅스 환경에서 수행한 작업의 결과를 윈도우즈 환경과 공유해야하는 경우가 발생한다. 작업 결과가 파일인 경우 FTP를 사용해서 처리할 수 있지만 윈도우즈 환경에 익숙한 사용자에게는 공유 디렉토리를 이용해서 처리할 수 있기를 선호한다. 즉 윈도우즈에서 탐색기를 사용하여 리눅스를 접근할 수 있도록 해 줌으로써 편리성을 증대할 수 있다. 리눅스 초보 사용자의 경우 이러한 서비스 제공이 더욱 절실하다고 할 수 있다.

삼바 서비스는 리눅스와 윈도우간에 파일 및 프린터를 공유 할 수 있게 해주는 서비스이다. 이를 이용하면 리눅스 서버를 다른 운영체제와 파일을 공유할 수 있는 파일서버로도 활용할 수 있다. 삼바 서비스는 SMB(Server Message Block) 와 CIFS(Common Internet File System)라는 프로토콜을 이용한다.

SMB는 마이크로소프트사와 인텔이 윈도우 시스템이 다른 시스템의 디스크나 프린터와 같은 자원을 공유할 있도록 하기 위해 개발된 프로토콜이다. TCP/IP 기반하의 NetBIOS 프로토콜을 이용하기 때문에 이 프로토콜은 NFS, NIS, lpd 와 같은 유닉스의 분산인증구조와 유사하다. 따라서 윈도우 중심의 네트워크 환경에서는 리눅스를 이용한 공유시스템에서는 SMB가 필수적이다.

CIFS는 네트워크를 위한 SMB 파일 공유 프로토콜의 확장된 버전이며, 윈도우와 유닉스 환경을 동시에 지원하는 인터넷의 표준 파일 규약의 프로토콜이다. CIFS는 여러 업체의 참여하여 결정된 규약이기 때문에 버전이 올라감에 따라 안정성이 크게 향상 되었다.

2. 구축 개요

SELinux에 대한 설정

SELinux의 보안 정책 적용에 대한 속성값을 'disabled' 또는 'permissive'로 설정한다.

1. 'setenforce 0' 명령을 이용하여 'permissive'로 설정할 수 있지만 재부팅되면 설정값이 사라진다.
2. '/etc/sysconfig/selinux' 파일을 편집하여 설정할 수 있고, 재부팅되어도 설정값이 유지된다.

설치를 시작하기 전에 설치되어서 실행중인 삼바 서비스가 존재하는지를 확인해야 한다. 해당 서비스가 설치되어 있거나 실행 중인 경우 설치 과정에서 충돌을 유발하여 정상적인 설치를 어렵게 할 뿐 아니라 설치 후 실행 과정에서도 문제를 유발할 수 있다. 따라서 이에 대한 확인과 실행 종료 및 제거가 설치 전에 수행되어야 한다.

1. 삼바 서비스가 실행 중인지를 확인하고, 실행 중인 경우 서비스를 종료한다
2. 삼바 패키지가 설치되어 있는지를 확인하고, 설치되어 있는 경우 제거한다
3. 삼바 패키지 또는 삼바 소스프로그램을 이용하여 설치하고, 설정을 수행한다

삼바 서비스를 제공하는 데몬의 이름은 'smbd'이고, 제어 스크립트 이 이름은 'smb'이다. 따라서 삼바 서비스가 실행 중인지를 확인하기 위해서는 'ps' 명령을 수행하여 'smbd'가 실행 중인지를 확인해야 한다. 다음은 시스템에서 현재 삼바 서비스가 실행 중인지를 확인하는 화면이다.

```
root@cs201212000:~
[root@cs201212000 ~]# ps aux | grep smbd
root      2470  0.0  0.0   4336   748 pts/0    S+   11:58   0:00 grep smbd
[root@cs201212000 ~]#
```

현재 실행 중인 삼바 데몬이 존재하지 않음을 확인 할 수 있다. 만약 데몬이 실행중인 경우 'service smb stop' 명령을 수행하여 데몬을 정지하거나 'kill' 명령을 사용하여 종료한다.

삼바 서비스를 제공하는 패키지는 크게 두 가지가 존재한다. 하나는 리눅스에서 윈도우즈가 제공하는 공유 디렉토리를 사용할 때 사용하는 'smb-client' 패키지이고, 다른 하나는 윈도우즈에서 사용할 수 있도록 리눅스에서 공유 서비스를 제공할 때 사용하는 'samba' 패키지이다. 따라서 두 패키지가 설치되어 있는 지를 확인하기 위해서는 'rpm' 명령이나 'yum' 명령을 수행한다.

시스템에 삼바 패키지가 설치되어 있는지를 확인한다.

```
root@cs201212000:~
[root@cs201212000 ~]# yum list installed | grep samba
```

현재 삼바 패키지가 설치되어 있지 않음을 확인 할 수 있다. 만약 패키지가 설치되어 있는 경우 'yum remove samba-client' 또는 'yum remove samba' 등의 명령을 수행하여 제거한다.

대부분의 서비스들과 마찬가지로 삼바 서비스도 패키지 기반 설치와 소스 프로그램을 이용한 설치가 모두 가능하다. 삼바 서비스의 경우 설치보다는 다양한 상황을 위한 설정이 중요하기 때문에 패키지 기반 설치가 많이 수행한다.

'rpm' 명령을 활용한 패키지 기반 설치는 의존성 문제로 설치가 어려운 경우가 있었지만, 'yum' 명령은 패키지간의 의존성을 고려하여 설치하기 때문에 매우 간단하다.

삼바 서비스는 리눅스와 윈도우즈, 즉 성격이 다른 두 운영체제 간의 공유 서비스이기 때문에 두 가지 구축이 가능하다. 하나는 윈도우즈에서 제공하는 공유 서비스를 리눅스에서 사용가능하도록 하는 구축이고, 다른 하나는 리눅스에서 제공하는 공유 서비스를 윈도우즈에서 사용가능하도록 하는 구축이다.

3. 리눅스에서 윈도우즈 공유 디렉토리 접근을 위한 구축

▸ 1단계 : 다음은 Windows 7에서 'sambauser'라는 표준 사용자 계정을 생성하는 화면이다.

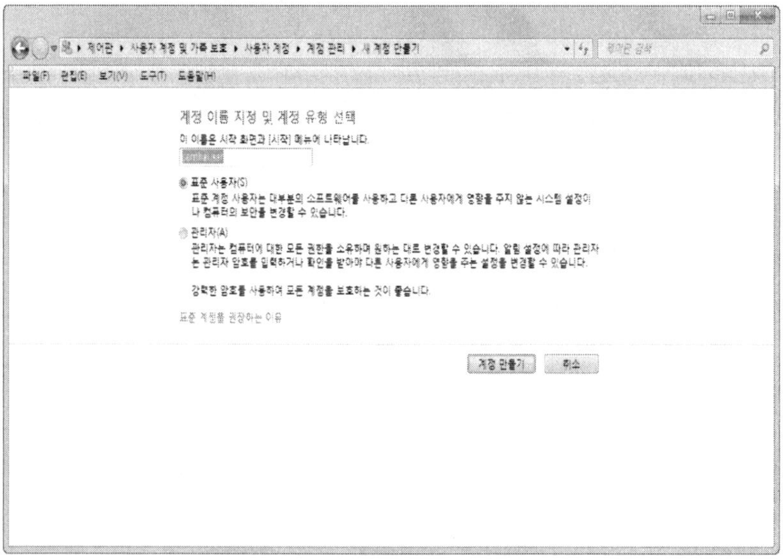

▸ 2단계 : 다음은 새로 생성한 'sambauser'에 대한 계정 정보를 확인하고 변경할 수 있는 화면이다.

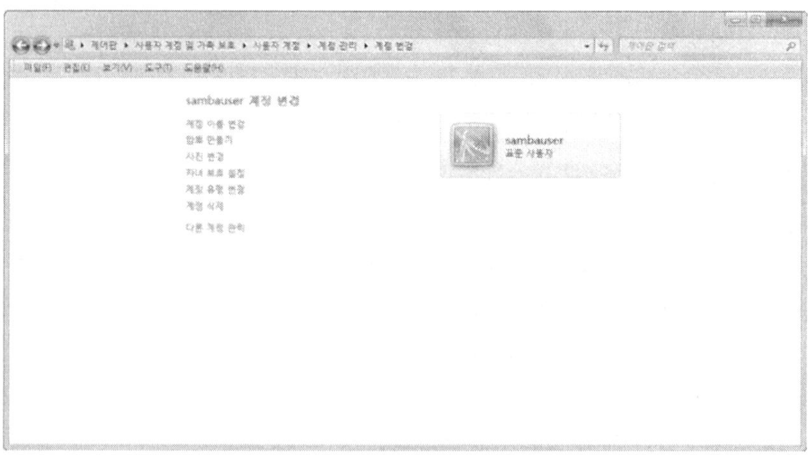

▸ 3단계 : 다음은 생성한 'sambauser'에 대한 계정에 암호를 설정하는 화면이다.

▸ 4단계 : 다음은 'sambauser' 공유할 디렉토리를 생성하고, 디렉토리 속성에서 공유 탭에서 선택한다.

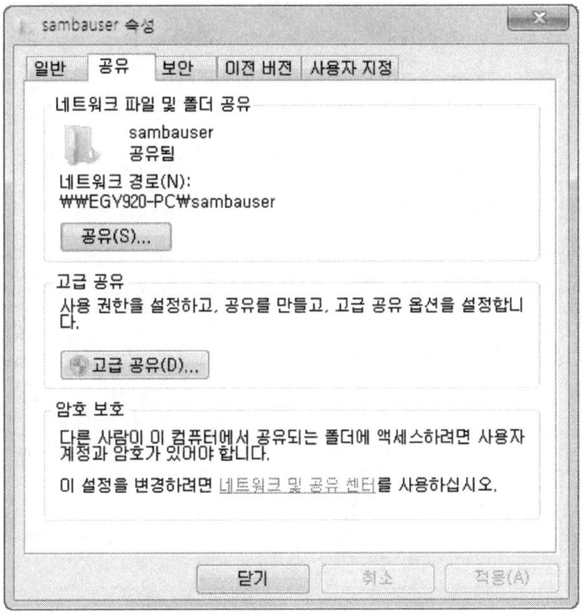

▸ 5단계 : '네트워크 파일 및 폴더 공유' 그룹의 '공유' 버튼을 눌러 공유할 사용자를 지정한다.

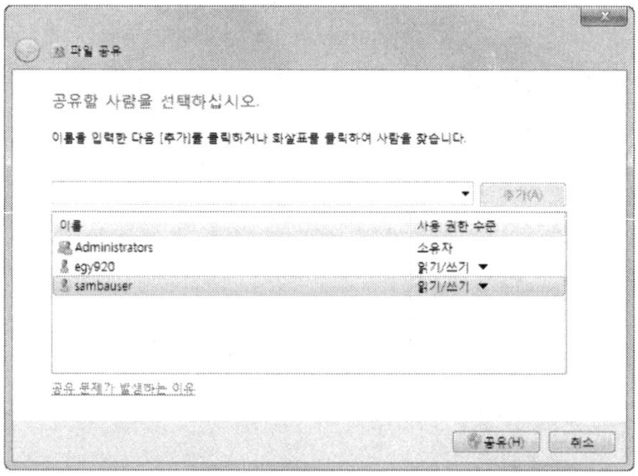

지정한 디렉토리에 대하여 생성한 계정, 'sambauser'에게 디렉토리에 대한 읽기와 쓰기 권한을 부여한다.

▸ 6단계 : 'samba-client'와 'samba-common' 패키지가 설치되어 있는지를 확인한다. 설치되어 있지 않은 경우 'yum' 명령을 이용하여 설치한다.

```
root@centos63:~
[root@centos63 ~]# rpm -qa | grep samba-client
[root@centos63 ~]# rpm -qa | grep samba-common
[root@centos63 ~]# yum install samba-client samba-common
```

설치 확인은 일반 사용자 계정도 가능하지만, 패키지를 설치하는 경우 'root' 권한이 있어야 한다.

```
root@localhost:~
 Package                    Arch        Version                  Repository  Size
================================================================================
Installing:
 samba-client               i686        3.5.10-125.el6           base        11 M
Installing for dependencies:
 libtalloc                  i686        2.0.1-1.1.el6            base        18 k
 libtdb                     i686        1.2.1-3.el6              base        29 k
 perl                       i686        4:5.10.1-127.el6         base       9.7 M
 perl-Module-Pluggable      i686        1:3.90-127.el6           base        38 k
 perl-Pod-Escapes           i686        1:1.04-127.el6           base        30 k
 perl-Pod-Simple            i686        1:3.13-127.el6           base       210 k
 perl-libs                  i686        4:5.10.1-127.el6         base       591 k
 perl-version               i686        3:0.77-127.el6           base        49 k
 pkgconfig                  i686        1:0.23-9.1.el6           base        67 k
 samba-common               i686        3.5.10-125.el6           base        13 M
 samba-winbind-clients      i686        3.5.10-125.el6           base       1.1 M

Transaction Summary
================================================================================
Install       12 Package(s)

Total download size: 36 M
Installed size: 121 M
Is this ok [y/N]:
```

▸ 7단계 : 'root' 권한으로 'smbclient' 명령을 실행하여 Windows에서 공유한 폴더가 보이는지를 확인한다.

```
# smbclient -L <Windows IP 주소> -U <Windows 공유 계정 이름>
```

```
[root@localhost ~]# smbclient -L 220.67.174.104 -U sambauser
Enter sambauser's password:
Domain=[EGY920-PC] OS=[Windows 7 Enterprise 7601 Service Pack 1] Server=[Windows
 7 Enterprise 6.1]

        Sharename       Type      Comment
        ---------       ----      -------
        ADMIN$          Disk      원격 관리
        C$              Disk      기본 공유
        D$              Disk      기본 공유
        IPC$            IPC       원격 IPC
        sambauser       Disk
session request to 220.67.174.104 failed (Called name not present)
session request to 220 failed (Called name not present)
session request to *SMBSERVER failed (Called name not present)
NetBIOS over TCP disabled -- no workgroup available
[root@localhost ~]#
```

'sambauser'라는 'Disk', 즉 공유 폴더가 접근 가능하다는 것을 확인할 수 있다.

현재 로그인한 사용자와 Windows 공유 계정의 이름이 동일한 경우 '-U' 옵션 이하를 생략할 수 있다.

▸ 8단계 : 리눅스에서 Windows에서 공유한 폴더, 'sambauser'를 마운트해서 사용할 지점, 디렉토리를 생성한다.

```
# mkdir /mnt/smb
```

```
[root@localhost ~]# mkdir /mnt/smb
```

▸ 9단계 : 리눅스에서 'mount' 명령을 사용하여 Windows 공유 폴더를 마운트 한다.

```
# mount -t cifs -o rw,username=sambauser //<Windows IP 주소>/sambauser /mnt/smb
Password:
```

```
root@localhost:~
[root@localhost ~]# mkdir /mnt/smb
[root@localhost ~]# mount -t cifs -o rw,username=sambauser //220.67.174.104/samb
auser /mnt/smb
mount: block device //220.67.174.104/sambauser is write-protected, mounting read
-only
mount: cannot mount block device //220.67.174.104/sambauser read-only
[root@localhost ~]# yum list installed | grep cifs-utils
[root@localhost ~]# yum install cifs-utils
```

'cifs-utils' 패키지가 설치되어 있지 않은 경우 읽기 전용으로만 마운트가 가능하다. 'cifs'를 사용하기 위해서 'yum' 명령을 이용하여 'cifs-utils'를 설치한다.

```
root@localhost:~
Installed size: 144 k
Is this ok [y/N]: y
Downloading Packages:
(1/2): cifs-utils-4.8.1-10.el6.i686.rpm                     |  46 kB     00:00
(2/2): keyutils-1.4-4.el6.i686.rpm                          |  38 kB     00:00
--------------------------------------------------------------------------------
Total                                              416 kB/s |  84 kB     00:00
Running rpm_check_debug
Running Transaction Test
Transaction Test Succeeded
Running Transaction
  Installing : keyutils-1.4-4.el6.i686                                      1/2
  Installing : cifs-utils-4.8.1-10.el6.i686                                 2/2
  Verifying  : keyutils-1.4-4.el6.i686                                      1/2
  Verifying  : cifs-utils-4.8.1-10.el6.i686                                 2/2

Installed:
  cifs-utils.i686 0:4.8.1-10.el6

Dependency Installed:
  keyutils.i686 0:1.4-4.el6

Complete!
[root@localhost ~]#
```

'cifs-utils' 패키지를 설치한 후 동일하게 마운트 명령을 실행하면, 읽기와 쓰기가 모두 가능하도록 마운트가 된다.

```
root@localhost:/mnt/smb
[root@localhost ~]# mount -t cifs -o rw,username=sambauser //220.67.174.104/samb
auser /mnt/smb
Password:
[root@localhost ~]# cd /mnt/smb
[root@localhost smb]# ls
[root@localhost smb]#
```

현재 로그인한 사용자와 Windows 공유 계정의 이름이 동일한 경우 '-o' 옵션의 'username' 항목을 생략할 수 있다.

▶ 10단계 : 공유를 확인하기 위해서 Windows 탐색기에서 'windows'라는 디렉토리를 생성하면 '-o' 옵션으로 'rw'로 설정하였기 때문에 리눅스의 마운트 지점에서 'windows' 디렉토리가 생성되는 것을 확인할 수 있다.

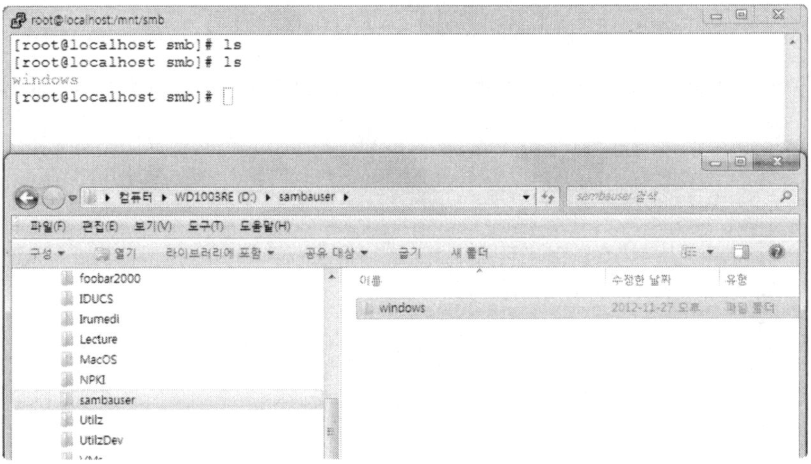

또한 리눅스에서 마운트 지점에 'linux' 디렉토리를 생성하고 Windows 탐색기에서 확인하면 동일한 디렉토리가 생성되는 것을 확인할 수 있다.

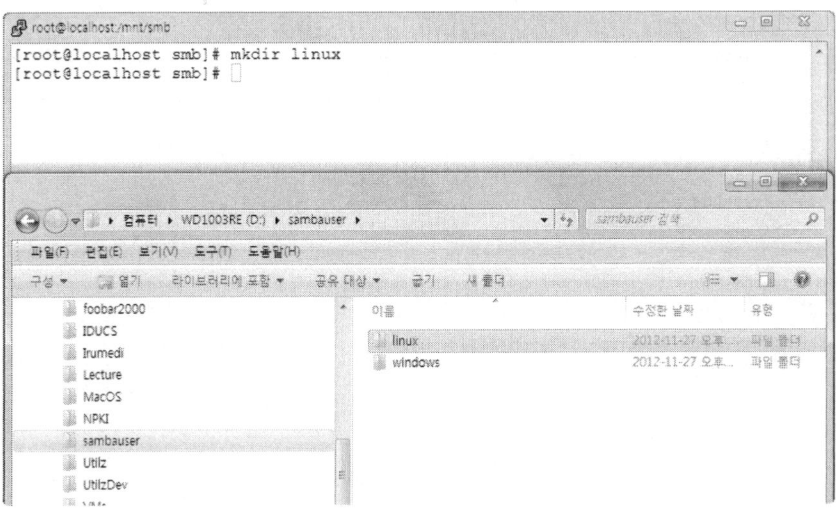

4. 윈도우즈에서 리눅스 공유 디렉토리 접근을 위한 구축

1 단계 : 리눅스에서 'samba' 패키지를 설치하고, 삼바 서비스를 시작한다.
2 단계 : 리눅스에서 공유할 디렉토리를 생성하고, 허가권을 설정한다.

▸ 1단계 : 리눅스에 'samba' 패키지가 설치되어 있는지를 확인해보고, 설치가 되어 있지 않은 경우 설치한다.

```
root@localhost:~
[root@localhost ~]# rpm -qa | grep samba
samba-winbind-clients-3.5.10-125.el6.i686
samba-common-3.5.10-125.el6.i686
samba-client-3.5.10-125.el6.i686
[root@localhost ~]# yum list installed | grep samba
samba-client.i686        3.5.10-125.el6     @base
samba-common.i686        3.5.10-125.el6     @base
samba-winbind-clients.i686
[root@localhost ~]# yum install samba
```

'samba' 패키지와 의존성이 있는 패키지를 함께 설치한다.

```
root@localhost:~

Dependencies Resolved

================================================================================
 Package          Arch        Version                   Repository       Size
================================================================================
Installing:
 samba            i686        3.5.10-125.el6            base            4.9 M
Installing for dependencies:
 avahi-libs       i686        0.6.25-11.el6             base             54 k
 cups-libs        i686        1:1.4.2-48.el6_3.3        updates         325 k
 gnutls           i686        2.8.5-4.el6_2.2           base            336 k
 libjpeg          i686        6b-46.el6                 base            133 k
 libpng           i686        2:1.2.49-1.el6_2          base            184 k
 libtasn1         i686        2.3-3.el6_2.1             base            239 k
 libtiff          i686        3.9.4-6.el6_3             updates         338 k

Transaction Summary
================================================================================
Install       8 Package(s)

Total download size: 6.5 M
Installed size: 21 M
Is this ok [y/N]:
```

▸ 2단계 : 리눅스에서 공유할 디렉토리를 생성하고 허가권을 설정 한다.

```
[root@localhost ~]# mkdir /home/share
[root@localhost ~]# ls -ld /home/share
drwxr-xr-x. 2 root root 4096 Nov 27 12:52 /home/share
[root@localhost ~]# chmod o+w /home/share/
[root@localhost ~]# ls -ld /home/share
drwxr-xrwx. 2 root root 4096 Nov 27 12:52 /home/share
[root@localhost ~]#
```

'/home/share'라는 디렉토리를 생성하고, 실습을 위해 모든 사용자들에게 추가로 쓰기 권한을 부여한다.

▸ 3단계 : 리눅스에서 삼바 서비스가 사용하는 포트에 대한 방화벽을 해제한다.

삼바 서비스 관련 포트 번호 및 프로토콜 : **137/udp, 138/udp, 139/tcp, 445/tcp**

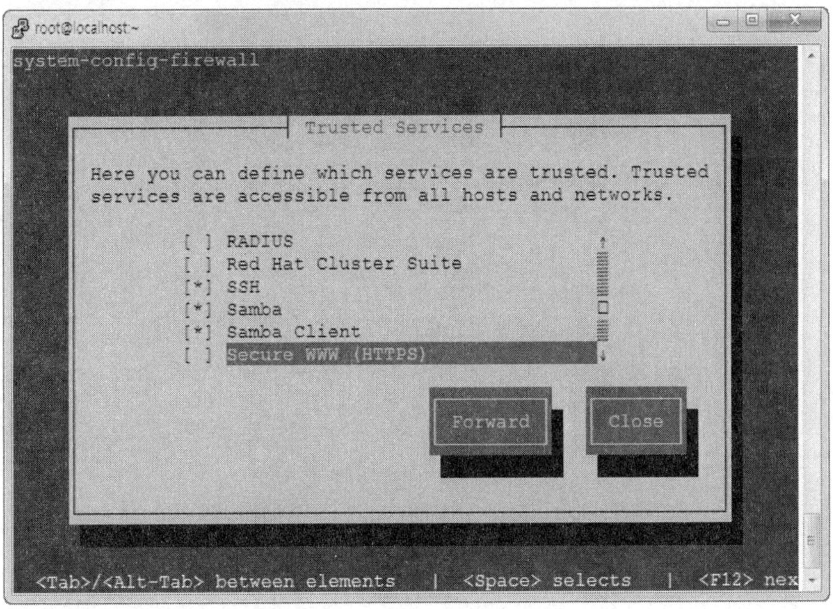

▸ 4단계 : 방화벽 설정을 변경한 후에는 'iptables'서비스를 재시작해야 한다.

```
# service iptables restart
iptables: Flushing firewall rules:                          [  OK  ]
iptables: Setting chains to policy ACCEPT: filter           [  OK  ]
iptables: Unloading modules:                                [  OK  ]
iptables: Applying firewall rules:                          [  OK  ]
iptables: Loading additional modules: nf_conntrack_netbios_[  OK  ]
```

▸ 5단계 : 삼바 설정 파일, '/etc/samba/smb.conf'를 아래와 같이 편집한다.

```
[global]
        workgroup = WORKGROUP
        security = user
        passdb backend = smbpasswd
[share]                              # 공유 디렉토리 이름
        comment = wheel group        # 설명
        path = /home/share           # 실제 경로
        browseable = no              #
        writable = yes               # 쓰기 가능 권한 부여
        valid users = @wheel         # share는 wheel 그룹에게만 허용
[admin]
        comment = admin user
        path = /home/admin
        browseable = no
        writable = yes
        valid users = admin          # admin은 admin 계정에게만 허용됨
```

'workgroup'은 작업 그룹을 지정하는 지시자로 삼바 서비스를 사용하는 윈도우 시스템의 작업 그룹과 동일하도록 설정해야 한다. 윈도우즈에서 컴퓨터의 속성에서 [시스템 속성]-[컴퓨터 이름] 탭에서 '작업 그룹' 항목에 설정된 값을 사용한다.

'security'은 보안 설정을 하는 지시자로 설정 값이 'user'인 경우 삼바 서버를 연결할 때 설정한 아이디와 암호로 연결한다는 것을 의미한다. 즉 사용자 단위의 보안을 수행한다는 것이다. 삼바 3.x로 버전이 업그레이드되면서 기본의 'share'나 'server'는 더 이상 지원하지 않음을 기억해야 한다.

'passdb backend'는 암호를 확인할 때 사용하는 데이터베이스를 지정하는 지시자로 설정값이 'smbpasswd'인 경우 'smbpasswd' 명령으로 등록한 사용자와 암호를 이용하겠다는 것이다.

'writable'는 쓰기 가능 여부를 설정하는 지시자이다. 설정 값이 'yes'인 경우 해당 공유 디렉토리에 쓰기가 가능하며, 생성한 디렉토리는 '755', 파일은 '744'의 허가권을 갖게 된다.

'create mode'는 파일의 허가권을 설정하는 지시자이고, 'directory mode'는 디렉토리의 허가권을 설정하는 지시자이다. 기본 허가권 설정값을 변경하고자 하는 경우에만 사용한다.

'valid users'는 연결이 허가된 사용자를 지정하는 지시자이다. 'smbpasswd'에 등록되어 있어도 'valid users'에 지정되지 않는 사용자는 공유 디렉토리에 접근할 수 없다.

▸ 6단계 : 'testparm' 명령을 실행하여 설정 파일에 문법적으로 오류가 없는지를 확인한다.

```
root@localhost:/home
[root@localhost home]# testparm
Load smb config files from /etc/samba/smb.conf
rlimit_max: increasing rlimit_max (1024) to minimum Windows limit (16384)
Processing section "[homes]"
Processing section "[printers]"
Processing section "[share]"
Processing section "[admin]"
Loaded services file OK.
Server role: ROLE_STANDALONE
Press enter to see a dump of your service definitions
```

```
root@localhost:/home
[global]
        server string = Samba Server Version %v
        passdb backend = smbpasswd
        log file = /var/log/samba/log.%m
        max log size = 50
        cups options = raw

[homes]
        comment = Home Directories
        read only = No
        browseable = No

[printers]
        comment = All Printers
        path = /var/spool/samba
        printable = Yes
        browseable = No

[share]
        comment = wheel group
        path = /home/share
        valid users = @wheel
        read only = No
        browseable = No

[admin]
        comment = admin user
        path = /home/admin
        valid users = admin
        read only = No
        browseable = No
[root@localhost home]#
```

▸ 7단계 : 'smbpasswd'를 실행하여 시스템에 등록된 일반 사용자 계정을 등록한다.

```
#  smbpasswd -a admin
New SMB password:
Retype new SMB password:
Added user admin.
#
```

▸ 8단계 : 삼바 서비스를 재 시작한다.

```
# service smb restart
Shutting down SMB services:                    [  OK  ]
Starting SMB services:                         [  OK  ]
#
```

삼바 서비스를 제어하는 스크립트의 이름은 'samba'가 아닌 'smb' 임에 주의해야 한다.

▸ 9단계 : 윈도우즈 환경에서 탐색기를 실행시킨 후에 [도구] -[네트워크 드라이브 연결] 메뉴를 선택한다.

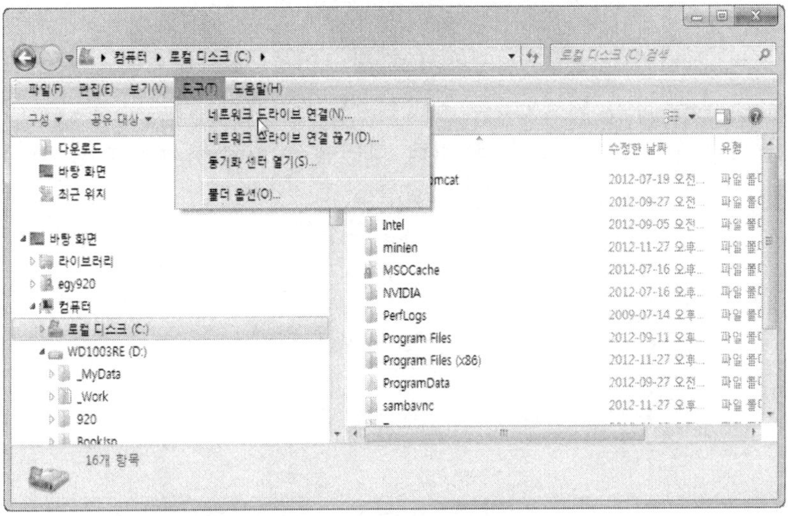

▸ 10단계 : 네트워크 드라이브 연결 창이 나타나면 드라이브와 폴더 항목을 설정한다.

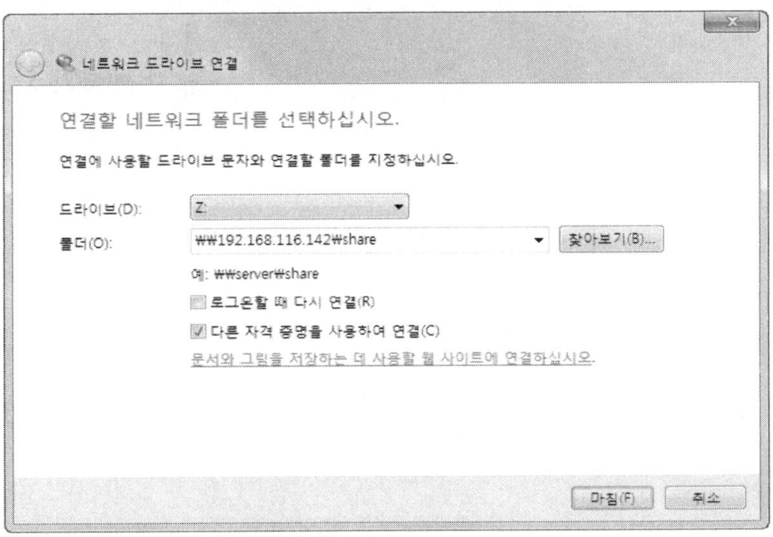

폴더 영역에는 아래와 같은 형식으로 삼바 서비스를 제공하는 리눅스 서버와 공유 디렉토리 정보를 입력한다. 여기서는 'share'라는 공유

디렉토리를 연결한다.

```
\\<리눅스 서버 IP 또는 호스트이름>\<공유 디렉토리 이름>
```

삼바 서비스에 등록된 사용자로 로그인하기 위해서는 '다른 자격 증명을 사용하여 연결(C)'를 체크한 후 마침을 눌러 연결한다.

▶ 11단계 : 네트워크 암호 입력 화면에서 'smbpasswd'에 등록한 아이디와 암호를 입력한다.

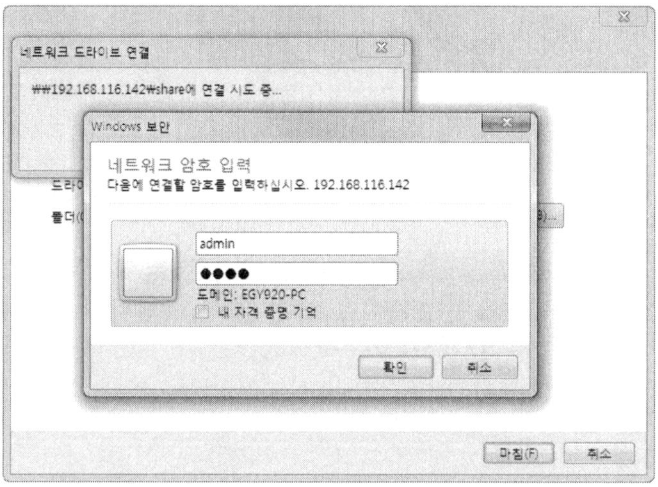

참고로 '내 자격 증명 기억'을 선택하면 다음 연결할 때 아래와 같은 화면이 나타난다.

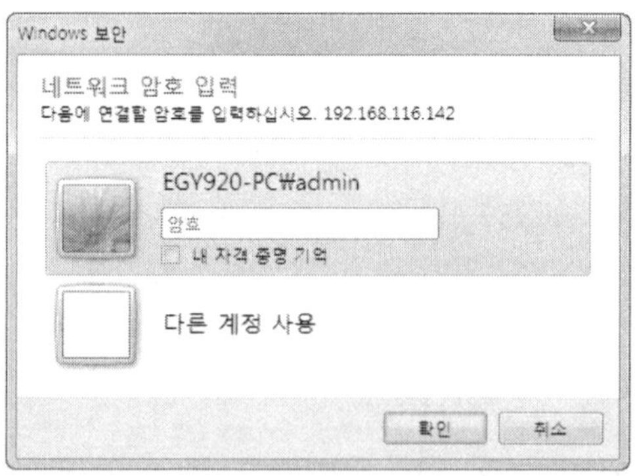

연결할 때 기억해놓은 계정을 자동으로 선택하기 때문에 암호를 입력하면 연결이 가능하다.

동일한 방법으로 'admin'이라는 공유 디렉토리를 연결한다.

▸ 12단계 : 'share'는 'Z' 드라이브로 'admin'은 'Y' 드라이브로 연결된 것을 확인할 수 있다. 공유 디렉토리 'share'와 'admin' 모두 'admin' 계정으로 연결하였지만 'share'의 경우 'wheel' 그룹의 구성원으로 연결할 것이다. 따라서 'admin'으로 연결하였을 때와는 서버측 경로가 다르다.

실제로 탐색기에서 'Y' 드라이브에 디렉토리를 생성한 경우 공유 디렉토리 'admin', 즉 '/home/admin' 디렉토리에 생성되고, 'Z' 드라이브에 디렉토리를 생성한 경우 공유 디렉토리 'share', 즉 '/home/share' 디렉토리에 생성됨을 확인할 수 있다.

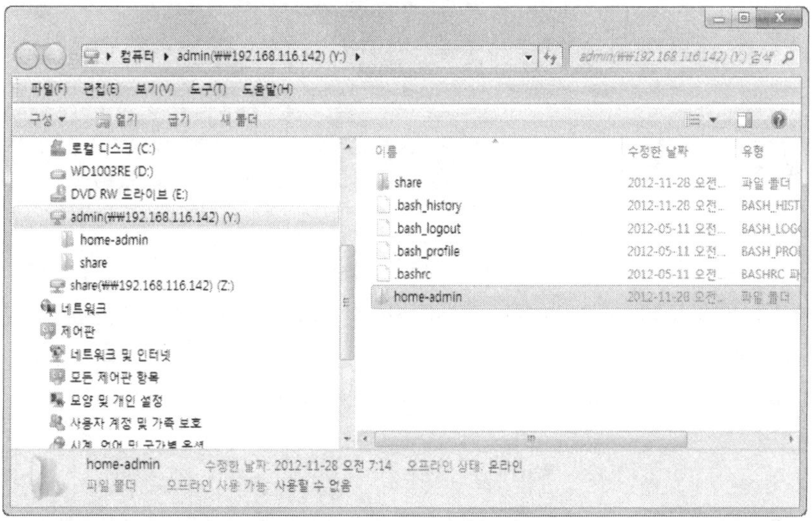

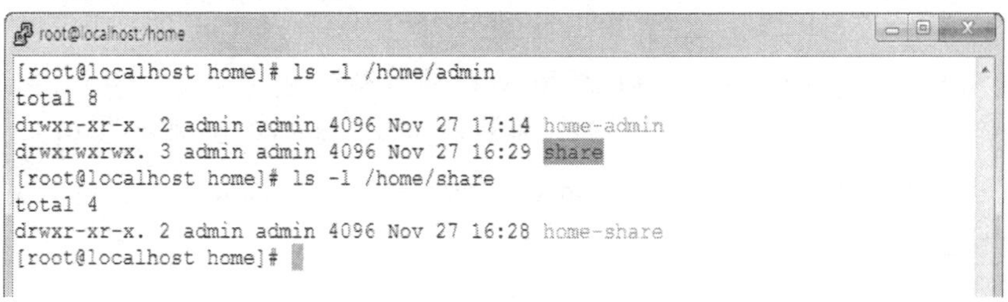

생성된 디렉토리의 경우 '755' 허가권을 갖고, 파일의 경우 '744'를 허가권을 갖는다.

설정 파일에서 공유 디렉토리에 대한 설정을 변경하면 기본 허가권이나 사용자 등을 변경할 수 있다. 자세한 설정은 공식사이트인 'http://www.samba.org'를 방문해보기 바란다.

5. SWAT을 이용한 삼바 설정

삼바 설정은 '/etc/samba/smb.conf' 파일을 편집하여서 수행할 수 있지만 이런 방법은 매우 어렵고 불편하다. 이를 해결하기 위해 웹 상에서 편리하게 삼바 설정 수행할 수 있는 다양한 방법이 제공되고 있다. 그 중에서도 가장 널리 사용되는 도구는 SWAT(Samba Web Administration Tool)이다. 본 절에서는 SWAT를 구축하고, 이를 활용하여 삼바 서버에 대한 설정을 수행해본다.

▸ 1단계 : 설치에 앞서 기존에 설치된 패키지가 존재하는지 확인하고. 존재하지 않는 경우 설치를 수행한다.

```
root@localhost:/home
[root@localhost home]# rpm -qa samba-swat
[root@localhost home]# yum list installed | grep samba-swat
[root@localhost home]# yum  install samba-swat
```

CentOS 6.3에서는 'samba-swat' 패키지 3.5.10 버전을 제공하고 있기 때문에 이를 사용하면 손쉽게 설치가 가능하다.

▸ 1단계 : 'samba-swat' 패키지를 설치한다.

```
# yum install samba-swat
```

SWAT 서비스는 응답 속도가 빠르지 않아도 되기 때문에 inentd 유형으로 서비스 된다. 따라서 'xinetd' 패키지가 설치되어 있어야 한다. 'samba-swat'은 'xinetd'에 의존 관계가 있기 때문에 함께 설치되는 것을 확인할 수 있다. 'xinetd' 패기지가 설치되어 있는 경우 'samba-swat'만 설치된다.

```
--> Running transaction check
---> Package samba-swat.i686 0:3.5.10-125.el6 will be installed
--> Processing Dependency: xinetd for package: samba-swat-3.5.10-125.el6.i686
--> Running transaction check
---> Package xinetd.i686 2:2.3.14-35.el6_3 will be installed
--> Finished Dependency Resolution

Dependencies Resolved

================================================================================
 Package            Arch         Version                  Repository       Size
================================================================================
Installing:
 samba-swat         i686         3.5.10-125.el6           base            3.0 M
Installing for dependencies:
 xinetd             i686         2:2.3.14-35.el6_3        updates         122 k

Transaction Summary
================================================================================
Install       2 Package(s)

Total download size: 3.2 M
Installed size: 14 M
Is this ok [y/N]: y
```

▶ 2단계 : 'xinetd' 데몬이 'swat' 데몬을 제어하기 위해 사용하는 '/etc/xinetd.d/swat' 파일을 설정한다.

```
# default: off
# description: SWAT is the Samba Web Admin Tool. Use swat \
#              to configure your Samba server. To use SWAT, \
#              connect to port 901 with your favorite web browser.
service swat
{
        port            = 901
        socket_type     = stream
        wait            = no
        only_from       = 127.0.0.1
        user            = root
        server          = /usr/sbin/swat
        log_on_failure  += USERID
        disable         = yes
}
~
~
~
~
~
~
~
~
"/etc/xinetd.d/swat" 15L, 363C
```

'disable'는 xinetd 데몬에 의한 제어를 비활성하는 지시자로 설정값이 'no'로 설정되어야 한다.

'only_from'는 연결을 허용하는 IP주소를 지정하는 지시자이다. 로컬에서만 삼바 설정이 가능하도록 하는 경우 127.0.0.1이면 되지만 추가로 허용을 하려면 해당 IP를 추가해야 한다.

▸ 3단계 : swat 서비스가 사용하는 901번 포트에 대한 방화벽 차단을 해제한다.

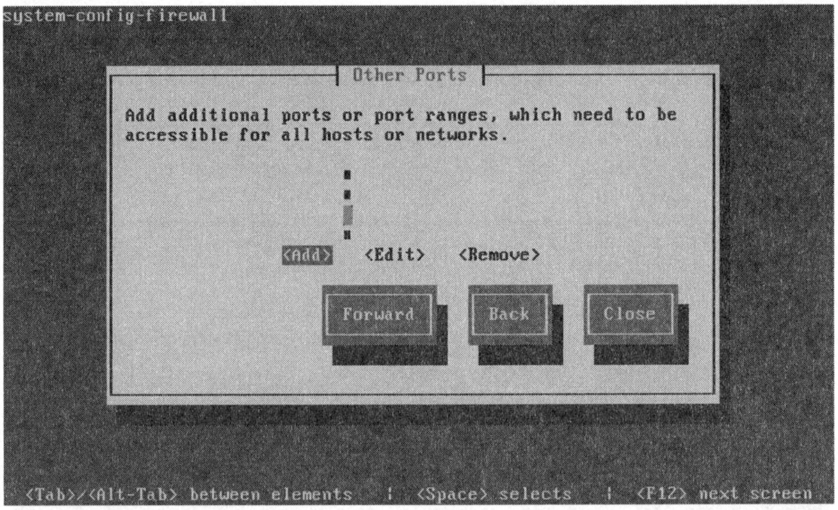

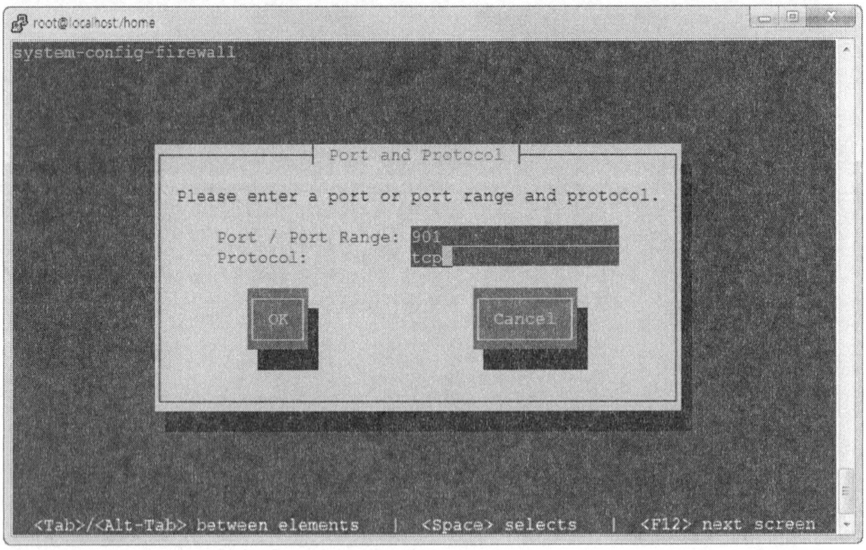

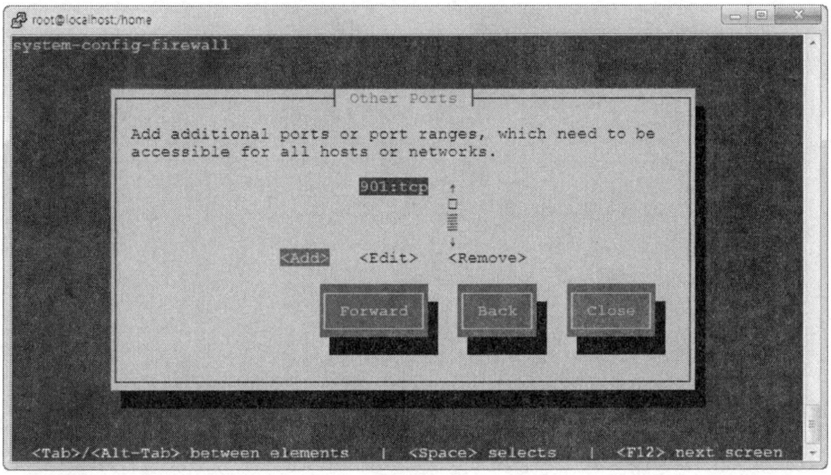

▸ 4단계 : 'xinetd' 서비스를 재시작하여 설정이 변경된 'swat' 서비스를 시작한다.

```
# service xinetd restart
```

▸ 5단계 : 웹 브라우저를 실행하여 아래와 같은 형식으로 URL을 입력하여 접속한다.

```
<swat 서비스 서버 IP주소>:901t
```

허용된 사용자만 접근할 수 있도록 계정과 암호 확인을 요청한다.

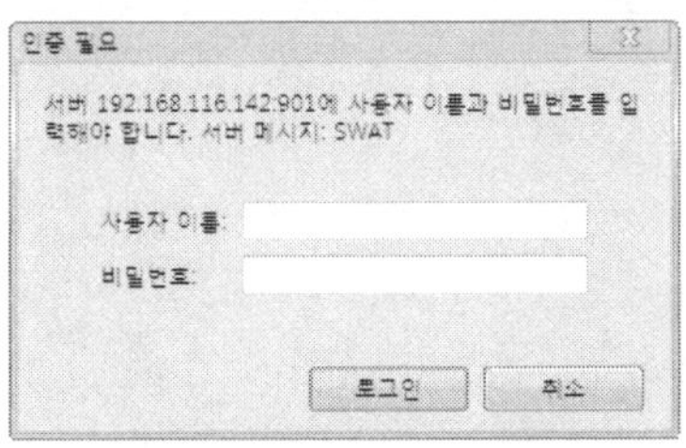

다음을 계정과 암호가 일치하는 경우 다음과 같은 웹 기반 삼바 설정 화면이 나타난다.

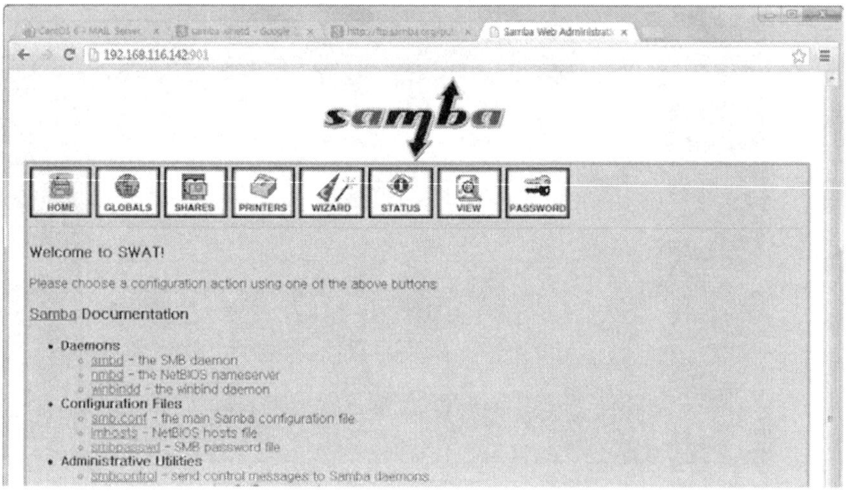

'GLOBALS' 메뉴를 선택하면 '[global]' 항목에 대한 설정을 수행할 수 있다.

'workgroup'과 같은 지시자에 설정된 값을 확인 및 수정할 수 있다.

'SHARES' 메뉴을 선택하면 각각의 공유 디렉토리에 대한 설정을 수행할 수 있다. 다음은 'share' 공유 디렉토리에 대한 설정을 조회한 화면이다.

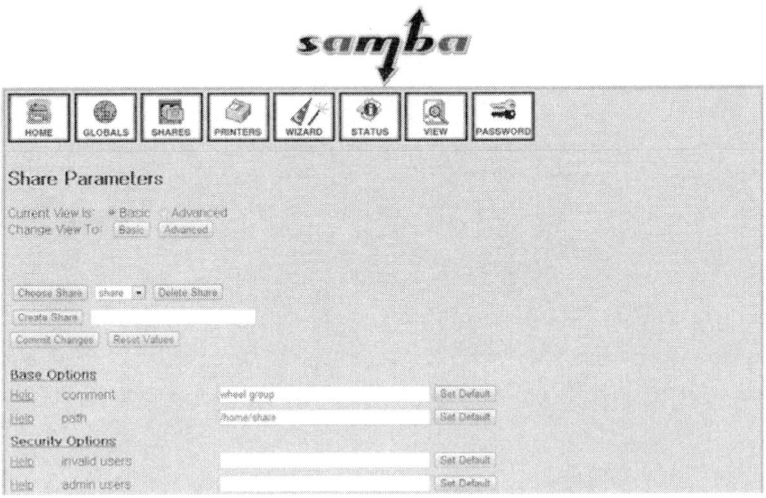

항목별로 수정하면 수정된 설정 내용이 '/etc/samba/smb.conf'에 저장된다.

12 Apache 웹 서버

본 장에서는 Apache 웹 서버를 패키지를 이용하여 설치해본다. 설치된 웹서버의 환경 설정을 변경하여 다양한 웹 서비스 제공 환경을 구축해본다.

1. 개요

웹 서버 기능을 수행하는 웹 서버 프로그램에는 대표적으로 윈도우즈와 리눅스 플랫폼 모두에서 사용가능한 Apache가 있고, 윈도우즈

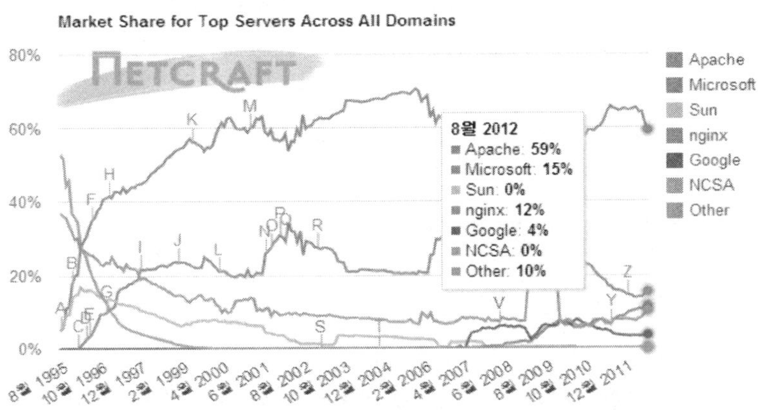

Developer	July 2012	Percent	August 2012	Percent	Change
Apache	409,185,675	61.45%	373,069,751	59.39%	-2.06
Microsoft	97,385,377	14.62%	96,529,586	15.37%	0.74
nginx	73,833,173	11.09%	72,429,976	11.53%	0.44
Google	22,931,169	3.44%	22,561,854	3.59%	0.15

플랫폼에서 사용가능한 IIS(Internet Information Services)가 있고, 이들 외에도 선마이크로시스템사의 Sun ONE Web Server와 nginx, Google 등 많은 종류가 존재한다. 이 중에서 Apache는 현재 가장 인기있는 웹 서버 프로그램으로 높은 안정성과 효율성 및 확장성을 제공하고 있다. 2012년 9월 현재 웹 서버 프로그램의 호스트 네임을 제공하는 서버들을 대상으로 조사한 결과, 조사에 참가한 625,329,303 사이트들 중에서 59.39%에 해당하는 373,069,751 사이트가 웹 서버 프로그램으로 Apache를 사용하고 있음을 알 수 있다.

실제 서비스를 제공하고 있는 사이트들 중에서는 54.96%가 웹 서버 프로그램으로 Apache를 사용하고 있는 것으로 조사되었다.

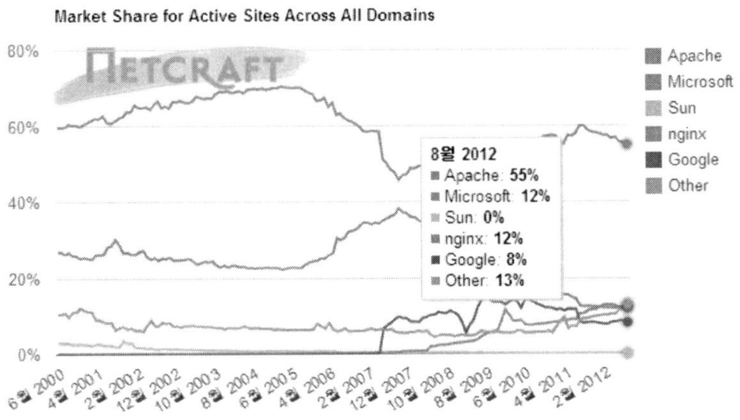

Developer	July 2012	Percent	August 2012	Percent	Change
Apache	106,678,260	55.46%	106,374,535	54.96%	-0.50
nginx	22,029,549	11.45%	23,821,399	12.31%	0.86
Microsoft	22,848,388	11.88%	22,837,911	11.80%	-0.08
Google	16,485,315	8.57%	15,633,265	8.08%	-0.49

여전히 Apache가 압도적인 점유율로 사용되고 있다. 참고로 'nginx'의 점유율이 지속적으로 증가하고 있음도 확인할 수 있다.

본 장에서는 Apache 웹 서버 프로그램을 이용하여 다양한 웹 서버 환경을 구축한다. Apache 웹 서버의 최신 버전이나 최신 정보 등은 'http://httpd.apache.org'로 부터 얻을 수 있다.

2. 웹서버 설치

본 절에서는 패키지 형태로 제공되는 Apache 서버 프로그램을 설치하기로 한다. Apache 서버의 패키지 이름은 'httpd'이다. CentOS 6.3에서는 'httpd' 패키지 2.2.15 버전을 제공하고 있으므로 이를 사용하면 손쉽게 설치가 가능하다.

```
root@localhost:~
[root@localhost ~]# yum list | grep httpd
httpd.i686                          2.2.15-15.el6.centos.1          base
httpd-devel.i686                    2.2.15-15.el6.centos.1          base
httpd-manual.noarch                 2.2.15-15.el6.centos.1          base
httpd-tools.i686                    2.2.15-15.el6.centos.1          base
[root@localhost ~]#
```

패키지를 설치하기 전에 설치된 패키지가 존재하는 지를 확인한다. 설치가 되어있지 않은 경우 설치를 수행한다.

```
root@localhost:~
[root@localhost ~]# rpm -qa | grep httpd
[root@localhost ~]# yum list installed | grep httpd
[root@localhost ~]# yum install httpd
```

기 설치된 존재하는 경우 실행 중인 서버가 존재하는지를 확인해야 한다.

```
# ps aux | grep httpd
```

실행을 중지하고 기 설치된 패키지를 삭제하지 않고 설치하는 경우 설치 중에 오류가 발생할 수 있고, 설치 후에도 충돌 문제가 발생하여 정상적인 서비스가 어려울 수 있다.

▸ 1단계 : 'httpd' 패키지를 설치한다.

```
# yum install httpd
```

의존 관계는 있는 패키지들이 추가로 설치된다. 참고로 APR(Apache Runtime Project)은 하위 플랫폼 종속(platform-specific) 구현들에 대한 예측가능하고 일관성 있는 인터페이스를 제공하기 위한 소프트웨어 라이브러리를 개발하는 프로젝트이다. 'httpd' 데몬이 동작하는데 필요함으로 소스를 이용한 설치할 때 'apr'과 'apr-util' 패키지의 설치 상태를 확인해야 한다.

```
root@localhost:~
---> Package mailcap.noarch 0:2.1.31-2.el6 will be installed
--> Finished Dependency Resolution

Dependencies Resolved

================================================================================
 Package           Arch         Version                      Repository    Size
================================================================================
Installing:
 httpd             i686         2.2.15-15.el6.centos.1       base         819 k
Installing for dependencies:
 apr               i686         1.3.9-5.el6_2                updates      129 k
 apr-util          i686         1.3.9-3.el6_0.1              base          89 k
 apr-util-ldap     i686         1.3.9-3.el6_0.1              base          15 k
 httpd-tools       i686         2.2.15-15.el6.centos.1       base          70 k
 mailcap           noarch       2.1.31-2.el6                 base          27 k

Transaction Summary
================================================================================
Install       6 Package(s)

Total download size: 1.1 M
Installed size: 3.4 M
Is this ok [y/N]:
```

▸ 2단계 : 'httpd' 서비스가 사용하는 80번 포트에 대한 방화벽 차단을 해제한다.

```
root@localhost:~
system-config-firewall

            ┤ Trusted Services ├

   Here you can define which services are trusted. Trusted
   services are accessible from all hosts and networks.

         [ ] Secure WWW (HTTPS)
         [ ] TFTP
         [ ] TFTP Client
         [ ] Virtual Machine Management
         [ ] Virtual Machine Management (TLS)
         [*] WWW (HTTP)

                              Forward       Close

  <Tab>/<Alt-Tab> between elements   |  <Space> selects  |  <F12> next screen
```

방화벽 설정에서 'WWW (HTTP)' 항목을 신뢰하는 서비스로 설정한다. 즉 80 포트에 대한 방화벽 차단을 해제한다. 설정을 변경하였기 때문에 이에 대한 적용을 위해 ‘iptables’를 재시작 해야 한다.

```
# service iptables restart
# iptables _L | grep 80
```

```
[root@localhost ~]# service iptables restart
iptables: Flushing firewall rules:                         [  OK  ]
iptables: Setting chains to policy ACCEPT: filter          [  OK  ]
iptables: Unloading modules:                               [  OK  ]
iptables: Applying firewall rules:                         [  OK  ]
iptables: Loading additional modules: nf_conntrack_netbios_[  OK  ]
[root@localhost ~]# cat /etc/sysconfig/iptables | grep 80
-A INPUT -m state --state NEW -m tcp -p tcp --dport 80 -j ACCEPT
[root@localhost ~]# iptables -L | grep http
ACCEPT     tcp  --  anywhere             anywhere            state NEW tcp dpt:h
ttp
[root@localhost ~]#
```

방화벽 서비스가 성공적으로 재시작 되었고, ‘80’ 포트가 ‘ACCEPT’ 상태임을 확인할 수 있다.

▶ 3단계 : ‘httpd’ 서비스를 시작한다.

```
[root@localhost ~]# service httpd restart
Stopping httpd:                                            [FAILED]
Starting httpd: httpd: Could not reliably determine the server's fully qualified
 domain name, using iducs.induk.ac.kr for ServerName
                                                           [  OK  ]
[root@localhost ~]# ps aux | grep httpd
root      4852  0.0  0.3  11544  3308 ?        Ss   13:16   0:00 /usr/sbin/httpd
apache    4854  0.0  0.2  11544  2088 ?        S    13:16   0:00 /usr/sbin/httpd
apache    4855  0.0  0.2  11544  2088 ?        S    13:16   0:00 /usr/sbin/httpd
apache    4856  0.0  0.2  11544  2088 ?        S    13:16   0:00 /usr/sbin/httpd
apache    4857  0.0  0.2  11544  2088 ?        S    13:16   0:00 /usr/sbin/httpd
apache    4858  0.0  0.2  11544  2088 ?        S    13:16   0:00 /usr/sbin/httpd
apache    4859  0.0  0.2  11544  2088 ?        S    13:16   0:00 /usr/sbin/httpd
apache    4860  0.0  0.2  11544  2088 ?        S    13:16   0:00 /usr/sbin/httpd
apache    4861  0.0  0.2  11544  2088 ?        S    13:16   0:00 /usr/sbin/httpd
root      4863  0.0  0.0   4336   748 pts/1    S+   13:16   0:00 grep httpd
[root@localhost ~]#
```

▶ 4단계 : 웹 클라이언트, 즉 웹 브라우저를 실행하고, 주소창에 웹 서버의 주소를 입력하여 접속한다.

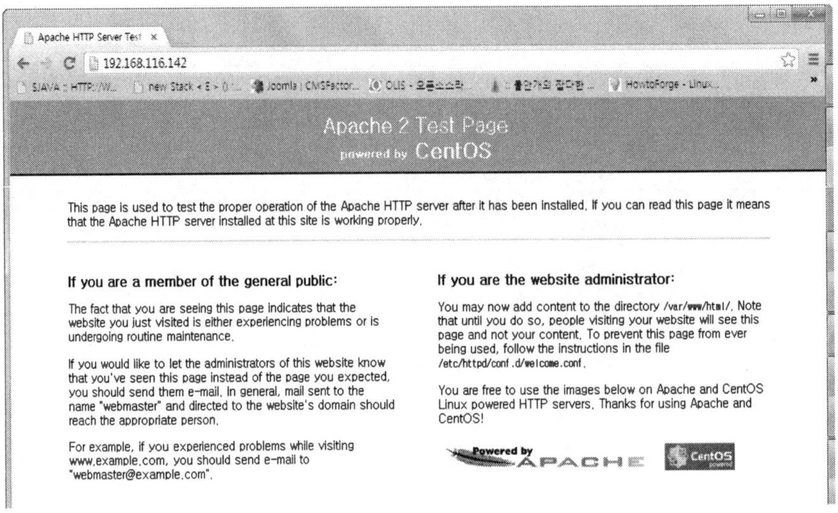

접속 화면을 살펴보면 기본적으로 컨텐츠는 '/var/www/html'에 저장됨을 확인할 수 있다.

▸ 5단계 : 새로운 인덱스 파일을 '/var/www/html'에 'index.html'을 생성하여 저장하고, 접근해본다.

```
root@iducs:/var/www/html
[root@iducs ~]# cd /var/www/html/
[root@iducs html]# pwd
/var/www/html
[root@iducs html]# ls
[root@iducs html]# echo "<h1> Welcome Apache World! </h1>" > index.html
[root@iducs html]# ls
index.html
[root@iducs html]#
```

인덱스 파일이란 URL에 주소를 입력할 때 서버의 IP주소만 입력하였을 경우 기본적으로 접근되는 페이지를 의미한다. 인덱스 파일의 지정은 환경 설정 파일에 포함된 'DirectoryIndex'라는 지시자을 이용하여 설정한다. 일반적으로 index.html 이나 index.htm이 인덱스 파일로 많이 사용되고 있다.

```
root@iducs:~
[root@iducs ~]# cat -n /etc/httpd/conf/httpd.conf | grep DirectoryIndex
   395  # DirectoryIndex: sets the file that Apache will serve if a directory
   402  DirectoryIndex index.html index.html.var
[root@iducs ~]#
```

웹 브라우저의 주소창에 '<웹 서버의 IP주소>/index.html' 또는 '<웹 서버의 IP 주소>'를 입력하면 'index.html'이 화면이 나타난다.

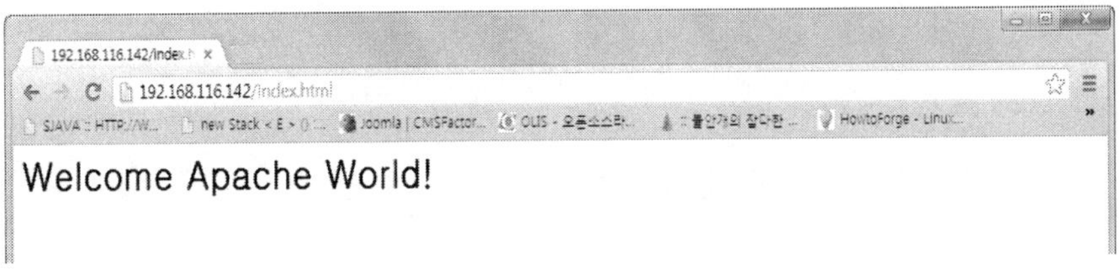

3. 계정별 홈페이지 구축

리눅스에서는 사용자 계정별로 전용의 홈페이지를 구축할 수 있다. 이를 위해서는 다음과 같은 과정이 필요하다.

- 사용자 계정 추가 및 암호 설정
- 사용자 계정별 홈 디렉토리 생성
- 소유권과 허가권 설정

▸ 1단계 : 사용자 계정 추가 및 암호 설정은 'useradd [옵션] <계정 이름>' 명령을 이용하여 생성한 후에 'passwd <계정 이름>' 명령으로 암호를 설정하면 된다.

```
# useradd csiit01
# passwd csiit01
```

▸ 2단계 : 환경 설정 파일, 'httpd.conf'에 포함된 'UserDir' 지시자를 이용하여 사용자 계정별 홈페이지 디렉토리를 설정한다.

'httpd.conf'를 살펴보면 현재 'UserDir public_html'로 설정되어 있는 것을 확인할 수 있다.

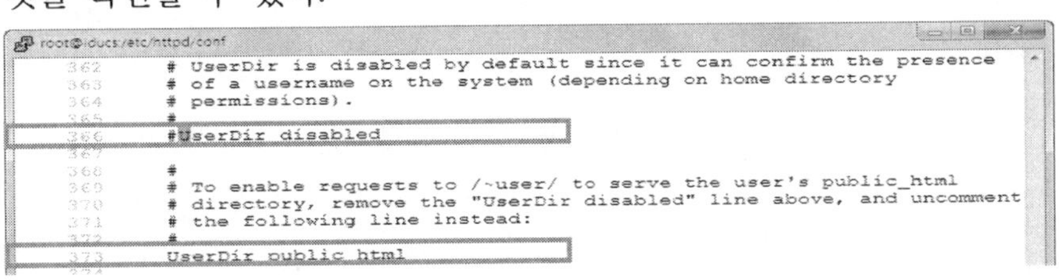

'UserDir disabled'를 주석처리하고, 'UserDir public_html'의 주석을 제거한다.

▶ 3단계 : Apache 웹 서버의 환경 설정 파일, 'httpd.conf'가 수정되었으므로 웹 서버 데몬을 재시작한다.

```
# service httpd restart
```

▶ 4단계 : 계정별 홈 디렉토리 아래 'public_html' 디렉토리를 생성하고, 소유권과 허가권을 설정한다.

계정별 홈페이지 서비스를 사용하려는 사용자의 홈 디렉토리 아래 'public_html' 디렉토리가 존재해야 한다. 관리자가 'public_html'을 생성한 경우 해당 사용자 계정이 'public_html' 디렉토리를 관리할 수 있도록 소유자를 계정 사용자로 변경해주어야 한다. 다음은 사용자 계정의 메인 디렉토리에 대한 소유권을 변경하는 명령이다.

```
# chown <사용자 계정> <사용자 홈 디렉토리>/public_html
```

```
[root@iducs home]# mkdir /home/csiit01/public_html
[root@iducs home]# chown csiit01.csiit01 /home/csiit01/public_html/
```

일반적으로 Apache 웹 서버 데몬에 대한 소유권은 비특권 사용자인 'nobody'라는 사용자에게 있고, 웹 서버를 통한 홈페이지 파일 접근은 'nobody' 사용자에게 부여된 권한에 따라 허가 여부가 결정된다. 따라서 각 사용자의 'public_html'에 포함된 파일을 접근하기 위해서는 'nobody' 사용자에게 충분한 권한을 부여해야 한다. 다음은 사용자 계정의 홈페이지 디렉토리에 대한 접근 권한을 변경하는 명령이다.

```
# chmod 755 <사용자 홈 디렉토리>
# chmod 755 <사용자 홈 디렉토리>/public_html
```

```
[root@iducs home]# chmod 755 /home/csiit01/
[root@iducs home]# chmod 755 /home/csiit01/public_html/
[root@iducs home]# echo "<h1> csiit01 world! </h1>" > /home/csiit01/public_html/
index.html
[root@iducs home]# 
```

▶ 5단계 : 웹 브라우저의 주소창에 'http://호스트 IP/~사용자 계정'을 입력하면 해당 사용자 계정의 홈페이지 디렉토리에 접근할 수 있다. 다음은 'csiit01' 계정의 홈페이지를 접근한 화면이다.

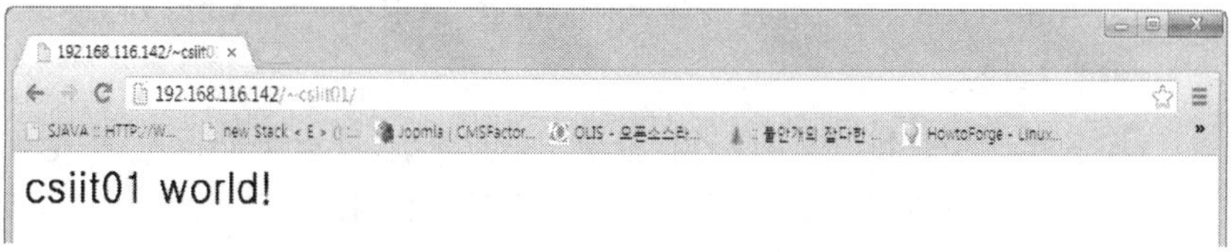

Apache 웹 서버는 홈페이지를 접속하는 사용자를 제한하기 위한 사용자 인증 기능을 제공하고 있다. 사용자 인증 기능을 사용하기 위해서는 다음과 같은 과정이 필요하다.

- httpd.conf 파일 수정
사용자 인증을 위한 .htaccess 파일 생성
접속 허용 사용자 계정 및 암호 생성

▶ 1단계 : 'httpd.conf'를 수정한다.

각 사용자 계정별 홈페이지 디렉토리를 접근할 때 사용자 인증 기능을 사용하도록 설정하기 위해서는 다음과 같이 수정한다.

```
root@iducs:/home
</IfModule>

#
# Control access to UserDir directories.  The following is an example
# for a site where these directories are restricted to read-only.
#
<Directory /home/*/public_html>
    AllowOverride All
#    AllowOverride FileInfo AuthConfig Limit
#    Options MultiViews Indexes SymLinksIfOwnerMatch IncludesNoExec
#    <Limit GET POST OPTIONS>
#        Order allow,deny
#        Allow from all
#    </Limit>
#    <LimitExcept GET POST OPTIONS>
#        Order deny,allow
#        Deny from all
#    </LimitExcept>
</Directory>

#
# DirectoryIndex: sets the file that Apache will serve if a directory
# is requested.
-- INSERT --
```

'<Directory 경로>~</Directory>' 부분을 살펴보면 'Allow Override' 지시자의 설정 값이 'None'으로 설정되어 있는데, 이는 사용자 인증을 수행할 때 'AccessFileName' 지시자의 설정 값인 '.htaccess' 파일을 사용하지 않도록 설정한다. 따라서 사용자 인증 기능을 사용하기 위해서는 'AllowOverride' 지시자의 설정 값을 'All' 또는 'AuthConfig'로 수정해야 한다.

▸ 2단계 : Apache 웹 서버의 환경 설정 파일, 'httpd.conf'가 수정되었으므로 웹 서버 데몬을 재시작한다.

```
# service httpd restart
```

▸ 3단계 : '.htaccess' 파일을 생성한다.

'AccessFileName' 지시자의 설정 값을 확인해보면 '.htaccess'이고, 이는 디렉토리 접근 시 사용자 인증을 수행할 때 '.htaccess' 파일을 사용하겠다는 의미이다.

```
#
# AccessFileName: The name of the file to look for in each directory
# for additional configuration directives.  See also the AllowOverride
# directive.
#
AccessFileName .htaccess
```

```
# touch /home/csiit01/public_html/.htaccess
```

다음은 '.htaccess' 파일의 내용이다.

```
root@iducs:/home/csiit01/public_html
AuthType        Basic
AuthName        "Welcome! password required"
AuthUserFile    /etc/httpd/.htpasswd
Require         valid-user
```

'AuthType' 지시자는 사용자를 인증할 방법을 선택한다. Basic 인증은 브라우저가 서버로 암호를 암호화하지 않고 보내기 때문에 기밀자료를 보호하기위해 이 방법을 사용하면 안 된다. Apache 웹 서버는 'AuthType Digest'라는 인증 방법도 지원하며, 이 방법은 'mod_auth_digest'가 구현하고, 매우 안전하다. 가장 최근 클라이언트들만이 Digest 인증을 지원한다고 한다.

'AuthName' 지시자는 인증에 사용할 영역(realm)을 지정한다. 영역은 두 가지 역할을 하는데 첫 번째는 클라이언트가 보통 이 정보를 암호 대화창에 보여주며, 두 번째는 영역 정보를 사용하여 클라이언트가 특정 인증 구역에 어떤 암호를 보낼지 결정한다. 즉 설정 값이 'Restricted Files'인 경우 클라이언트가 'Restricted Files' 영역에 인증이 성공하였다면, 클라이언트는 자동으로 같은 서버에서 'Restricted Files' 영역으로 표시된 구역에 대해 동일한 암호를 시도한다. 그래서 여러 제한 구역이 같은 영역을 공유하면 사용자가 여러 번 암호를 입력하지 않아도 된다. 물론 보안상 이유로 클라이언트는 서버의 호스트명이 다르면 항상 새로 암호를 물어 본다.

'AuthUserFile' 지시자는 접근한 사용자를 인증하기 위해 필요한 사용자 계정과 암호가 저장된 파일의 경로를 지정한다. 사용자가 많은 경우 요청마다 매번 사용자를 인증하기 위해 일반 문서 파일을 검색하는데 시간이 상당히 많이 걸릴 수 있다는 점을 유의해야 한다.

'Require' 지시자는 서버의 특정 영역에 접근할 수 있는 사용자를 지정하여 권한을 부여한다. 설정 값 'valid-user'는 암호 파일에 있는 누구라도 올바른 암호를 입력하기만 하면 접근을 허용한다.

▸ 4단계 : '/usr/bin/htpasswd' 명령을 이용하여 '.htpasswd' 파일을 생성한다.

'-c' 옵션은 기존의 파일이 존재하는 경우 삭제하기 때문에 기존의 파일에 사용자 계정과 암호를 추가하는 경우 사용하지 않도록 주의해야 한다.

```
root@iducs:/home/csiit01/public_html
[root@iducs public_html]# /usr/bin/htpasswd -c /etc/httpd/.htpasswd csiit01
New password:
Re-type new password:
Adding password for user csiit01
[root@iducs public_html]# /usr/bin/htpasswd /etc/httpd/.htpasswd administraor
New password:
Re-type new password:
Adding password for user administraor
[root@iducs public_html]#
```

사용자 계정별 홈페이지를 접속할 때 '.htaccess' 파일을 존재하지 않는 경우 바로 연결이 되지만, '.htaccess' 파일이 존재하는 경우 사용자 인증 창이 나타난다.

▶ 5단계 : 웹 브라우저를 이용하여 접속한다.

'admin' 계정의 홈 페이지는 바로 접속이 되지만 'csiit01' 계정의 홈 페이지를 접속하였을 때 계정과 암호를 확인하는 화면이 나타난다.

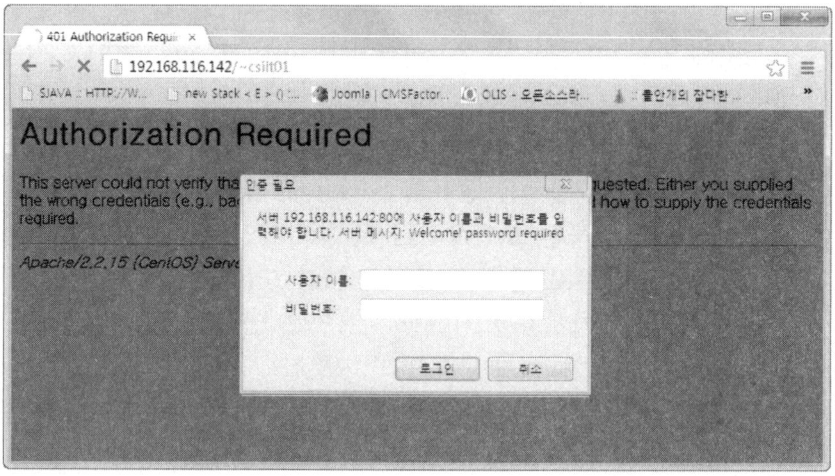

다음은 사용자 인증 기능이 설정된 홈페이지에 접속하여 허가된 사용자 계정과 암호를 잘못 입력한 경우와 정확하게 입력한 경우를 나타낸다.

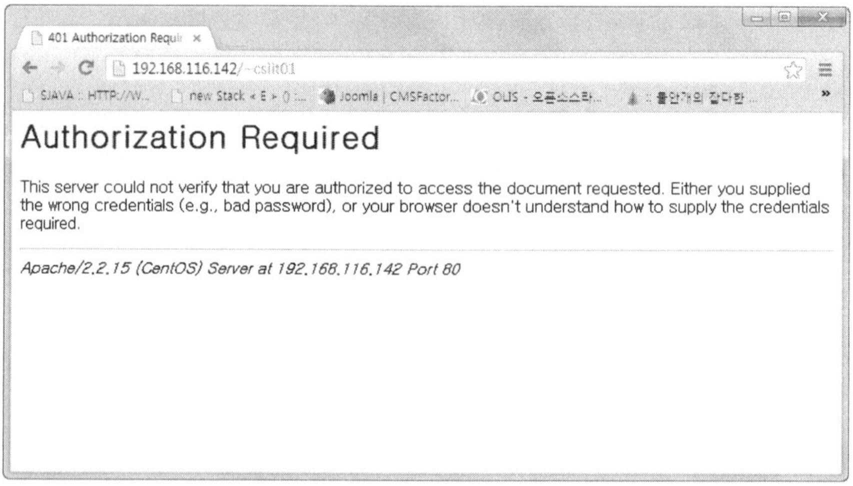

4. 가상 호스트 구축

가상 호스트란 한 대의 웹 서버에 여러 개의 도메인이나 IP 주소를 할당하여 마치 여러 개의 웹 서버처럼 운영할 수 있도록 하는 방법이다. 대표적인 가상 호스트에는 각 웹 사이트마다 다른 IP 주소를 사용하는 'IP 기반(IP- based)' 방식과 한 IP 주소 당 여러 이름을 가지는 '이름 기반(name-based)' 방식이 있다. 사용자들은 가상 호스트로 제공되는 여러 웹 사이트들이 하나의 서버에서 실행되고 있다는 사실을 알 수 없다.

4.1 IP 기반의 가상 호스트 구축

다음은 IP 기반의 가상 호스트를 구축하는 과정을 나타낸다.

- 시스템이 다중 IP 주소를 가질 수 있도록 설정한다.
- httpd.conf의 가상 호스트 부분을 설정한다.

▸ 1단계 : 실습을 위해 리눅스 시스템에 다수의 랜카드가 설치되어 있어 다수의 IP가 존재할 수 있도록 한다.

다중 IP 주소 설정하는 방법으로는 가상화 소프트웨어를 사용하는 경우 다수의 가상 랜카드를 장착하는 방법과 'ifconfig' 명령을 이용하여 설정하는 방법이 있다.

1.1 VMWare의 가상 머신 설정에서 'Add' 버튼을 클릭하여 'Network Adapter'를 추가한다.

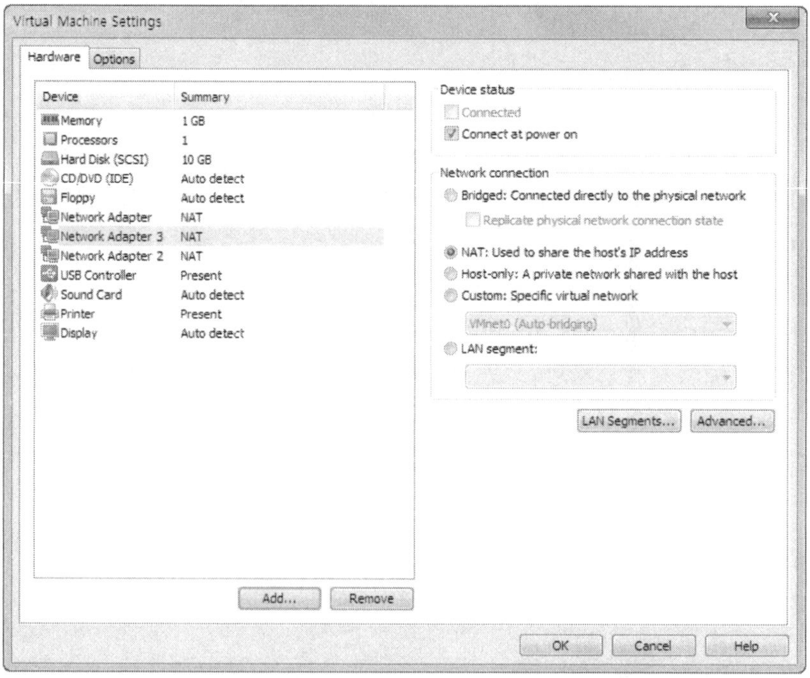

1.2 리눅스 시스템을 부팅한 후 'system-config-network-tui'를 이용하여 '<New Device>'를 선택하여 장치를 추가한다.

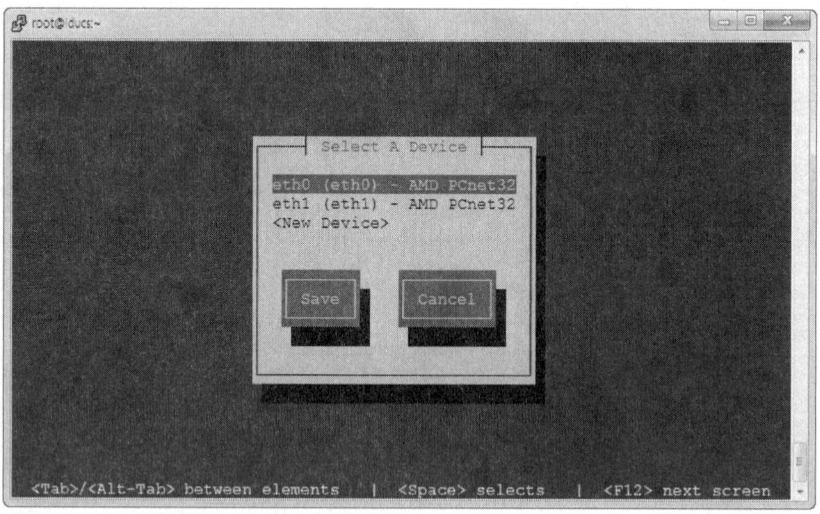

1.3 장치의 종류는 'Ethernet'를 선택하고, 'Add'를 누른다.

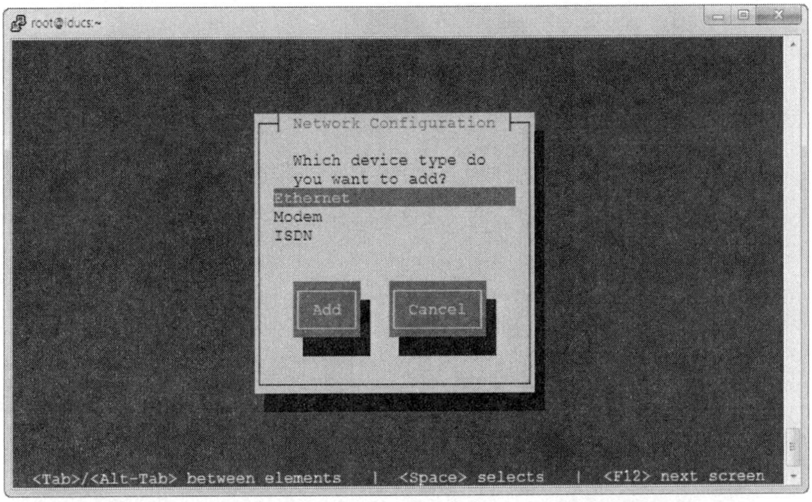

1.4 'eth1'과 'eth2' 장치에 대한 네트워크 설정을 수행한다.

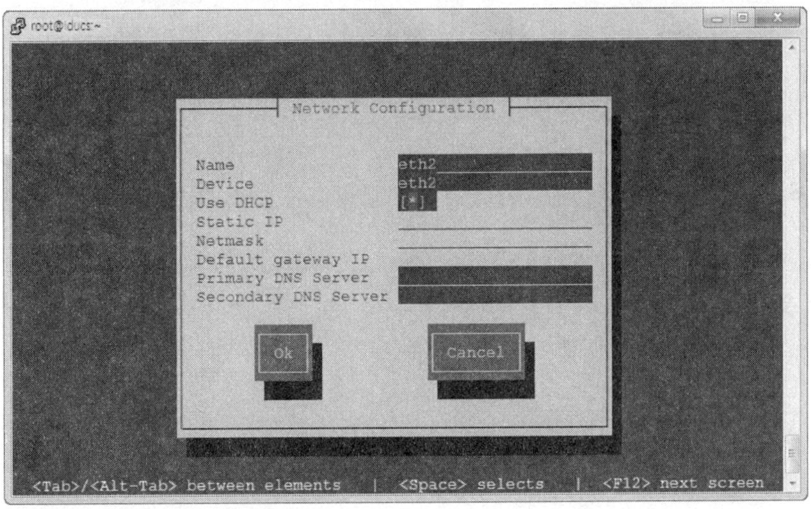

동적 IP 설정으로 설정한다.

1.5 네트워크 설정이 변경되었으므로 네트워크를 재시작한다.

```
# service network restart
```

```
[root@iducs ~]# system-config-network-tui
[root@iducs ~]# service network status
Configured devices:
lo eth0 eth1 eth2
Currently active devices:
lo eth0
[root@iducs ~]# service network restart
Shutting down interface eth0:                              [  OK  ]
Shutting down loopback interface:                          [  OK  ]
Bringing up loopback interface:                            [  OK  ]
Bringing up interface eth0:
Determining IP information for eth0... done.
                                                           [  OK  ]
Bringing up interface eth1:
Determining IP information for eth1... done.
                                                           [  OK  ]
Bringing up interface eth2:
Determining IP information for eth2... done.
                                                           [  OK  ]
```

1.6 'ifconfig'를 실행하여 추가된 랜카드에 할당된 IP 주소를 확인한다

```
[root@iducs ~]# ifconfig
eth0      Link encap:Ethernet  HWaddr 00:0C:29:55:60:EF
          inet addr:192.168.116.142  Bcast:192.168.116.255  Mask:255.255.255.0
          inet6 addr: fe80::20c:29ff:fe55:60ef/64 Scope:Link
          UP BROADCAST RUNNING MULTICAST  MTU:1500  Metric:1
          RX packets:6534 errors:0 dropped:0 overruns:0 frame:0
          TX packets:4771 errors:0 dropped:0 overruns:0 carrier:0
          collisions:0 txqueuelen:1000
          RX bytes:6506664 (6.2 MiB)  TX bytes:441083 (430.7 KiB)
          Interrupt:19 Base address:0x2000

eth1      Link encap:Ethernet  HWaddr 00:0C:29:55:60:F9
          inet addr:192.168.116.130  Bcast:192.168.116.255  Mask:255.255.255.0
          inet6 addr: fe80::20c:29ff:fe55:60f9/64 Scope:Link
          UP BROADCAST RUNNING MULTICAST  MTU:1500  Metric:1
          RX packets:24 errors:0 dropped:0 overruns:0 frame:0
          TX packets:10 errors:0 dropped:0 overruns:0 carrier:0
          collisions:0 txqueuelen:1000
          RX bytes:2948 (2.8 KiB)  TX bytes:1236 (1.2 KiB)
          Interrupt:19 Base address:0x2080

eth2      Link encap:Ethernet  HWaddr 00:0C:29:55:60:03
          inet addr:192.168.116.131  Bcast:192.168.116.255  Mask:255.255.255.0
          inet6 addr: fe80::20c:29ff:fe55:6003/64 Scope:Link
          UP BROADCAST RUNNING MULTICAST  MTU:1500  Metric:1
          RX packets:14 errors:0 dropped:0 overruns:0 frame:0
          TX packets:10 errors:0 dropped:0 overruns:0 carrier:0
          collisions:0 txqueuelen:1000
          RX bytes:1782 (1.7 KiB)  TX bytes:1236 (1.2 KiB)
          Interrupt:16 Base address:0x2400
```

▸ 2단계 : IP 주소 기반의 가상 호스트를 설정하기 위해 'httpd.conf'를 수정한다.

IP 주소 '192.168.116.139''과 '192.168.116.131'는 다른 도메인 이름과 다른 홈페이지 디렉토리를 갖는다.

```
#
# VirtualHost example:
# Almost any Apache directive may go into a VirtualHost container.
# The first VirtualHost section is used for requests without a known
# server name.
#
#<VirtualHost *:80>
#    ServerAdmin webmaster@dummy-host.example.com
#    DocumentRoot /www/docs/dummy-host.example.com
#    ServerName dummy-host.example.com
#    ErrorLog logs/dummy-host.example.com-error_log
#    CustomLog logs/dummy-host.example.com-access_log common
#</VirtualHost>

<VirtualHost 192.168.116.130>
        DocumentRoot /home/admin/public_html
        ServerName admin.induk.ac.kr
</VirtualHost>
<VirtualHost 192.168.116.131>
        DocumentRoot /home/csiit01/public_html
        ServerName csiit01.induk.ac.kr
</VirtualHost>
-- INSERT --
```

▸ 3단계 : Apache 웹 서버의 환경 설정 파일, 'httpd.conf'가 수정되었으므로 웹 서버 데몬을 재 시작한다.

```
# service httpd restart
```

▸ 4단계 : 'httpd – S'를 실행하여 IP 기반 가상 호스트들의 설정 상태를 확인해 본다.

```
[root@iducs ~]# vi /etc/httpd/conf/httpd.conf
[root@iducs ~]# httpd -S
httpd: Could not reliably determine the server's fully qualified domain name, using iducs.induk.ac.kr for ServerName
VirtualHost configuration:
192.168.116.130:*      admin.induk.ac.kr (/etc/httpd/conf/httpd.conf:1012)
192.168.116.131:*      csiit01.induk.ac.kr (/etc/httpd/conf/httpd.conf:1016)
Syntax OK
[root@iducs ~]#
```

▸ 5단계 : 웹 브라우저를 실행하여 IP 기반의 가상 호스트를 접속한다

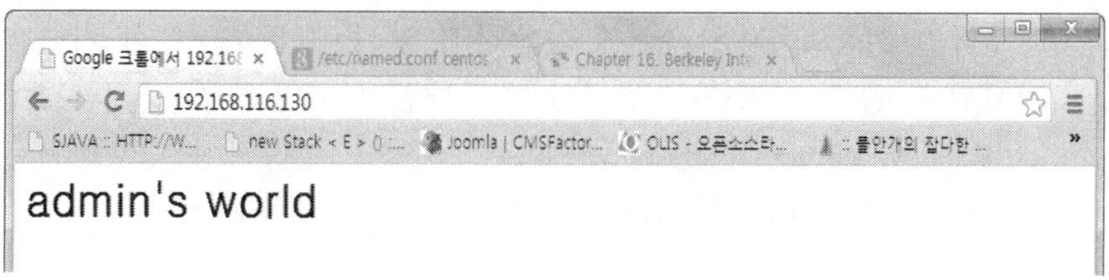

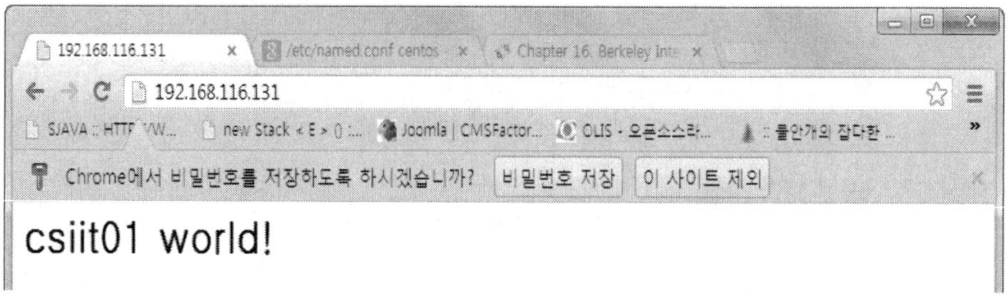

주소창에 'http://192.168.116.130'을 입력하면 '/home/admin/public_html/index.html'이 접속되고,

'http://192.168.116.131'을 입력하면 '/home/csiit01/public_html/index.html'이 접속됨을 확인할 수 있다.

IP주소가 아닌 도메인 네임을 사용하고자 하는 경우 DNS 서버에 등록해야 한다. 이를 수행하기 위해서는 DNS 서버 설정에 대한 지식이 필요하다. 참고로 '/etc/hosts' 파일을 수정하여 내부적으로만 도메인 이름을 이용한 접근이 가능하도록 설정할 수 있다.

4.2 이름 기반의 가상 호스트 구축

다음은 이름 기반의 가상 호스트를 구축하는 과정을 나타낸다.

- 사용할 도메인 이름을 등록한다.
- httpd.conf의 가상 호스트 부분을 설정한다.

▸ 1단계 : 사용할 도메인 이름을 등록한다.

도메인 이름을 DNS 서버에 등록하지 않고, 윈도우즈에서 리눅스에 설치된 웹 서버를 접근하기 때문에 윈도우즈 환경에서 'C:\Windows\System32\drivers\etc\hosts' 파일을 수정하여 내부적으로만 도메인 이름을 이용한 접근이 가능하도록 설정한다.

```
# Copyright (c) 1993-2009 Microsoft Corp.
#
# This is a sample HOSTS file used by Microsoft TCP/IP for Windows.
#
# This file contains the mappings of IP addresses to host names. Each
# entry should be kept on an individual line. The IP address should
# be placed in the first column followed by the corresponding host name.
# The IP address and the host name should be separated by at least one
# space.
#
# Additionally, comments (such as these) may be inserted on individual
# lines or following the machine name denoted by a '#' symbol.
#
# For example:
#
#      102.54.94.97     rhino.acme.com          # source server
#       38.25.63.10     x.acme.com              # x client host

# localhost name resolution is handled within DNS itself.
#       127.0.0.1       localhost
#       ::1             localhost

192.168.116.142         iducs.induk.ac.kr
192.168.116.142         admin.induk.ac.kr
192.168.116.142         csiit01.induk.ac.kr
```

▶ 2단계 : 도메인 이름의 등록이 완료되었다면 이제 'httpd.conf'를 수정해야 한다.

```
root@iducs:~
 988 #
 989 # Use name-based virtual hosting.
 990 #
 991 NameVirtualHost *:80
 992
 993 <VirtualHost *:80>
 994         DocumentRoot /var/www/html
 995         ServerName iducs.induk.ac.kr
 996 </VirtualHost>
 997 <VirtualHost *:80>
 998         DocumentRoot /home/admin/public_html
 999         ServerName admin.induk.ac.kr
1000 </VirtualHost>
1001 <VirtualHost *:80>
1002         DocumentRoot /home/csiit01/public_html
1003         ServerName csiit01.induk.ac.kr
1004 </VirtualHost>
1005
1006 #
1007 # NOTE: NameVirtualHost cannot be used without a port specifier
1008 # (e.g. :80) if mod_ssl is being used, due to the nature of the
1009 # SSL protocol.
1010 #
-- INSERT --
```

'NameVirtualHost *:80'의 주석을 제거한다. 아울러 993줄부터 1004줄까지의 내용을 추가한다.

▶ 3단계 : Apache 웹 서버의 환경 설정 파일, 'httpd.conf'가 수정되었으므로 웹 서버 데몬을 재시작한다.

```
# service httpd restart
```

▶ 4단계 : 가상 호스트 설정을 확인한다.

```
[root@iducs ~]# vi /etc/httpd/conf/httpd.conf
[root@iducs ~]# service httpd restart
Stopping httpd:                                            [  OK  ]
Starting httpd: httpd: Could not reliably determine the server's fully qualified
 domain name, using iducs.induk.ac.kr for ServerName
                                                           [  OK  ]
[root@iducs ~]# httpd -S
httpd: Could not reliably determine the server's fully qualified domain name, us
ing iducs.induk.ac.kr for ServerName
VirtualHost configuration:
192.168.116.130:*      admin.induk.ac.kr (/etc/httpd/conf/httpd.conf:1026)
192.168.116.131:*      csiit01.induk.ac.kr (/etc/httpd/conf/httpd.conf:1030)
wildcard NameVirtualHosts and _default_ servers:
*:80                   is a NameVirtualHost
         default server iducs.induk.ac.kr (/etc/httpd/conf/httpd.conf:993)
         port 80 namevhost iducs.induk.ac.kr (/etc/httpd/conf/httpd.conf:993)
         port 80 namevhost admin.induk.ac.kr (/etc/httpd/conf/httpd.conf:997)
         port 80 namevhost csiit01.induk.ac.kr (/etc/httpd/conf/httpd.conf:1001)
Syntax OK
[root@iducs ~]#
```

▶ 5단계 : 웹 브라우저를 실행하여 이름 기반의 가상 호스트를 접속한다.

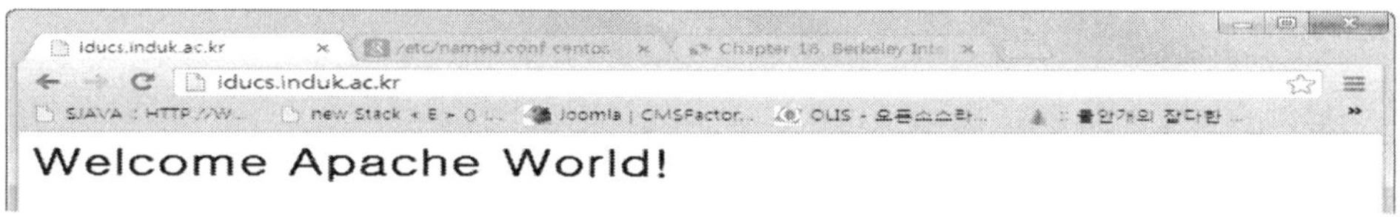

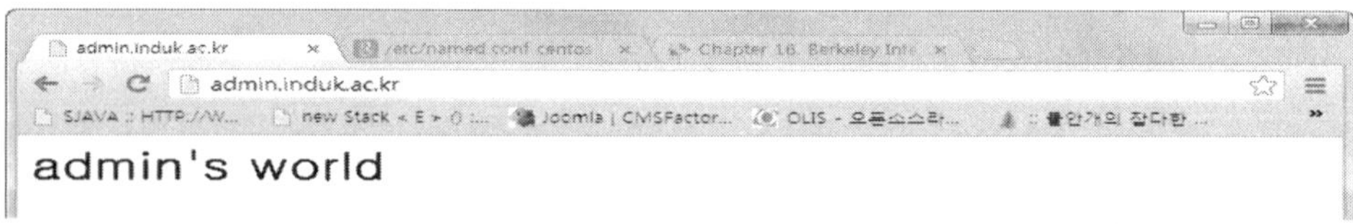

이름 기반의 가상 호스트를 구축한 경우 동일한 웹 서버지만 URL에 입력한 도메인 네임에 따라서 다른 페이지 접근이 가능함을 확인할 수 있다.

1. 'http://iducs.induk.ac.kr'인 경우 '/var/www/html/index.html' 접근
2. 'http://admin.induk.ac.kr'인 경우 '/home/admin/public_html/index.html 접근
3. 'http://csiit01.induk.ac.kr'인 경우 '/home/csiit01/public_html/index.html 접근

4.3 포트를 이용한 가상 호스트 구축

포트를 이용하여 가상 호스트를 구축하면 IP 주소가 동일한 웹 서버가 포트에 따라 서로 다른 홈페이지를 서비스할 수 있다.

▶ 1단계 : 'httpd.conf'에서 가상 호스트 설정을 수정한다.

1.1 'Listen' 지시자의 설정값에 사용하고자 하는 포트 번호, '8900'을 추가한다.

```
# Change this to Listen on specific IP addresses as shown below to
# prevent Apache from glomming onto all bound IP addresses (0.0.0.0)
#
#Listen 12.34.56.78:80
Listen 80
Listen 8900
```

1.2 'NameVirtualHost' 지시자의 설정값을 'name:port' 형식으로 설정한다.

```
#
# Use name-based virtual hosting.
#
NameVirtualHost *:80
NameVirtualHost *:8900

```

1.3 '<VirtualHost>'의 값을 '<VirtualHost name:port>' 형식으로 설정한다.

```
root@ducs:~

#
# VirtualHost example:
# Almost any Apache directive may go into a VirtualHost container.
# The first VirtualHost section is used for requests without a known
# server name.
#
#<VirtualHost *:80>
#    ServerAdmin webmaster@dummy-host.example.com
#    DocumentRoot /www/docs/dummy-host.example.com
#    ServerName dummy-host.example.com
#    ErrorLog logs/dummy-host.example.com-error_log
#    CustomLog logs/dummy-host.example.com-access_log common
#</VirtualHost>

<VirtualHost 192.168.116.142:80>
        DocumentRoot /home/admin/public_html
        ServerName admin.induk.ac.kr
</VirtualHost>
<VirtualHost 192.168.116.142:8900>
        DocumentRoot /home/csiit01/public_html
        ServerName csiit01.induk.ac.kr
</VirtualHost>
-- INSERT --
```

▸ 2단계 : 지정한 포트, '8900'에 대한 방화벽 차단을 해제해야 하고, 방화벽 서비스를 재시작한다.

'system-config-firewall-tui'를 실행하고, 'Other Ports'에서 '8900'번 포트를 추가한 후 저장한다.

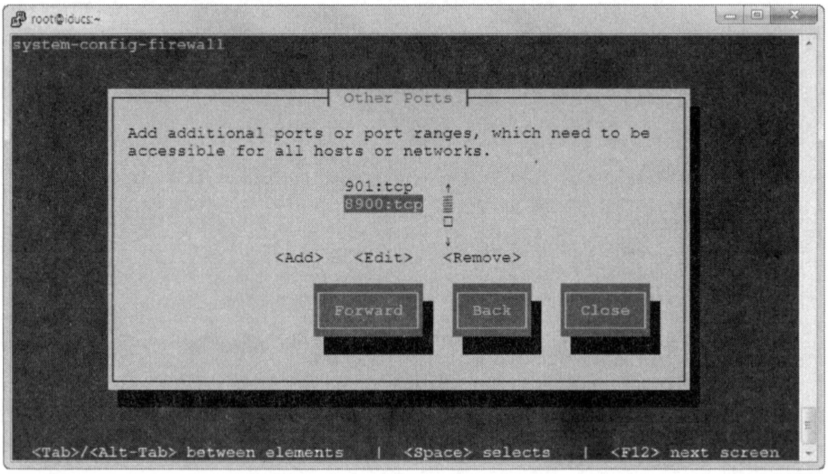


```
# service iptables restart
```

▸ 3단계 : Apache 웹 서버의 환경 설정 파일, 'httpd.conf'가 수정되었으므로 웹 서버 데몬을 재시작한다.

```
# service httpd restart
```

▸ 4단계 : 웹 브라우저를 실행하여 포트를 이용한 가상 호스트를 접속한다.

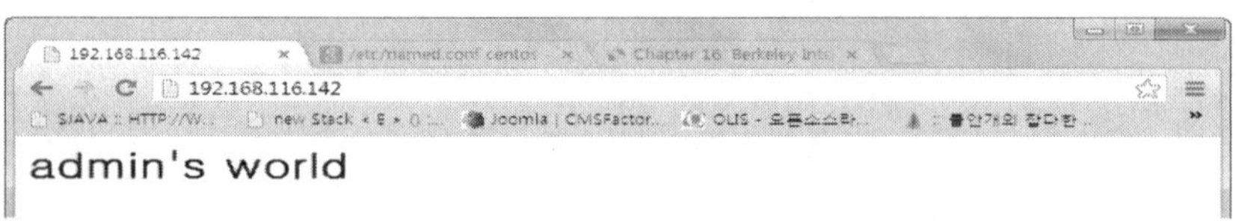

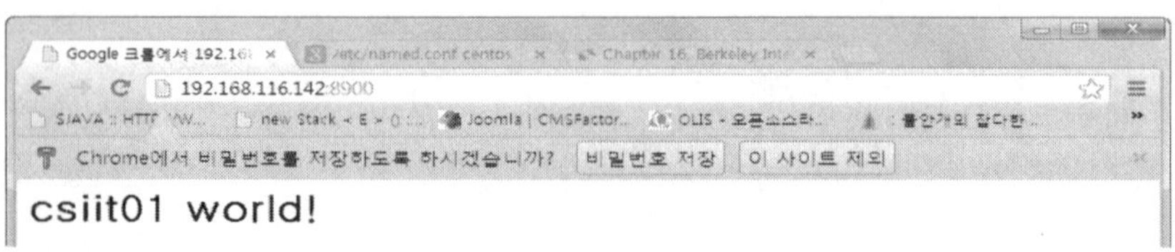

▸ 6단계 : 실습을 위해 리눅스 시스템에 다수의 랜카드가 설치되어 있어 다수의 IP가 존재할 수 있도록 한다.

5. 환경 설정 파일httpd.conf

Apache 웹 서버의 설정 파일은 1.3.4 버전 이후로는 'httpd.conf'로 통합되었으며, 그 구성을 살펴보면 다음과 같다.

```
### Section 1: Global Environment

### Section 2: 'Main' server configuration

### Section 3: Virtual Hosts
```

첫 번째 섹션은 전체적인 환경을 설정하는 부분이고, 두 번째 섹션은 메인 서버에 대한 설정하는 부분이다. 세 번째 섹션은 가상 호스트에 대한 설정을 하는 부분으로 한 대의 웹 서버에 여러 개의 도메인이나 IP 주소를 할당하여 마치 여러 개의 웹 서버처럼 운영할 수 있도록 하는 방법을 제공한다.

5.1 전체적인 환경을 설정하는 섹션

'ServerRoot' 지시자는 웹 서버의 설정, 오류 및 로그 파일이 유지되는 디렉토리들을 포함하는 최상위 디렉토리를 설정한다. 패키지로 설치한 경우 기본적으로 '/etc/httpd'로 설정되어 있다.

```
ServerRoot "/etc/httpd"
```

참고로 소스를 컴파일해서 설치하는 경우 './configure' 명령의 '--prefix' 옵션으로 지정한 웹 서버 설치 디렉토리를 의미한다.

'Timeout' 지시자는 'time out'을 보내거나 받기 전에 소요되는 시간을 초단위로 설정한다.

```
Timeout 300
```

네트워크 속도가 높지 않은 경우 값을 높게 설정하면 클라이언트와 서버 사이에서 요청과 응답이 조금 늦어도 'time out'이 발생하지 않을 수 있다. 다음 설정은 300초 동안 클라이언트와 서버 사이에서 요청과 응답이 없는 경우 'time out'을 발생하도록 한다.

'PidFile' 지시자는 서버가 프로세스 식별 번호를 기록하는데 사용하는 파일을 지정한다.

```
PidFile run/httpd.pid
```

만약 지정한 파일을 변경하고자 하는 경우 '/etc/sysconfig/httpd'에서 위치를 변경해야 한다.

```
[root@iducs ~]# cat /etc/sysconfig/httpd
# Configuration file for the httpd service.

#
# The default processing model (MPM) is the process-based
# 'prefork' model.  A thread-based model, 'worker', is also
# available, but does not work with some modules (such as PHP).
# The service must be stopped before changing this variable.
#
#HTTPD=/usr/sbin/httpd.worker

#
# To pass additional options (for instance, -D definitions) to the
# httpd binary at startup, set OPTIONS here.
#
#OPTIONS=

#
# By default, the httpd process is started in the C locale; to
# change the locale in which the server runs, the HTTPD_LANG
# variable can be set.
#
#HTTPD_LANG=C

#
# By default, the httpd process will create the file
# /var/run/httpd/httpd.pid in which it records its process
# identification number when it starts.  If an alternate location is
# specified in httpd.conf (via the PidFile directive), the new
# location needs to be reported in the PIDFILE.
#
#PIDFILE=/var/run/httpd/httpd.pid
[root@iducs ~]#
```

'KeepAlive' 지시자는 지속적인 연결(persistent connection)의 허용 여부를 설정한다.

```
KeepAlive Off
```

일반적으로 HTTP 프로토콜은 연결 후 요청을 처리하면 연결을 끊

어버린다. 'Off'는 서버와 클라이언트의 지속적인 연결을 허용하지 않는 것을 의미하며, 이 경우 한 번의 연결동안 여러 개의 요청을 처리할 수 없게 된다.

'MaxKeepAliveRequests' 지시자는 'KeepAlive On'이 설정된 경우 요청할 수 있는 최대 요청 개수를 설정한다. 다음 설정은 웹 서버가 한 연결동안 최대 100개의 요청을 처리하고 연결을 종료하도록 한다.

```
MaxKeepAliveRequests 100
```

'KeepAliveTimeout' 지시자는 같은 연결을 사용하는 같은 클라이언트로부터의 다음 요청이 올 때까지 연결을 유지하는 시간을 초단위로 설정한다.

```
KeepAliveTimeout 15
```

다음 설정은 15초 동안 요청이 없는 경우 연결이 종료되도록 한다.

다음은 MPM이 'worker'인 경우에 대한 설정이다.

```
<IfModule prefork.c>
StartServers          8
MinSpareServers       5
MaxSpareServers      20
ServerLimit         256
MaxClients          256
MaxRequestsPerChild  4000
</IfModule>
```

'<IfModule worker.c>'에 포함된 지시자들의 의미를 살펴보면 다음과 같다.

지시자	의미
StartServers	웹 서버를 시동할 때 생성되는 데몬 프로세스 개수를 설정한다.
MaxClients	최대 동시 접속 클라이언트 수를 설정한다.
MinSpareThreads	최소 작업자(worker) 스레드 수를 설정한다.
MaxSpareThreads	최대 작업자 스레드 수를 설정한다.
ThreadsPerChild	각 데몬 프로세스에 존재하는 불변적인 작업자 스레드 수를 설정한다.
MaxRequestsPerChild	데몬 프로세스가 처리할 수 있는 최대 서비스 요청 수를 설정한다. 즉, 하나의 데몬 프로세스는 지정한 횟수만큼 서비스를 제공하고 종료하게 된다. 참고로 0인 경우 무한대로 서비스하게 설정된다.

데몬 프로세스가 처리할 수 있는 최대 서비스 요청 수를 설정한다. 즉, 하나의 데몬 프로세스는 지정한 횟수만큼 서비스를 제공하고 종료하게 된다. 참고로 0인 경우 무한대로 서비스하게 설정된다.

'Listen' 지시자는 Apache 웹 서버가 기본 값 이외에도 특정 IP 주소나 포트에 연결할 수 있도록 설정하며 가상 호스트(VirtualHost)를 설정할 때 사용된다.

```
Listen 80
```

'LoadModule' 지시자는 동적으로 Apache 서버에 적재하고자 하는 동적 공유 객체(DSO, Dynamic Shared Object) 형식으로 작성된 모듈들을 설정한다.

```
LoadModule auth_basic_module modules/mod_auth_basic.so
```

지정된 모듈은 웹 서버 동작 시 웹 서버와 함께 적재되도록 설정된다. 소스 코드를 이용하여 Apache 웹 서버를 설정한 경우 'httpd -l' 명령으로 적재되어 있는 모듈을 확인할 수 있고, 적재되지 않은 모듈 중에서 DSO 형식의 모듈을 설정하면 웹 서버 동작 시 함께 적재된다.

```
[root@iducs ~]# httpd -l
Compiled in modules:
  core.c
  prefork.c
  http_core.c
  mod_so.c
[root@iducs ~]#
```

다음은 일반적으로 적재되는 모듈들의 목록을 나타낸다.

```
#
# To be able to use the functionality of a module which was built as a DSO you
# have to place corresponding `LoadModule' lines at this location so the
# directives contained in it are actually available _before_ they are used.
# Statically compiled modules (those listed by `httpd -l') do not need
# to be loaded here.
#
# Example:
# LoadModule foo_module modules/mod_foo.so

LoadModule auth_basic_module modules/mod_auth_basic.so
LoadModule auth_digest_module modules/mod_auth_digest.so
LoadModule authn_file_module modules/mod_authn_file.so
LoadModule authn_alias_module modules/mod_authn_alias.so
LoadModule authn_anon_module modules/mod_authn_anon.so
LoadModule authn_dbm_module modules/mod_authn_dbm.so
LoadModule authn_default_module modules/mod_authn_default.so
LoadModule authz_host_module modules/mod_authz_host.so
LoadModule authz_user_module modules/mod_authz_user.so
LoadModule authz_owner_module modules/mod_authz_owner.so
LoadModule authz_groupfile_module modules/mod_authz_groupfile.so
LoadModule authz_dbm_module modules/mod_authz_dbm.so
LoadModule authz_default_module modules/mod_authz_default.so
```

적재되는 모듈의 순서는 매우 중요하기 때문에 순서를 임의로 변경해서는 안 된다는 것을 주의해야 한다.

기본 설정 파일 'httpd.conf' 이외에 추가적으로 설정 파일을 적재하고하 하는 경우 'Include'를 사용할 수 있다. 아래와 같이 설정하면 '/etc/httpd/conf.d'에 포함된 설정 파일들을 함께 적재하게 된다.

```
Include conf.d/*.conf
```

5.2 메인 서버에 대한 설정을 하는 섹션

'ServerAdmin' 지시자는 서버에 문제가 발생한 경우 관리자에 메일을 보낼 수 있도록 관리자의 메일 주소를 설정한다.

```
ServerAdmin root@mail.induk.ac.kr
```

'ServerName' 지시자는 서버가 스스로를 식별하기 위해서 사용하는 도메인 이름과 포트 번호를 지정하는데 사용된다.

```
ServerName iducs.induk.ac.kr:80
```

'DocumentRoot' 지시자는 Apache 웹 서버의 웹 문서가 저장되는 메인 디렉토리를 설정한다.

```
DocumentRoot "/var/www/html"
```

웹 브라우저를 이용하여 'http://호스트 이름' 또는 'http://호스트 IP 주소'를 접속하는 경우 'DocumentRoot' 지시자가 가리키는 디렉토리를 접근하게 된다. 다음 설정은 Apache 웹 서버의 기본 디렉토리를 '/var/www/html'로 지정한다.

'<Directory "디렉토리 경로">'는 지정한 디렉토리에 대한 다양한 옵션을 설정한다.

```
<Directory />
    Options FollowSymLinks
    AllowOverride None
</Directory>
```

다음은 루트 디렉토리에 대한 설정으로 'Options FollowSymLinks'는 심볼릭 링크를 허용하며, 'AllowOverride None'은 디렉토리 접근을 위해 사용자를 인증할 때 '.htaccess'을 참조하지 않도록 한다.

다음은 웹 문서의 메인 디렉토리에 대한 다양한 설정을 나타낸다.

```
<Directory "/var/www/html">

#
# Possible values for the Options directive are "None", "All",
# or any combination of:
#   Indexes Includes FollowSymLinks SymLinksifOwnerMatch ExecCGI MultiViews
#
# Note that "MultiViews" must be named *explicitly* --- "Options All"
# doesn't give it to you.
#
# The Options directive is both complicated and important.  Please see
# http://httpd.apache.org/docs/2.2/mod/core.html#options
# for more information.
#
    Options Indexes FollowSymLinks

#
# AllowOverride controls what directives may be placed in .htaccess files.
# It can be "All", "None", or any combination of the keywords:
#   Options FileInfo AuthConfig Limit
#
    AllowOverride None

#
# Controls who can get stuff from this server.
#
    Order allow,deny
    Allow from all

</Directory>
```

'Options' 항목에서 사용할 수 있는 옵션과 그 의미를 살펴보면 다음과 같다.

옵션	의미
Indexs	지정한 디렉토리 인덱스 파일이 존재하지 않는 경우, 디렉토리의 파일 목록을 출력함, 보안 측면에서는 설정하지 않는 것이 좋음
FollowSymLinks	디렉토리에 존재하는 심볼릭 링크를 허용함
Includes	SSI(Server Side Includes)를 사용할 수 있도록 허용함
IncludesNOEXEC	SSI는 허용하지만 #exec와 #Include는 허용하지 않음
ExecCGI	CGI 실행을 허용함
MultiViews	클라이언트 요청에 적절한 페이지를 전송
None	모든 설정을 거부함
All	MultiViews를 제외한 모든 설정을 허용함

'AllowOverride' 항목은 디렉토리 접근 시 사용자의 인증을 수행할 때 '.htaccess'를 사용할 것인지 여부를 결정한다. 'None'인 경우 사용하지 않으며, 'All'인 경우 사용한다.

'Order' 항목은 서버에 접근하는 정책의 순서를 결정한다. 'Order allow, deny'는 허용 정책, 거부 정책에 순서로 접근 정책을 수행하도록 한다.

'Allow from all' 항목은 모든 호스트들로부터의 요청을 허가하고, 'Deny from all' 항목은 모든 호스트들로부터의 요청을 거부한다.

'UserDir' 지시자는 사용자 계정별 홈페이지 디렉토리를 설정한다.

```
root@iducs:~
# The path to the end user account 'public_html' directory must be
# accessible to the webserver userid.  This usually means that ~userid
# must have permissions of 711, ~userid/public_html must have permissions
# of 755, and documents contained therein must be world-readable.
# Otherwise, the client will only receive a "403 Forbidden" message.
#
# See also: http://httpd.apache.org/docs/misc/FAQ.html#forbidden
#
<IfModule mod_userdir.c>
    #
    # UserDir is disabled by default since it can confirm the presence
    # of a username on the system (depending on home directory
    # permissions).
    #
    UserDir disabled

    #
    # To enable requests to /~user/ to serve the user's public_html
    # directory, remove the "UserDir disabled" line above, and uncomment
    # the following line instead:
    #
    #UserDir public_html
</IfModule>
:set nonu
```

기본값으로는 'UserDir disabled'가 활성화되어 있고, 'UserDir public_html'은 주석처리되어 있다.

'UserDir disabled'를 주석처리하고, 'UserDir public_html'의 주석을 제거하면 'http://호스트 이름/~사용자 계정' 또는 'http://호스트 IP 주소/~사용자 계정'으로 접속하는 경우 각 사용자 계정의 홈 디렉토리 안에 'public_html'이라는 하위 디렉토리를 접근할 수 있게 된다.

'/home/*/public_html'에서 '*' 부분을 특정 사용자 계정으로 설정하면 해당 사용자 계정의 홈페이지 디렉토리에 대한 다양한 옵션을 설정할 수 있다.

```
# Control access to UserDir directories.  The following is an example
# for a site where these directories are restricted to read-only.
#
<Directory /home/*/public_html>
     AllowOverride All
#    AllowOverride FileInfo AuthConfig Limit
#    Options MultiViews Indexes SymLinksIfOwnerMatch IncludesNoExec
#    <Limit GET POST OPTIONS>
#        Order allow,deny
#        Allow from all
#    </Limit>
#    <LimitExcept GET POST OPTIONS>
#        Order deny,allow
#        Deny from all
#    </LimitExcept>
</Directory>
```

'DirectoryIndex' 지시자는 메인 디렉토리의 인덱스 파일과 그 순서를 설정한다.

```
DirectoryIndex index.html index.html.var
```

다음 설정은 웹 브라우저를 이용하여 'http://호스트 이름' 또는 'http://호스트 IP 주소'를 접속하는 경우 'DocumentRoot' 지시자가 가리키는 디렉토리안의 'index.html' 파일을 접근하고, 만약 'index.html' 파일이 존재하지 않는 경우 'index.html.var' 파일을 접근하게 된다.

만약 'index.html'이 아닌 파일을 디렉토리 인덱스 파일로 지정하고자 한다면 'index.html' 앞에 설정해야 한다.

'AccessFileName' 지시자는 디렉토리 접근 시 사용자의 인증을 수행할 때 필요한 디렉토리 접근 정보가 저장된 파일을 설정한다. 대부분의 경우 '.htaccess'라는 이름의 파일을 사용한다.

```
AccessFileName .htaccess
```

'.htaccess' 파일과 '.htpasswd' 파일은 보안 측면에서 매우 중요한 파일이기 때문에 모든 웹 브라우저가 접근할 수 없도록 설정하는 것이 안전하다. 다음 설정은 '.ht'로 시작하는 파일에 대하여 모든 접근을 거부함으로써 향상된 보안성을 제공한다.

```
<Files ~ "^\.ht">
    Order allow,deny
    Deny from all
    Satisfy All
</Files>
```

참고로 '.htpasswd'은 사용자 인증에 필요한 계정과 암호에 대한 정보가 저장되는 파일이다.

'TypesConfig' 지시자는 'mime.types'가 존재하는 경로를 설정한다.

```
TypesConfig /etc/mime.types
```

'mime.types'은 다양한 유형의 파일들을 처리하기 위해 필요한 MIME (Multipurpose Internet Mail Extensions) 유형을 설정하는 파일로 그 내용을 살펴보면 다음과 같다.

```
root@iducs:~
[root@iducs ~]# head -22 /etc/mime.types
# This is a comment. I love comments.          -*- indent-tabs-mode: t -*-

# This file controls what Internet media types are sent to the client for
# given file extension(s).  Sending the correct media type to the client
# is important so they know how to handle the content of the file.
# Extra types can either be added here or by using an AddType directive
# in your config files. For more information about Internet media types,
# please read RFC 2045, 2046, 2047, 2048, and 2077.  The Internet media type
# registry is at <http://www.iana.org/assignments/media-types/>.

# IANA types

# MIME type                                     Extensions
application/3gpp-ims+xml
application/activemessage
application/andrew-inset                        ez
application/applefile
application/atom+xml                            atom
application/atomicmail
application/atomcat+xml                         atomcat
application/atomsvc+xml                         atomsvc
application/auth-policy+xml                     apxml
[root@iducs ~]#
```

'DefaultType' 지시자는 'TypesConfig'에서 지정한 파일에 설정되지 않은 유형을 처리하기 위해 기본 유형 값을 설정한다. 다음 설정은 알 수 없는 유형의 경우 html 또는 텍스트 문서로 처리하도록 한다.

```
DefaultType text/plain
```

참고로 알 수 없는 유형의 파일이 대부분 프로그램이나 이미지와 같은 바이너리 파일인 경우 'text/plain' 대신 'application/octet-stream'으로 설정할 것을 권장한다.

'HostnameLookups' 지시자는 클라이언트의 호스트 이름 또는 IP 주소를 로그 파일에 저장하도록 설정한다.

```
HostnameLookups Off
```

'On'인 경우 호스트 이름을 로그에 저장하게 되고, 'Off'인 경우 IP 주소를 로그에 저장한다. 클라이언트의 호스트 이름을 로그에 저장하기 위해서는 IP 주소에 해당하는 호스트 이름을 검색해야 하며, 이는 많은 작업 부하를 발생시킴으로 대형 서버의 경우 대부분 'Off'로 설정한다.

'ErrorLog' 지시자는 Apache 웹 서버가 동작하면서 발생되는 오류 메시지들이 기록되는 로그 파일의 경로를 설정한다.

```
ErrorLog logs/error_log
```

다음 설정은 오류가 발생할 경우 Apache 웹 서버가 설치된 디렉토리의 하위 디렉토리 'logs'에 포함된 'error_log'에 기록하게 한다.

가상 호스트에 관련된 오류 메시지는 '<VirtualHost>'에서 별도로 지정한 로그 파일에 저장할 수 있지만, 별도로 지정하지 않는 경우 'ErrorLog' 지시자가 지정한 로그 파일을 함께 사용한다.

'LogLevel' 지시자는 'error_log' 파일에 기록되는 오류 메시지의 양을 설정한다.

```
LogLevel warn
```

설정 가능한 값으로는 'debug', 'info', 'notice', 'warn', 'error', 'crit', 'alert', 'emerg'가 있고, 왼쪽보다 오른쪽에 있는 설정 값이 더 적은 오류 메시지를 저장한다. 'debug'는 디버깅을 위해 모든 오류 메시지들을 기록하여 저장되는 오류 메시지 양이 가장 많으며, 'emerg'는 중대한 오류 메시지들만을 기록하기 때문에 저장되는 오류 메시지의 양이 가장 적다.

'LogFormat' 지시자는 접근 기록 파일에 접근 정보를 저장하는 형식을 설정한다.

```
LogFormat "%h %l %u %t \"%r\" %>s %b \"%{Referer}i\" \"%{User-Agent}i\"" combined
LogFormat "%h %l %u %t \"%r\" %>s %b" common
LogFormat "%{Referer}i -> %U" referer
LogFormat "%{User-agent}i" agent
```

'CustomLog' 지시자는 Apache 웹 서버에 대한 접근 정보가 기록되는 파일을 설정한다.

```
CustomLog logs/access_log combined
```

사용가능한 설정 값으로는 'common', 'referer', 'agent', 'combined' 등이 있다. 'common'은 Apache 웹 서버에 접근하는 클라이언트에 대한 정보를 'access_log'라는 파일에 기록하도록 설정하고, 'referer'는 Apache 웹 서버에 접근하는 접속자에 대한 정보를 'referer_log'라는 파일에 기록하도록 설정하며, 'agent'는 Apache 웹 서버에 접근하는 웹 브라우저에 대한 정보를 'agent_log'라는 파일에 기록하도록 설정한다. 'combined'는 Apache 웹 서버에 접근하는 클라이언트, 접속자, 웹 브라우저에 대한 정보를 모두 기록하고자 하는 경우 사용되며, 'access_log'라는 파일에 기록한다.

'Alias' 지시자는 실제 사용하는 디렉토리에 대한 별칭을 설정한다.

```
Alias /icons/ "/var/www/icons/"

<Directory "/var/www/icons">
    Options Indexes MultiViews FollowSymLinks
    AllowOverride None
    Order allow,deny
    Allow from all
</Directory>
```

'/var/www/icons'라는 실제 디렉토리를 '/icons'라는 이름으로 접근할 수 있도록 한다.

WebDAV(Web-based Distributed Authoring and Versioning) 모듈에 관련된 설정을 한다.

```
<IfModule mod_dav_fs.c>
    # Location of the WebDAV lock database.
    DAVLockDB /var/lib/dav/lockdb
</IfModule>
```

'ScriptAlias' 지시자는 CGI 스크립트 디렉토리에 대한 별칭을 설정한다.

```
ScriptAlias /cgi-bin/ "/var/www/cgi-bin/"

#
# "/var/www/cgi-bin" should be changed to whatever your
ScriptAliased
# CGI directory exists, if you have that configured.
#
<Directory "/var/www/cgi-bin">
    AllowOverride None
    Options None
    Order allow,deny
    Allow from all
</Directory>
```

다음 설정은 '/var/www/cgi-bin/'이라는 실제 CGI 스크립트 디렉토리를 '/cgi-bin'이라는 이름으로 접근할 수 있도록 한다.

'IndexOptions' 지시자는 웹 서버에서 제공하는 디렉토리 목록의 모양을 설정한다.

```
IndexOptions FancyIndexing VersionSort NameWidth=* HTMLTable
Charset=UTF-8
```

'FancyIndexing'은 파일의 유형에 따라 아이콘을 이용하여 표시하며 색인을 설정한다.

'AddIcon' 지시자는 'FancyIndexing'에서 사용할 파일 유형에 따른 아이콘 모양을 설정한다.

```
AddIconByEncoding (CMP,/icons/compressed.gif) x-compress x-gzip

AddIconByType (TXT,/icons/text.gif) text/*
AddIconByType (IMG,/icons/image2.gif) image/*
AddIconByType (SND,/icons/sound2.gif) audio/*
AddIconByType (VID,/icons/movie.gif) video/*

AddIcon /icons/binary.gif .bin .exe
AddIcon /icons/binhex.gif .hqx
AddIcon /icons/tar.gif .tar
AddIcon /icons/world2.gif .wrl .wrl.gz .vrml .vrm .iv
AddIcon /icons/compressed.gif .Z .z .tgz .gz .zip
AddIcon /icons/a.gif .ps .ai .eps
AddIcon /icons/layout.gif .html .shtml .htm .pdf
AddIcon /icons/text.gif .txt
AddIcon /icons/c.gif .c
AddIcon /icons/p.gif .pl .py
AddIcon /icons/f.gif .for
AddIcon /icons/dvi.gif .dvi
AddIcon /icons/uuencoded.gif .uu
AddIcon /icons/script.gif .conf .sh .shar .csh .ksh .tcl
AddIcon /icons/tex.gif .tex
AddIcon /icons/bomb.gif core
```

'DefaultIcon' 지시자는 'AddIcon'으로 지정하지 않는 파일 유형을 표시하는데 사용하는 아이콘을 설정한다.

```
DefaultIcon /icons/unknown.gif
```

'IndexIgnore' 지시자는 디렉토리의 목록을 표시할 때 지정한 파일의 인덱스를 숨기도록 설정한다.

```
ReadmeName README.html
HeaderName HEADER.html

#
# IndexIgnore is a set of filenames which directory indexing should ignore
# and not include in the listing.  Shell-style wildcarding is permitted.
#
IndexIgnore .??* *~ *# HEADER* README* RCS CVS *,v *,t
```

설정은 파일 이름이 '~', '#', ',v' 및 ',t'로 끝나거나, 'HEADER'와 'README'로 시작하는 파일의 인덱스를 숨기며, 'RCS'와 'CSV' 파일과 '.'으로 시작하는 세 글자 파일의 인덱스를 숨긴다.

'AddLanguage' 지시자는 웹 브라우저가 사용자가 이해할 수 있는 언어로 웹 페이지를 표시하기 위해 사용하는 언어의 목록을 추가 설정한다.

```
#
AddLanguage ca .ca
AddLanguage cs .cz .cs
AddLanguage da .dk
AddLanguage de .de
AddLanguage el .el
AddLanguage en .en
AddLanguage eo .eo
AddLanguage es .es
AddLanguage et .et
AddLanguage fr .fr
AddLanguage he .he
AddLanguage hr .hr
AddLanguage it .it
AddLanguage ja .ja
AddLanguage ko .ko
AddLanguage ltz .ltz
AddLanguage nl .nl
AddLanguage nn .nn
AddLanguage no .no
AddLanguage pl .po
AddLanguage pt .pt
AddLanguage pt-BR .pt-br
```

'LanguagePriority' 지시자는 웹 브라우저에서 사용하는 언어를 선택할 경우 우선순위를 설정한다.

```
LanguagePriority en ca cs da de el eo es et fr he hr it ja ko ltz nl nn no pl pt
pt-BR ru sv zh-CN zh-TW
```

'AddDefaultCharset' 지시자는 모든 컨텐트에 제공되는 기본 문자셋을 설정한다.

```
AddDefaultCharset UTF-8
```

'ISO-8859-1'을 사용하거나 '<Meta>' 태그를 허용하고자 하는 경우 주석으로 처리한다.

'AddType' 지시자는 Apache 웹 서버에서 'mime.types' 파일을 수정하지 않고 다룰 수 있는 파일 유형을 추가 설정한다.

```
#
# AddEncoding allows you to have certain browsers uncompress
# information on the fly. Note: Not all browsers support this.
# Despite the name similarity, the following Add* directives have nothing
# to do with the FancyIndexing customization directives above.
#
#AddEncoding x-compress .Z
#AddEncoding x-gzip .gz .tgz

# If the AddEncoding directives above are commented-out, then you
# probably should define those extensions to indicate media types:
#
AddType application/x-compress .Z
AddType application/x-gzip .gz .tgz

#
#   MIME-types for downloading Certificates and CRLs
#
AddType application/x-x509-ca-cert .crt
AddType application/x-pkcs7-crl    .crl

#
# AddHandler allows you to map certain file extensions to "handlers":
```

'ErrorDocument' 지시자는 Apache 웹 서버에서 오류가 발생한 경우 웹 브라우저에게 전송되는 오류 메시지를 설정한다.

```
#
# Customizable error responses come in three flavors:
# 1) plain text 2) local redirects 3) external redirects
#
# Some examples:
#ErrorDocument 500 "The server made a boo boo."
#ErrorDocument 404 /missing.html
#ErrorDocument 404 "/cgi-bin/missing_handler.pl"
#ErrorDocument 402 http://www.example.com/subscription_info.html
#
```

오류를 처리하는 방법에는 일반적으로 오류 메시지만을 출력하는 방법과 오류 메시지 파일을 지정하여 그 내용을 출력하는 방법 및 다른 웹 사이트로 재지정하는 방법이 있다.

'BrowserMatch' 지시자는 브라우저 구현에 따라 알려진 문제들을 다루기 위해 일반적인 HTTP 응답 동작의 수정을 설정한다.

```
root@iducs:~
#
# The following directives modify normal HTTP response behavior to
# handle known problems with browser implementations.
#
BrowserMatch "Mozilla/2" nokeepalive
BrowserMatch "MSIE 4\.0b2;" nokeepalive downgrade-1.0 force-response-1.0
BrowserMatch "RealPlayer 4\.0" force-response-1.0
BrowserMatch "Java/1\.0" force-response-1.0
BrowserMatch "JDK/1\.0" force-response-1.0

#
# The following directive disables redirects on non-GET requests for
# a directory that does not include the trailing slash.  This fixes a
# problem with Microsoft WebFolders which does not appropriately handle
# redirects for folders with DAV methods.
# Same deal with Apple's DAV filesystem and Gnome VFS support for DAV.
#
BrowserMatch "Microsoft Data Access Internet Publishing Provider" redirect-caref
ully
BrowserMatch "MS FrontPage" redirect-carefully
BrowserMatch "^WebDrive" redirect-carefully
BrowserMatch "^WebDAVFS/1.[0123]" redirect-carefully
BrowserMatch "^gnome-vfs/1.0" redirect-carefully
```

'<Location /server-status>'는 Apache 웹 서버 상태의 표시 여부를 설정한다.

```
<Location /server-status>
    SetHandler server-status
    Order deny,allow
    Deny from all
    Allow from 192.168.116.130
</Location>
```

'Allow from .example.com'을 'Allow from 192.168.116.130'으로 변경하면 접근하는 IP의 주소가 '192.168.116.130'인 경우만 서버의 상태 정보를 볼 수 있게 된다.

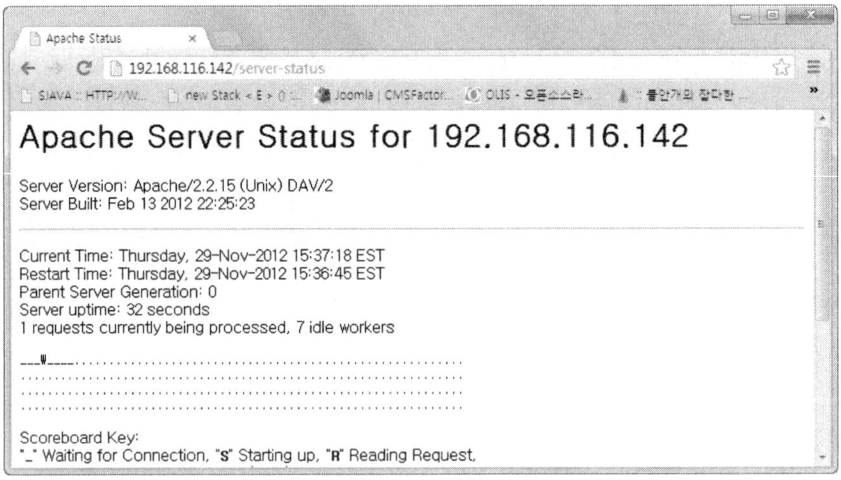

허용된 IP 주소가 아닌 경우 접근 허가가 거부된다.

5.3 가상 호스트를 설정하는 섹션

'NameVirtualHost' 지시자는 Apache 웹 서버의 IP 주소를 설정한다. 도메인 이름 기반 가상 호스트 설정이나 도메인 이름과 IP 주소 기반을 혼합한 가상 호스트 방법에서 사용한다.

```
NameVirtualHost <웹 서버 IP 주소>
```

'<VirtualHost>~</VirtualHost>'는 사용하고자 하는 가상 호스트 관리자 주소, 가상 호스트가 사용하는 메인 디렉토리 경로, 가상 호스트가 사용할 도메인 이름, 접속자 로그 파일 및 오류 로그 파일에 대한 설정 정보로 구성된다.

'ServerAdmin' 지시자는 가상 호스트의 관리자 이메일 주소를 설정한다.

```
ServerAdmin <가상 호스트의 관리자 이메일 주소>
```

'DocumentRoot' 지시자는 가상 호스트의 메인 디렉토리를 설정한다

```
DocumentRoot <가상 호스트의 기본 디렉토리 경로>
```

'ServerName' 지사자는 가상 호스트의 도메인 이름을 설정한다.

```
ServerName <가상 호스트의 도메인 이름>
```

'ErrorLog' 지시자는 가상 호스트 동작 중 발생하는 오류 메시지가 저장되는 로그 파일의 경로를 설정한다.

```
ErrorLog <오류 로그 파일 경로>
```

'CustomLog' 지시자는 가상 호스트에 대한 접속 정보가 기록되는 로그 파일의 경로를 설정한다.

```
CustomLog <접속 로그 파일 경로>
```

Apache 웹 서버 환경 설정 파일을 변경한 경우 수정된 설정 파일에 문법적인 오류가 있는지를 확인한 후 데몬을 재시작하는 것이 안전하다. 문법적인 오류를 확인하기 위해 'httpd configtest' 또는 'httpd -t' 명령을 사용할 수 있다.

```
root@iducs:/var/www
[root@iducs www]# httpd -t
Syntax OK
[root@iducs www]#
```

문법적인 오류가 없는 경우 'Syntax Ok'라는 메시지가 출력되고, 오류가 있는 경우 'httpd:행 번호'의 형태로 오류가 있는 부분을 출력한다

13 웹 프로그래밍 개발 환경 구축

1. 개요

앞 장에서 관리자는 패키지를 이용하여 웹 서비스를 제공하는 웹 서버를 간단하게 설치하였다. 패키지를 이용한 설치는 매우 쉽다. 서버마다 동일한 사용 목적으로 사용되지 않기 때문에 관리자가 소스 형태로 배포된 프로그램을 다양한 컴파일 옵션으로 자신의 환경에 맞는 최적화된 서비스 환경을 구축할 수 있다. 본 장에서는 Apache 웹 서버 뿐만 아니라 Mysql 데이터베이스 서버, PHP, Java, Tomcat을 설치하고 연동할 수 있도록 한다.

소스를 이용한 서버 구축의 개략적인 순서를 살펴보면 다음과 같다

준비 단계

1. 해당 서비스가 실행중인지를 확인하고, 실행중인 경우 종료한다.
2. 기존에 설치된 패키지가 존재하는지를 확인하고, 존재하는 경우 삭제한다.

설치 단계

1. 소스 프로그램을 다운로드하고, 무결성 검사를 수행한 후 압축 및 아카이브를 해제한다.
2. './configure' 명령을 이용하여 컴파일 및 설치에 필요한 환경을 설정한다.
3. 'make' 명령으로 컴파일을 실행한다.
4. 'make install' 명령으로 컴파일된 프로그램을 지정한 경로에 설치

한다.
5. 실행에 필요한 추가적인 설정을 수행한다.

2. 웹 서버 설치

앞 장에서 살펴본 바와 같이 웹 서버중 가장 널리 사용되고 있는 제품이 Apache 웹 서버이다. CentOS 6.3에서는 'httpd-22.15-15' 버전의 패키지를 제공하지만, 본 절에서는 최신 버전의 압축된 아카이브 소스 파일을 다운로드받아 설치하기로 한다.

새로 설치하는 Apache가 올바르게 동작하기 위해서는 기존에 설치된 Apache가 존재하는 경우 삭제하고 설치해야 한다. 다음은 Apache 패키지가 설치되어 있는지를 확인하고, 삭제하는 화면이다.

```
# ps aux | grep httpd
# yum list installed | grep httpd
# yum remove httpd
```

▸ 1단계 : Apache 웹 서버 프로그램의 소스 버전을 다운로드한다.

리눅스를 최소 설치하였을 경우 웹 브라우저의 사용을 할 수 없다. 따라서 'wget' 명령을 이용하여 다운로드 한다. 실습을 위해 'httpd-2.4.3'을 다운로드한다.

```
# wget http://mirror.apache-kr.org//httpd/httpd-2.4.3.tar.gz
```

▸ 2단계 : 'md5sum'를 실행하여 다운로드 받은 파일의 무결성을 확인한다.

```
# md5sum httpd-2.4.3.tar.gz
```

MD5 체크섬 값은 해당 사이트에 방문하면 확인이 가능하며, 'httpd-2.4.3.tar.gz'의 MD5 체크섬 값은 다음과 같다.

```
538dccd22dd18466fff3ec7948495417 *httpd-2.4.3.tar.gz
```

```
[root@localhost /]# wget http://mirror.apache-kr.org//httpd/httpd-2.4.3.tar.gz
--2012-11-30 11:25:29--  http://mirror.apache-kr.org//httpd/httpd-2.4.3.tar.gz
Resolving mirror.apache-kr.org... 211.115.106.101
Connecting to mirror.apache-kr.org|211.115.106.101|:80... connected.
HTTP request sent, awaiting response... 200 OK
Length: 6137268 (5.9M) [application/x-gzip]
Saving to: "httpd-2.4.3.tar.gz"

100%[======================================>] 6,137,268    941K/s   in 6.7s

2012-11-30 11:25:35 (895 KB/s) - "httpd-2.4.3.tar.gz" saved [6137268/6137268]

[root@localhost /]# ls -lh httpd-2.4.3.tar.gz
-rw-r--r--. 1 root root 5.9M Aug 20 09:22 httpd-2.4.3.tar.gz
[root@localhost /]# md5sum httpd-2.4.3.tar.gz
538dccd22dd18466fff3ec7948495417  httpd-2.4.3.tar.gz
```

▸ 3단계 : 다운로드 받은 소스 프로그램의 압축을 풀고, 아카이브를 해제한다.

```
# gzip -d httpd-2.4.3.tar.gz
```

압축이 해제되면 'httpd-2.4.3.tar'라는 아카이브 파일로 변경되고, 용량도 5.9MB에서 29MB로 증가한다.

```
[root@localhost ~]# ls -lh httpd-2.4.3.*
-rw-r--r--. 1 root root 5.9M Nov 30 11:28 httpd-2.4.3.tar.gz
[root@localhost ~]# gzip -d httpd-2.4.3.tar.gz
[root@localhost ~]# ls -lh httpd-2.4.3.*
-rw-r--r--. 1 root root 29M Nov 30 11:28 httpd-2.4.3.tar
[root@localhost ~]# tar xvf httpd-2.4.3.tar
```

아카이브 파일을 해제하면 'htttpd-2.4.3' 디렉토리가 생성된다.

```
# tar xvf httpd-2.4.3.tar
```

아래와 같이 'gzip'으로 압축된 아카이브 파일을 압축을 풀고, 아카이브를 해제할 수도 있다.

```
# tar xvfz httpd-2.4.3.tar.gz
```

```
root@localhost:~
httpd-2.4.3/build/sysv_makefile
httpd-2.4.3/build/win32/
httpd-2.4.3/build/win32/apache.ico
httpd-2.4.3/build/win32/httpd.rc
httpd-2.4.3/build/rpm/htcacheclean.init
httpd-2.4.3/build/rpm/httpd.init
httpd-2.4.3/build/rpm/httpd.logrotate
httpd-2.4.3/build/rpm/httpd.spec.in
httpd-2.4.3/build/pkg/buildpkg.sh
httpd-2.4.3/build/pkg/pkginfo.in
httpd-2.4.3/build/pkg/README
httpd-2.4.3/build/aix/aixinfo
httpd-2.4.3/build/aix/aixproto.ksh
httpd-2.4.3/build/aix/buildaix.ksh
httpd-2.4.3/build/aix/mkinstallp.ksh
httpd-2.4.3/build/aix/README
[root@localhost ~]# ls -l
total 29280
-rw-------.  1 root root        961 Nov 22 07:18 anaconda-ks.cfg
drwxr-xr-x. 11  501 games      4096 Aug 17 13:20 httpd-2.4.3
-rw-r--r--.  1 root root   29958144 Nov 30 11:28 httpd-2.4.3.tar
-rw-r--r--.  1 root root       8421 Nov 22 07:18 install.log
-rw-r--r--.  1 root root       3161 Nov 22 07:18 install.log.syslog
[root@localhost ~]#
```

아카이브 파일이 사라지지 않는다. 설치 중에 문제가 생겼을 때 재설치를 위해 아카이브 파일은 설치가 완료된 후에 삭제한다. 새롭게 생성된 디렉토리로 이동하여 파일 목록을 살펴보면 다음과 같다.

```
root@localhost:~/httpd-2.4.3
[root@localhost ~]# cd httpd-2.4.3
[root@localhost httpd-2.4.3]# pwd
/root/httpd-2.4.3
[root@localhost httpd-2.4.3]# ls
ABOUT_APACHE     BuildBin.dsp    httpd.dsp        Makefile.in        ROADMAP
acinclude.m4     buildconf       httpd.spec       Makefile.win       server
Apache-apr2.dsw  CHANGES         include          modules            srclib
Apache.dsw       config.layout   INSTALL          NOTICE             support
apache_probes.d  configure       InstallBin.dsp   NWGNUmakefile      test
ap.d             configure.in    LAYOUT           os                 VERSIONING
build            docs            libhttpd.dsp     README
BuildAll.dsp     emacs-style     LICENSE          README.platforms
[root@localhost httpd-2.4.3]#
```

▶ 4단계: 생성된 디렉토리에서 './configure' 명령을 실행한다.

'./configure'를 이용한 컴파일 환경 설정은 설치 경로를 지정하고, 컴파일에 필요한 요소를 점검하며, 해당 프로그램이 지원하는 기능 중 필요한 기능을 선택하는 역할을 하며, 이를 위해 다양한 옵션들을 제공하고 있다.

본 절에서는 다음과 같은 옵션으로 './configure' 명령을 수행하여 Apache 컴파일 환경을 설정한다.

```
# ./configure \
--prefix=/ampjt/apache \
--with-mpm=worker \
--enable-module=so \
--enable-mods-shared=all \
--enable-so
```

참고로 '\' 기호는 여러 행에 걸쳐 명령을 입력할 때 사용하며, 완성된 명령은 한 행에 입력한 명령과 동일하게 처리된다.

설정한 옵션의 의미를 살펴보면 다음과 같다.

옵션	의미
--prefix=/ampjt/apache	설치될 경로를 '/ampjt/apache'로 설정
--with-mpm=worker	다중처리 모듈(MPM, Multi-Processing Module)을 worker로 설정, 높은 확장성(scalability)을 제공함
--enable-module=so	사용할 모듈을 공유 객체(SO, Shared Object)로 설정
--enable-mods-shared=all	사용할 모든 모듈을 동적 공유 객체(DSO, Dynamic Shared Object)로 컴파일하도록 설정
--enable-so	mod_so가 제공하는 DSO와 호환 가능하도록 설정, --enable-mods-shared 옵션을 사용하면 자동으로 이 모듈을 포함

리눅스를 최소 설치한 경우에는 './configure', 'make', 'make install' 과정에서 필요한 패키지가 설치되어 있지 않아 문제가 발생할 수 있다

다음은 컴파일에 필요한 개발 도구들과 'apr', 'apr-util' 패키지가 설치되어 있기 않기 때문에 발생하는 오류를 나타낸다.

```
root@localhost:~/httpd-2.4.3
[root@localhost httpd-2.4.3]# ./configure --prefix=/ampjt/httpd \
> --with-mpm=worker \
> --enable-module=so \
> --enable-mods-shared=all \
> --with-ssl
checking for chosen layout... Apache
checking for working mkdir -p... yes
checking for grep that handles long lines and -e... /bin/grep
checking for egrep... /bin/grep -E
checking build system type... i686-pc-linux-gnu
checking host system type... i686-pc-linux-gnu
checking target system type... i686-pc-linux-gnu
configure:
configure: Configuring Apache Portable Runtime library...
configure:
checking for APR... no
configure: error: APR not found.  Please read the documentation.
[root@localhost httpd-2.4.3]#
```

우선적으로 필수적인 개발 도구와 라이브러리만을 설치한다.

```
# yum install gcc make pcre-devel perl
```

'./configure' 과정에서는 'perl' 또는 'python'과 같은 언어를 사용한다. 'pcre-devel'은 'pcre(perl-compatible regular expression)'을 지원하는 컴파일과 같은 개발 과정에서 사용하는 헤더 파일들과 라이브러리 패키지이다. 'pcre-devel' 패키지는 'pkgconfig' 패키지와 의존 관계가 있어 함께 설치된다.

개발 도구 패키지 모음을 설치하여 해결할 수도 있지만 필요하지 않은 패키지들이 설치되기 때문에 본 절에서는 실행하지 않는다.

```
# yum gropuinstall "Development Tools"
```

하위 플랫폼 종속(platform-specific) 구현들에 대한 예측가능하고 일관성 있는 인터페이스를 제공하기 위한 소프트웨어 라이브러리인 'apr'이 Apache 버전이 을 설치한다. 'httpd-2.4.x' 버전은 1.4 이상 버전이 있어야 정상적으로 설치 및 운영된다.

```
apr 설치 (/usr/local/apr 에 설치됨)

# wget http://mirror.apache-kr.org//apr/apr-1.4.6.tar.gz
# tar xvfz apr-1.4.6.tar.gz
# cd apr-1.4.6
# ./configure; make; make install
```

apr-util 설치

```
# wget http://mirror.apache-kr.org//apr/apr-util-1.5.1.tar.gz
# tar xvfz apr-util-1.5.1.tar.gz
# cd apr-util-1.5.1
# ./configure --with-apr=/usr/local/apr; make; make install
```

```
[root@localhost ~]# wget http://mirror.apache-kr.org//apr/apr-1.4.6.tar.gz
--2012-11-30 11:40:26--  http://mirror.apache-kr.org//apr/apr-1.4.6.tar.gz
Resolving mirror.apache-kr.org... 211.115.106.101
Connecting to mirror.apache-kr.org|211.115.106.101|:80... connected.
HTTP request sent, awaiting response... 200 OK
Length: 982243 (959K) [application/x-gzip]
Saving to: "apr-1.4.6.tar.gz"

100%[======================================>] 982,243      946K/s   in 1.0s

2012-11-30 11:40:27 (946 KB/s) - "apr-1.4.6.tar.gz" saved [982243/982243]

[root@localhost ~]# wget http://mirror.apache-kr.org//apr/apr-util-1.5.1.tar.gz
--2012-11-30 11:40:33--  http://mirror.apache-kr.org//apr/apr-util-1.5.1.tar.gz
Resolving mirror.apache-kr.org... 211.115.106.101
Connecting to mirror.apache-kr.org|211.115.106.101|:80... connected.
HTTP request sent, awaiting response... 200 OK
Length: 829779 (810K) [application/x-gzip]
Saving to: "apr-util-1.5.1.tar.gz"

100%[======================================>] 829,779      945K/s   in 0.9s

2012-11-30 11:40:33 (945 KB/s) - "apr-util-1.5.1.tar.gz" saved [829779/829779]
```

참고로 CentOS 6.3에서 'apr'을 패키지 형식으로 설치할 수 있으며, 1.3.9 버전이 설치된다.

```
# yum install apr apr-util  zlib-devel
```

1.3.9 버전은 Apache 2.2.x이 버전과는 잘 동작하지만 Apache 2.4.x 버전 설치 시 오류가 발생한다. 따라서 본 절에서는 패키지를 이용하여 설치하지 않고, 소스 코드를 이용하여 설치한다.

컴파일에 필요한 개발 도구들과 'apr', 'apr-util'를 성공적으로 설치하였다면 './configure' 명령을 다시 실행한다. './configure' 명령이 올바르게 수행되면 각각의 디렉토리에 'Makefile'이 생성된다.

```
root@centos63:~/httpd-2.4.3
[root@centos63 httpd-2.4.3]# ls
ABOUT_APACHE     buildmark.o     httpd           Makefile.in    README.platforms
acinclude.m4     CHANGES         httpd.dsp       Makefile.win   ROADMAP
Apache-apr2.dsw  config.layout   httpd.spec      modules        server
Apache.dsw       config.log      include         modules.c      srclib
apache_probes.d  config.nice     INSTALL         modules.lo     support
ap.d             config.status   InstallBin.dsp  modules.o      test
build            configure       LAYOUT          NOTICE         VERSIONING
BuildAll.dsp     configure.in    libhttpd.dsp    NWGNUmakefile
BuildBin.dsp     docs            LICENSE         os
buildconf        emacs-style     Makefile        README
[root@centos63 httpd-2.4.3]#
```

만약 컴파일에 필요한 요소가 부족하거나 옵션이 잘못 설정된 경우 컴파일 환경 설정 과정은 실패하게 되어 'Makefile'도 생성되지 않는다

참고로 경로 지정 관련 옵션과 그 의미를 살펴보면 다음과 같다.

옵션	의미
--prefix=PREFIX	아키텍쳐 종속적인 파일들이 설치될 경로를 지정, PREFIX는 설치될 경로를 의미함. 참고로 이 옵션을 지정하지 않는 경우 '/usr/local/apache2/bin', '/usr/local/apache2/lib' 등에 설치됨
--exec-prefix=EPREFIX	아키텍쳐 독립적인 파일들이 설치될 경로 지정, EPREFIX는 일반적으로 PREFIX를 사용함
--bindir=DIR	사용자용 바이너리 파일들이 설치될 경로 지정, EPREFIX/bin
--sbindir=DIR	시스템 관리자용 바이너리 파일들이 설치될 경로 지정, EPREFIX/sbin
--libexecdir=DIR	공유 객체 형식의 모듈들이 저장될 경로 지정, EPREFIX/libexec
--datadir=DIR	아키텍쳐 독립적인 데이터가 설치될 경로 지정, PREFIX/share
--sysconfdir=DIR	httpd.conf 또는 mime.types 등과 같은 설정 데이터가 설치될 경로 지정, PREFIX/etc 또는 PREFIX/conf
--mandir=DIR	맨 페이지가 설치될 경로 지정, PREFIX/man

기능 선택 관련 옵션과 그 의미를 살펴보면 다음과 같다.

옵션	의미
--enable-modules =MODULE-LIST	정적 공유 모듈로 컴파일할 목록을 지정, httpd가 실행되면 항상 사용가능함
--enable-mods-shared =MODULE-LIST	동적 공유 모듈로 컴파일할 모듈 목록을 지정, MODULE-LIST가 all인 경우 전체 모듈을, most인 경우 대부분의 모듈을 DSO(Dynamic Share Object) 모듈로 컴파일함
--enable-so	mod_so가 제공하는 DSO와 호환 가능하도록 설정, --enable-mods-shared 옵션을 사용하면 자동으로 이 모듈을 포함
--with-mpm=MPM	지원하는 MPM은 beos, worker, prefork, mpmt_ os2, perchild, leader, threadpool이지만 리눅스에서는 prefork가, worker, perchild, threadpool을 지원한다. 지정하지 않은 경우 prefork, 즉 프로세스 기반으로 웹서버가 동작됨
--with-port=PORT	Apache가 사용할 포트 번호를 설정, 기본 값은 80
--with-ssl=DIR	SSL 또는 TLS 툴킷의 경로를 설정

지원 프로그램을 위한 관련 옵션과 그 의미를 살펴보면 다음과 같다

옵션	의미
--enable-static-support	지원 프로그램을 정적으로 링크된 실행 파일로 만든다. 즉, 필요한 라이브러리를 모두 포함하도록 실행 파일을 컴파일함, 기본 값은 지원 프로그램을 동적으로 링크
--enable-suexec	웹서버가 실행하는 프로세스의 uid와 gid를 설정하는 suexec를 사용하려면 이 옵션을 사용
--with-suexec-caller	아파치를 실행하는 사용자명. 프로그램을 실행할 수 있는 유일한 사용자를 지정, 서버 사이드 스크립트 실행 시 스크립트의 소유자가 아닌 suexec(Switch User For Exec)에서 지정한 사용자의 권한으로 동작하도록 설정

--with-suexec-userdir	suexec 접근이 허용되는 사용자 홈 디렉토리의 하위 디렉토리를 지정
--with-suexec-uidmin	suexec에서 지정가능한 사용자의 최소 UID를 정의
--with-suexec-gidmin	suexec에서 지정가능한 그룹의 최소 GID를 정의
--with-suexec-umask	suexec 데몬이 사용할 umask 값을 설정

▸ 5단계 : 'make' 명령을 실행하여 컴파일한다.

컴파일 환경 설정 과정이 정상적으로 수행되었다면 'make' 과정을 수행한다.

```
# make
```

'make' 과정을 통해 웹 서버 실행에 관련된 바이너리 파일과 설정 파일을 현재 디렉토리에 생성한다.

만약 'make' 과정에서 오류가 발생하는 경우 'make clean'을 실행하여 충돌이 발생 문제를 해결한 후 새로운 'make' 과정을 수행해야 한다

```
# make clean
```

▸ 6단계 : 'make install' 명령을 실행하여 생성된 파일들을 설치 위치에 복사한다.

```
# make install
```

'make install'명령은 'make' 과정을 통해 생성된 실행 관련 바이너리 파일들과 설정 파일들을 './configure' 과정에서 지정한 디렉토리에 복사한다.

▸ 7단계 : 웹 서버가 사용하는 80번 포트에 대한 방화벽 차단을 해제한다.

웹 서버는 네트워크를 통해 접속이 이루어지기 때문에 방화벽으로 해당 포트가 차단되어 있는 경우 접속할 수 없다. 따라서 웹 서버가 사용하는 포트에 대하여 방화벽 차단을 해제해주어야 한다. 설정에 따라 변경할 수도 있지만 기본적으로 사용하는 포트는 80번를 사용한다

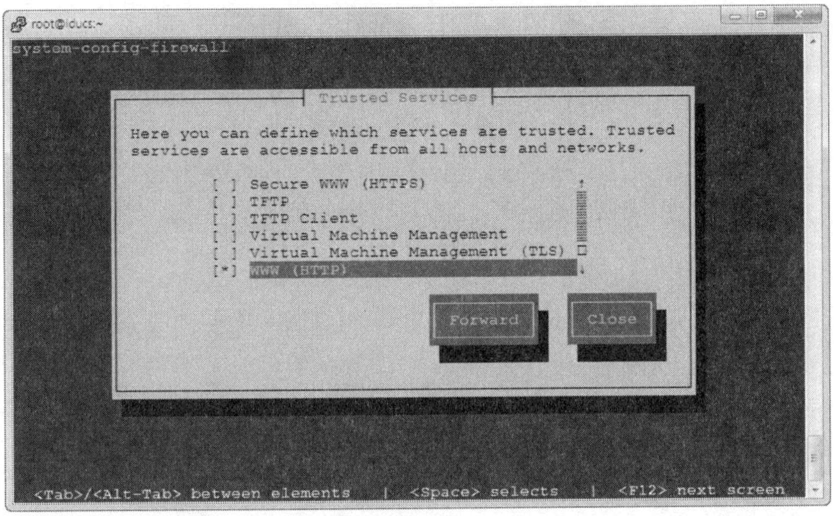

▸ 8단계 : Apache 데몬을 실행한다.

'<설치디렉토리>/bin'에는 'apachectl'이라는 웹 서버를 제어하는 스크립트 파일이 존재한다. 이를 사용하여 데몬을 실행할 수 있다.

```
# /ampjt/apache/bin/apachectl start
```

Apache 웹 서버를 실행하기 전과 실행한 후 프로세스의 상태 변화를 보면 다음과 같다.

```
[root@centos63 apache]# pwd
/ampjt/apache
[root@centos63 apache]# ps aux | grep httpd
root      11071  0.0  0.0   4352   728 pts/2    S+   16:54   0:00 grep httpd
[root@centos63 apache]# bin/apachectl start
[root@centos63 apache]# ps aux | grep httpd
root      11075  0.0  0.9  33584 10088 ?        Ss   16:54   0:00 /ampjt/apache/b
in/httpd -k start
daemon    11077  0.0  0.8 300952  8964 ?        Sl   16:54   0:00 /ampjt/apache/b
in/httpd -k start
daemon    11078  0.0  0.8 300952  8968 ?        Sl   16:54   0:00 /ampjt/apache/b
in/httpd -k start
daemon    11079  0.0  0.8 300952  8968 ?        Sl   16:54   0:00 /ampjt/apache/b
in/httpd -k start
root      11162  0.0  0.0   4352   728 pts/2    S+   16:54   0:00 grep httpd
[root@centos63 apache]# bin/apachectl -l
Compiled in modules:
  core.c
  mod_so.c
  http_core.c
  worker.c
[root@centos63 apache]#
```

제어 스크립트를 '/etc/init.d'에 복사하여 사용하면 다른 standalone 유형의 서비스와 동일한 방법을 관리할 수 있기 때문에 본 절에서는 복사를 하여 사용한다.

```
# cp /ampjt/apache/bin/apachectl /etc/init.d/httpd
# service httpd <start | stop | restart>
```

참고로 현재 설치된 웹 서버 데몬 httpd는 'core.c', 'worker.c', 'http_core.c' 및 'mod_so.c'로 구성되어 있으며, 다른 기능들은 모듈로 처리되어 있음을 확인할 수 있다. 컴파일 환경 설정 시 '--enable-module=shared'와 '--with-mpm=worker' 옵션을 지정한 것을 확인할 수 있다.

▶ 9단계 : 웹 브라우저로 접속한다.

▶ 10 단계 : 동적 라이브러리와 모듈을 동적으로 로딩할 수 있도록 한다.

Apache는 관리자가 모듈들을 선택하여 서버에 포함할 기능을 결정할 수 있는 모듈화된 프로그램이다. Apache 관리자는 서버의 목적과 운영 방법에 따라 모듈을 정적으로 컴파일하거나 동적으로 로딩할 수 있도록 컴파일할 수 있다. 오늘날 대부분의 경우 필요한 모듈들을 동적으로 로딩하도록 웹 서버가 설치하고 있다.

본 절에서 설치한 Apache 2.4.x 버전 아파치 DSO(Dynamic Shared Object)와 apxs(APache eXtension)을 이용해서 처리되고 있어 추가적인 작업을 필요로 하지 않는다. 이 방법은 매우 편리하지만 서버 시작 시간이 상대적으로 길어지고, 프로그램의 주소공간에 코드를 동적으로 읽어들이는 기능을 지원하지 않는 운영체제가 탑재된 플랫폼에서만 사용이 가능하다.

Apache 코어(core)에 정적으로 컴파일해야 할 mod_so.c라는 모듈은 Apache 모듈을 읽어들이기위한 DSO를 지원한다. 이 모듈은 core를 제외하고 DSO가 될 수 없는 유일한 모듈이다. 실제로 다른 모든 Apache 모듈은 '--enable-module=shared' 옵션을 사용하여 DSO로 컴파일할 수 있다. httpd.conf 파일에 mod_so의 LoadModule 명령어를 사용하여 서버 시작시 혹은 재시작시 그 모듈을 읽어들일 수 있다.

'apxs'는 Apache 소스 트리 밖에서 DSO로 사용할 모듈을 컴파일할 때 사용한다. Apache를 설치할 때 Apache C 헤더파일을 설치하고, DSO 파일을 컴파일하기위한 플랫폼 특유의 컴파일러 옵션과 링커 옵션을 'apxs' 프로그램에 기록한다. 그래서 apxs를 사용하는 사용자는 Apache 배포본의 소스 트리와 DSO 지원을 위한 플랫폼 특유의 컴파일러 옵션와 링커 옵션에 신경을 쓰지 않고, 자신의 Apache 모듈 소스를 컴파일할 수 있다.

Apache 2.2 이전 버전에서는 동적 라이브러리와 모듈을 로딩하기 위해 '/etc/ld.so.conf' 참조한다. 동적 라이브러리가 설치된 디렉토리에 대한 정보가 '/etc/ld.so.conf'에 추가되어야 하고, 웹 서버가 정상적으로 동작하기 위해서는 등록된 라이브러리 경로가 활성화되어야 한다. 'ldconfig' 명령은 등록된 라이브러리 경로를 즉시 활성화한다.

```
# echo '<설치디렉토리>/lib/' >> /etc/ld.so.conf
# echo '<설치디렉토리>/modules/' >> /etc/ld.so.conf
# ldconfig
```

▶ 11단계 : 시스템 부팅 시 자동으로 시작할 수 있도록 설정한다. 'chkconfig' 명령은 제어 스크립트에 포함된 '# chkconfig:'와 '#

description:' 항목을 참조하여 해당 서비스를 서비스 설정 목록에 추가한다. 그러나 '<설치디렉토리>/bin/apachectl'을 복사한 '/etc/init.d/httpd'에는 'chkconfig' 명령이 참조하는 내용이 포함되어있지 않다.

이를 해결하기 위해서는 먼저 '/etc/init.d/httpd'에 다음과 같은 내용을 추가한다.

```
# chkconfig: 35 85 15
# descripton: apache web server 2.4.3
```

35는 지정된 레벨, 즉 3레벨과 5레벨에서만 동작하는 것을 의미한다. 또한 85와 15는 부팅할 때 서비스가 실행되도록 설정된 경우 우선순위 85번째로 실행되는 것을 의미하며, 부팅할 때 서비스가 실행되지 않도록 설정된 경우 우선순위 15번째로 종료를 실행하는 것을 의미한다. 즉 앞서 설명한 'S85'와 'K15'를 의미한다. 참고로 35대신 '-'이 나타나는 경우 2, 3, 4, 5 실행 레벨은 자동 시작하고 0, 1, 6 레벨은 자동 종료하는 것을 의미한다.

'chkconfig —add httpd'를 실행하면 서비스 설정 목록에 추가할 수 있다.

```
# chkconfig --add httpd
# chkconfig --list httpd
```

```
root@centos63:/ampjt/apache
[root@centos63 apache]# chkconfig --add httpd
service httpd does not support chkconfig
[root@centos63 apache]# vi /etc/init.d/httpd
[root@centos63 apache]# cat /etc/init.d/httpd | head -5
#!/bin/sh
#
# chkconfig: 35 85 15
# descripton: apache web server 2.4.3
# Licensed to the Apache Software Foundation (ASF) under one or more
[root@centos63 apache]# chkconfig --add httpd
[root@centos63 apache]# chkconfig --list httpd
httpd           0:off   1:off   2:off   3:on    4:off   5:on    6:off
[root@centos63 apache]# chkconfig --level 5 httpd off
[root@centos63 apache]# chkconfig --list httpd
httpd           0:off   1:off   2:off   3:on    4:off   5:off   6:off
[root@centos63 apache]#
```

'chkconfig' 명령으로도 부팅 시 각 실행 레벨에 따라 해당 서비스의 실행 여부를 조작할 수 있다.

```
# chkconfig [--level=levels] service_naem <on | off | reset>
```

터미널 환경에서는 'ntsysv' 명령으로 부팅할 때 자동으로 시작하는 서비스를 설정을 수행할 수 있다.

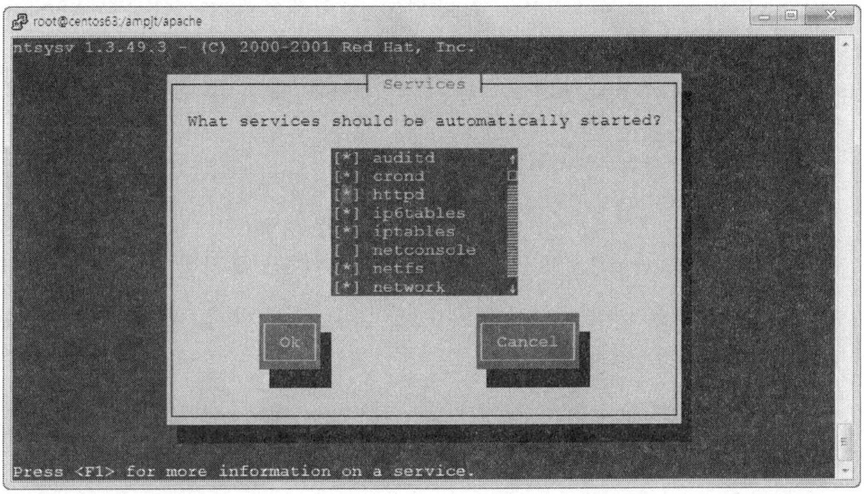

3. 데이터베이스 서버 설치

리눅스에서 사용할 수 있는 데이터베이스로는 대표적으로 Oracle과 Postgre -SQL 및 MySQL 등이 있다. 이들 중에서 Oracle은 대용량 엔터프라이즈급 데이터베이스로 적합하고, PostgreSQL는 레드햇 계열의 시스템에서 기본으로 제공하는 오픈 소스 데이터베이스로 그 활용이 증가하고 있다. 그러나 현재 리눅스 시스템에서 동적인 컨텐츠를 제공하는 웹 사이트 구축할 때 가장 많이 사용되는 데이터베이스는 MySQL이다.

MySQL은 안정적이고 우수한 성능, 사용의 편리성, 빠른 속도 및 다양한 기능을 제공하며, GPL을 준수하는 오픈 소스 데이터베이스로 중 · 소규모 환경에 적합하다. 최신의 MySQL에서는 대용량 데이터베이스를 지원하고, 유니코드 등이 지원되고 있다. MySQL에 대한 다양한 정보와 프로그램은 'http://www.mysql.com'를 통해 제공된다.

CentOS 6.3에서는 'mysql-5.1.66-14' 버전의 패키지를 제공하지만, 본 절에서는 최신 버전의 압축된 아카이브 소스 파일을 다운로드받아 설치하기로 한다.

새로 설치하는 MySQL이 올바르게 동작하기 위해서는 기존에 설치된 MySQL이 존재하는 경우 삭제하고 설치해야 한다. 다음은 MySQL 패키지가 설치되어 있는지를 확인하고, 삭제하는 화면이다.

```
# ps aux | grep mysqld
# yum list installed | grep mysql
# yum remove mysql
```

▸ 1단계 : 'mysql-5.5.28.tar.gz'을 다운로드하고, 무결한 지를 확인한다

소스를 이용하여 MySQL을 리눅스에 설치하기 위해서 'Tarball (tar.gz)' 버전을 다운로드받는다.

```
# wget http://cdn.mysql.com/Downloads/MySQL-5.5/mysql-5.5.28.tar.gz
```

```
root@centos63:~
[root@centos63 ~]# wget http://cdn.mysql.com/Downloads/MySQL-5.5/mysql-5.5.28.ta
r.gz
--2012-10-20 05:59:55--  http://cdn.mysql.com/Downloads/MySQL-5.5/mysql-5.5.28.t
ar.gz
Resolving cdn.mysql.com... 128.241.220.90, 128.241.220.98
Connecting to cdn.mysql.com|128.241.220.90|:80... connected.
HTTP request sent, awaiting response... 200 OK
Length: 24739429 (24M) [application/x-tar-gz]
Saving to: "mysql-5.5.28.tar.gz"

100%[======================================>] 24,739,429   365K/s   in 86s

2012-10-20 06:01:24 (279 KB/s) - "mysql-5.5.28.tar.gz" saved [24739429/24739429]

[root@centos63 ~]# ls -lh mysql-5.5.28.tar.gz
-rw-r--r--. 1 root root 24M Aug 29 12:43 mysql-5.5.28.tar.gz
[root@centos63 ~]#
```

'mysql-5.5.28.tar.gz'의 무결성을 확인하기 위해서는 MD5 체크섬 값을 확인한다.

```
# md5sum mysql-5.5.28.tar.gz
```

다음은 'mysql-5.5.28.tar.gz'의 MD5 체크섬 값을 나타낸다.

```
mysql-5.5.28.tar.gz  MD5: da8ddb3d00e6e159153d2444360f52a8
```

▶ 2단계 : 압축된 아카이브 형태의 소스 프로그램에 대하여 압축을 풀고 아카이브를 해제한다.

```
# tar xvfz mysql-5.5.28.tar.gz
```

압축된 아카이브 파일이 해제되면 현재 디렉토리에 'mysql-5.5.28' 라는 디렉토리가 생성되고, 그 내부에 소스가 저장된다.

```
root@iducs:~/mysql-5.5.28
mysql-5.5.28/mysql-test/lib/My/SafeProcess/
mysql-5.5.28/mysql-test/lib/My/SafeProcess/CMakeLists.txt
mysql-5.5.28/mysql-test/lib/My/SafeProcess/safe_process.cc
mysql-5.5.28/mysql-test/lib/My/SafeProcess/safe_process_win.cc
mysql-5.5.28/mysql-test/lib/My/SafeProcess/safe_kill_win.cc
mysql-5.5.28/mysql-test/lib/My/SafeProcess/safe_process.pl
mysql-5.5.28/mysql-test/lib/My/SafeProcess/Base.pm
mysql-5.5.28/mysql-test/lib/My/Handles.pm
mysql-5.5.28/mysql-test/lib/My/Config.pm
mysql-5.5.28/mysql-test/lib/My/CoreDump.pm
mysql-5.5.28/mysql-test/lib/mtr_io.pl
mysql-5.5.28/mysql-test/lib/mtr_misc.pl
mysql-5.5.28/mysql-test/lib/mtr_gcov.pl
[root@iducs ~]# cd mysql-5.5.28
[root@iducs mysql-5.5.28]# ls
BUILD            COPYING             libmysqld     regex           tests
BUILD-CMAKE      dbug                libservices   scripts         unittest
client           Docs                man           sql             VERSION
cmake            extra               mysql-test    sql-bench       vio
CMakeLists.txt   include             mysys         sql-common      win
cmd-line-utils   INSTALL-SOURCE      packaging     storage         zlib
config.h.cmake   INSTALL-WIN-SOURCE  plugin        strings
configure.cmake  libmysql            README        support-files
[root@iducs mysql-5.5.28]#
```

MySQL 소스 디렉토리를 살펴보면 'INSTALL-SOURCE' 파일이 존재하는데, 이 파일에는 MySQL 설치 방법 및 설치 후 시스템 설정 등의 정보가 기록되어 있으므로 MySQL 설치 사용자는 반드시 읽어야 한다. 'INSTALL-SOURCE' 파일을 살펴보면 다음과 같다.

```
root@ducs:~/mysql-5.5.28

   To install and use a MySQL binary distribution, the basic command
   sequence looks like this:
shell> groupadd mysql
shell> useradd -r -g mysql mysql
shell> cd /usr/local
shell> tar zxvf /path/to/mysql-VERSION-OS.tar.gz
shell> ln -s full-path-to-mysql-VERSION-OS mysql
shell> cd mysql
shell> chown -R mysql .
shell> chgrp -R mysql .
shell> scripts/mysql_install_db --user=mysql
shell> chown -R root .
shell> chown -R mysql data
# Next command is optional
shell> cp support-files/my-medium.cnf /etc/my.cnf
shell> bin/mysqld_safe --user=mysql &
# Next command is optional
shell> cp support-files/mysql.server /etc/init.d/mysql.server

   A more detailed version of the preceding description for
   installing a binary distribution follows.
   Note
```

▶ 3단계 : ‘cmake’를 실행하여 컴파일 설정을 생성한다.

최소 설치의 경우 ‘cmake’가 설치되어 있지 않기 때문에 ‘cmake' 패키지를 설치해야 한다.

```
root@centos63:~/mysql-5.5.28
--> Processing Dependency: libxmlrpc.so.3 for package: cmake-2.6.4-5.el6.i686
--> Running transaction check
---> Package xmlrpc-c.i686 0:1.16.24-1209.1840.el6 will be installed
---> Package xmlrpc-c-client.i686 0:1.16.24-1209.1840.el6 will be installed
--> Finished Dependency Resolution

Dependencies Resolved

================================================================================
 Package                Arch        Version                       Repository  Size
================================================================================
Installing:
 cmake                  i686        2.6.4-5.el6                   base       5.1 M
Installing for dependencies:
 xmlrpc-c               i686        1.16.24-1209.1840.el6         base       104 k
 xmlrpc-c-client        i686        1.16.24-1209.1840.el6         base        24 k

Transaction Summary
================================================================================
Install       3 Package(s)

Total download size: 5.3 M
Installed size: 18 M
Is this ok [y/N]:
```

‘cmake'는 크로스 플랫폼을 지원하도록 제작된 소프트웨어 빌드 프로세스를 관리하는 자유소프트웨어이다. MySQL 5.5.x 버전부터는 ’./configure’ 대신해서 사용하고 있으며, ‘cmake’를 이용한 컴파일 환경 설정은 설치 경로를 지정하고, 컴파일에 필요한 요소를 점검하며, 해당 프로그램이 지원하는 기능 중 필요한 기능을 선택하는 역할을 하며, 이를 위해 다양한 옵션들을 제공하고 있다.

본 절에서는 다음과 같은 옵션으로 './configure' 명령을 수행하여 MySQL 컴파일 환경을 설정한다.

```
cmake \
-DCMAKE_INSTALL_PREFIX=/ampjt/mysql \
-DMYSQL_UNIX_ADDR=/ampjt/mysql/data/mysql.sock \
-DMYSQL_DATADIR=/ampjt/mysql/data \
-DDEFAULT_CHARSET=utf8 \
-DDEFAULT_COLLATION=utf8_general_ci \
-DWITH_EXTRA_CHARSETS=all \
-DWITH_MYISAM_STORAGE_ENGINE=1 \
-DWITH_INNOBASE_STORAGE_ENGINE=1 \
-DWITH_MEMORY_STORAGE_ENGINE=1 \
-DWITH_READLINE=1 \
-DENABLED_LOCAL_INFILE=1 \
-DMYSQL_USER=mysql \
-DMYSQL_TCP_PORT=3306 \
-DSYSCONFDIR=/etc
```

설정된 옵션의 의미를 살펴보면 다음과 같다.

옵션	의미
DCMAKE_INSTALL_PREFIX=/ampjt/mysql	설치될 경로를 '/ampjt/mysql'로 설정
-DMYSQL_DATADIR=/ampjt/mysql/data	데이터베이스 파일 저장하는 위치를 지정
-DMYSQL_UNIX_ADDR=/ampjt/mysql/data/mysql.sock	'mysql.sock'라는 유닉스 소켓이 저장되는 위치를 지정
-DDEFAULT_CHARSET=utf8	문자 저장 형식을 'utf-8'로 설정
-DDEFAULT_COLLATION	문자 처리 방식을 'utf-8'로 설정
-DWITH_READLINE	boolean readline 지원 여부 설정

-DWITH_INNOBASE_STORAGE_ENGINE	INNODB 스토리지 엔진을 사용
-DENABLED_LOCAL_INFILE	SQL파일을 로드하는 기능 사용
-DMYSQL_USER=mysql	보안성을 높이기 위해 데몬을 일반 사용자 'mysql'로 실행할 것을 설정
-DMYSQL_TCP_PORT	서비스 포트 설정
-DSYSCONFDIR=/etc	설정 파일인 my.cnf가 저장될 위치를 '/etc'로 설정

```
root@iducs:~/mysql-5.5.28
  Verifying  : xmlrpc-c-client-1.16.24-1209.1840.el6.i686                    3/3

Installed:
  cmake.i686 0:2.6.4-5.el6

Dependency Installed:
  xmlrpc-c.i686 0:1.16.24-1209.1840.el6
  xmlrpc-c-client.i686 0:1.16.24-1209.1840.el6

Complete!
[root@iducs mysql-5.5.28]# cmake \
> -DCMAKE_INSTALL_PREFIX=/ampjt/mysql \
> -DMYSQL_UNIX_ADDR=/ampjt/mysql/mysql.sock \
> -DMYSQL_DATADIR=/ampjt/mysql/data \
> -DDEFAULT_CHARSET=utf8 \
> -DDEFAULT_COLLATION=utf8_general_ci \
> -DWITH_EXTRA_CHARSETS=all \
> -DWITH_MYISAM_STORAGE_ENGINE=1 \
> -DWITH_INNOBASE_STORAGE_ENGINE=1 \
> -DWITH_MEMORY_STORAGE_ENGINE=1 \
> -DWITH_READLINE=1 \
> -DENABLED_LOCAL_INFILE=1 \
> -DMYSQL_USER=mysql \
> -DMYSQL_TCP_PORT=3306
```

최소 설치의 경우 설치 과정에서 필요한 패키지들이 설치되어 있지 않아 오류가 발생할 수 있다. 필요한 패키지를 모두 설치한 상태에서 설치를 할 수도 있지만 오류 해결 과정을 통해 리눅스에 설치에 대한 다양한 경험을 할 수 있기 때문에 본 절에서는 발생되는 오류를 필요한 패키지를 설치함으로써 해결하면서 설치를 수행한다.

리눅스에서는 설치 과정 중에 오류가 발생하면 대부분의 경우 오류 발생과 연관된 패키지나 라이브러리에 대한 메시지를 제공하기 때문에 오류 메시지를 보면 추측이 가능하다. 다음은 'ncurses-devel' 패키지가 설치되어 있지 않아서 발생하는 오류이다.

```
root@centos63:~/mysql-5.5.28
-- Looking for towupper
-- Looking for towupper - found
-- Looking for iswctype
-- Looking for iswctype - found
-- Check size of wchar_t
-- Check size of wchar_t - done
-- Check size of wctype_t
-- Check size of wctype_t - done
-- Check size of wint_t
-- Check size of wint_t - done
-- Could NOT find Curses  (missing:  CURSES_LIBRARY CURSES_INCLUDE_PATH)
CMake Error at cmake/readline.cmake:83 (MESSAGE):
  Curses library not found.  Please install appropriate package,

      remove CMakeCache.txt and rerun cmake.On Debian/Ubuntu, package name is li
bncurses5-dev, on Redhat and derivates it is ncurses-devel.
Call Stack (most recent call first):
  cmake/readline.cmake:118 (FIND_CURSES)
  cmake/readline.cmake:214 (MYSQL_USE_BUNDLED_READLINE)
  CMakeLists.txt:268 (MYSQL_CHECK_READLINE)


-- Configuring incomplete, errors occurred!
[root@centos63 mysql-5.5.28]#
```

'Curses library not found'라는 메시지를 통해 'curses' 라이브러리를 찾을 수 없기 때문에 오류가 발생한 것을 알 수 있다. 'curses'는 프로그래머가 터미널 독립적인 방법으로 텍스트 기반 사용자 인터페이스를 개발하는데 사용하는 API를 제공하는 프로그래밍 라이브러리를 의미한다. 현재 'cureses'는 개발되지 않고, 'ncurses(new curses)'가 자유 배포되고 있다.

```
# yum list | grep curses
```

오류를 해결하기 위해서 'ncurses' 패키지가 필요하다고 생각할 수 있지만 컴파일과 같은 개발 과정에서 사용하는 헤더 파일들과 라이브러리는 'ncurses-devel'라는 개발 파일 패키지에 존재한다. 따라서 'ncurses-devel' 패키지를 설치하면 문제가 해결된다.

```
# yum install ncurses-devel
```

```
root@centos63:/ampjt/tomcat/lib
[root@centos63 lib]# yum info ncurses-devel
Loaded plugins: fastestmirror
Loading mirror speeds from cached hostfile
 * base: centos.chlux.co.kr
 * extras: centos.chlux.co.kr
 * updates: centos.chlux.co.kr
Installed Packages
Name        : ncurses-devel
Arch        : i686
Version     : 5.7
Release     : 3.20090208.el6
Size        : 1.7 M
Repo        : installed
From repo   : base
Summary     : Development files for the ncurses library
URL         : http://invisible-island.net/ncurses/ncurses.html
License     : MIT
Description : The header files and libraries for developing applications that
            : use the ncurses terminal handling library.
            :
            : Install the ncurses-devel package if you want to develop
            : applications which will use ncurses.

[root@centos63 lib]#
```

'cmake' 명령 수행 중에 오류가 발생하면 오류 발생 전까지 생성된 컴파일 환경 설정이 'CMakeCache.txt'라는 캐시 파일에 저장된다. 캐시의 사용은 빌드 프로세스 시간을 단축할 수 있지만 오류 후 'cmake'를 실행하면 충돌 문제가 발생한다. 만약 오류 발생 후 'cmake' 명령을 실행할 경우에는 먼저 'CMakeCache.txt'를 삭제한 후 실행해야 한다

```
# rm -f CMakeCache.txt
# cmake \
-DCMAKE_INSTALL_PREFIX  === 이하 생략 ====
```

```
root@iducs:~/mysql-5.5.28
[root@iducs mysql-5.5.28]# rm -rf CMakeCache.txt
[root@iducs mysql-5.5.28]# cmake \
> -DCMAKE_INSTALL_PREFIX=/ampjt/mysql \
> -DMYSQL_UNIX_ADDR=/ampjt/mysql/mysql.sock \
> -DMYSQL_DATADIR=/ampjt/mysql/data \
> -DDEFAULT_CHARSET=utf8 \
> -DDEFAULT_COLLATION=utf8_general_ci \
> -DWITH_EXTRA_CHARSETS=all \
> -DWITH_MYISAM_STORAGE_ENGINE=1 \
> -DWITH_INNOBASE_STORAGE_ENGINE=1 \
> -DWITH_MEMORY_STORAGE_ENGINE=1 \
> -DWITH_READLINE=1 \
> -DENABLED_LOCAL_INFILE=1 \
> -DMYSQL_USER=mysql \
> -DMYSQL_TCP_PORT=3306
```

'CMakeCahe.txt'를 삭제하는 과정에서 'CMakeLists.txt'를 삭제하지 않도록 유의해야 한다. 'CmakeLists.txt'는 'cmake'의 입력 파일로 빌드

프로세스와 매개 변수들이 정의되어 있기 때문에 삭제되면 'cmake' 과정을 수행할 수 없다.

다음은 'cmake'가 사용하는 c++ 컴파일러를 찾을 수 없기 때문에 발생하는 오류이다.

```
root@centos63:~/mysql-5.5.28
-- Looking for include files HAVE_LIBAIO_H
-- Looking for include files HAVE_LIBAIO_H - not found.
-- Looking for io_queue_init in aio
-- Looking for io_queue_init in aio - not found
-- Performing Test HAVE_IB_GCC_ATOMIC_BUILTINS
-- Performing Test HAVE_IB_GCC_ATOMIC_BUILTINS - Success
-- Performing Test HAVE_IB_ATOMIC_PTHREAD_T_GCC
-- Performing Test HAVE_IB_ATOMIC_PTHREAD_T_GCC - Success
-- Check size of pthread_t
-- Check size of pthread_t - done
-- Performing Test HAVE_PEERCRED
CMake Error at /usr/share/cmake/Modules/CMakeCXXInformation.cmake:17 (GET_FILENA
ME_COMPONENT):
  get_filename_component called with incorrect number of arguments
Call Stack (most recent call first):
  CMakeLists.txt:3 (PROJECT)


CMake Error: CMAKE_CXX_COMPILER not set, after EnableLanguage
CMake Error: Internal CMake error, TryCompile configure of cmake failed
-- Performing Test HAVE_PEERCRED - Failed
Warning: Bison executable not found in PATH
-- Configuring incomplete, errors occurred!
[root@centos63 mysql-5.5.28]# yum install gcc-c++
```

컴파일러는 컴파일을 수행하는 프로그램을 의미한다. 참고로 리눅스는 기본적으로 GNU 프로젝트를 통해 개발된 컴파일러를 사용하며, 'gcc'라는 c 컴파일러와 'gcc-c++'이라는 c++ 컴파일러를 사용한다.

```
# yum install gcc-c++
```

```
root@ducs:~/mysql-5.5.28
 Package                   Arch          Version                    Repository    Size
========================================================================================
Installing:
 gcc-c++                   i686          4.4.6-4.el6                base         4.3 M
Installing for dependencies:
 libstdc++-devel           i686          4.4.6-4.el6                base         1.5 M

Transaction Summary
========================================================================================
Install       2 Package(s)

Total download size: 5.8 M
Installed size: 18 M
Is this ok [y/N]: y
Downloading Packages:
(1/2): gcc-c++-4.4.6-4.el6.i686.rpm                          | 4.3 MB     00:02
(2/2): libstdc++-devel-4.4.6-4.el6.i686.rpm                  | 1.5 MB     00:00
----------------------------------------------------------------------------------------
Total                                              1.8 MB/s | 5.8 MB     00:03
Running rpm_check_debug
Running Transaction Test
Transaction Test Succeeded
Running Transaction
  Installing : libstdc++-devel-4.4.6-4.el6. [######                              ] 1/2
```

앞에서 설명한 것처럼 'cmake' 과정에서 오류가 발생하였으므로 캐시를 삭제한 후 'cmake' 명령을 실행해야 한다.

```
# rm -f CMakeCache.txt ; cmake  === 이하 생략 ====
```

이제 'cmake' 과정이 정상적으로 수행되었으므로 컴파일 환경 설정이 생성된다.

```
root@centos63:~/mysql-5.5.28
-- Check size of wctype_t
-- Check size of wctype_t - done
-- Check size of wint_t
-- Check size of wint_t - done
-- Found Curses: /usr/lib/libcurses.so
-- Looking for tputs in /usr/lib/libcurses.so
-- Looking for tputs in /usr/lib/libcurses.so - found
-- Looking for include files HAVE_LIBAIO_H
-- Looking for include files HAVE_LIBAIO_H - not found.
-- Looking for io_queue_init in aio
-- Looking for io_queue_init in aio - not found
-- Performing Test HAVE_IB_GCC_ATOMIC_BUILTINS
-- Performing Test HAVE_IB_GCC_ATOMIC_BUILTINS - Success
-- Performing Test HAVE_IB_ATOMIC_PTHREAD_T_GCC
-- Performing Test HAVE_IB_ATOMIC_PTHREAD_T_GCC - Success
-- Check size of pthread_t
-- Check size of pthread_t - done
-- Performing Test HAVE_PEERCRED
-- Performing Test HAVE_PEERCRED - Success
Warning: Bison executable not found in PATH
-- Configuring done
-- Generating done
-- Build files have been written to: /root/mysql-5.5.28
[root@centos63 mysql-5.5.28]#
```

'cmake' 명령이 올바르게 수행되면 각각의 디렉토리에 'Makefile'이 생성된다. 만약 컴파일에 필요한 요소가 부족하거나 옵션이 잘못 설정된 경우 컴파일 환경 설정 과정은 실패하게 되어 'Makefile'도 생성되지 않는다. 'Makefile'이 생성되지 않는 경우 'make' 과정도 올바르게 수행될 수 없다.

```
root@iducs:~/mysql-5.5.28
-- Performing Test HAVE_IB_GCC_ATOMIC_BUILTINS - Success
-- Performing Test HAVE_IB_ATOMIC_PTHREAD_T_GCC
-- Performing Test HAVE_IB_ATOMIC_PTHREAD_T_GCC - Success
-- Check size of pthread_t
-- Check size of pthread_t - done
-- Performing Test HAVE_PEERCRED
-- Performing Test HAVE_PEERCRED - Success
-- Configuring done
-- Generating done
-- Build files have been written to: /root/mysql-5.5.28
[root@iducs mysql-5.5.28]# ls
BUILD                CPackConfig.cmake          libservices       sql-bench
BUILD-CMAKE          CPackSourceConfig.cmake    make_dist.cmake   sql-common
client               CTestTestfile.cmake        Makefile          storage
cmake                dbug                       man               strings
CMakeCache.txt       Docs                       mysql-test        support-files
CMakeFiles           extra                      mysys             tests
cmake_install.cmake  include                    packaging         unittest
CMakeLists.txt       info_macros.cmake          plugin            VERSION
cmd-line-utils       INSTALL-SOURCE             README            VERSION.dep
config.h.cmake       INSTALL-WIN-SOURCE         regex             vio
configure.cmake      libmysql                   scripts           win
COPYING              libmysqld                  sql               zlib
[root@iducs mysql-5.5.28]#
```

▶ 4단계 : 'make'와 'make install' 과정을 수행한다.

```
# make; make install
```

컴파일 환경 설정 과정이 정상적으로 수행되었다면 'make' 과정을 수행한다. 'make' 과정을 통해 MySQL 실행에 관련된 바이너리 파일과 설정 파일이 현재 디렉토리에 생성된다.

```
root@iducs:~/mysql-5.5.28
[ 99%] Building CXX object sql/CMakeFiles/sql.dir/sql_admin.cc.o
[ 99%] Building CXX object sql/CMakeFiles/sql.dir/transaction.cc.o
[ 99%] Building CXX object sql/CMakeFiles/sql.dir/sys_vars.cc.o
[100%] Building CXX object sql/CMakeFiles/sql.dir/sql_truncate.cc.o
[100%] Building CXX object sql/CMakeFiles/sql.dir/datadict.cc.o
[100%] Building CXX object sql/CMakeFiles/sql.dir/sql_reload.cc.o
[100%] Building CXX object sql/CMakeFiles/sql.dir/sql_yacc.cc.o
[100%] Building CXX object sql/CMakeFiles/sql.dir/sql_builtin.cc.o
Linking CXX static library libsql.a
[100%] Built target sql
Scanning dependencies of target mysqld
[100%] Building CXX object sql/CMakeFiles/mysqld.dir/main.cc.o
Linking CXX executable mysqld
[100%] Built target mysqld
Scanning dependencies of target udf_example
[100%] Building C object sql/CMakeFiles/udf_example.dir/udf_example.c.o
Linking C shared module udf_example.so
[100%] Built target udf_example
Scanning dependencies of target my_safe_process
[100%] Building CXX object mysql-test/lib/My/SafeProcess/CMakeFiles/my_safe_proc
ess.dir/safe_process.cc.o
Linking CXX executable my_safe_process
[100%] Built target my_safe_process
[root@iducs mysql-5.5.28]# make install
```

'make' 과정이 정상적으로 수행되었다면 'make install' 과정을 수행한다. 'make install' 과정은 'make' 과정을 통해 생성된 실행 관련 바이너리 파일들과 설정 파일들을 'cmake' 명령 수행 시 지정한 디렉토리에 복사한다.

```
root@centos63:~/mysql-5.5.28
-- Installing: /ampjt/mysql/man/man1/mysql_plugin.1
-- Installing: /ampjt/mysql/man/man1/replace.1
-- Installing: /ampjt/mysql/man/man1/mysqltest.1
-- Installing: /ampjt/mysql/man/man1/mysqld_multi.1
-- Installing: /ampjt/mysql/man/man1/mysql_find_rows.1
-- Installing: /ampjt/mysql/man/man1/comp_err.1
-- Installing: /ampjt/mysql/man/man1/mysql_waitpid.1
-- Installing: /ampjt/mysql/man/man1/mysql_upgrade.1
-- Installing: /ampjt/mysql/man/man1/mysqlaccess.1
-- Installing: /ampjt/mysql/man/man1/mysqlshow.1
-- Installing: /ampjt/mysql/man/man1/mysql-test-run.pl.1
-- Installing: /ampjt/mysql/man/man1/mysqld_safe.1
-- Installing: /ampjt/mysql/man/man1/mysql_setpermission.1
-- Installing: /ampjt/mysql/man/man1/mysql-stress-test.pl.1
-- Installing: /ampjt/mysql/man/man1/mysqlhotcopy.1
-- Installing: /ampjt/mysql/man/man1/my_print_defaults.1
-- Installing: /ampjt/mysql/man/man1/myisam_ftdump.1
-- Installing: /ampjt/mysql/man/man1/myisampack.1
-- Installing: /ampjt/mysql/man/man1/mysqlbinlog.1
-- Installing: /ampjt/mysql/man/man1/mysqltest_embedded.1
-- Installing: /ampjt/mysql/man/man1/mysql_convert_table_format.1
-- Installing: /ampjt/mysql/man/man1/resolve_stack_dump.1
-- Installing: /ampjt/mysql/man/man8/mysqld.8
[root@centos63 mysql-5.5.28]#
```

▶ 5단계 : mysql 데몬의 안전하게 동작시키기 위한 일반 사용자 계정을 생성한다.

일반 사용자로 데몬을 동작시키면 데몬의 권한이 일반 사용자의 권한으로 제한되기 때문에 높은 보안성을 제공할 수 있다.

```
# groupadd mysql
```

```
# useradd -r -g mysql mysql
```

```
root@iducs:~/mysql-5.5.28
-- Installing: /ampjt/mysql/man/man1/mysql_find_rows.1
-- Installing: /ampjt/mysql/man/man1/comp_err.1
-- Installing: /ampjt/mysql/man/man1/mysql_waitpid.1
-- Installing: /ampjt/mysql/man/man1/mysql_upgrade.1
-- Installing: /ampjt/mysql/man/man1/mysqlaccess.1
-- Installing: /ampjt/mysql/man/man1/mysqlshow.1
-- Installing: /ampjt/mysql/man/man1/mysql-test-run.pl.1
-- Installing: /ampjt/mysql/man/man1/mysqld_safe.1
-- Installing: /ampjt/mysql/man/man1/mysql_setpermission.1
-- Installing: /ampjt/mysql/man/man1/mysql-stress-test.pl.1
-- Installing: /ampjt/mysql/man/man1/mysqlhotcopy.1
-- Installing: /ampjt/mysql/man/man1/my_print_defaults.1
-- Installing: /ampjt/mysql/man/man1/myisam_ftdump.1
-- Installing: /ampjt/mysql/man/man1/myisampack.1
-- Installing: /ampjt/mysql/man/man1/mysqlbinlog.1
-- Installing: /ampjt/mysql/man/man1/mysqltest_embedded.1
-- Installing: /ampjt/mysql/man/man1/mysql_convert_table_format.1
-- Installing: /ampjt/mysql/man/man1/resolve_stack_dump.1
-- Installing: /ampjt/mysql/man/man8/mysqld.8
[root@iducs mysql-5.5.28]# groupadd mysql
[root@iducs mysql-5.5.28]# useradd -r -g mysql mysql
[root@iducs mysql-5.5.28]# /ampjt/mysql/scripts/mysql_install_db --user=mysql \
> --basedir=/ampjt/mysql \
> --datadir=/ampjt/mysql/data
```

'-r' 옵션을 이용하여 'mysql' 사용자는 시스템 사용자 계정으로 생성하였다.

▶ 6단계 : '<설치 디렉토리>/script/mysql_install_db' 명령을 실행하여 데이터베이스를 생성한다.

```
# /ampjt/mysql/scripts/mysql_install_db --user=mysql \
--basedir=/ampjt/mysql \
--datadir=/ampjt/mysql/data
```

설치된 MySQL을 사용하기 위해서 기본으로 제공되는 데이터베이스와 테이블을 생성해야 하며, 그 생성 방법은 '소스 압축을 해제한 디렉토리/scripts/mysql_install_db'이나 '설치된 디렉토리/bin/mysql_install_db'를 실행해야 한다.

```
root@iducs:/ampjt/mysql
To do so, start the server, then issue the following commands:

/ampjt/mysql//bin/mysqladmin -u root password 'new-password'
/ampjt/mysql//bin/mysqladmin -u root -h iducs.induk.ac.kr password 'new-password
'

Alternatively you can run:
/ampjt/mysql//bin/mysql_secure_installation

which will also give you the option of removing the test
databases and anonymous user created by default.  This is
strongly recommended for production servers.

See the manual for more instructions.

You can start the MySQL daemon with:
cd /ampjt/mysql/ ; /ampjt/mysql//bin/mysqld_safe &

You can test the MySQL daemon with mysql-test-run.pl
cd /ampjt/mysql//mysql-test ; perl mysql-test-run.pl

Please report any problems with the /ampjt/mysql//scripts/mysqlbug script!

[root@iducs mysql]#
```

▶ 7단계 ; 안전한 사용을 위해 디렉토리에 대한 소유권을 변경한다.

```
# chwon –R root /ampj/mysql
# chown -R mysql /ampjt/mysql/data
```

안전한 사용을 위해 'mysql'계정에게는 읽기와 실행 권한만 주어져야 하고, 데이터베이스가 저장되는 디렉토리에 대해서는 쓰기 권한이 있어야 한다. 또한 소켓이 생성되어야 하는 디렉토리도 쓰기 권한이 있는 곳을 지정한다. 본 절에서는 '<설치디렉토리>/data' 디렉토리를 사용한다.

▶ 8단계 : 기본 설정 파일을 복사하고, 필요한 경우 동적 라이브러리에 관한 설정을 수행한다.

'<설치 디렉토리>/support-files' 디렉토리에는 데이터베이스 서버의 용량에 따라 다양한 설정 파일들이 저장되어 있으며, 시스템의 메모리 용량이 1024MB인 경우 'my-huge.cnf'가 적절하다.

```
# cp /ampjt/mysql/supprt-files/my-huge.cnf /etc/my.cnf
```

MySQL 5.5.x에서는 동적 라이브러리와 모듈을 동적으로 로딩할 수 있기 때문에 추가적인 작업을 필요로 하지 않는다.

참고로 이전 버전에서는 동작할 때 필요한 관련 라이브러리를 시스템에서 찾아야 하고, 이를 위해 필요한 라이브러리에 대한 경로를 '/etc/ld.so.conf'에 설정해야 한다. MySQL 서버가 정상적으로 동작하기 위해서는 등록된 라이브러리 경로가 활성화되어야 한다. 'ldconfig' 명령은 등록된 라이브러리 경로를 즉시 활성화한다.

```
# echo '<설치디렉토리>/lib/mysql' >> /etc/ld.so.conf
# ldconfig
```

▶ 9단계 : MySQL 데몬을 시작한다.

```
# <설치디렉토리>/bin/mysqld_safe --user=mysql &
```

'--user=mysql'은 MySQL 데몬을 'mysql' 사용자 권한으로 실행하도록 하여 높은 보안성을 제공한다.

MySQL 데몬을 시작하기 전과 후의 프로세스 변화를 살펴보면 다음과 같다.

```
[root@centos63 mysql]# ps aux | grep mysqld
root      11963  0.0  0.0   4352   728 pts/2    S+   19:29   0:00 grep mysqld
[root@centos63 mysql]# bin/mysqld_safe --user=mysql &
[1] 11964
[root@centos63 mysql]# 121020 19:29:39 mysqld_safe Logging to '/ampjt/mysql/data
/centos63.induk.ac.kr.err'.
121020 19:29:39 mysqld_safe Starting mysqld daemon with databases from /ampjt/my
sql/data

[root@centos63 mysql]# ps aux | grep mysqld
root      11964  0.7  0.1   5060  1352 pts/2    S    19:29   0:00 /bin/sh bin/mys
qld_safe --user=mysql
mysql     12215  3.0  7.3 746884 75668 pts/2    Sl   19:29   0:00 /ampjt/mysql/bi
n/mysqld --basedir=/ampjt/mysql --datadir=/ampjt/mysql/data --plugin-dir=/ampjt/
mysql/lib/plugin --user=mysql --log-error=/ampjt/mysql/data/centos63.induk.ac.kr
.err --pid-file=/ampjt/mysql/data/centos63.induk.ac.kr.pid --socket=/ampjt/mysql
/mysql.sock --port=3306
root      12234  0.0  0.0   4352   728 pts/2    S+   19:29   0:00 grep mysqld
[root@centos63 mysql]#
```

제어 스크립트를 '/etc/init.d'에 복사하여 사용하면 다른 standalone 유형의 서비스와 동일한 방법을 관리할 수 있기 때문에 본 절에서는 복사를 하여 사용한다.

```
# cp /ampjt/mysql/support-files/mysql.server /etc/init.d/mysqld
# service mysqld <start | stop | restart>
```

```
[root@centos63 mysql]# cp /ampjt/mysql/support-files/mysql.server /etc/init.d/my
sqld
[root@centos63 mysql]# service mysqld start
Starting MySQL.. SUCCESS!
[root@centos63 mysql]# ps aux | grep mysqld
root      12278  0.1  0.1   3040  1316 pts/2    S    19:43   0:00 /bin/sh /ampjt/
mysql/bin/mysqld_safe --datadir=/ampjt/mysql/data --pid-file=/ampjt/mysql/data/c
entos63.induk.ac.kr.pid
mysql     12542  2.4  7.3 746884 75656 pts/2    Sl   19:43   0:00 /ampjt/mysql/bi
n/mysqld --basedir=/ampjt/mysql --datadir=/ampjt/mysql/data --plugin-dir=/ampjt/
mysql/lib/plugin --user=mysql --log-error=/ampjt/mysql/data/centos63.induk.ac.kr
.err --pid-file=/ampjt/mysql/data/centos63.induk.ac.kr.pid --socket=/ampjt/mysql
/mysql.sock --port=3306
root      12564  0.0  0.0   4352   724 pts/2    S+   19:43   0:00 grep mysqld
[root@centos63 mysql]# service mysqld stop
Shutting down MySQL. SUCCESS!
[root@centos63 mysql]# ps aux | grep mysqld
root      12585  0.0  0.0   4352   724 pts/2    S+   19:43   0:00 grep mysqld
[root@centos63 mysql]#
```

참고로 PID가 '12215'인 프로세스를 종료하거나 아래와 같은 명령을 실행하면 MySQL 데몬을 종료할 수 있다.

```
# killall mysqld
```

▸ 10단계 : MySQL 클라이언트로 접속한다.

```
# <설치디렉토리>/bin/mysql -u <사용자계정> -d <호스트명 또는 IP주소>
```

```
root@centos63:/ampjt/mysql
[root@centos63 mysql]# ps aux | grep mysqld
root     12606  0.2  0.1   3040  1320 pts/2    S    19:46   0:00 /bin/sh /ampjt/
mysql/bin/mysqld_safe --datadir=/ampjt/mysql/data --pid-file=/ampjt/mysql/data/c
entos63.induk.ac.kr.pid
mysql    12870  2.0  7.3 746884 75660 pts/2    Sl   19:46   0:00 /ampjt/mysql/bi
n/mysqld --basedir=/ampjt/mysql --datadir=/ampjt/mysql/data --plugin-dir=/ampjt/
mysql/lib/plugin --user=mysql --log-error=/ampjt/mysql/data/centos63.induk.ac.kr
.err --pid-file=/ampjt/mysql/data/centos63.induk.ac.kr.pid --socket=/ampjt/mysql
/mysql.sock --port=3306
root     12892  0.0  0.0   4352   728 pts/2    S+   19:46   0:00 grep mysqld
[root@centos63 mysql]# bin/mysql -u mysql
Welcome to the MySQL monitor.  Commands end with ; or \g.
Your MySQL connection id is 1
Server version: 5.5.28-log Source distribution

Copyright (c) 2000, 2012, Oracle and/or its affiliates. All rights reserved.

Oracle is a registered trademark of Oracle Corporation and/or its
affiliates. Other names may be trademarks of their respective
owners.

Type 'help;' or '\h' for help. Type '\c' to clear the current input statement.

mysql>
```

'mysql>' 이 나타나면 MySQL 데몬에 클라이언트가 정상적으로 접속한 것을 의미한다. 참고로 클라이언트를 종료하려면 'quit'를 입력한다

▸ 11단계 : 시스템 부팅 시 자동으로 시작할 수 있도록 설정한다.

복사한 MySQL 제어 스크립트'/etc/init.d/mysqld'에는 'chkconfig' 명령이 참조하는 내용이 포함되어 있다.

```
# chkconfig: 2345 64 36
# description: A very fast and reliable SQL database engine.
```

2345는 지정된 레벨, 즉 2, 3, 4, 5레벨에서만 동작하는 것을 의미한다. 또한 64와 36는 부팅할 때 서비스가 실행되도록 설정된 경우 우선순위 64번째로 실행되는 것을 의미하며, 부팅할 때 서비스가 실행되지 않도록 설정된 경우 우선순위 36번째로 종료를 실행하는 것을 의미한다. 즉 앞서 설명한 'S64'와 'K36'를 의미한다.

```
#!/bin/sh
# Copyright Abandoned 1996 TCX DataKonsult AB & Monty Program KB & Detron HB
# This file is public domain and comes with NO WARRANTY of any kind

# MySQL daemon start/stop script.

# Usually this is put in /etc/init.d (at least on machines SYSV R4 based
# systems) and linked to /etc/rc3.d/S99mysql and /etc/rc0.d/K01mysql.
# When this is done the mysql server will be started when the machine is
# started and shut down when the systems goes down.

# Comments to support chkconfig on RedHat Linux
# chkconfig: 2345 64 36
# description: A very fast and reliable SQL database engine.

# Comments to support LSB init script conventions
### BEGIN INIT INFO
# Provides: mysql
# Required-Start: $local_fs $network $remote_fs
# Should-Start: ypbind nscd ldap ntpd xntpd
# Required-Stop: $local_fs $network $remote_fs
# Default-Start:  2 3 4 5
# Default-Stop: 0 1 6
"/etc/init.d/mysqld" 384L, 10626C
```

'chkconfig —add mysqld'를 실행하면 서비스 설정 목록에 추가할 수 있다.

```
# chkconfig --add mysqld
# chkconfig --list mysqld
```

```
[root@centos63 mysql]# chkconfig --list mysqld
service mysqld supports chkconfig, but is not referenced in any runlevel (run 'c
hkconfig --add mysqld')
[root@centos63 mysql]# chkconfig --add mysqld
[root@centos63 mysql]# chkconfig --list mysqld
mysqld          0:off   1:off   2:on    3:on    4:on    5:on    6:off
[root@centos63 mysql]# ls /etc/rc.d/rc3.d/
K10saslauthd    K89rdisc      S10network   S25netfs       S64mysqld    S90crond
K50netconsole   S08ip6tables  S11auditd    S26udev-post   S80postfix   S99local
K87restorecond  S08iptables   S12rsyslog   S55sshd        S85httpd
[root@centos63 mysql]# ls /etc/rc.d/rc1.d/
K10saslauthd  K36mysqld      K87restorecond  K90network    S99single
K15httpd      K50netconsole  K88auditd       K92ip6tables
K25sshd       K60crond       K88rsyslog      K92iptables
K30postfix    K75netfs       K89rdisc        S26udev-post
[root@centos63 mysql]#
```

MySQL 데몬의 실행은 손쉽지만 MySQL 클라이언트의 사용은 불편한 상태이다. 이를 해결하기 위해 'PATH' 환경 변수에 '<설치디렉토리>/bin' 디렉토리를 추가한다.

'/etc/profile'이나 '~/.bash_profile'에 아래와 같은 내용을 추가한다.

```
export MYSQL_HOME=/ampjt/mysql
export PATH=$PATH:$MYSQL_HOME/bin
```

4. PHP 설치

PHP는 'PHP Hypertext Preprocessor'라는 재귀적인 약어로, 유닉스에서 윈도우즈 계열에 이르기까지 다양한 분야에서 사용되고 있는 범용적인 서버 사이드 스크립트 언어이다. 현재 리눅스 환경에서 Apache 웹 서버와 연동하여 사용되는 웹 프로그래밍 언어로 알려져 있다.

CentOS 6.3에서는 php-5.3.3-14버전의 패키지를 제공하지만 본 절에서는 최신 버전의 압축된 아카이브 소스 파일을 다운로드받아 설치하기로 한다. 설치 순서를 간단하게 요약하면 다음과 같다.

▸ 1단계 : 'php-5.4.9.tar.gz'를 다운로드하고, 무결한 지를 확인한다.

```
# wget http://kr1.php.net/distributions/php-5.4.9.tar.gz
```

```
root@centos63:~
[root@centos63 ~]#  wget http://kr1.php.net/distributions/php-5.4.9.tar.gz
--2012-10-20 07:19:15--  http://kr1.php.net/distributions/php-5.4.9.tar.gz
Resolving kr1.php.net... 116.126.142.157
Connecting to kr1.php.net|116.126.142.157|:80... connected.
HTTP request sent, awaiting response... 200 OK
Length: 14051680 (13M) [application/x-gzip]
Saving to: "php-5.4.9.tar.gz"

100%[======================================>] 14,051,680  1.82M/s   in 7.4s

2012-10-20 07:19:25 (1.82 MB/s) - "php-5.4.9.tar.gz" saved [14051680/14051680]

[root@centos63 ~]# ls -lh php-5.4.9.tar.gz
-rw-r--r--. 1 root root 14M Nov 23  2012 php-5.4.9.tar.gz
```

'php-5.4.9.tar.gz'의 무결성을 확인하기 위해서는 MD5 체크섬 값을 확인한다.

```
# md5sum php-5.4.9.tar.gz
```

다음은 'php-5.4.9.tar.gz'의 MD5 체크섬 값을 나타낸다.

```
php-5.4.9.tar.gz MD5: e1ac28e1cf20738f0aeeba8261aa4537
```

▶ 2단계 : 압축된 아카이브 형태의 소스 프로그램에 대하여 압축을 풀고 아카이브를 해제한다.

```
# tar xvfz php-5.4.9.tar.gz
```

```
root@centos63:~/php-5.4.9
tar: php-5.4.9/build/libtool.m4: time stamp 2012-11-21 00:12:20 is 2695795.01083
9451 s in the future
php-5.4.9/build/mkdep.awk
tar: php-5.4.9/build/mkdep.awk: time stamp 2012-11-21 00:12:20 is 2695795.010665
503 s in the future
php-5.4.9/build/order_by_dep.awk
tar: php-5.4.9/build/order_by_dep.awk: time stamp 2012-11-21 00:12:20 is 2695795
.010589521 s in the future
php-5.4.9/build/print_include.awk
tar: php-5.4.9/build/print_include.awk: time stamp 2012-11-21 00:12:20 is 269579
5.01050076 s in the future
php-5.4.9/build/scan_makefile_in.awk
tar: php-5.4.9/build/scan_makefile_in.awk: time stamp 2012-11-21 00:12:20 is 269
5795.010385234 s in the future
php-5.4.9/build/shtool
tar: php-5.4.9/build/shtool: time stamp 2012-11-21 00:12:20 is 2695795.009082443
 s in the future
tar: php-5.4.9: time stamp 2012-11-21 00:53:10 is 2698245.009002 s in the future
[root@centos63 ~]# cd php-5.4.9
[root@centos63 php-5.4.9]# ls -l Makefile*
-rw-r--r--. 1 501 games 1073 Nov 21  2012 Makefile.frag
-rw-r--r--. 1 501 games 2263 Nov 21  2012 Makefile.gcov
-rw-r--r--. 1 501 games 5525 Nov 21  2012 Makefile.global
[root@centos63 php-5.4.9]#
```

압축된 아카이브 파일이 해제되면 현재 디렉토리에 'php-5.4.9'라는 디렉토리가 생성되고, 그 내부에 소스가 저장된다. 참고로 'Makefile'이 존재하지 않음을 확인할 수 있다.

▶ 3단계 : './configure'를 실행하여 컴파일 환경 설정을 생성한다.

'./configure'를 이용한 컴파일 환경 설정은 설치 경로를 지정하고, 컴파일에 필요한 요소를 점검하며, 해당 프로그램이 지원하는 기능들 중에서 필요한 기능을 선택하는 역할을 한다. 이를 위해 다양한 옵션들을 제공하고 있다. './configure --help' 명령을 이용하면 지원하는 다양한 옵션과 그 의미를 알 수 있다.

본 절에서는 다음과 같은 옵션으로 './configure' 명령을 수행하여 PHP 컴파일 환경을 설정한다.

```
# ./configure \
--prefix=/ampjt/php \
--with-mysql=/ampjt/mysql \
--with-apxs2=/ampjt/apache/bin/apxs \
--with-config-file-path=/etc
```

설정된 옵션의 의미를 살펴보면 다음과 같다.

옵션	의미
--prefix=/ampjt/php	설치될 경로를 '/lamp/php'로 설정
--with-mysql=/ampjt/mysql	함께 연동할 데이터베이스로 My SQL을 사용하며, 설치된 경로를 설정
--with-apxs2=/ampjt/apache/bin/apxs	PHP를 DSO 방식으로 컴파일하기 위해 'apxs'명령이 있는 경로를 설정
--with-config-file-path=/etc	PHP 설정 파일의 경로를 설정

최소 설치 상태에서 './configure'를 실행하는 경우 필요한 패키지들이 설치되어 있지 않거나 'apxs'가 정상적으로 동작하지 않기 때문에 오류가 발생할 수 있다.

아래와 같은 오류 화면이 나타나면 'apxs'가 정상적인 동작을 하는지와 필요한 패키지가 설치되어 있는지를 확인해야 한다. 참고로 'apxs'가 정상적으로 동작하지 않는 이유는 대부분 Apache 웹 서버를 설치 과정중의 오류로 정상적인 'apxs'가 생성되지 않았기 때문이므로 Apache 웹 서버를 다시 설치한다.

'libxml2-devel'은 XML 파일들을 조작하기 위해 사용되는 헤더 파일들과 라이브러리를 포함하고 있는 개발 파일 패키지를 의미한다. 'perl'은 C, sed, awk 및 셸 스트립팅을 근간으로 작성된 고수준의 프로그래밍 언어로 텍스트 처리에 특화되어 있어 설치 과정에서 'python'과 함께 많이 사용된다.

```
checking whether to force non-PIC code in shared modules... yes
checking whether /dev/urandom exists... yes
checking for pthreads_cflags... -pthread
checking for pthreads_lib...

Configuring SAPI modules
checking for AOLserver support... no
checking for Apache 1.x module support via DSO through APXS... no
checking for Apache 1.x module support... no
checking whether to enable Apache charset compatibility option... no
checking for Apache 2.0 filter-module support via DSO through APXS... no
checking for Apache 2.0 handler-module support via DSO through APXS...

Sorry, I cannot run apxs.  Possible reasons follow:

1. Perl is not installed
2. apxs was not found. Try to pass the path using --with-apxs2=/path/to/apxs
3. Apache was not built using --enable-so (the apxs usage page is displayed)

The output of /ampjt/apache/bin/apxs follows:
./configure: /ampjt/apache/bin/apxs: /replace/with/path/to/perl/interpreter: bad
 interpreter: No such file or directory
configure: error: Aborting
[root@centos63 php-5.4.9]# yum install perl
```

다음은 'libxml2-devel' 패키지를 설치하는 화면이다.

```
---> Package libxml2.i686 0:2.7.6-4.el6_2.4 will be updated
---> Package libxml2.i686 0:2.7.6-8.el6_3.4 will be an update
---> Package zlib-devel.i686 0:1.2.3-27.el6 will be installed
--> Finished Dependency Resolution

Dependencies Resolved

================================================================================
 Package            Arch        Version                    Repository      Size
================================================================================
Installing:
 libxml2-devel      i686        2.7.6-8.el6_3.4            updates        1.1 M
Installing for dependencies:
 zlib-devel         i686        1.2.3-27.el6               base            44 k
Updating for dependencies:
 libxml2            i686        2.7.6-8.el6_3.4            updates        800 k

Transaction Summary
================================================================================
Install       2 Package(s)
Upgrade       1 Package(s)

Total download size: 1.9 M
Is this ok [y/N]:
```

다음은 'perl' 패키지를 설치하는 화면이다.

```
root@centos63:~/php-5.4.9
---> Package perl-Pod-Escapes.i686 1:1.04-127.el6 will be installed
--> Finished Dependency Resolution

Dependencies Resolved

================================================================================
 Package                    Arch       Version                 Repository  Size
================================================================================
Installing:
 perl                       i686       4:5.10.1-127.el6        base       9.7 M
Installing for dependencies:
 perl-Module-Pluggable      i686       1:3.90-127.el6          base        38 k
 perl-Pod-Escapes           i686       1:1.04-127.el6          base        30 k
 perl-Pod-Simple            i686       1:3.13-127.el6          base       210 k
 perl-libs                  i686       4:5.10.1-127.el6        base       591 k
 perl-version               i686       3:0.77-127.el6          base        49 k

Transaction Summary
================================================================================
Install       6 Package(s)

Total download size: 11 M
Installed size: 30 M
Is this ok [y/N]: y
```

'./configure' 과정에서 필요한 패키지가 설치된 경우 정상적으로 과정이 종료되고, 각각의 디렉토리에 'Makefile'이 생성된다.

```
root@centos63:~/php-5.4.9
[root@centos63 php-5.4.9]# ls -l Makefile*
-rw-r--r--. 1 root root  110892 Oct 20 20:24 Makefile
-rw-r--r--. 1  501 games   1073 Nov 21  2012 Makefile.frag
-rw-r--r--. 1 root root    9706 Oct 20 20:24 Makefile.fragments
-rw-r--r--. 1  501 games   2263 Nov 21  2012 Makefile.gcov
-rw-r--r--. 1  501 games   5525 Nov 21  2012 Makefile.global
-rw-r--r--. 1 root root   82582 Oct 20 20:24 Makefile.objects
[root@centos63 php-5.4.9]#
```

만약 컴파일에 필요한 요소가 부족하거나 옵션이 잘못 설정된 경우 컴파일 환경 설정 과정은 실패하게 되어 'Makefile'도 생성되지 않는다. 'Makefile'이 생성되지 않는 경우 'make' 과정도 올바르게 수행될 수 없다.

```
configure: creating ./config.status
creating main/internal_functions.c
creating main/internal_functions_cli.c
+--------------------------------------------------------------------+
| License:                                                           |
| This software is subject to the PHP License, available in this    |
| distribution in the file LICENSE.  By continuing this installation |
| process, you are bound by the terms of this license agreement.    |
| If you do not agree with the terms of this license, you must abort |
| the installation process at this point.                            |
+--------------------------------------------------------------------+

Thank you for using PHP.

config.status: creating php5.spec
config.status: creating main/build-defs.h
config.status: creating scripts/phpize
config.status: creating scripts/man1/phpize.1
config.status: creating scripts/php-config
config.status: creating scripts/man1/php-config.1
config.status: creating sapi/cli/php.1
config.status: creating main/php_config.h
config.status: executing default commands
```

▶ 4단계 : 'make'와 'make install' 과정을 수행한다.

```
# make; make install
```

컴파일 환경 설정 과정이 정상적으로 수행되었다면 'make' 과정을 수행한다. 'make' 과정을 통해 MySQL 실행에 관련된 바이너리 파일과 설정 파일이 현재 디렉토리에 생성된다.

'make' 과정이 정상적으로 수행되었다면 'make install' 과정을 수행한다. 'make install' 과정은 'make' 과정을 통해 생성된 실행 관련 바이너리 파일들과 설정 파일들을 './configure' 명령 수행 시 지정한 디렉토리에 복사한다.

```
[root@centos63 php-5.4.9]# ls -l /ampjt/apache/modules/libphp5.so
ls: cannot access /ampjt/apache/modules/libphp5.so: No such file or directory
[root@centos63 php-5.4.9]# make; make install
```

'make install' 과정의 수행 결과로 'make' 과정에서 생성된 'libphp5.so' 파일이 Apache 웹 서버의 'modules' 디렉토리로 복사됨과 'httpd.conf'에 'LoadModule' 지시자의 설정값이 자동으로 설정됨을 확인할 수 있다. 참고로 PHP 5.0 이전에서는 Apache 웹 서버 동작 시 메모리에 함께 적재되어야 할 PHP 모듈 파일을 Apache 설정 파일 'httpd.conf'에 'LoadModule' 지시자를 이용하여 설정해야 했다.

```
root@centos63:~/php-5.4.9
/root/php-5.4.9/Zend/zend_opcode.c: In function 'zend_clear_trait_method_name':
/root/php-5.4.9/Zend/zend_opcode.c:273: warning: passing argument 1 of '_efree'
discards qualifiers from pointer target type
/root/php-5.4.9/Zend/zend_alloc.h:60: note: expected 'void *' but argument is of
 type 'const char *'

[PEAR] Archive_Tar    - installed: 1.3.7
[PEAR] Console_Getopt - installed: 1.3.0
[PEAR] Structures_Graph- installed: 1.0.4
[PEAR] XML_Util       - installed: 1.2.1
[PEAR] PEAR           - installed: 1.9.4
Wrote PEAR system config file at: /ampjt/php/etc/pear.conf
You may want to add: /ampjt/php/lib/php to your php.ini include_path
make[1]: warning:  Clock skew detected.  Your build may be incomplete.
/root/php-5.4.9/build/shtool install -c ext/phar/phar.phar /ampjt/php/bin
ln -s -f /ampjt/php/bin/phar.phar /ampjt/php/bin/phar
Installing PDO headers:          /ampjt/php/include/php/ext/pdo/
make: warning:  Clock skew detected.  Your build may be incomplete.
[root@centos63 php-5.4.9]#
[root@centos63 php-5.4.9]# ls -l /ampjt/apache/modules/libphp5.so
-rwxr-xr-x. 1 root root 19841799 Oct 20 20:51 /ampjt/apache/modules/libphp5.so
[root@centos63 php-5.4.9]# cat /ampjt/apache/conf/httpd.conf | grep libphp5.so
LoadModule php5_module        modules/libphp5.so
[root@centos63 php-5.4.9]#
```

▶ 5단계 : 설정 파일을 지정한 디렉토리에 복사한다.

```
# cp php.ini-production /etc/php.ini
```

▶ 6단계 : Apache와의 연동을 위한 추가 설정을 한다.

'/ampjt/apache/conf/php.conf'파일을 아래와 같은 내용으로 생성한다.

```
<filesmatch \.(html|htm|php|php3|inc|phtml)$>
      SetHandler application/x-httpd-php
</filesmatch>

<filesmatch \.phps$>
      SetHandler application/x-httpd-php-source
</filesmatch>
```

Apache에게 확장자가 'html', 'htm', 'php', 'php3', 'inc', 'phtml'인 경우 PHP로 해석 처리하고, 'phps'인 경우 소스 파일로 해석할 것을 알려주는 설정이다.

Apache 설정 파일 '/ampjt/apache/conf/httpd.conf'에 아래와 같은 내용을 추가한다.

```
# php5 configuration file
  Include conf/php.conf
```

모듈 단위로 관리하기 위해 PHP 설정을 'php.conf'에 저장하였으므로, 연동을 위해 인클루해야 한다.

▶ 7단계 : Apache의 'DocumentRoot'에 설정된 디렉토리에 연동 테스트 파일을 생성한다.

```
DocumentRoot '/ampjt/apache/htdocs'
```

현재 설정된 디렉토리가 '/ampjt/apache/htdocs'이므로 아래와 같은 명령을 실행하여 'phpinfo.php'파일을 생성한다.

```
# echo "<?php phpinfo(); ?>" > /ampjt/apache/htdocs/phpinfo.php
```

▶ 8단계 : Apache 데몬을 재시작하고, 웹 브라우저로 접속한다.

```
# service httpd restart
```

'phpinfo()' 함수는 사용중인 시스템에 정의된 변수를 출력하는 PHP 내장 함수이다. 이 함수를 호출하였을 때 아래와 같은 화면이 나타나면 Apache와 PHP가 정상적으로 연동되고 있는 것이다

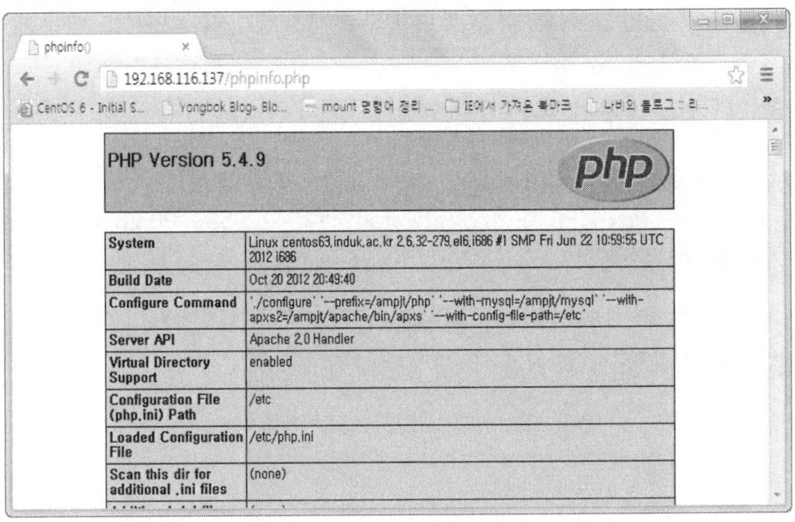

5. Java 설치

자바는 1991년 제임스 고슬링(Javame Gosling)이 이끄는 그린 프로젝트 팀에서 개발한 범용 목적(General Purpose)의 객체지향(Object-Oriented) 프로그래밍 언어이다.

그린 프로젝트는 1990년 선마이크로시스템즈(Sun Microsystems)에서 가전제품들에 내장되는 소프트웨어를 효과적으로 개발하는 것을 목표로 진행되었다. 가전제품과 같은 다양한 하드웨어 장비들에 대하여 작고, 빠르고, 효과적이며 이식성이 좋은 프로그래밍 언어에 대한 요구가 증대되었고, 이를 위해서 자바가 개발되었다.

본 장에서는 자바를 독립적으로 사용하지 않고, Tomcat과 연동해서 사용한다.

▸ 1단계 : 'jdk-7u9-linux-i586.tar.gz'를 다운로드하고, 무결한 지를 확인한다.

```
# wget
http://download.oracle.com/otn-pub/java/jdk/7u9-b05/jdk-7u9-linux-i58
6.tar.gz?AuthParam=1354279589_00df0eba31f60d3ddc713b69f8159334
```

참고로 AuthParam은 다운로드 받는 시스템마다 다르기 때문에 다운로드 경로를 꼭 확인해야 한다.

▸ 2단계 : 압축된 아카이브 파일을 해제한다.

```
# tar xvfz
jdk-7u9-linux-i586.tar.gz?AuthParam=1354279589_00df0eba31f60d3ddc
713b69f8159334
```

'jdk.1.7.0_19' 디렉토리가 생성되고, 그 안에 다양한 디렉토리, 바이너리 파일과 소스 파일등이 생성된다.

```
[root@centos63 ~]# ls -ld jdk1.7.0_09/
drwxr-xr-x. 8 500 mysql 4096 Sep 25 00:27 jdk1.7.0_09/
[root@centos63 ~]# ls jdk1.7.0_09/
bin          lib            src.zip
COPYRIGHT    LICENSE        THIRDPARTYLICENSEREADME-JAVAFX.txt
db           man            THIRDPARTYLICENSEREADME.txt
include      README.html
jre          release
```

▶ 3단계 : 해당 디렉토리를 설치 대상 디렉토리로 복사한다.

```
# cp -r jdk1.7.0_19/ /ampjt/java
```

```
[root@centos63 ~]# cp -r jdk1.7.0_09/ /ampjt/java/
[root@centos63 ~]# ls /ampjt/java/
bin          lib            src.zip
COPYRIGHT    LICENSE        THIRDPARTYLICENSEREADME-JAVAFX.txt
db           man            THIRDPARTYLICENSEREADME.txt
include      README.html
jre          release _
```

지정한 디렉토리에 동일한 파일들이 복사되었음을 확인할 수 있다.

▶ 4단계 : 편리한 사용을 위해 '/etc/profile'에 다음과 같은 내용을 추가한다.

```
# vi /etc/profile
```

```
export JAVA_HOME=/ampjt/java
export PATH=$JAVA_HOME/bin:$PATH
export CLASSPATH=.:$JAVA_HOME/lib/tools.jar:$JAVA_HOME/jre/lib/ext
```

수정한 환경 설정 파일, '/etc/profile'을 적용해본다

```
# source /etc/profile
# javac -version
```

```
[root@centos63 ~]# javac -version
javac 1.7.0_09
[root@centos63 ~]#
```

설치한 Java의 버전 정보와 일치하면 정상적인 동작하는 것이라고 판단할 수 있다.

6. Tomcat 설치

Tomcat은 Apache 재단에서 만든 웹 컨테이너이다. 웹 컨테이너는 웹 애플리케이션에게 실행 환경을 제공하는 플랫폼을 의미한다. 즉 JSP 페이지를 서블릿 코드로 변환하고, 컴파일된 서블릿을 실행해주는 역할을 담당하는 소프트웨어를 의미한다.

Tomcat은 공개 소스이고, 자유 소프트웨어이지만 가장 많이 사용되고 있는 웹 컨테이너이다.

▶ 1단계 : 'apache-tomcat-7.0.33.tar.gz'를 다운로드하고, 무결한 지를 확인한다.

```
# wget
http://mirror.apache-kr.org/tomcat/tomcat-7/v7.0.33/bin/apac
he-tomcat-7.0.33.tar.gz
```

```
root@centos63:~
[root@centos63 ~]# wget http://mirror.apache-kr.org/tomcat/tomcat-7/v7.0.33/bin/
apache-tomcat-7.0.33.tar.gz
--2012-10-20 07:56:15--  http://mirror.apache-kr.org/tomcat/tomcat-7/v7.0.33/bin
/apache-tomcat-7.0.33.tar.gz
Resolving mirror.apache-kr.org... 211.115.106.101
Connecting to mirror.apache-kr.org|211.115.106.101|:80... connected.
HTTP request sent, awaiting response... 200 OK
Length: 7696004 (7.3M) [application/x-gzip]
Saving to: "apache-tomcat-7.0.33.tar.gz"

100%[======================================>] 7,696,004   1.59M/s   in 4.8s

2012-10-20 07:56:23 (1.54 MB/s) - "apache-tomcat-7.0.33.tar.gz" saved [7696004/7
696004]

[root@centos63 ~]# ls -lh apache-tomcat-7.0.33.tar.gz
-rw-r--r--. 1 root root 7.4M Nov 18  2012 apache-tomcat-7.0.33.tar.gz
```

▶ 2단계 : 압축된 아카이브 파일을 해제한다.

```
# tar xvfz apache-tomcat-7.0.33.tar.gz
```

'apache-tomcat-7.0.33' 디렉토리가 생성되고, 그 안에 다양한 디렉토리, 바이너리 파일과 소스 파일등이 생성된다.

▸ 3단계 : 해당 디렉토리를 설치 대상 디렉토리로 복사한다.

```
# cp -r apache-tomcat-7.0.33/ /ampjt/tomcat
```

지정한 디렉토리에 동일한 파일들이 복사되었음을 확인할 수 있다.

```
root@centos63:~
[root@centos63 ~]# ls apache-tomcat-7.0.33
bin   lib      logs    RELEASE-NOTES  temp     work
conf  LICENSE  NOTICE  RUNNING.txt    webapps
[root@centos63 ~]# cp -r apache-tomcat-7.0.33/ /ampjt/tomcat
[root@centos63 ~]# ls /ampjt/tomcat/
bin   lib      logs    RELEASE-NOTES  temp     work
conf  LICENSE  NOTICE  RUNNING.txt    webapps
[root@centos63 ~]#
```

▸ 4단계 : 편리한 사용을 위해 '/etc/profile'에 다음과 같은 내용을 추가한다.

```
# vi /etc/profile
```

```
export CATALINA_HOME=/ampjt/tomcat
export PATH=$PATH:$CATALINA_HOME/bin
export
CLASSPATH=
$CLASSPATH:$CATALINA_HOME/lib/jsp-api.jar:$CATALINA_HOME/lib/servlet-api.jar
```

Tomcat이 정상적으로 동작하기 위해서는 Java에 대한 환경 설정 상태가 올바른지를 확인해야 한다.

수정한 환경 설정 파일, '/etc/profile'을 적용해본다.

```
# source /etc/profile
# startup.sh
```

'tomcat' 데몬을 실행하기 전과 실행한 후의 프로세스 변화를 살펴보면 다음과 같다.

▶ 5단계 : 외부에서 접근할 수 있도록 포트 8080번과 8009번에 대한 방화벽 차단을 해제한다.

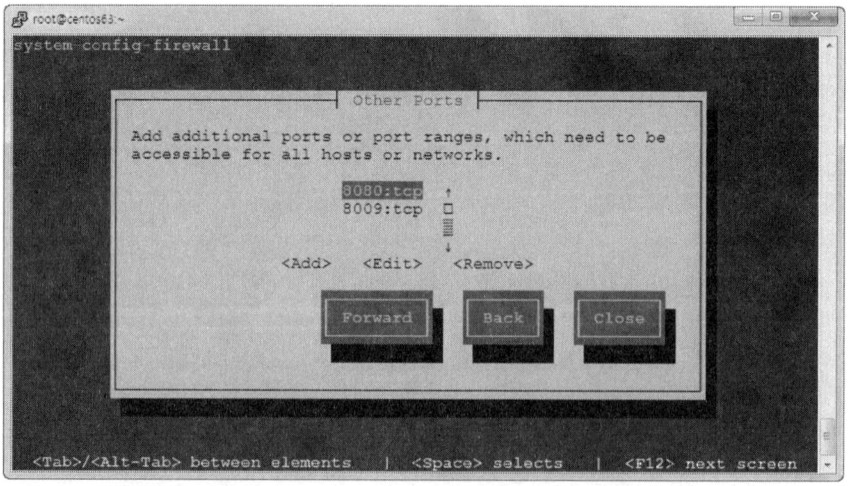

▶ 6단계 : Standalone 유형의 서비스로 동작할 수 있도록 제어 스크립트를 생성한다.

```
# vi /etc/init.d/tomcat
```

```
#!/bin/sh
# Startup script for Tomcat
#
# chkconfig: 35 85 15
# description: apache tomcat 7.0.33
#
# processname: tomcat
#
# See how we were called.
export JAVA_HOME=/ampjt/java
export CATALINA_HOME=/ampjt/tomcat
case "$1" in
  start)
  echo -n "Starting tomcat: "
  $CATALINA_HOME/bin/catalina.sh start
  echo
  ;;
  stop)
  echo -n "Shutting down tomcat: "
  $CATALINA_HOME/bin/catalina.sh stop
  echo
  ;;
  restart)
  $0 stop
  sleep 2
  $0 start
  ;;
  *)
  echo "Usage: $0 {start|stop|restart}"
  exit 1
esac
exit 0
```

테스트를 위해 생성한 제어 스크립트를 이용하여 Tomcat 서비스를 재시작한다.

```
# chmod 755 /etc/init.d/tomcat
# service tomcat <start | stop | restart>
```

▶ 7단계 : 웹 브라우저를 이용하여 8080 포트로 서비스를 접속해본다

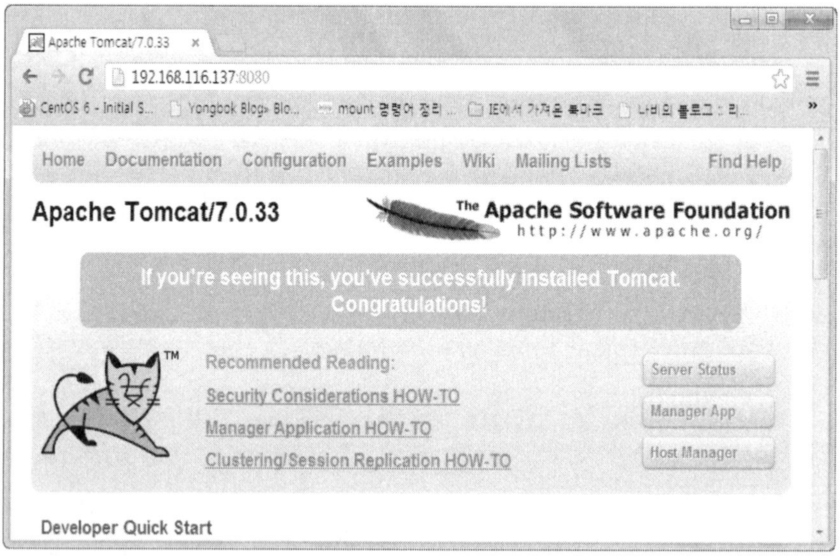

이 경우 해당 서버의 80포트로는 웹 서비스를 요청받고, 8080포트로는 Tomcat서비스를 요청받게 된다.

'<서버주소>:80/index.jsp'를 입력하면 '/ampjt/apache/htdocs/index.jsp' 파일을 요청하게 되고, 자원이 존재하는 경우에도 해석되지 않고 텍스트로 처리된다.

'<서버주소>:8080/index.jsp'를 입력하면

'/ampjt/tomcat/webapps/ROOT/index.jsp'를 요청하게 되고, 해당 자원이 존재하는 경우에 해석하여 웹 문서를 생성한다.

7. Tomcat을 중심으로한 연동

Tomcat을 Apache, MySQL과 연동하기 위해서는 'tomcat-connectors'

와 'mysql-connector-java'가 필요하다.

▸ 1단계 : 'tomcat-connectors'를 다운로드 한다.

```
# wget
http://mirror.apache-kr.org//tomcat/tomcat-connectors/jk/to
mcat-connectors-1.2.37-src.tar.gz
```

```
root@centos63:~
[root@centos63 ~]# http://mirror.apache-kr.org//tomcat/tomcat-connectors/jk/tomc
at-connectors-1.2.37-src.tar.gz
-bash: http://mirror.apache-kr.org//tomcat/tomcat-connectors/jk/tomcat-connector
s-1.2.37-src.tar.gz: No such file or directory
[root@centos63 ~]# wget http://mirror.apache-kr.org//tomcat/tomcat-connectors/jk
/tomcat-connectors-1.2.37-src.tar.gz
--2012-10-20 08:22:08--  http://mirror.apache-kr.org//tomcat/tomcat-connectors/j
k/tomcat-connectors-1.2.37-src.tar.gz
Resolving mirror.apache-kr.org... 211.115.106.101
Connecting to mirror.apache-kr.org|211.115.106.101|:80... connected.
HTTP request sent, awaiting response... 200 OK
Length: 1528647 (1.5M) [application/x-gzip]
Saving to: "tomcat-connectors-1.2.37-src.tar.gz"

100%[======================================>] 1,528,647   1.61M/s   in 0.9s

2012-10-20 08:22:10 (1.61 MB/s) - "tomcat-connectors-1.2.37-src.tar.gz" saved [1
528647/1528647]

[root@centos63 ~]# ls -ld tomcat-connectors-1.2.37-src.tar.gz
-rw-r--r--. 1 root root 1528647 May 31 07:46 tomcat-connectors-1.2.37-src.tar.gz
[root@centos63 ~]# ls -lh tomcat-connectors-1.2.37-src.tar.gz
-rw-r--r--. 1 root root 1.5M May 31 07:46 tomcat-connectors-1.2.37-src.tar.gz
[root@centos63 ~]#
```

▸ 2단계 : 압축된 아카이브 파일을 해제한다.

```
# tar xvfz tomcat-connectors-1.2.37-src.tar.gz
# cd tomcat-connectors-1.2.37-src/native
```

생성된 디렉토리가 아닌 생성된 디렉토리 하위 디렉토리인 'native'로 이동해야 한다.

```
root@iducs:~/tomcat-connectors-1.2.37-src/native
tomcat-connectors-1.2.37-src/docs/ajp/ajpv13a.html
tomcat-connectors-1.2.37-src/docs/ajp/printer/
tomcat-connectors-1.2.37-src/docs/ajp/printer/ajpv13ext.html
tomcat-connectors-1.2.37-src/docs/ajp/printer/ajpv13a.html
tomcat-connectors-1.2.37-src/docs/reference/
tomcat-connectors-1.2.37-src/docs/reference/iis.html
tomcat-connectors-1.2.37-src/docs/reference/apache.html
tomcat-connectors-1.2.37-src/docs/reference/status.html
tomcat-connectors-1.2.37-src/docs/reference/uriworkermap.html
tomcat-connectors-1.2.37-src/docs/reference/workers.html
tomcat-connectors-1.2.37-src/docs/reference/printer/
tomcat-connectors-1.2.37-src/docs/reference/printer/iis.html
tomcat-connectors-1.2.37-src/docs/reference/printer/apache.html
tomcat-connectors-1.2.37-src/docs/reference/printer/status.html
tomcat-connectors-1.2.37-src/docs/reference/printer/uriworkermap.html
tomcat-connectors-1.2.37-src/docs/reference/printer/workers.html
tomcat-connectors-1.2.37-src/docs/printer/
tomcat-connectors-1.2.37-src/docs/printer/index.html
[root@iducs ~]# cd tomcat-connectors-1.2.37-src/native/
[root@iducs native]# ls
aclocal.m4    buildconf.sh  configure     iis           netscape     scripts
apache-1.3    BUILDING.txt  configure.in  Makefile.am   nt_service   STATUS.txt
apache-2.0    common        docs          Makefile.in   README.txt   TODO.txt
[root@iducs native]#
```

'<생성된 디렉토리>/native'를 살펴보면 'configure'는 존재하지만 'Makefile'이 존재하지 않음을 확인할 수 있다.

▸ 3단계 : './configure'를 실행하여 컴파일 환경 설정은 생성한다.

```
# ./configure --with-apxs=/ampjt/apache/bin/apxs
```

```
root@centos63:~/tomcat-connectors-1.2.37-src/native
tomcat-connectors-1.2.37-src/docs/ajp/ajpv13ext.html
tomcat-connectors-1.2.37-src/docs/ajp/ajpv13a.html
tomcat-connectors-1.2.37-src/docs/ajp/printer/
tomcat-connectors-1.2.37-src/docs/ajp/printer/ajpv13ext.html
tomcat-connectors-1.2.37-src/docs/ajp/printer/ajpv13a.html
tomcat-connectors-1.2.37-src/docs/reference/
tomcat-connectors-1.2.37-src/docs/reference/iis.html
tomcat-connectors-1.2.37-src/docs/reference/apache.html
tomcat-connectors-1.2.37-src/docs/reference/status.html
tomcat-connectors-1.2.37-src/docs/reference/uriworkermap.html
tomcat-connectors-1.2.37-src/docs/reference/workers.html
tomcat-connectors-1.2.37-src/docs/reference/printer/
tomcat-connectors-1.2.37-src/docs/reference/printer/iis.html
tomcat-connectors-1.2.37-src/docs/reference/printer/apache.html
tomcat-connectors-1.2.37-src/docs/reference/printer/status.html
tomcat-connectors-1.2.37-src/docs/reference/printer/uriworkermap.html
tomcat-connectors-1.2.37-src/docs/reference/printer/workers.html
tomcat-connectors-1.2.37-src/docs/printer/
tomcat-connectors-1.2.37-src/docs/printer/index.html
[root@centos63 ~]# cd tomcat-connectors-1.2.37-src
[root@centos63 tomcat-connectors-1.2.37-src]# cd native/
[root@centos63 native]# pwd
/root/tomcat-connectors-1.2.37-src/native
[root@centos63 native]# ./configure --with-apxs=/ampjt/apache/bin/apxs
```

빌드 과정을 통해 생성되는 모듈, 'mod_jk.so'는 Apache 소스 트리 밖에서 DSO로 사용할 모듈이기 때문에 'apxs'의 위치를 지정해주어야 한다. './configure' 수행 결과 'Makefile'이 생성됨을 확인할 수 있다.

```
root@iducs:~/tomcat-connectors-1.2.37-src/native
checking sys/filio.h presence... no
checking for sys/filio.h... no
checking whether to use SO_RCVTIMEO with setsockopt()... yes
checking whether to use SO_SNDTIMEO with setsockopt()... yes
checking whether to use SOCK_CLOEXEC with socket()... yes
checking poll.h usability... yes
checking poll.h presence... yes
checking for poll.h... yes
checking for poll... yes
checking for target platform... unix
no apache given
no netscape given
configure: creating ./config.status
config.status: creating Makefile
config.status: creating apache-1.3/Makefile
config.status: creating apache-1.3/Makefile.apxs
config.status: creating apache-2.0/Makefile
config.status: creating apache-2.0/Makefile.apxs
config.status: creating common/Makefile
config.status: creating common/list.mk
config.status: creating common/jk_types.h
config.status: creating common/config.h
config.status: executing depfiles commands
[root@iducs native]# make; make install
```

▸ 4단계 : 'make'와 'make install' 과정을 수행한다.

```
# make; make install
```

설치 과정 중에 'mod_jk.so'파일을 생성하고 허가권을 'chmod 755 /ampjt/httpd/modules/mod_jk.so' 명령으로 자동으로 수정한다.

```
root@iducs:~/tomcat-connectors-1.2.37-src/native
     during execution
   - add LIBDIR to the `LD_RUN_PATH' environment variable
     during linking
   - use the `-Wl,-rpath -Wl,LIBDIR' linker flag
   - have your system administrator add LIBDIR to `/etc/ld.so.conf'

See any operating system documentation about shared libraries for
more information, such as the ld(1) and ld.so(8) manual pages.
----------------------------------------------------------------------
chmod 755 /ampjt/apache/modules/mod_jk.so

Please be sure to arrange /ampjt/apache/conf/httpd.conf...

make[1]: Leaving directory `/root/tomcat-connectors-1.2.37-src/native/apache-2.0
'
make[1]: Entering directory `/root/tomcat-connectors-1.2.37-src/native'
make[2]: Entering directory `/root/tomcat-connectors-1.2.37-src/native'
make[2]: Nothing to be done for `install-exec-am'.
make[2]: Nothing to be done for `install-data-am'.
make[2]: Leaving directory `/root/tomcat-connectors-1.2.37-src/native'
make[1]: Leaving directory `/root/tomcat-connectors-1.2.37-src/native'
[root@iducs native]# ls -l /ampjt/apache/modules/mod_jk.so
-rwxr-xr-x. 1 root root 869358 Dec  3 06:11 /ampjt/apache/modules/mod_jk.so
[root@iducs native]# cat /ampjt/apache/conf/httpd.conf | grep mod_jk.so
```

아직까지는 Apache 웹 서버와 Tomcat 서버를 실행하여도 연동되지 않는다. JSP 문서를 접근하는 경우 Apache 웹 서버는 텍스트 문서로 처리하여 제공하고, Tomcat 서버는 이를 처리하여 웹 문서를 제공한다

▶ 5단계 : Apache의 환경 설정 파일, 'httpd.conf'에 Tomcat 연동과 관련된 'mod_jk.conf'를 포함한다.

```
# vi /ampjt/apache/conf/httpd.conf
```

```
# tomcat connectors
Include conf/mod_jk.conf
```

```
vi /ampjt/apache/conf/mod_jk.conf
```

```
<IfModule !mod_jk.c>
    LoadModule jk_module modules/mod_jk.so
</IfModule>

<IfModule mod_jk.c>
JkWorkersFile     conf/workers.properties
JkShmFile         logs/mod_jk.shm
JkLogFile         logs/mod_jk.log
JkLogLevel        info
JkLogStampFormat    "[%a %b %d %H:%M:%S %Y] "
JkOptions +ForwardKeySize +ForwardURICompat -ForwardDirectories
JkRequestLogFormat "%w %V %T"
</IfModule>

###--- Apache Tomcat에서 처리할 URL 패턴을 등록한다.
JkMount /servlet/*        worker1
JkMount /*.jsp            worker1
```

```
vi /ampjt/apache/conf/workers.properties
```

```
worker.list=worker1
worker.worker1.host=localhost
worker.worker1.port=8009
worker.worker1.type=ajp13
worker.worker1.lbfactor=50
worker.worker1.socket_keepalive=1
worker.worker1.socket_timeout=60
```

```
# service httpd restart
```

▸ 6단계 : 웹 브라우저로 접근하여 연동을 확인한다.

Apache 도큐먼트 루트 디렉토리에 '/ampjt/apache/htdocs/'에 index.jsp를 생성한다.

```
# vi /ampjt/apache/htdocs/index.jsp
```

```
<%@page contentType="text/html; charset=UTF-8" pageEncoding="UTF-8" %>
<html>
<head>
<meta http-equiv="Content-Type" content="text/html; charset=UTF-8">
</head>
<body>
<%= "index.jsp" %>
</body>
</html>
```

주소창에 'httpd://<hostip>/index.html'과 'httpd://<hostip>/index.jsp'을 각각 입력한다.

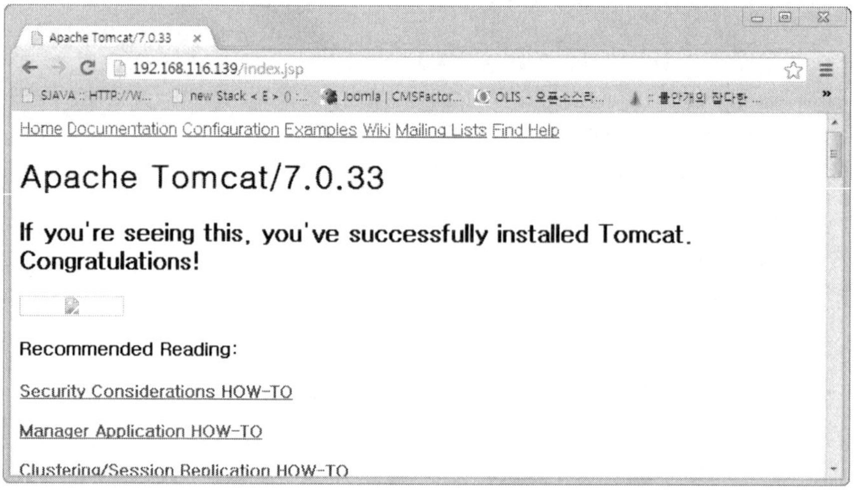

웹 브라우저를 통해 확장자가 'html'인 문서를 접근하는 경우 'DocumentRoot' 지시자의 설정값인 '/ampjt/apache/htdocs/'에서 자원을 찾아 Apache가 처리한다.

확장자가 'jsp'인 문서를 접근하면 Tomcat의 경로인 '/ampjt/apache/webapps'에서 자원을 찾아 Tomcat이 처리한다. '/ampjt/apache/htdocs/index.jsp'가 접근되지 않는다는 것을 확인할 수 있다.

▶ 7단계 : Tomcat과 MySQL 데이터베이스 서버를 연동하기 위한 커넥터 파일을 다운로드한다.

```
# wget
http://cdn.mysql.com/Downloads/Connector-J/mysql-connector-java-5.1.22.tar.gz
```

오라클인 경우 'http://www.oracle.com'에 방문하여 'JDBC Drivers for Oracle'를 다운로드한다.

▶ 8단계 : 압축된 아카이브 파일의 압축을 풀고, 아카이브를 해제한다

```
# tar xvfz mysql-connector-java-5.1.22.tar.gz
```

새로 생성된 디렉토리에 포함된 'mysql-connector-java-5.1.22.jar' 파일을 복사하여 '/ampjt/tomcat/lib'에 복사한다.

```
root@centos63:~/mysql-connector-java-5.1.22
mysql-connector-java-5.1.22/src/testsuite/simple/ServerControllerTest.java
mysql-connector-java-5.1.22/src/testsuite/simple/SimpleTransformer.java
mysql-connector-java-5.1.22/src/testsuite/simple/SplitDBdotNameTest.java
mysql-connector-java-5.1.22/src/testsuite/simple/StatementsTest.java
mysql-connector-java-5.1.22/src/testsuite/simple/TestBug57662Logger.java
mysql-connector-java-5.1.22/src/testsuite/simple/TestLifecycleInterceptor.java
mysql-connector-java-5.1.22/src/testsuite/simple/TransactionTest.java
mysql-connector-java-5.1.22/src/testsuite/simple/TraversalTest.java
mysql-connector-java-5.1.22/src/testsuite/simple/UpdatabilityTest.java
mysql-connector-java-5.1.22/src/testsuite/simple/XATest.java
mysql-connector-java-5.1.22/src/testsuite/simple/jdbc4/StatementsTest.java
mysql-connector-java-5.1.22/src/testsuite/simple/tb2-data.txt.gz
mysql-connector-java-5.1.22/src/testsuite/ssl-test-certs/ca-cert.pem
mysql-connector-java-5.1.22/src/testsuite/ssl-test-certs/ca-key.pem
mysql-connector-java-5.1.22/src/testsuite/ssl-test-certs/server-cert.pem
mysql-connector-java-5.1.22/src/testsuite/ssl-test-certs/server-key.pem
mysql-connector-java-5.1.22/src/testsuite/ssl-test-certs/server-req.pem
mysql-connector-java-5.1.22/src/testsuite/ssl-test-certs/test-cert-store
[root@centos63 ~]# cd mysql-connector-java-5.1.22
[root@centos63 mysql-connector-java-5.1.22]# ls
build.xml  COPYING  mysql-connector-java-5.1.22-bin.jar  README.txt
CHANGES    docs     README                               src
[root@centos63 mysql-connector-java-5.1.22]# cp mysql-connector-java-5.1.22-bin.
jar /ampjt/tomcat/lib/
```

▶ 9단계 : 테스트를 위한 JSP 문서를 생성하고, 웹 브라우저로 접근 하여 연동을 확인한다.

테스트를 위해 '/ampjt/tomcat/webapps/dbtest/index.jsp'를 생성한다.

```
# mkdir /ampjt/tomcat/webapps/dbtest/
# vi /ampjt/tomcat/webapps/dbtest/index.jsp
```

```
<%@page contentType="text/html; charset=UTF-8" pageEncoding="UTF-8" %>
<%@page import="java.sql.*" %>
<html>
<head>
<meta http-equiv="Content-Type" content="text/html; charset=UTF-8">
</head>
<body>
<%
Connection conn = null;
Statement stmt = null;
try {
        Class.forName("com.mysql.jdbc.Driver");
 conn =
```

```
DriverManager.getConnection("jdbc:mysql://localhost:3306/mysql", "root",
"");
 if(conn == null)
throw new Exception("Cann₩'t Connect the database<br>");
 stmt = conn.createStatement();
 ResultSet rs = stmt.executeQuery("select * from user");
 out.print("<table border=1>");
 out.print("<tr><td>hostname</td><td>name</td><td>privilege</td></tr>");
 while(rs.next()) {
           out.print("<tr><td>" + rs.getString("HOST") + "</td>");
           out.print("<td>" + rs.getString("USER") + "</td>");
           out.print("<tr><td>" + rs.getString("HOST") + "</td>");
           out.print("<td>" + rs.getString("USER") + "</td>");
           out.print("<td>" + rs.getString("Insert_Priv") + "</td></tr>");
        }
           out.print("</table>");
}
finally {
        try { stmt.close(); conn.close();        }
        catch (Exception ex) {   }
}
%>
```

웹 브라우저를 실행하여서 URL에 'http://<호스트주소>/detest/index.jsp'를 입력한다.

위의 코드는 Apache 웹 서버가 요청을 받아 '.jsp' 문서이기 때문에 Tomcat이 처리하도록 하고, Tomcat은 'mysq-connector' 통하여 MySQL과 연동한다. MySQL에 저장되어 있는 데이터베이스에 질의를 하여 결과를 'Tomcat'에서 처리하여 웹 문서를 작성하고, 작성된 웹 문서를 Apache 웹 서버가 웹 브라우저에게 전송한다.

만약 연동이 안된 경우 아래와 같은 화면이 나타나지 않는다.

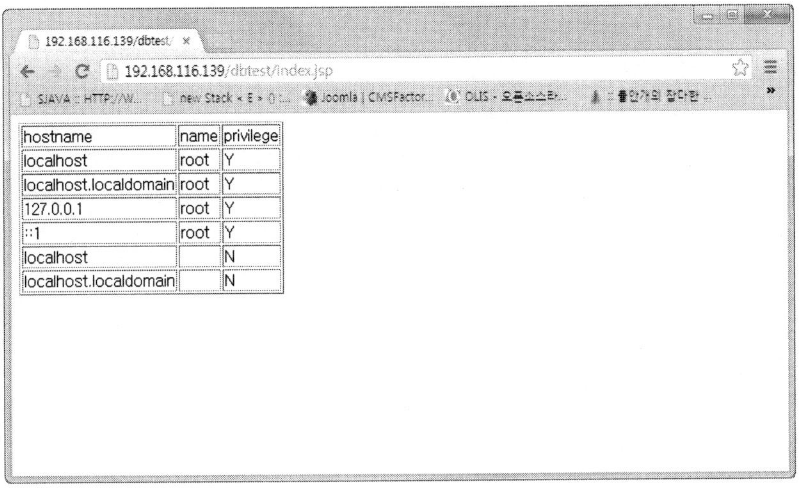

hostname	name	privilege
localhost	root	Y
localhost.localdomain	root	Y
127.0.0.1	root	Y
::1	root	Y
localhost		N
localhost.localdomain		N

리눅스 서버 구축과 활용

2013년 8월 26일 인쇄
2013년 8월 30일 발행

저 자	유 웅 구
발행인	황 영 하
발행처	도서출판 명진
주 소	서울시노원구 월계동 469-35
전 화	462-3257
팩 스	462-9428
등 록	2006년 11월 20일 제7-322호
E-mail	jybooks@chol.com
ISBN	978-89-6651-051-1

※ 파본은 교환해 드립니다.

※ 도서출판 명진은 구)진영사 · 포인트의 새 이름입니다.

정가 18,000원